NOUVEAU RECUEIL

DES

INSCRIPTIONS CHRÉTIENNES

DE LA GAULE

ANTÉRIEURES AU VIIIe SIÈCLE,

PAR

EDMOND LE BLANT,

MEMBRE DE L'INSTITUT.

PARIS.

IMPRIMERIE NATIONALE.

M DCCC XCII.

COLLECTION

DE

DOCUMENTS INÉDITS

SUR L'HISTOIRE DE FRANCE,

PUBLIÉS PAR LES SOINS

DU MINISTRE DE L'INSTRUCTION PUBLIQUE

Par arrêté en date du 29 mai 1889, le Ministre de l'Instruction publique et des beaux-arts a ordonné la publication, dans la Collection des Documents inédits relatifs à l'histoire de France, du *Nouveau recueil des inscriptions chrétiennes de la Gaule*, par M. Edmond Le Blant, membre de l'Institut et du Comité des travaux historiques et scientifiques.

M. R. de Lasteyrie, membre de l'Institut et du Comité, a été chargé de suivre cette publication comme commissaire responsable.

SE TROUVE À PARIS,

CHEZ

HACHETTE ET Cie, LIBRAIRES-ÉDITEURS

BOULEVARD SAINT-GERMAIN, 79.

PRÉFACE.

I

Les quelques mots d'introduction que je place en tête de ce volume constateront tout d'abord l'identité des résultats fournis par la nouvelle série de nos inscriptions chrétiennes avec ceux qu'avaient apportés les monuments compris dans ma première publication.

Les découvertes récentes n'apportent aucun changement dans le classement chronologique des diverses formules usitées depuis les anciens âges jusqu'à la fin du VIIe siècle [1].

Il en est à peu près de même en ce qui touche les signes et symboles qui accompagnent les légendes lapidaires [2]. En voici le nouveau relevé, complété au vu des quatre cent cinquante marbres exhumés depuis vingt-sept ans et qui pourra permettre d'estimer l'âge des inscriptions dépourvues de dates.

---

[1] *Inscriptions chrétiennes de la Gaule*, préface, p. v et suivantes. — [2] *Ibid.*, p. xiv.

SIGNES ET SYMBOLES.	ÂGE.
☩	Marbres sans date, mais très antiques [1].
☧	De l'an 347 à l'an 493 [2].
AW	De 377 à 547 [3].
🕊 (colombe)	De 378 à 631 [4].
✝	De 400 environ à 525 ou 540 [5].
⳨	Épitaphe sans date d'une femme baptisée par saint Martin [6].
✝ (Au début de la première ligne des inscriptions monumentales.)	De 445 à 681 ou 682 [7].
✝ (Dans les épitaphes.)	De 448 à une date postérieure à 585 [8].
🏺 (calice)	De 450 environ à 563 [9].
🐟 (poisson)	De 474 à 631 [10].
✝ (Au début de la première ligne des épitaphes.)	De 503 à 680 environ [11].

[1] *Inscriptions chrétiennes de la Gaule*, nos 548ª, 551ᵇ, cf. n° 533. Voir ci-après, n° 445, pour la marque probable d'un emploi de ce symbole vers la fin du vᵉ siècle.
[2] Ci-après, n° 297, et *Inscriptions chrétiennes de la Gaule*, n° 77.
[3] *Inscriptions chrétiennes de la Gaule*, nos 369 et 467.
[4] *Ibid.*, n° 7; et ci-après, n° 136.
[5] *Inscriptions chrétiennes de la Gaule*, nos 412 et 55.
[6] *Ibid.*, n° 412.
[7] *Ibid.*, nos 617 et 91. Cf. ci-après, p. 457.
[8] *Ibid.*, nos 68 et 507.
[9] *Ibid.*, nos 515 et 462.
[10] Ci-après, nos 334 et 136. Le symbole du poisson qui paraît si tardivement sur notre sol, est, je le rappelle des plus antiques à Rome (voir *Inscr. chrét. de la Gaule*, préface, p. xii).
[11] *Inscr. chrét. de la Gaule*, nos 70 et 199. Inutile sans doute de noter que postérieurement à l'époque dont je m'occupe, le signe de la croix se rencontre fréquemment dans les inscriptions.

II

Ainsi que l'indiquent les titres de ma double publication, c'est à la fin du viie siècle que s'arrêtent mes recherches. Dans la série de monuments datés qu'elles mettent sous les yeux du lecteur, le ive siècle, vers le milieu duquel je rencontre pour la première fois une épitaphe à marque chronologique, ne nous fournit que quatre marbres; le ve siècle en compte cinquante-quatre; le vi[e] cent trente et un; il n'en est que vingt pour le viie. On peut donc penser que les plus nombreuses d'entre nos inscriptions chrétiennes, je veux dire celles qui n'ont point de dates, se répartissent dans les âges d'après une proportion semblable et que la plupart d'entre elles doivent appartenir au vi[e] siècle [1].

III

Le groupement géographique des inscriptions contenues dans mes premiers volumes nous a fait voir le christianisme apparaissant tout d'abord dans la partie de la Provence qui confine à la Méditerranée. Comme le Bétis en Espagne, le Rhône devient, pour notre pays, la voie naturelle qui aide à la propagation de la foi nouvelle [2]. Ainsi que le montre ma carte épigraphique, c'est sur les bords de ce dernier fleuve que les marbres des fidèles se trouvent le plus nombreux [3]. Plus l'on s'éloigne de la mer, moins ces monu-

---

[1] Notons ici qu'à Rome les inscriptions chrétiennes datées sont en nombre à peu près égal, au ive et au ve siècle; qu'en Afrique celles du ve siècle tiennent de beaucoup le premier rang; qu'en Espagne, ces monuments se partagent entre le vi[e] et le viie siècle. La plus grande part de nos marbres à mentions chronologiques se classent donc, dans l'ordre du temps, entre ceux de ces deux dernières contrées.

[2] *Journal des Savants*, mai 1873, p. 316. Cf. la carte jointe par M. Hübner à son intéressant recueil des *Inscriptiones Hispaniæ christianæ*.

[3] *Inscriptions chrétiennes de la Gaule*, pl. 93.

ments sont anciens et la série de nos sarcophages chrétiens nous apporte sur ce point des données identiques à celles que fournissent les inscriptions[1]. L'antiquité, comme le nombre, s'abaisse à mesure que l'on monte vers le nord ou que l'on s'écarte vers l'ouest. De cette distribution matérielle de nos plus vieux monuments chrétiens, j'ai dû conclure que les textes historiques, les écrits de Sulpice Sévère, ceux de Grégoire de Tours, des Actes célèbres de saint Saturnin[2] disent vrai, alors qu'ils nous montrent, contrairement à ce que quelques-uns vont répétant, la foi se répandant peu à peu et tardivement dans la Gaule[3]. La seconde série de nos inscriptions ne change rien à l'économie de leur répartition sur notre sol. C'est toujours la Viennoise, c'est-à-dire la province où coule le Rhône, qui nous fournit les plus anciennes, les plus nombreuses. Sur nos quatre cent cinquante monuments nouveaux, plus d'une centaine appartient à cette seule contrée. Il nous faut, à coup sûr, noter comme un fait digne de remarque, l'apparition à Maguelone, où rien d'aussi antique ne s'était encore montré, d'une épitaphe du plus vieux style[4], la belle découverte d'un hypogée à inscriptions aux portes de Poitiers[5] où l'on n'avait encore signalé que des sarcophages chrétiens peut-être venus d'une autre province[6]. En résumé, les grands traits de notre carte épigraphique chrétienne resteraient les mêmes pour le regard, si je la complétais d'après les découvertes nouvelles, et je ne pense pas que l'avenir doive, au point de vue spécial dont je parle, y apporter de notables changements. Trèves, dont je dirai plus loin quelques mots, nous offre, comme par le passé, en ce qui touche ses

---

[1] *Les sarcophages chrétiens de la Gaule*, n° 215.

[2] Voir sur ce texte ce que j'ai noté dans mon mémoire intitulé *Les Actes des martyrs, supplément aux* Acta sincera *de Ruinart*, p. 7.

[3] *Inscriptions chrétiennes de la Gaule*, préface, p. xxxix et suiv.

[4] Ci-après, n° 324.

[5] N°ˢ 245 à 255.

[6] *Les sarcophages chrétiens de la Gaule*, p. 81.

marbres funéraires, l'aspect d'un centre chrétien isolé dans le nord-est, créé par le séjour temporaire de la cour impériale, et que devait disperser l'invasion d'un peuple barbare[1].

J'ai signalé autrefois à Nimes une anomalie digne de remarque : l'absence d'inscriptions laissées par les fidèles dans une cité où les monuments de l'épigraphie païenne se montrent en si grand nombre[2]. Une épitaphe chrétienne de basse époque y a été trouvée dans ces dernières années[3], seule et dès lors insuffisante pour infirmer la conclusion que j'avais tirée de ce fait, c'est-à-dire une prédominance presque absolue à Nimes de l'élément païen, alors que nos autres grandes villes avaient si largement reçu la semence évangélique.

IV

Je viens de dire quelques mots de la propagation chrétienne en Gaule. Il est un moyen d'en étudier le développement et la forme. Les épitaphes, je l'ai noté ailleurs, reproduisent souvent, dans leur contexte, des formules empruntées aux prières que le prêtre prononçait sur les tombes, et l'examen de ces formules peut mener à savoir quelle liturgie était autrefois en usage sur telle ou telle partie de notre sol. Était-elle grecque, était-elle latine, en d'autres termes par quelles mains l'évangélisation avait-elle été apportée ? Six inscriptions de la Viennoise dont l'Église eut pour premiers évêques des disciples de saint Polycarpe, les grecs saint Pothin et saint Irénée, nous montrent le mort reposant, selon une expression particulière aux prières de l'Orient, IN SPE RESVRRECTIONIS MISERICORDIAE CHRISTI[4]. Les données de l'épigraphie s'accordent donc entièrement, sur ce point, avec les enseigne-

---

[1] *Inscriptions chrétiennes de la Gaule*, préface, p. XLV et suiv.
[2] *Ibid.*, p. LVIII.
[3] Ci-dessous, n° 299.
[4] *Manuel d'épigraphie chrétienne, d'après les marbres de la Gaule*, p. 93, 94.

ments de l'histoire. Ailleurs, et quand l'évangélisation avait été le fruit de l'apostolat romain, c'est d'une prière latine, de la *Mémoire des morts*, que sont tirés les mots gravés sur les marbres funéraires[1]; nous l'avons vu pour ceux de l'Afrique, pour une inscription de Trèves et pour d'autres encore; il en est de même d'une épitaphe du ve siècle trouvée dans la Première Aquitaine et qui donne, comme l'antique *Memento*, la formule QVI PRAECESSIT[2].

V

Le relevé des inscriptions contenues dans mon premier recueil montre que, dès la fin du ve siècle, alors que les royautés barbares se partagent la Gaule, les indications chronologiques prennent sur nos marbres deux formes diverses. A la gauche du Rhône, c'est-à-dire dans la partie tombée aux mains des Bourguignons, encore pénétrés de quelque respect pour la majesté du vieil empire, on continue à dater par les consuls, selon l'usage romain. Sur la droite du fleuve, au contraire, dans le domaine échu aux rois Francs, c'est par les années de leurs règnes que sont datées les épitaphes. La nouvelle série de nos monuments ne change rien à ce mode de distribution des mentions chronologiques. Quand commence le vi^e siècle, à Vichy, à Volvic, à Lezoux, à Clermont, à Chamalières, à Saintes, à Bordeaux, à Auch, à Peyrebert, nous ne trouvons que des dates royales, tandis que les noms des consuls continuent à se montrer à Saint-Vallier, à Genève, à Lyon, à Luc-en-Diois, à Saint-Sixte, à Saint-Romain-d'Albon, à Bourgoin, à Bourg-lès-Valence, à Vienne, à Arles, à Parnaus, à Saint-Albon-de-Bron, à Bruis, à Clérieu, à Andance et à Trept, en un mot, dans l'étendue de la Première Lyonnaise et de la Viennoise. Cette

---

[1] *Manuel d'épigraphie chrétienne d'après les marbres de la Gaule*, p. 89. — [2] Ci-après, n° 242.

dissemblance si nettement accusée se montre comme une marque matérielle de l'attitude prise en face du vieil empire par les Francs et les Bourguignons vainqueurs[1].

J'avais également noté que, vers le milieu du ve siècle, la Première Lyonnaise et la Viennoise présentent, au point de vue du système chronologique, une différence dont la raison m'échappe. A Lyon et dans ses alentours, c'est par les postconsulats de Justin, consul en l'an 540, que l'on date les marbres; dans la Viennoise, au contraire, les supputations ont pour base les postconsulats de Basile qui reçut les faisceaux l'année suivante. En relevant cette dissemblance j'ai fait remarquer que la seule exception à noter se rapportait à une localité très voisine de la Lyonnaise, mais que nos cartes comprennent dans la Viennoise, Saint-Laurent-de-Mûres : une inscription s'y trouve portant la date d'un postconsulat de Justin[2]. Les monuments reparus depuis lors ne modifient en rien cet état de choses. Un seul d'entre eux, compris dans le périmètre que l'on assigne à la Viennoise, donne une date calculée d'après les postconsulats de Justin; il se trouve à Trept, vers le nord de l'arrondissement de Saint-Jean-de-Bournay, c'est-à-dire dans un lieu aussi voisin que l'est Saint-Laurent-de-Mûres du territoire considéré comme appartenant à la Première Lyonnaise[3]. Plus au sud, à Andance, à Arles[4], les inscriptions de notre nouvelle série sont, comme celles de la première, datées des postconsulats de Basile.

VI

Quarante ans se sont écoulés depuis que j'ai parcouru les bords du Rhin pour y relever les inscriptions des premiers fidèles. Les publications allemandes et d'obligeantes communications de

---

[1] *Inscr. chrét. de la Gaule*, préface, p. LX.
[2] *Ibid.*, p. LXXI.
[3] Ci-après, n° 101.
[4] N°s 131 et 168.

MM. Kraus, Becker, Schneider et Wilmowsky m'ont depuis fait connaître un certain nombre de monuments sortis des fouilles nouvelles, et je les avais déjà enregistrés dans les premières pages de ce volume, lorsqu'un excellent recueil d'ensemble, publié par M. Kraus, est venu m'apporter un large supplément [1]. Personne mieux que le savant abbé n'était préparé pour entreprendre un tel travail et les reproductions phototypiques qu'il a pu faire exécuter de marbres groupés dans les limites étroites d'une province ajoutent à son livre une valeur toute particulière. En négligeant quelques fragments minimes dont le seul intérêt, me paraît-il, est de montrer, par un surcroît de preuves, ce que fut, sur les bords du Rhin, la diffusion du christianisme, je relève, dans le livre de M. Kraus, pour la période dont je m'occupe [2], cent trois légendes épigraphiques à joindre à celles que j'avais déjà données. D'autres, à coup sûr, se rencontreront encore, car, du moins en ce qui touche les quatre grands cimetières antiques de Trèves, ceux de Saint-Matthias, Saint-Eucher, Saint-Maximin et Saint-Paulin, la source en paraît presque inépuisable.

Ce fut, comme on le sait, dans cette ville que, vers la fin du IVe siècle, les empereurs romains fixèrent leur résidence pour tenir tête aux envahisseurs [3]. Nous avons déjà lu sur ses marbres des noms de fonctionnaires civils ou militaires qui les entouraient. Nous y trouverons à nouveau un *tribunus*, un *protector domesticus* pris parmi ces barbares dont ils aimaient depuis longtemps à composer leur garde. Autour d'eux se groupa une agglomération de race latine, si l'on en juge par la forme des noms inscrits sur les tombes de Trèves, tandis que, dans le reste de la région du Rhin,

---

[1] N°s 338 et suivants.
[2] Le cadre adopté par M. Kraus est un peu plus étendu que le mien, car il comprend les monuments du VIIIe siècle.
[3] Godefroy, *Cod. Theod.*, éd. Ritter, t. III, p. 282, t. VI, p. 133. Cf. Tillemont, *Histoire des Empereurs*, t. IV, p. 15; *Mémoires pour servir à l'histoire ecclésiastique*, t. X, p. 332; Hontheim, *Prodromus Eccles. trevirensis*, p. 47.

à Mayence, à Worms, à Bingen, à Kempten, à Ebersheim, à Wiesbaden, à Gondorf, à Boppard, dominent les vocables germaniques [1]. En même temps que s'établissait ainsi à Trèves une colonie romaine, la foi nouvelle y avait grandi développée surtout sans doute, je le répète, par la présence des princes chrétiens et qui devait, pour ainsi dire, disparaître sous les coups des barbares. Au contraire de ce que nous montrent les marbres des fidèles du reste de la Gaule, nous ne trouvons, dans la grande cité, que des inscriptions d'un temps moyen. Ses larges cimetières antiques n'ont rendu jusqu'à cette heure aucun de ces monuments des premiers âges que nous relevons dans le sud de notre patrie, à Marseille, à Aubagne, à Vaison, à Arles, à Maguelone, et le VIe siècle, auquel appartient le plus grand nombre de nos vieilles épitaphes chrétiennes, ne me paraît y être que peu ou point représenté.

Applicables aux deux premières suites des inscriptions tréviroises que j'avais déjà données, ces observations sont confirmées par la série de celles dont je dois la connaissance à M. Kraus. Les noms presque exclusivement latins qui se lisent sur ces marbres témoignent à nouveau de la présence d'une population de race romaine.

Sauf une seule exception, les épitaphes de Trèves ne contiennent pas de mentions chronologiques. C'est là, pour leur étude, une lacune à coup sûr regrettable; mais certains détails peuvent nous fournir des moyens d'estimer l'âge des monuments.

---

[1] Pour ne parler ici que des inscriptions contenues dans ce volume, je trouve hors de Trèves les noms suivants : *Chrodobertus, Libefridus, Alberca, Bertichildis, Reudolfus, Roteldis, Rodoberto, Ingildo, Votrilo, Ada..ar..us, Radelindis, Fugilo.* Dans les épitaphes de Trèves dominent, et presque exclusivement, les vocables de forme romaine : *Gerontius, Martinianus, Eleuthera, Marcus, Projectus, Euticianus, Leontius, Adelphia, Jovinianus, Urbana, Vocatus, Jovina, Lepidus, Tigris, Memorius, Ursicinus, Damasius, Luperca, Daphnis, Leo.* Voir, à ce sujet, ma Note sur les rapports de la forme des noms avec la nationalité. (*Mém. de la Soc. des Antiq. de France*, t. XXVIII.)

Les formules initiales usitées au IVe et au Ve siècle : HIC IACET, HIC PAVSAT, sont fréquentes dans les nouveaux textes, ainsi que l'antique mention de ceux qui ont fait faire la tombe[1]; il en est de même pour les noms de forme latine, antérieurs, sur nos marbres chrétiens, aux vocables germaniques qui ne s'y montrent point avant l'an 455[2]. Les inscriptions tréviroises ne sont pas précédées du signe de la croix dont la présence en tête de la première ligne accuse une basse époque[3]. Je les estime plus anciennes, pour le plus grand nombre, que celles des autres parties de la contrée; avec une prédominance de noms barbares, je remarque en effet dans ces dernières, une exécution plus rustique, l'expression *bonae memoriae*, qui est de la fin du Ve siècle, et la croix placée en tête de la première ligne.

Dans cette nouvelle série, comme dans les autres, et plus souvent qu'ailleurs en notre pays, je trouve l'épithète *fidelis* qui désigne le chrétien baptisé et parfois, comme on le faisait dans les siècles anciens, baptisé à l'heure dernière[4].

Une seule épitaphe grecque, vient s'ajouter au très petit nombre de celles qu'on avait jusqu'ici trouvées à Trèves.

La masse des inscriptions rhénanes est d'une latinité moins barbare et dès lors moins intéressante, au point de vue philologique, que celles d'une grande partie de la Gaule. Sauf les échanges ordinaires entre l'*i* et l'*e*, l'*o* et l'*u*, je n'y verrais guère rien à relever à cet égard si l'orthographe du nom OYPCIFINOC et de la formule IN PACAE n'attestait que là, comme ailleurs dans notre pays, on n'avait pas encore atteint l'époque, jusqu'à cette heure je crois non constatée, où, devant l'*i* non suivi d'une voyelle et devant l'*e*, la lettre *c* a pris le son d'une sifflante[5].

---

[1] *Inscriptions chrétiennes de la Gaule*, préface, p. VIII et XIX.

[2] *Ibid.*, p. XXIII.

[3] Voir ci-dessus, p. II.

[4] Cf. n° 242.

[5] Ci-après, p. XVIII, XIX.

Parmi les monuments antiques exhumés à Trèves dans ces dernières années, il en est un d'intérêt capital. C'est la sépulture souterraine d'un des premiers évêques de la contrée, saint Paulin, crypte déjà visitée au début du xv⁰ siècle et que l'on a rouverte en 1883. Je parlerai plus loin du cercueil de cyprès où furent déposés les restes du saint prélat, des plaques d'argent à inscriptions, des figures qui décorent cette caisse vénérable, des riches tissus qui l'enveloppaient. C'est là, malgré les injures du temps et la disparition d'objets enlevés par les premiers visiteurs, l'une des plus riches épaves que nous ait laissées l'antiquité chrétienne.

VII

Quelque accessoires que paraissent être, sur nos marbres épigraphiques, les signes et les symboles qui y figurent, la présence n'en doit pas moins être notée, car ils viennent prendre place à côté de ceux qui décorent les monuments de l'art chrétien, peintures, gravures et bas-reliefs. Ce sont, avec la croix et les monogrammes du Christ, l'ancre, la brebis ou l'agneau, le poisson, l'arbre, la colombe et le vase isolés, la colombe buvant dans le vase, sujet peu commun chez les fidèles et qui est une réminiscence de types plus anciens, la vigne, le dauphin, les défunts en prière, figures aussi rares dans les épitaphes qu'elles sont fréquemment représentées par les sculpteurs des sarcophages. Tracées sur le marbre d'une humble tombe, ces images y prennent parfois un intérêt nouveau par la présence des dates certaines qui permettent de reconnaître l'époque de leur apparition première, de leur multiplication, de leur déclin, partant d'en tirer des éléments d'appréciations chronologiques. Souvent même les épitaphes nous offrent des images étrangères à celles que reproduisaient couramment les premiers sculpteurs chrétiens, le cheval, l'olivier symbolisant le Christ, l'aigle, figure de la résurrection, et cet autre type de la renaissance attendue que met sous nos yeux l'opposition de l'arbre dépouillé par l'hiver et de l'arbre retrouvant son feuillage.

Que si, joignant à la série des pierres sépulcrales d'autres objets de même époque, nous jetons les yeux sur nos agrafes historiées, nos verres gravés ou peints qui portent également des inscriptions, le cercle des figurations s'étend. On y rencontre les images d'Adam et d'Ève, d'Habacuc, de Daniel entre les lions, du sacrifice d'Abraham, de Job et de sa femme, de la vision d'Ézéchiel, des Anges, du Christ, de la Vierge, de Lazare ressuscité. Conservés alors que tant de bas-reliefs, de fresques rappelant celles des catacombes romaines[1], ont disparu de notre sol, ces monuments du vulgaire accusent, par un témoignage indéniable, l'unité dans la diffusion des types artistiques et symboliques créés au temps de la primitive Église.

VIII

Ignorants des mystères de la foi nouvelle, les païens de race latine la confondaient avec le judaïsme, et les fidèles, repoussant de toutes leurs forces une telle assimilation, s'efforçaient d'y échapper. De là, m'a-t-il paru, l'extrême rareté chez les vieux chrétiens de l'occident des noms empruntés à ceux des juifs et dont l'adoption aurait pu affermir les gentils dans leur pensée. Un Abraham, une Suzanne, ensevelis l'un en Gaule et la seconde à Rome, étaient, nous disent leurs inscriptions, des personnages venus de l'Orient où il ne répugnait pas à d'adopter des noms d'origine sémitique[2]. Les marbres publiés dans ce volume confirment mon observation. Sur quatre cent cinquante épitaphes chrétiennes où se montrent des vocables de toute sorte, une seule présente

---

[1] *Inscript. chrét. de la Gaule*, n° 336ᵇ. — [2] *Ibid.*, préface, p. cxiii, et t. I, p. 145.

un nom israélite, celui d'une Lazara dont la patrie ne nous est pas connue et qui peut-être, comme l'Abraham et la Suzanne dont je viens de parler, était née en Asie.

IX

Des termes empruntés à la phraséologie païenne se retrouvent dans notre nouvelle série, comme ils s'étaient montrés dans la première [1]. Ainsi qu'au code Théodosien et dans plusieurs inscriptions chrétiennes, le dimanche est désigné sur l'un de nos marbres par les mots *dies solis* [2]; dans une épitaphe métrique, le Seigneur est appelé, comme l'était Jupiter, « le souverain de l'Olympe [3] »; une autre place aux Champs-Élysées l'âme d'une jeune femme dont on déplore la mort [4].

Il est des marques plus sérieuses de l'influence exercée aux temps du moyen âge par l'antique idolâtrie, « cet héritage qu'à l'aide du diable, écrivait-on alors, les pères transmettent à leurs enfants [5] ». Les pénitentiels du ixe au xie siècle parlent, ainsi qu'on l'avait fait en 589 au concile de Narbonne, du jeudi célébré en l'honneur du maître des dieux [6]. On préparait, à de certaines époques, des repas destinés aux Parques [7]; malgré les adjurations de l'Église, la foule continuait à pousser d'assourdissantes clameurs pour secourir la Lune en travail; des chrétiennes invoquaient Minerve [8]; un grand apôtre de la Gaule croyait à la puissance malfaisante des dieux de l'Olympe [9]. Les fouilles que M. Frédéric

---

[1] *Inscriptions chrétiennes de la Gaule*, préface, p. xci.

[2] Ci-après, n° 277.

[3] N° 331.

[4] N° 311.

[5] *Corrector Burchardi*, c. liii. (Wasserschleben, *Die Bussordnungen*, p. 643.)

[6] *Concil. Narbon.*, can. xv; *Pœnitentiale Pseudo-Gregorii III*, c. xxxiii; *Corrector Burchardi*, c. lxxx; *Pœnitentiale Mediolanense*. (Wasserschleben, p. 543, 648, 706.)

[7] *Corrector Burchardi*, c. cxxxix, cf. c. cxli. (Wasserschleben, p. 657, 658.)

[8] *Vita S. Elegii*, l. II, c. 13; cf. S. Maxim. Taurin., *Homilia C*, De defectione lunæ.

[9] Sulpit. Sever. *De vita Martini*, c. xxiv.

Moreau poursuit avec tant de zèle et de succès dans quelques localités de la Seconde Belgique, semblent permettre d'ajouter un trait nouveau à ces étrangetés. Au village de Chouy, près de Neuilly-Saint-Front (Aisne), on a ouvert une tombe antique, chrétienne si l'on en juge par un anneau resté au doigt du mort et qui porte des symboles adoptés par les premiers fidèles : une colombe avec le rameau, une palme, un agneau, un cerf. Dans la bouche du défunt était une monnaie d'argent de l'empereur Valentinien II. C'était, selon toute apparence, l'obole à Charon qui devait longtemps encore être placée dans les tombes, car l'abbé Lebeuf parlait, au siècle dernier, de paysans des environs d'Auxerre munissant encore de ce tribut les cadavres qu'ils ensevelissaient [1].

X

Si, comme je viens de le rappeler, l'influence de la littérature antique dont les saints Pères de l'Occident regrettaient et condamnaient l'étude [2], se montre dans les monuments de l'épigraphie chrétienne, on y trouve avant tout la marque de la connaissance des Livres saints. Des passages tirés de leurs textes s'inscrivaient sur les parois des églises, rappelant sans cesse aux fidèles les préceptes qui devaient les guider [3]. Les manuscrits où nos ancêtres ont réuni les documents relatifs à la vie de saint Martin reproduisent plus d'une de ces légendes murales [4] et le sol de l'Afrique nous en a gardé une importante série [5]. Sur une *transenna* découverte à

---

[1] Ci-après, n° 56.

[2] *Inscr. chr. de la Gaule*, préface, p. xci ; S. Gregor. magn. *Regest.*, lib. XI, epist. LIV, Desiderio episcopo Galliæ.

[3] On connaît ces vers qui terminent l'épitaphe de l'évêque Ennodius : TEMPLA DEO FACIENS HYMNIS DECORAVIT ET AVRO ET PARIES FVNCTI DOGMATA NVNC LOQVITVR (Sirmond, *Vita S. Ennodii*). Dans son livre *De virginis lapsu*, saint Ambroise reproche à une religieuse coupable de ne s'être pas souvenue d'une parole de saint Paul qu'une inscription d'église mettait sous ses yeux (c. VI).

[4] *Inscriptions chrétiennes de la Gaule*, n°ˢ 172, 177, 179.

[5] *Corpus inscript. latin.*, t. VIII, n°ˢ 706, 2218, 7922, 8620, 8624, 8625, etc.

Waṣserbillig, près de Trèves, et dont je parlerai plus loin, étaient gravées les paroles de Samuel : *Docebo vos viam bonam*[1]. Les rédacteurs des inscriptions s'inspiraient également des écrits dus aux grands docteurs de l'Église. Parmi ces derniers, j'ai cité saint Cyprien, saint Maxime de Turin[2]. Il en est de même en ce qui touche les monuments compris dans ce nouveau travail; nous le voyons par l'adage gravé sur une pierre découverte à Poitiers : MELIVS EST ENIM IN MALEFACTIS HVMELIS CONFESSIO QVAM IN BONIS SVPERVA GLORIACIO. Je ne saurais désigner le maître auquel est emprunté ce précepte; au moins savons-nous, par un livre attribué à saint Prosper, par les *Scintillæ* du moine Defensor, par un traité de saint Bernard, qu'il est dû à quelque docteur célèbre et que les anciens se plaisaient à le répéter[3]. Je demeure plus embarrassé encore devant la légende : SIT AVTEM DESIDERIVM N...[4] inscrite sur un débris trouvé à Cobern, près de Coblentz, et qui doit, selon toute apparence, provenir aussi de quelque texte connu.

XI

Avec les saints des anciens jours, Job, Daniel[5], les monuments dont je vais parler nomment ceux de la foi nouvelle : saint Pierre, saint Paul, saint Jean, saint Mathieu[6], saint Loup qui sauva Troyes de la fureur des barbares[7], saint Lupercus d'Elusa dont une inscription vient de faire revivre la mémoire[8], saint Gervais, saint Protais[9], saint Hippolyte, saint Sixte[10], saint Laurent, saint Hilaire de Poitiers, saint Aignan d'Orléans, saint Martin

---

[1] Ci-après, n° 418.
[2] *Inscr. chr. de la Gaule*, I, 397; II, 603.
[3] Ci-après, n° 255.
[4] N° 424.
[5] N°⁸ 45, 83, 93.
[6] N°⁸ 82, 85, 182, 254.
[7] N° 33.
[8] N° 294.
[9] N° 20.
[10] N° 83.

de Tours[1], saint Siméon qui, du haut de la colonne où il passa près de quarante années, envoyait un salut à notre sainte Geneviève en se recommandant à ses prières[2]. A côté de ces noms illustres nous voyons inscrits ceux des anges Raphaël, Ariel, Raguel. C'est là, pour les deux derniers, la marque d'un culte bizarre, vivant encore aux temps carolingiens et dont on pouvait retrouver, il y a cent cinquante ans, un souvenir dans les formulaires de la sorcellerie[3], héritière à la fois de l'idolâtrie antique et des vieilles superstitions chrétiennes[4].

L'Église dut intervenir et condamner cette dévotion singulière. On connaît le fait relatif au faux évêque Aldebert ou Adalbert qui s'éleva, en Allemagne, contre l'autorité de Rome. Dans un concile tenu en 745, sous le pape Zacharie, on donna lecture d'une prière dont Aldebert était l'auteur et qui se terminait par ces mots : « Precor vos et conjuro vos et supplico me ad vos, angele Uriel, angele Raguel, angele Tubuel, angele Michael, angele Inias, angele Tubuas, angele Sabaos, angele Simiel. » Invités par le souverain pontife à se prononcer sur cette oraison, les membres du concile répondirent : « Que peut-on faire, si ce n'est d'ordonner qu'elle soit livrée aux flammes? A l'exception de saint Michel, tous ceux qu'Aldebert y a invoqués sont des démons et non pas des anges. Instruits par vos saints enseignements et selon l'autorité divine, nous ne reconnaissons que trois noms d'anges : Michel, Gabriel et Raphaël[5]. » Un canon publié par Burchardt avec cette mention « Ex Concilio Aureliano, c. III », nous montre qu'en France,

---

[1] N° 254.
[2] N° 252, voir *Vita S. Genovefæ*, c. VI, § 26. (Bolland., 3 jan., t. I, p. 140.)
[3] Voir ci-après, n° 254, et J.-B. Thiers, *Traité des superstitions*, 5° édition, t. II, p. 188 et 191, 409. Au début du XVII° siècle, les accusés invoquaient encore, pour être insensibles dans la torture, des noms d'anges inconnus. (Eymericus, *Directorium inquisitorum*, édition de 1607, p. 483.)
[4] Cf. Cancellieri, *De secretariis Vaticani*, p. 1000 et 1800.
[5] *Concil. Roman. II*, Actio tertia (a° 745).

comme en Italie, l'autorité ecclésiastique ne reconnaissait que les trois anges vénérés par l'Église romaine [1].

Ainsi qu'un texte donné par Mabillon, et dans lequel Raguel, Uriel et Tubiel sont invoqués avec le Seigneur, la Vierge et les saints [2], deux de nos monuments joignent aux images du Christ et des évangélistes, celle de deux de ces anges dont le Concile de Rome avait réprouvé le culte, Ariel et Raguel [3].

Là n'est pas, à mes yeux, la seule marque des croyances superstitieuses que présentent les inscriptions de notre patrie. Je crois en retrouver une autre dans le libellé d'une légende lapidaire découverte à Poitiers et qui porte, comme tant de phylactères, une série de mots bizarres et dépourvus de sens [4].

XII

« Quel contentement, écrivait Montaigne, me seroit-ce d'ouir quelqu'un qui me récitast les mœurs, le visage, les coutumes, les plus communes paroles de nos ancestres [5]. » Ce vœu se réalise en partie pour qui veut lire nos premières inscriptions chrétiennes. Je viens de parler des superstitions où s'égarait l'esprit de nos pères. Leurs façons de dire, leurs erreurs de langage, leur prononciation même se retrouvent sur les pierres de leurs tombes. Quand Grégoire de Tours s'accuse de ne pas distinguer exactement le masculin du féminin, l'ablatif de l'accusatif [6], il nous laisse entrevoir ce que devait être de son temps le parler vulgaire. Peu de gens devaient s'étonner alors de rencontrer, même sous la

---

[1] *Decretorum libri XX*, c. cxcviii, édit. de Paris, 1549, p. 108; cf. Baluze, *Capitul. regum Francorum*, t. I, p. 220, 515, 707, 837, 1287; t. II, p. 708, 1125. De Rossi, *Bullett. di arch. crist.*, 1869, p. 62.

[2] « Sancte Orihel, ora. Sancte Raguhel, ora. Sancte Tobihel, ora pro nobis. » (*Litaniæ Carolinæ. Vetera analecta*, p. 170.)

[3] Nos 32 et 254.

[4] No 250; cf. p. 451.

[5] Livre II, ch. xviii.

[6] *De gloria confessorum*, *Præfatio*.

plume d'un homme qui se piquait de poésie, des constructions de cette sorte :

CONDITA OC TVMVLIS REQVIESCIT OSSA SEPVLCHRVM [1]

L'heure n'était pas encore venue où un grand prince devait, en invoquant l'autorité de l'Évangile, compter au nombre des actes méritoires le souci de bien dire [2]. Plus sûrement que ne le feraient d'autres textes, trop souvent altérés par la main des copistes, nos inscriptions nous apprennent ce que furent, aux âges mérovingiens, certaines formes du langage. Parfois alors le *t* et l'*m* disparaissent à la fin des mots : on dit BASELICA, CREPEN au lieu de *basilicam, crepent* [3]; POS pour *post*, comme quelques anciens le prononçaient par élégance [4]. L'*s* final du nominatif de la deuxième déclinaison s'atrophie, en même temps que l'*u* qui le précède est remplacé par un *o* : on dit PVER NOMENE VALENTIANO pour *puer nomine Valentinianus* [5]. Nombreux sont les exemples de nom, de mots qui conservent au génitif la forme nominative [6], annonçant ainsi la venue des langues sans flexions. Par une tendance qui va s'accentuant de plus en plus, l'*n* médial disparaît, comme le montrent les noms MASVETVS, TRASEMVDVS, les mots DOLIES, MESIS et d'autres encore [7]. Je viens de noter des nominatifs de la seconde déclinaison que l'on termine par un *o*; entre cette lettre et l'*u*, l'*i* bref et l'*e*, le *b* et le *v*, la prononciation vacille à ce point que l'on écrit OMNEVOS pour *omnibus* et VOCAVETOR pour *vocabitur* [8]. Dans la bouche de nos pères, le *c* demeure ce qu'il était aux temps antiques : même devant l'*e* et l'*i*, il garde le son du *k*,

---

[1] Ci-après, n° 77.
[2] Baluze, *Capitularia regum Francorum*, t. I, p. 201.
[3] N°⁸ 182, 292.
[4] N° 182.
[5] *Inscr. chrét. de la Gaule*, n° 355.
[6] Ci-après, n° 264.
[7] Ci-après, n° 438.
[8] *Inscr. chr. de la Gaule*, n° 383 et ci-après, n° 331.

à moins qu'une seconde voyelle ne suive cette dernière, comme en témoigne l'orthographe des mots *negotiator, statio, oratio* gravés sur un marbre de l'année 601 [1]. Sauf une seule exception que je crois sans valeur, rien, dans la longue série de nos inscriptions antérieures au viiie siècle, ne nous montre que la prononciation ait été alors modifiée; pour ne rappeler ici qu'un seul exemple, on écrit chez nous IN PAFE, IN PACAE, comme dans les épitaphes des catacombes romaines [2].

On disait, en Gaule, ISPELVNCOLA, comme on disait *ispiritus* [3]. A l'expression courante *bonæ memoriæ* nous voyons substituer l'adjectif *bonememorius* [4]; *ad* suivi d'un accusatif remplace le génitif dans les mots *membra ad duos fratres* [5]; on dit *trienta* et *quarranta* [6]; *usquid* pour *usque* [7]. Au mépris de l'enseignement des vieux maîtres, un défunt de vingt-trois ans est qualifié *infans*, un enfant de quatre ans *adolescens* [8]; la date du mois s'énonce souvent par la formule *quo, quod, ubi fecit, cum fecerit mensis... dies...* [9]; l'âge par les mots *egit, fecit, gessit, tulit, portavit annos...* [10]; *recessio* remplace *transitus* [11], comme dans la région du Rhin *titulus* se dit pour *sepulchrum* [12] et *patres* pour *parentes* [13]. Puis viennent des façons de parler nées avec le christianisme : le

---

[1] *Inscriptions chrétiennes de la Gaule*, n° 17.

[2] Ci-après, n° 374; cf. Bosio, *Roma sotterranea*, p. 506 : SCAMNATIVS IN PACAE; Marucchi, *Il cimitero di S. Valentino*, p. 90 : ARIA IN PACAE; Fabretti, *Inscript.*, c. v, p. 250 : ΦIKIT IN ΠAKE, etc.

[3] *Inscr. chrét. de la Gaule*, n° 247.

[4] Ci-après, n°ˢ 107, 291, 295.

[5] *Inscr. chr. de la Gaule*, n° 378. La même façon de dire se retrouve dans ces mots d'un jugement rendu, vers l'année 751, par Pépin, maire du palais : «Pro stipendia ad ipsos fratres». (Tardif, *Archives de l'Empire, Monuments historiques*, p. 45.)

[6] Ci-après, n°ˢ 66, 295.

[7] N° 247.

[8] N°ˢ 106, 107.

[9] N°ˢ 238, 245, 279.

[10] N°ˢ 66, 224, 226, 232, 297.

[11] N° 279. Le même mot paraît se trouver avec la forme REQVESIO dans une épitaphe de Rome. (Marucchi, *Il cimitero di S. Valentino*, p. 103.) Pour la prononciation gutturale de la lettre *c*, voir ci-après, n° 374.

[12] N°ˢ 74, 78.

[13] N°ˢ 65, 377.

pécheur est qualifié par la rare épithète *reus Christi* [1]; on proclame sur une tombe que le défunt a « perdu la mort, trouvé la vie [2] »; l'expression *credulitas*, qui désigne chez les païens une faiblesse de l'âme, devient, dans la langue des fidèles, le nom de la plus haute vertu [3].

XIII

Les monuments de cette seconde série évoquent souvent encore pour nous, sous d'autres formes, le souvenir de ce que furent la vie, les usages des anciens. En même temps que leurs tombes de marbre, de pierre, de tuiles, de terre cuite, de plâtre moulé, nous retrouvons les légendes des fontaines de leurs sanctuaires [4], leurs coupes de verre peint et gravé [5], leurs bijoux à légendes pieuses [6] et, chose nouvelle, leurs inscriptions incrustées de verroteries [7] comme l'étaient les agrafes de leurs vêtements [8]. Nous les voyons, si je puis parler ainsi, penser, écrire et se mouvoir. Des provinciaux, plus heureux, semble-t-il, que tant de leurs contemporains, font graver sur une lame de bronze l'expression de leur gratitude pour un consulaire qui les a gouvernés [9]. Plus d'un marbre nous garde le type barbare des *quasiversus* que l'on écrivait aux temps mérovingiens [10] et de l'emploi fait par les *epitaphistæ* des formulaires composés pour leur usage [11]. Un évêque est élu par le vote populaire, tenu alors pour la voix même de

---

[1] N° 246. Je n'ai encore trouvé cette expression que dans les vers de Prudence :

> Audi benignus supplicem
> Christi reum Prudentium.
>
> (*Hymm.*, II, v. 581, 582.)

[2] N° 130.

[3] N° 311.

[4] N° 326.

[5] N°ˢ 43, 44ᵃ, 48, 48ᵃ, 91, 92.

[6] N°ˢ 50, 59, 187.

[7] N°ˢ 254, 254ᵃ, 326.

[8] Je retrouve cette décoration rare au xiv° siècle sur le bas-relief central du jubé de la cathédrale de Bourges, acquis par la Société des Antiquaires du Centre.

[9] N° 286; Sidon. Apollin., *Epist.*, I, vii; cf. Plin., *Epist.*, II, xi; III, ix.

[10] N°ˢ 77, 103, 130, 232.

[11] L'existence et la diffusion de ces modèles dont je me suis occupé ailleurs (*In-*

Dieu[1]; d'autres fondent des sanctuaires[2] ou dotent leurs églises de pièces d'orfèvrerie dont les inscriptions ont survécu : calices, lampadaires, patères, candélabres, tabernacles en forme de tour comme l'était, disait-on alors, le sépulcre du Christ. «Ce sont là, écrit un ancien, les joyaux dont l'évêque pare son épouse[3].» Une reine relève un monastère autrefois fondé en l'honneur des douze Apôtres[4]; les cités reposent confiantes sous la garde des saints martyrs[5]; un magistrat constate l'accomplissement d'un vœu fait à un bienheureux[6]; un prêtre de Narbonne réunit les reliques de quatre saints africains et donne à une basilique une maison dont le revenu sera affecté à l'entretien des lampes qui doivent brûler dans ce sanctuaire[7].

On multiplie sur les tombeaux la marque d'une foi profonde en la résurrection promise[8], les adjurations, les anathèmes qui doivent, espère-t-on du moins, les protéger contre les violateurs[9], comme le voisinage des corps des saints, la présence des espèces eucharistiques garantiront le mort des attaques du démon[10]. Ce n'est pas seulement l'épitaphe qui dit les vœux des survivants pour

---

scriptions chrétiennes de la Gaule, n° 476), peut expliquer comment l'hémistiche d'une inscription de Cologne : INNOCES FVNERE CAPTVS (ci-dessus, n° 440; cf. n° 86) se retrouve dans une légende funéraire découverte à Wittislingen, en Bavière. (Sitzungsberichten der philos. philol. Classe der R. Bayer. Akad. der Wiss., 1884, p. 61; et De Baye, Le tombeau de Wittislingen, Gazette archéologique, 1889.)

[1] N° 167°.
[2] N° 281.
[3] N°ˢ 243 et 441.
[4] L'inscription qui constatait ce fait est mentionnée comme il suit au 13ᵉ paragraphe de la Vita sanctæ Chrothildis : «Renovavit (Chrothildis) etiam ab ipsis fundamentis monasterium quod in suburbio Rotomagensis civitatis prope muros ejusdem urbis, tempore beati Dionysii, ibi ædificatum fuit, et ab eodem apostolico viro dedicatum est in nomine duodecim Apostolorum, die kalendarum septembris, sicut in quadam petra quæ erat in fundamento altaris reposita, sculptum erat.» (Bruno Krush, Scriptores rerum merovingicarum, t. II, p. 347.)

[5] N° 20.
[6] N° 294.
[7] N° 445.
[8] N° 444.
[9] N°ˢ 247 et 333; cf. n° 264.
[10] N°ˢ 1 et 185.

celui qui n'est plus : parfois des souhaits de bonheur éternel s'inscrivent sur des objets que devra renfermer la tombe. Telle est, me paraît-il, une coupe trouvée à Boulogne-sur-Mer dans une sépulture et qui porte cette acclamation de style funéraire :

VIVAS IN ETERNO [1].

Ainsi que les restes des martyrs aux catacombes romaines, le cercueil d'un illustre pasteur est enveloppé d'une étoffe précieuse et la dévotion des fidèles le décore de riches offrandes [2]. Une légende peinte semble rappeler les avertissements célestes si souvent mentionnés dans nos textes mérovingiens [3]. Voici le souvenir des jeûnes pieux [4], de la continence dans le mariage [5], les noms propres qui témoignent de l'humilité de nos ancêtres [6]; voici des marques de leur coutume d'attendre l'heure dernière pour recevoir le baptême qui doit effacer toutes les fautes [7].

Pour qui les veut interroger, les brèves inscriptions des fidèles ont leur prix; moins riches, à coup sûr, que celles des païens en renseignements touchant les choses de l'administration publique,

---

[1] N° 44ᵃ. Ce n'est pas là un fait isolé et sans exemples. Le savant Buonarruoti (*Osservazioni sopra alcuni frammenti di vasi antichi di vetro ornati di figure*, p 170) a vu, entre les mains d'un habile archéologue, une bague antique ornée d'une cornaline où étaient gravés les mots :

ROXANE
D·B·QVES
QVAS

Roxane dulcis bene quiescas.

J'ajoute qu'en Bavière, dans un tombeau du VIᵉ ou du VIIᵉ siècle, dont j'ai parlé plus haut (p. XXI, note 2), on a trouvé avec des bijoux de grand prix une belle agrafe d'argent au revers de laquelle est inscrite cette autre formule d'une légende funéraire :

VIVAT IN DO FI
LIX INOCENS FV
NERE CAPTA

Aux textes que j'ai cités pour établir le caractère funéraire de la formule *vivas in æternum*, joindre une épitaphe de Mandourel terminée par l'acclamation VIBAT CV XPO IN ETERNV. (*Inscriptions chrétiennes de la Gaule*, n° 611ᵇ.)

[2] N° 39.
[3] N° 253.
[4] N°ˢ 133 et 441.
[5] N°ˢ 298, 299.
[6] N°ˢ 105, 178.
[7] N° 112.

elles font mieux revivre à nos yeux, par leur simplicité même, la mémoire des usages, des vertus, des faiblesses de ceux qui nous ont précédés.

XIV

Un mot maintenant sur le nombre de celles que nous devrions posséder. Si j'en retranche les pièces épigraphiques dues à Sidoine Apollinaire, à Fortunat[1], la première série des marbres que j'ai donnés en comprend environ six cent cinquante. Là se borne, pour notre sol, la somme des relevés faits en plusieurs siècles. Il y a aujourd'hui vingt-sept ans qu'a été publié mon travail, et pendant ce temps, relativement si court, quatre cent cinquante légendes nouvelles ont été découvertes et signalées. Combien s'en devrait-il donc trouver entre nos mains si le goût des recherches historiques et le souci de recueillir les monuments avaient été autrefois ce qu'ils sont de nos jours?

---

[1] Voir, pour le caractère épigraphique de ces poésies, p. 453.

NOUVEAU RECUEIL

DES

INSCRIPTIONS CHRÉTIENNES

DE LA GAULE

ANTÉRIEURES AU VIIIe SIÈCLE.

PROVINCES GALLICANES.

PREMIÈRE LYONNAISE.

1

VIX.

Je n'ai que trop souvent constaté, en étudiant les premières inscriptions chrétiennes de notre sol, combien la négligence, le mauvais vouloir même avaient laissé détruire ou fait disparaître de monuments épigraphiques. A peine quelques-uns de ceux qu'ont vus ou enregistrés Séguier au dernier siècle, Millin au début de celui-ci, nous ont-ils été conservés. A Lyon, dans les marches d'un escalier de jardin j'ai retrouvé et racheté pour la sauver, une épitaphe importante par son texte, par sa date, et que le savant abbé Lebeuf avait autrefois fait graver et insérer dans les *Mémoires de l'Académie des inscriptions*.[1] Une nombreuse série d'inscriptions chrétiennes trouvées dans les fouilles du chemin de fer, à Vienne, a été brisée et enfouie à dessein dans le

---

[1] *Inscriptions chrétiennes de la Gaule*, n° 44, et préface, p. cxxxi.

remblai de la voie. L'œuvre de destruction continue, et le petit monument dont je vais parler nous en fournit malheureusement la preuve.

Il y a plusieurs années déjà, M. Gustave Lapérouse, correspondant de la Société des antiquaires de France, a bien voulu me faire savoir qu'une épitaphe antique portant ces seuls mots : *Christus hic est* venait d'être trouvée à 6 kilomètres de Châtillon-sur-Seine, sur la montagne de Vix qui domine Pothières, et près du lieu où avait été découverte autrefois une inscription métrique datée de la fin du ve siècle [1]. M. Lapérouse, qui s'était borné à me faire connaître la teneur singulière de la légende, m'en avait fait espérer une copie exacte, que ses occupations ne lui ont pas permis de me faire parvenir.

Pour ne point laisser une lacune dans le recueil de nos inscriptions chrétiennes, j'ai demandé à M. Ronot, bibliothécaire de Châtillon-sur-Seine, des renseignements sur la pierre de Vix, et, s'il se pouvait, un estampage. La réponse de l'obligeant bibliothécaire m'a fait voir une fois de plus combien il importe de dessiner, dès qu'ils paraissent, les monuments que nous rendent les fouilles; l'inscription était déjà perdue; trop grande pour pouvoir être placée à l'intérieur de la bibliothèque, la pierre avait été déposée dans une cour; des maçons l'y avaient prise pour l'employer, avec d'autres débris antiques, dans les murs d'une construction; une copie du monument, soigneusement relevée par M. Jules Beaudoin, juge de paix à Châtillon-sur-Seine et membre de la Société géologique de France, existait toutefois, par bonheur, et M. Ronot voulut bien se charger de m'en faire obtenir un calque. Je reçus en même temps de M. Beaudoin quelques indications sur le lieu et les circonstances de la découverte. L'épitaphe avait été déterrée sur la montagne de Vix que les anciens titres désignent sous le nom de mont Lassois, dérivé de celui de *Latisco*, oppidum autrefois construit sur le plateau. Ce fut là qu'à la suite de l'invasion des Huns se retira l'évêque saint Loup, de Troyes, pour y rassembler son troupeau, effrayé d'habiter une ville sans défense [2]; ce fut là que s'éleva

---

[1] *Inscriptions chrétiennes de la Gaule*, n° 1.

[2] Bolland., 29 jul., *Acta antiqua S. Lupi*, § 5.

plus tard le château de Roussillon, auquel doit son surnom le comte Gérard, célèbre dans l'épopée mérovingienne et qui fonda l'abbaye de Pothières[1]. Une église se trouve en ce lieu au centre d'un cimetière où l'on rencontre à la fois des instruments de pierre taillée, de bronze, des sarcophages mérovingiens[2], et qui sert encore de lieu de sépulture aux communes de Vix et d'Entrochy.

Les tombes anciennes qu'on y a retrouvées étaient recouvertes de dalles taillées en dos d'âne, sauf une seule que fermaient deux pierres plates dont l'une, offrant des traces d'un emploi antérieur, portait le monogramme du Christ, avec l'inscription suivante :

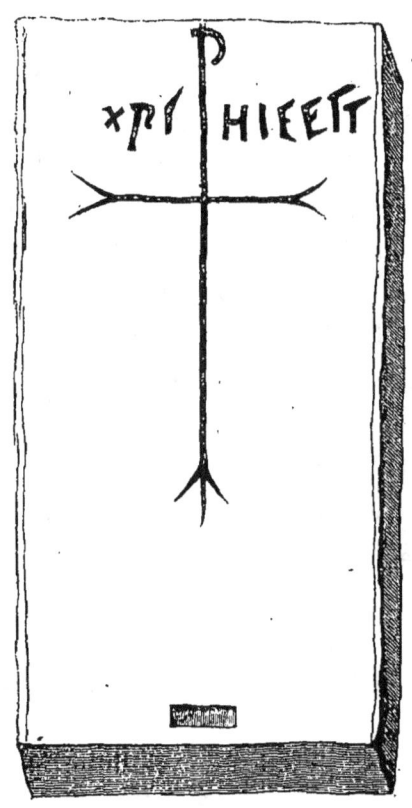

Christus hic est.

---

[1] Paulin Pâris, *Les manuscrits français de la Bibliothèque du roi*, t. VI, p. 103-109, *Gérard de Roussillon*, Lyon, Perrin, 1856 ; Préliminaires historiques; *Inscriptions chrétiennes de la Gaule*, n° 1.

( ) Voir, pour ces tombes, une note de

Cela dit pour mettre sous les yeux du lecteur la série des témoignages relatifs à un monument aujourd'hui disparu, je m'occuperai des mots qui y figuraient.

Les marbres funéraires ne nous ont, si je ne me trompe, fourni encore aucune formule que l'on puisse rapprocher de cette brève légende. Si loin que je puisse chercher, je ne lui trouve d'autres analogues que dans ces mots écrits, raconte Diogène Laerce, sur une maison grecque : *Hercule habite ici ; que rien de mauvais n'y entre* [1] ; et, aux temps chrétiens, cette autre inscription qui, tracée sur les portes des maisons d'Antioche, suffit, selon Nicéphore Calliste, pour arrêter les désastres d'un tremblement de terre : *Le Christ est avec nous ; arrêtez* [2].

Qu'Hercule, Dieu *Alexicacos*, comme nous le voyons si souvent nommé [3], que le Seigneur aient été invoqués pour sauvegarder l'habitation des hommes, le fait n'a pas besoin d'être expliqué ; mais si la brève inscription de Vix a, comme j'incline à le croire d'après ce double exemple, été gravée pour faire connaître que le Christ protège le défunt, deux questions s'offrent ici tout d'abord : Comment le Seigneur peut-il être présent dans la tombe d'un fidèle ? Contre quelles attaques le mort doit-il être gardé dans son sépulcre ?

Avant l'heure de la résurrection et du jugement suprême, le pécheur, répétaient les anciens, pouvait souffrir, dans son corps même, de cruels tourments. Le démon, par la permission de Dieu, ou quelque ange terrible, ministre de sa justice [4], faisaient expier, dès la mort, les crimes ou les fautes de la vie. Des faits qui répandaient l'épouvante

---

M. Ed. Flouest insérée dans le *Bulletin de la Société des antiquaires de France*, 1870, p. 84.

[1] In Diogen., VI, 50 ; cf. VI, 39 ; Clem. Alex., *Strom.*, VII, 4 ; Theodoret., *Sermo* VI, *De Providentia* (ed. Paris., t. IV, p. 564).

[2] L. XVII, c. III (ed. Fronto Duc., t. II, p. 735).

[3] Lucien, Ἀλεκτρυών, § 2 ; Lactant., *Instit. div.*, V, 3 ; Caryophillus, *De Thermis Hercul.*, p. 31 ; Orelli, n°ˢ 901, 941, 1536, 1537 ; *Corpus inscriptionum græcarum*, n° 5989, etc.

[4] Hubner, *Inscr. Hisp. christ.*, n° 253 : VT NON PERMITTAS INTROIRE ANGELVM PERCVTIENTEM ; cf. I *Paralip.*, XXXII, 21 : «Et misit Dominus angelum qui percussit omnem virum robustum.» etc. ; Eulogius, *Memor. sanctor.*, l. V, c. XVI : «Angelo percutiente...»

se racontaient chez les chrétiens. Ici, c'était un débauché dont une flamme avait fouillé la tombe et anéanti les restes[1]; là, une religieuse indigne arrachée de sa couche mortuaire et à demi consumée[2]; des morts criaient du fond de leurs tombeaux que le feu les dévorait[3]; un autre gémissait et suppliait le Seigneur de le délivrer du démon[4]. A Milan, un impie avait été enterré dans une église; la nuit suivante, on entendit le bruit d'une lutte engagée dans le sanctuaire; deux esprits à face terrible avaient lié les pieds du cadavre, l'entraînaient malgré ses clameurs et le jetaient hors de l'enceinte sacrée[5].

Ainsi prend corps et se dramatise, sous la plume de deux saints pères, Grégoire de Tours, Grégoire le Grand, une croyance déjà bien ancienne; dès avant l'âge où nous reportent leurs écrits, les chrétiens redoutaient pour leurs restes les attaques du démon. « C'est là, dit saint Maxime de Turin, une crainte que nos ancêtres nous ont transmise[6]. » Le temps ne devait pas la faire disparaître. Au IXe, au Xe siècle, cette persuasion demeure vivante. On raconte aux fidèles épouvantés la terrible légende du dragon torturant, dans le sépulcre, un prince impie[7]. Longtemps après, Guillaume Durand, Théodore Balsamon répètent que les démons s'acharnent sur nos restes misérables[8].

Le Seigneur et ses saints pouvaient seuls assister dans la tombe le chrétien que ne couvre plus alors le bouclier de la prière. La croix[9], les reliques[10] auprès desquelles, dit saint Jérôme, les esprits de l'abîme

---

[1] Gregor. Magn., *Dialog.*, l. IV, c. XXXII.
[2] Idem, *ibid.*, IV, LI.
[3] Gregor. Turon., *De gloria martyr.*, c. CVI.
[4] Gregor. Turon., *Vitæ Patrum*, c. XVI.
[5] Greg. Magn., *Dialog.*, l. IV, c. LIII.
[6] *Homil.*, LXXXI.
[7] Baluze, *Capitul.*, t. II, p. 109 et 779; Flodoard, l. II, c. XII.
[8] Durandus, *Rationale divin. offic.*, l. VII, c. XXXV, § 37, 38, 39; Theodorus Balsamon, *Commentar. in Canon. Apost. et Concil.*, in can. LXXXVI Conc. Trull.
[9] Morcelli, *Kalend. Constant.*, t. I, p. 231; Duchesne, t. II, p. 87; Bolland., t. III mart., col. 138, § 5; Allegr., *Opusc.*, p. 59; de Rossi, *Bull. arch. crist.*, aprile 1863; l'abbé Cochet, *Sépultures*, p. 312.
[10] Theodoret., *Philoth.*, c. XXI; Sozom., *Hist. eccl.*, IX, 11; Duchesne, t. II, p. 87;

rugissent impuissants, l'eau consacrée par la bénédiction[1], tout ce qui avait, pendant la vie, défendu le fidèle contre l'enfer devait encore, après le trépas, être sa protection et sa sauvegarde.

Nous avons vu les attaques du démon; un récit de Grégoire de Tours nous montre son impuissance et sa défaite. C'était, dit l'historien, au temps de saint Nizier; une cruelle épidémie avait fondu sur Trèves et le prêtre de Dieu implorait pour son troupeau décimé la miséricorde céleste. Tout à coup, au milieu de la nuit, on entendit un bruit terrible, retentissant comme un tonnerre; la ville allait, semblait-il, s'écrouler. Le peuple s'éveillant plein d'épouvante attendait la mort, lorsque, dans ce fracas, une voix fut entendue au milieu d'autres : « Compagnons, disait-elle, que ferons-nous ici? A une porte veille saint Euchaire, à l'autre saint Maximin, et voici que Nizier se tient au milieu de la ville; il nous faut la laisser à leur garde. » A ces paroles, le mal s'arrêta et ne fit plus de victimes à Trèves[2].

Ce secours que la Rome des Gaules reçut ainsi des reliques de ses anciens pasteurs, des prières de celui qui leur avait succédé, les chrétiens l'espéraient pour leurs tombes de la présence des choses saintes, cherchant ainsi, comme le disent les inscriptions, une protection pour leur dépouille mortelle, en même temps qu'un patronage pour leur âme[3].

C'était par la vertu du Christ que s'obtenait ce merveilleux secours; aussi plus d'un parmi nos pères voulut demander au Seigneur même de l'assister dans le sépulcre. Là, comme ailleurs, devait être tout puissant celui dont la présence tient les démons enchaînés à la porte des sanctuaires[4]. Son corps vénéré devait accomplir partout le même

---

Bosio, *Roma sott.*, p. 105; Mabillon, *Acta sanctorum ord. Bened.*, sæc. III, pars II, p. 165; de Rossi, *loc. cit.*, etc.

[1] Hieron. *Advers. Vigilant.*, initio; Durandus, *loc. cit.*; Bosio, *Roma sott.*, p. 20; Lupi, *Dissertazioni*, t. 1, p. 76, 77.

[2] Gregor. Turon. *Vitæ Patrum*, c. xvii, § 4.

[3] Gazzera, *Iscriz. crist. del Piemonte*, p. 80 : MARTYRIBVS DOMINI ANIMAM CORPVSQVE TVENDO | GRATIA COMMENDANS TYMVLO REQVIESCIT IN ISTO | SILVIVS, etc.; p. 102 : COM·MEN·DANS·SANC·TIS·ANIMAM·CORPVSQVE FOVENDV.

[4] S. Chrysost., *Homil. de S. Martyribus*, § 4. Ἔξω τῆς ἐκκλησίας ἕστηκεν ὁ διάβολος.

miracle; et ce corps, n'était-ce pas la sainte eucharistie? Au milieu de tant de textes qui l'affirment, l'une de nos anciennes inscriptions, celle d'Autun, nous dit que le fidèle, recevant du prêtre, suivant l'usage des premiers siècles, les espèces eucharistiques, tient en ses mains le divin Ἰχθῦς[1]; puis, par une expression qui rappelle celle de l'épitaphe si laconique dont je cherche à pénétrer le sens, saint Optat dit qu'en renversant les autels, que chaque consécration eucharistique fait la demeure du fils de Dieu, les Donatistes ont frappé le Christ lui-même qui y réside[2]. L'hostie est donc le Seigneur en personne, ainsi que l'Église l'a enseigné par la parole, par les écrits des Pères, la liturgie, les monuments. Σῶμα Χριστοῦ, disait, aux temps antiques, l'évêque donnant la communion[3]; aux catacombes, les fresques des galeries primitives offrent souvent l'image du poisson unie à celle du pain, du vin eucharistiques[4], association mystérieuse que saint Chrysostome explique et affirme par ces mots si fréquents dans ses discours, lorsqu'il parle de la table sainte, et qui, une fois encore, nous ramènent à la formule inscrite sur la pierre de Vix : « Le Christ est là. Le Christ est présent. Πάρεστιν ὁ Χριστός. Πάρεστιν ὄντως[5]. » Nos ancêtres l'avaient compris, et, comme tant d'autres choses saintes, des *oblatæ* furent placées sur la poitrine des morts afin de leur assurer le repos dans la tombe. Du vi^e au xe siècle, le fait est souvent constaté, et

εἰς γὰρ τὴν ἱερὰν ταύτην μάνδραν εἰσελθεῖν οὐ τολμᾷ.

[1] *Inscriptions chrétiennes de la Gaule*, n° 4. Voir encore, pour l'identification du Christ et des espèces eucharistiques, le fait miraculeux rapporté par saint Cyprien (*De lapsis*, c. xxvi).

[2] S. Optat., *De schismate Donatist.*, lib. VI : « Quid vos offenderat Christus, *cujus illic per certa momenta corpus et sanguis habitabat?* ..... Dum impie persequemini manus nostras *illic ubi corpus Christi habitabat*, feristis et vestras. Hoc modo Judæos estis imitati : illi injecerunt manus Christo in cruce, a vobis percussus est in altari. »

[3] *Constit. Apostol.*, l. VIII, c. xiii.

[4] De Rossi, *Roma sotterranea cristiana*, t. I, tav. VIII et p. 323; t. II, tav. XV, n° 2, et p. 340.

[5] *Homil. I in prodit. Judæ*, § 6 : Πάρεστιν ὁ Χριστὸς καὶ νῦν ἐκεῖνος ὁ τὴν τράπεζαν διακοσμήσας, οὗτος καὶ ταύτην διακοσμεῖ νῦν. *Homil. in Seraphim*, § 4 : Ὅταν οὖν τῇ ἱερᾷ τραπέζῃ προσιέναι μέλλῃς, νόμιζε ἐκεῖ καὶ τὸν βασιλέα τῶν ἁπάντων παρεῖναι· καὶ γὰρ πάρεστιν ὄντως. Voir encore *Homil.* lxxxii *in Math.*, § 4; *Homil.*, xvii, *in Ep. ad Hebr.*, c. x, § 3.

un récit de Grégoire le Grand atteste à la fois l'existence et la raison d'être de cette pratique. Un jeune moine, coupable de désobéissance, mourut en état de péché. On l'ensevelit; mais dès le lendemain, la tombe avait rejeté le cadavre. Inhumé de nouveau, il fut encore une fois retrouvé hors de la sépulture. On accourut auprès de l'abbé, saint Benoît, en le suppliant de pardonner au coupable. L'homme de Dieu remit alors à ceux qui l'imploraient le pain eucharistique. « Allez, dit-il; déposez, avec respect, le corps du Seigneur sur la poitrine du mort et replacez le cadavre dans la tombe. » On obéit, et dès ce moment la terre conserva les restes du religieux[1]. Le Christ était avec lui dans le sépulcre; il était là, comme le dit notre inscription; et le défunt était gardé, car suivant l'expression d'une pensée sur laquelle insiste saint Chrysostome : « Où est le Christ, le démon n'ose entrer[2]. »

Ainsi me paraissent pouvoir être expliqués les mots inscrits sur la pierre de Vix. Déposé dans le tombeau, le pain eucharistique aurait, si je ne fais fausse route, rempli, en écartant les attaques de l'enfer, le rôle protecteur dont parle Théodore Balsamon commentant un canon ancien sur la communion donnée aux morts[3], et qu'attribuent de même à la croix, avec une inscription de l'Espagne[4], des vers de Prudence où se retrouve la formule de la pierre de Vix :

> Frontem locumque cordis
> Crucis forma figuret...
> Crux pellit omne crimen...
> O tortuose serpens,

---

[1] S. Gregor. Magn., *Dialog.*, l. II, c. xxiv. On connaît la belle fresque peinte par le Sodoma à Monte-Oliveto et représentant ce trait de la vie de saint Benoît.

[2] *Exposit. in Psalm.*, xli, § 2 : Ὅπου δὲ ὁ Χριστὸς, δαίμων μὲν οὐδεὶς ἐπεισελθεῖν μᾶλλον δὲ οὐδὲ παρακύψαι τολμήσειέ ποτε. Voir encore *Homil. de SS. Martyribus*, § 4.

[3] Commentarius in canones Apostolorum et conciliorum (apud Beveregium, *Pandectæ canonum*, t. I, p. 253), In can. lxxxiii conc. Trull. : Τὸ μέν τοι χειρίζεσθαι τοῖς ἀρχιερεῦσι μετὰ τελευτὴν ἅγιον ἄρτον καὶ οὕτως ἐνταφιάζεσθαι, νομίζω γίνεσθαι εἰς ἀποτροπὴν τῶν δαιμονίων, καὶ ἵνα δι' αὐτοῦ ἐφοδιάζηται πρὸς οὐρανόν, ὁ τοῦ μεγάλου καὶ ἀποστολικοῦ καταξιωθεὶς ἐπαγγέλματος.

[4] Hübner, *Inscr. Hispan. christ.*, n° 268.

> Qui mille per mœandros,
> Fraudesque flexuosas
> Agitas corda quieta,
> Discede, *Christus hic est;*
> Hic Christus est, liquesce [1].

Une objection faite à ma conjecture doit être rappelée ici. Ces vers, a dit un savant ecclésiastique, ne montraient-ils pas que le signe même du Christ suffit à écarter le démon et faut-il nécessairement penser au dépôt d'une hostie dans le sépulcre [2]? L'observation a certes sa valeur. Mais, on le remarquera, parmi tant de milliers de tombes marquées de la croix, et bien que toutes aient dû dès lors être tenues comme également protégées, celle de Vix est la seule où figurent les mots *Christus hic est.* C'est la présence de cette formule exceptionnelle qui m'a fait penser, comme on l'a vu, à quelque circonstance d'exception.

Avec les antiquaires qui l'ont pu voir, j'estime que notre monument appartient à l'époque mérovingienne; mais chercher à reconnaître la date d'une inscription dont le type ne se retrouve nulle part ailleurs serait, à coup sûr, chose hasardeuse, et je me bornerai à indiquer les éléments d'appréciation qui peuvent nous donner quelque lumière.

S'il s'agissait ici d'une épitaphe étrangère à notre sol, la forme des lettres pourrait laisser penser à une époque antique : la fin du IIIe siècle, par exemple, ou le début du IVe; c'est ainsi que le C carré est signalé en 301 sur les marbres [3] et l's en forme de *gamma* s'y rencontre dès l'an 295 [4]. Mais, en Gaule, la première de ces lettres ne paraît pas avant l'an 506; l'autre se trouve sur une épitaphe découverte en Bourgogne, comme celle dont je m'occupe, et qui ne saurait, d'après sa formule, être antérieure aux dernières années du Ve siècle [5].

---

[1] *Hymn. VI* ante somnum, v. 131 et suivants.

[2] L'abbé Morelet, *Bulletin d'histoire et d'archéologie religieuses du diocèse de Dijon*, t. II, p. 93.

[3] De Fonscolombe, *Mémoire sur le préambule de l'édit de Dioclétien*, pl. II.

[4] Buonarruoti, *Vetri*, prefaz., p. XVIII. Voir encore Boldetti, *Osservazioni*, p. 461, n° 298; Cardinali, *Prodrom. ad illustr. lapidis Stratonicensis* (tab. I, ad p. 732, *Atti dell' Accad. rom. d'archeol.*, t. II), n° 301, etc.

[5] *Inscr. chrét. de la Gaule*, n° 661 A. Voir, de plus, pour cette lettre, ci-après n° 52.

C'est seulement vers le début de cette même période que commence à paraître, dans la Gaule, le monogramme ☧ tracé dans notre légende et qui combine avec la croix les deux premières lettres du nom de Χριστός [1].

Ces données, le mode d'exécution des caractères gravés sur la pierre de Vix, les *apices* du monogramme, me portent à penser que, comme la pierre déjà trouvée près du même lieu et que j'ai rappelée plus haut, notre monument appartient à la fin du ve siècle.

2

FÉNAY.

L'abbé Denisot et M. d'Arbaumont, *Mémoires de la Commission des antiquités de la Côte-d'Or*, t. IX, p. CI, CIII; — R. de Lasteyrie, *Bulletin archéologique du Comité des travaux historiques*, 1886, p. 449-452.

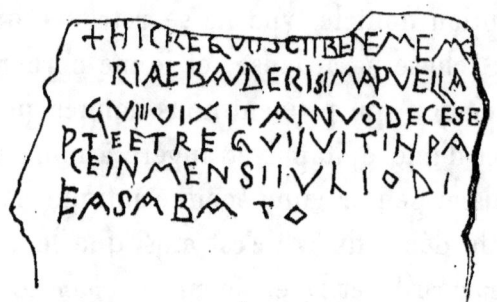

☩ *Hic requiiscit bene memoriae Bauderisima puella qui vixit annus decesepte et requiivit in pace in mensi julio diea sabato.*

Inscription conservée à Dijon, dans le musée de la Commission des antiquités de la Côte-d'Or. Elle a été trouvée en 1873 au lieu dit *les Combettes*, sur le territoire de Fénay, canton de Gevrey. On y remarquera l'indication assez peu fréquente du jour de la semaine où mourut la jeune fille; c'était un samedi, désigné par le mot *SABATO*,

---

[1] *Inscr. chrét. de la Gaule*, préface, p. XIV.

comme on le faisait communément sans doute alors, bien que, sur une inscription de Chiusi, on trouve encore accolée au nom de la pâque la vieille forme DIE SATVRNI [1] qui devait prévaloir chez les modernes. C'était là un de ces détails auxquels quelques-uns attachaient sans doute peu d'importance. « Si la loi, disait Tertullien, en rappelant un texte de l'Exode, si la loi nous défend de prononcer les noms des dieux des gentils, elle ne saurait nous l'interdire alors qu'ils viennent comme nécessairement sur nos lèvres. Il nous faut bien dire souvent : « Il est « au temple d'Esculape »; ou « Je demeure au *Vicus* d'Isis »; « Il a été « nommé prêtre de Jupiter. » Ce n'est pas plus honorer Saturne, si je viens à dire son nom, que je n'honorerais Marcus en l'appelant Marcus [2] ».

C'était au temps des persécutions que s'écrivaient ces mots; ne pas nommer les jours de la semaine suivant l'usage alors courant eût, sans doute, pour le fidèle placé en face d'un païen, été de quelque danger. Deux siècles plus tard, lorsque le christianisme fut devenu la religion de l'État, saint Augustin tenait un tout autre langage : « Le quatrième jour après le sabbat est, dit-il, la *quarta feria* que les païens nomment le jour de Mercure. A notre grand déplaisir, beaucoup de chrétiens font de même. Dieu veuille qu'ils se corrigent et ne parlent plus de la sorte. Ils possèdent en effet un langage qui leur est propre et qu'ils doivent employer. Mieux vaut qu'une bouche chrétienne ne prononce que des mots consacrés par la coutume de l'Église [3]. »

Je viens de citer une inscription où le mot DIE est orthographié DIAE. Les graveurs l'écrivaient souvent de la sorte [4], et c'est ainsi que nous le trouverions dans l'épitaphe de Fénay, si, par une erreur matérielle assez fréquente sur les marbres, il n'y avait pas eu ici transposition de lettres [5].

---

[1] Liverani, *Le catacombe e antichità cristiane di Chiusi*, p. 117.
[2] *De idolol.*, XX.
[3] *Enarr. in Psalm.* XCIII, § 3.
[4] Marini, *I Papiri diplomatici*, p. 268

B : DIAE SABBATO. — Perret, *Catac.*, pl. VII, n° 11 : DIAE SABATV. — Cf. de Rossi, *Bullett.*, 1880, p. 129.
[5] Marini, *Arvali*, p. 340, 592, 825 et suiv.

M. de Lasteyrie a consacré au nom de la chrétienne *Bauderisima* une note intéressante.

La croix par laquelle débute l'épitaphe, sa formule initiale et la présence d'un E dont la haste dépasse les membres horizontaux permettent de classer cette pierre au vi^e siècle[1].

3

LYON.

Allmer, *Revue épigraphique du midi de la France*, n° 635.

HICQVIESCI
BASILIA

Ce fragment, dit M. Allmer, a été trouvé, il y a près de vingt ans, sur la place de Choulans, dans les fondations de la maison qui porte le n° 1. On l'a encastré dans le mur extérieur de cette maison. Il mesure 10 centimètres de haut sur 15 de large.

4

Fragment conservé au musée de Lyon.

---

[1] *Inscriptions chrétiennes de la Gaule,* préface, p. ix, xiii, xxiv.

5

```
✝ IN HOC TVMVLO REQVIESCE
  T ADI BONAE ME MORIAE DROC
  SANCTEMVNIALIS QVAE VI
  CE ANNOS VIGINTI ET QVAT
  OBIET VI IDVS SEPTEMBRIS V
  QVATER POST CONS IVSTINI IND IC
  TERTIA DECEMA
```

✝ *In hoc tumulo requiescet famula Dei bonae memoriae Droc (berta?) sanctemunialis quae vixit in pace annos viginti et quatuor. Obiet VI idus septembris vicies quater post consulatum Justini indictione tertia decema.*

Je dois à M. Bertrand, président de la Société d'émulation de l'Allier, un estampage de cette inscription et des quatre suivantes, toutes encastrées dans la crypte de Saint-Irénée[1]. On remarquera ici les mentions *famula Dei*, *sanctimonialis* et la formule *vixit in pace* que nous rencontrons souvent en Gaule.

Le consul nommé dans cette épitaphe, et qu'il ne faut pas confondre avec l'empereur Justin, a reçu les faisceaux en 540. Son vingt-quatrième postconsulat tombe en 564, année dans laquelle le 8 septembre correspond à la treizième indiction, qui avait commencé le 1ᵉʳ du même mois.

Je l'ai déjà noté : tandis qu'à Vienne on avait coutume de dater par les postconsulats de Basile, consul en 541, on comptait à Lyon par ceux du Justin de 540[2]. Notre inscription confirme ce fait, dont la cause m'échappe.

---

[1] Voir, pour les marbres chrétiens de la crypte de Saint-Irénée, *Inscriptions chrétiennes de la Gaule*, n° 15. — [2] *Ibid.*, préface, p. LXXI.

6

Lorsque j'ai publié, il y a plus de trente ans, les épitaphes des évêques de Lyon, découvertes dans l'église de Saint-Dizier en 1308 et consignées alors dans un procès-verbal du 23 août, j'ai dû, comme M. de Boissieu, me référer à la copie de l'acte dont l'original semblait perdu [1]. Les recherches de M. Guigue, archiviste des Bouches-du-Rhône, ont fait retrouver cette pièce, l'une des plus anciennes où aient été relevés des monuments épigraphiques et qui a été reproduite dans le *Bulletin de la Société des antiquaires de France* [2].

Des travaux entrepris dans la crypte de l'église où reposaient les vieux pasteurs de Lyon viennent de rendre au jour des restes importants d'une des épitaphes mentionnées par ce même procès-verbal, celle de l'évêque *Sacerdos*:

Nomine mente fide meritis pietate Sacerdos
   Officio cultu precio corde gradu
Dogmate consilio sensu probitate vigore
   Stemmate censura religione cluens
Gaudia cunctorum tollens lamenta reliquens

Arc... OBVS HIC CLAVSVS LAVDIBVS AMPLA TENE[T]
Patrici... VMQVE DECVS EREXIT CVLMINE MORVM
Sic p... ARTOS FASCES FORTI ACORDA LEVANT
Magnu... INAM QVE BONVM CAELESTI MVNIRE PERSTA[T]
Corp... ORACVM SINT INCLITA GESTA MANENT
Pignoris an... NIXV[S] TIRI HVC SORTES VPREMA
Sangui... EQV... IAS VM REIVNC TAMOR
Cujus quanta... VIRI MVNDO SAPIENTIA FVLSIT
   Ventur... ISAE CLI GLORIA TESTIS ERIT
qui vixit i... NAM ORE ET IEMORE DIANNIS LXV *obiit III idus septembris*
Post consultum Justin... VIRI CLARISSIMI CONSVLIS IND *ictione prima*

---

[1] *Inscriptions chrétiennes de la Gaule*, t. I, p. 48 à 61. — [2] Année 1876, p. 145 à 158.

Publiés il y a deux ans par M. Georges Guigue, élève de l'École des chartes[1], ils ont été reproduits depuis par M. Héron de Villefosse, dans le *Bulletin de la Société des antiquaires de France*[2]. J'en viens de transcrire le texte en le complétant d'après la copie qui nous était connue.

Je n'ai guère à faire remarquer ici que l'échange bien connu entre l'I et l'E dans les mots *tenens, munere, lateri, sumere, timore*. Au début du quatrième hexamètre, le texte du procès-verbal nous montre qu'il faut lire *patricium* au lieu de *paternum* et corriger ainsi une faute de quantité introduite par Severt, le premier éditeur des épitaphes de Saint-Dizier.

Aussi bien que les chrétiens, les gentils ressentaient pour la divinité ce sentiment de crainte qui, selon la parole de Stace, avait été l'inspirateur premier des cultes[3]; mais l'amour du Maître suprême et redouté appartenait aux seuls fidèles. Comme leurs livres, leurs inscriptions en portent à chaque instant le témoignage[4]. Eux seuls pouvaient écrire sur une tombe la formule qui termine l'épitaphe de l'évêque lyonnais : *Vixit in amore et timore Dei*.

7

Allmer, *Revue épigraphique du midi de la France*, t. I, p. 285.

Hoc contenta jacent Taurini membra sepulchro? . . . . .

---

[1] *Courrier de Lyon*, 15 septembre 1883.
[2] Année 1883, p. 260.
[3] III, 661; cf. Servius, *in Æneid.*, II, 715, et XII, 139; Cicero, *De Invent.*, II, 22.
[4] Mai, *Script. vet. nova collectio*, t. V, p. 129, 3; 157, 3; 196, 5 et suiv.

Fragment trouvé en 1881 par M. Grisard, dans les travaux d'un égout de la rue Trion. Ce marbre, mutilé sur la droite, me paraît être du vi[e] siècle. Le texte, qu'il serait hasardeux de vouloir restituer, ne rappelle aucune des formules courantes dans les inscriptions en prose; il était peut-être métrique.

8

Allmer, *Revue épigraphique du midi de la France*, n° 636.

Fragment trouvé dans la même fouille que l'inscription de *Basilia* et encastré dans la même muraille. La forme des caractères qui nous reporte au vi[e] siècle et la présence probable du mot *obiit* à la première ligne paraissent indiquer que ce débris provient d'une épitaphe chrétienne.

9

Débris conservé à Saint-Irénée, ainsi que les trois suivants.

10

NIPOEVID
MIS
VGIS
TES
de VOTISSINEP
qVINQVAGINS

S

11

IN HOC *tumulo requiescit bonæ memo*
RIAE............*qui vixit in pace* (?) *annos*
XXI *menses*... *dies*......
SE.................*obiit*....*kalendas* (?) *oct*
OBRIS PC CONSVLATVM............
V CC CONS*ulis*

12

....
*b*ONE MEMO*riæ*
*qui vi*XIT ANNVS.....

Je ne possède pas de copie figurée de ces deux fragments.

13

Pridi kalendas (januari?) as XXII... post consulatum....viri clarissimi indictione decima.....

Étant donné le chiffre minimum xxii qui, placé comme il l'est, désigne un postconsulat, il ne peut s'agir ici que de l'un des personnages dont le consulat a servi de point de départ à de longues supputations chronologiques. Ainsi que je l'ai expliqué ailleurs [1], ce personnage doit être le *Justinus junior* qui reçut les faisceaux en l'an 540.

14

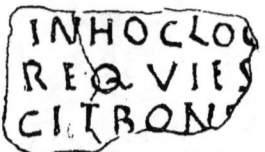

In hoc loco requiescit bone memoriæ.....

---

[1] *Inscriptions chrétiennes de la Gaule*, préface, p. LXXI.

15

† *In hoc tumulo requiescit bonæ memoriæ..... qui vixit..... obiit nonis..... V post consulatum Ju.....*

Inscription datée d'un cinquième postconsulat qui est sans doute l'un de ceux de Justin, consul en l'an 540.

16

Je n'ai pu, sur l'estampage que j'ai reçu de ce fragment, lire ce qui reste des caractères fort mutilés de la première ligne.

Placé comme il l'est ici, le nombre LXXXII peut également indiquer l'âge du défunt et un chiffre de postconsulat. Dans ce dernier cas, il ne peut s'agir que de l'un de ceux de Justin (540) ou de Basile (541), seuls personnages dont le consulat ait servi de point de départ à de très longues supputations chronologiques. D'après les marbres connus jusqu'à cette heure, il ne paraît pas qu'on ait daté à Lyon par les postconsulats de Basile; il s'agirait dès lors ici de Justin, dont le soixante et unième postconsulat, qui correspond à l'an 601, est noté sur la tombe d'un chrétien lyonnais nommé *Agapus*[1]. L'épitaphe dont provient notre fragment aurait donc été gravée en l'an 622.

La seconde ligne paraît donner les éléments d'un nom germanique.

17

Le reste d'encadrement que présente ce débris montre que l'inscription a été exécutée avec un soin particulier.

D'après la disposition de ses lignes, il me paraît qu'elle a dû être métrique; la seconde aurait été le début d'un pentamètre gravé en retraite, comme on le voit souvent sur les marbres[2]; les lettres plus petites du mot *obiit* auraient fait partie de la mention chronologique en prose qui termine d'ordinaire les inscriptions en vers[3].

L'une de ces pièces, autrefois vue à Reims, contient ce distique :

HIC PATER EST ATOLVS . NATO NATAQVE SEPVLTVS
EXPECTANTQVE DIEM NVNC DOMINI PROPERAM [4]

Les lettres EXPE... par lesquelles débute la deuxième ligne me font penser qu'une même allusion à l'attente de la fin du monde ou de la résurrection future a pu être formulée sur notre marbre, ainsi que nous le voyons dans d'autres textes des premiers siècles chrétiens[5].

---

[1] *Inscript. chrét. de la Gaule*, n° 17.
[2] *Ibid.*, planches, n° 9, 402, 494, et ci-dessus, n° 6.
[3] *Ibid.*, t. II, p. 114.
[4] *Ibid.*, t. I, p. 441.
[5] De Rossi, *Inscript.*, t. I, n° 317 : EXPECTATQVE DEVM SVPERAS QVO SVRGAT AD AVRAS. — *Inscr. chrét. de la Gaule*, n° 478 : DIEM FVTVRI IVDICII... LETVS SPECTIT. — Muratori, *Liturgia romana*, t. I, p. 453 : « Ut resurrectionis diem spe certæ gratulationis exspectet ». — *Liturg. Mozarab.*, éd. Migne, t. I, p. 461 : « Futuri judicii diem cum voto gratulationis expectet ».

18

Allmer, *Revue épigraphique du midi de la France*, t. II, p. 66.

*Hic requiesc*IT IN PACE . . . . .
. . . *qui vi*XIIT ANNOs . . . . .
. . . . ENNENSIS . . . .
. . . .

Fragment d'épitaphe chrétienne découvert à l'île Barbe, dans la propriété de M. Sarcay ; là se trouvait autrefois une église romane dédiée à saint Loup et contiguë à la chapelle de Saint-Martin. Il paraît difficile, écrit M. Allmer, de ne pas reconnaître, à la dernière ligne, le mot *Viennensis*. Cette restitution admise, l'inscription peut avoir porté le nom de quelque membre du clergé de Vienne [1].

[1] Conf. *Inscript. chrét. de la Gaule*, t. I, p. 142 et 143 : SERVIET IN S ECL LVGDVNINSI.

DEUXIÈME LYONNAISE.

19
ROUEN (?).
Deloche, *Revue archéologique*, avril 1886, p. 220.

M. Feuardent possède un anneau d'or trouvé près de Rouen, dans le lit de la Seine. Comme on le voit parfois aux temps mérovingiens, cette bague porte à sa face principale deux chatons accouplés[1] où est inscrit à rebours, et en deux lignes, un nom propre, celui de DOMMIA. Sur un troisième chaton, placé au côté opposé, on a gravé un hippocampe. Le nom de *Dommia* me paraît nouveau. Est-il latin ? est-il de forme germanique[2]? Je ne saurais le dire. Bien qu'elle n'offre aucun signe distinctif, notre bague est sans doute chrétienne.

De nombreux anneaux du même temps portent, on le sait, des monogrammes. Au contraire de ce que j'ai fait parfois dans mon premier recueil, je n'ai pas cru devoir les relever ici à côté de nos inscriptions. L'incertitude de la lecture de ces sortes de chiffres m'a déterminé à ne plus charger mon travail d'un pareil supplément. Dans une lettre adressée à son frère, Symmaque écrit au sujet du monogramme de son anneau : « Cupio cognoscere an omnes obsignatas epistolas meas sumpseris eo annulo, quo nomen meum magis intelligi quam legere

---

[1] *Inscriptions chrétiennes de la Gaule*, planches, n° 221 et n° 24 ci-après.

[2] Voir Forstmann, *Altdeutsches Namenbuch*, t. I, p. 342.

in promptu est [1]. „ En indiquant de quelle façon doit être exécutée une bague qui lui est destinée, saint Avitus de Vienne recommande de graver, autour de son monogramme, son nom même, qui, explique-t-il, permettra de lire ce chiffre : « Signum monogrammatis mei per gyrum scripti nominis legatur indicio [2]. „ Vouloir interpréter maintenant, et par simple divination, des signes qu'aux temps mérovingiens [3] nos pères regardaient comme si obscurs, me paraît, pour la plupart des cas, chose trop hasardeuse, alors qu'il n'existe, à cette heure, ni règle ni méthode qui puisse guider dans les essais de déchiffrement.

[1] Lib. II, *Ep.* 12.
[2] S. Avitus, *Epist. LXXVIII*, Apollinari episcopo.
[3] Les monogrammes d'une époque antérieure sont en général, mieux construits et moins rebelles à l'interprétation. (Voir par exemple ceux qu'a donnés M. de Rossi, *Bullet.*, 1887, p. 19.)

TROISIÈME LYONNAISE.

20
LE MANS (?).

Gruter, p. 1158; — Saint Paulin de Nole, édition de 1685, t. II, p. 67, note sur la Lettre XXXII; — Venuti, *Saggi di dissertazioni dell'Accademia di Cortona*, t. VII, p. 41; — Marini, *I papiri diplomatici*, p. 279 A; — Combrouse, *Recueil d'épreuves*, pl. XLI, n° 4 (au Cabinet des médailles); — Duchalais, *Revue numismatique*, 1840, p. 123; — Hucher, *Essai sur les monnaies du Maine*, p. 11 et pl. I, n° 28; — *Bulletin monumental*, t. XVIII, p. 326; — A. de Longpérier, *Notice des monnaies françaises composant la collection Rousseau*, p. 47; — B. Fillon, *Considérations historiques et artistiques sur les monnaies de France*, p. 59.

L'objet dont je vais parler est postérieur au VIIIe siècle. Il ne devrait pas, en conséquence, figurer dans ce recueil; mais le lien étroit qui le rattache aux souvenirs de l'antiquité chrétienne m'engage à le mentionner à côté des monuments d'un autre âge.

On trouve, dans le recueil de Gruter, la reproduction très imparfaite d'une pierre malheureusement disparue. C'est un onyx, intaille ou camée, nous l'ignorons, sur lequel est gravée une porte flanquée de tours. De chaque côté un personnage debout, vêtu du *pallium*, tend le bras vers cette porte. Au-dessus se voit une main descendant d'un groupe de nuages qui, différemment rendu dans les deux éditions du livre de Gruter, me cause ici quelque surprise[1]. Des légendes expliquent le sujet. Sous la porte qui, suivant une coutume longtemps conservée, figure une ville[2], nous lisons CAENOM; il s'agit de *Cenomani* (le Mans). La main qui descend du Ciel est celle de Dieu, représentée de forme colossale, comme dans les sculptures des sarcophages[3]. Au-dessous sont gravées les trois lettres DEX, abréviation du mot *dextera*. Derrière les deux personnages, sont écrits perpendiculairement leurs noms, sans l'addition du mot *sanctus* :

```
G           P
E           R
R           O
B           T
A           A
```

Ce sont les saints protecteurs de la ville, les martyrs Gervais et Protais, dont les images paraissent se retrouver sur plusieurs monnaies d'or des temps mérovingiens portant également le nom de *Cenomannia*[4].

La copie grossière que nous possédons de cet onyx ne permet guère d'en estimer l'âge. La disposition particulière des lettres superposées pour former les noms des saints mène toutefois à penser que la pierre est postérieure aux monnaies dont je viens de parler.

Quoi qu'il en soit de l'époque certainement reculée à laquelle elle a pu être gravée, je n'ai pas voulu l'exclure de mon recueil. Ainsi que les monnaies du Mans qui ont été, je crois, bien expliquées, elle met,

---

[1] Page 1158. — Dans la première édition, des rayons sortent des nuages; dans la seconde, ces rayons disparaissent. Peut-être y a-t-il eu, sur ce point, dans l'original, quelque détail mal rendu par le copiste.

[2] Voir la *Table* de Peutinger, et, pour les monnaies d'Emerita, Aloïs Heiss, *Description générale des monnaies antiques de l'Espagne*, planches LX, LXI. Ce type se rencontre également sur les monnaies carolingiennes. Duchalais, *Revue numismatique*, 1840, p. 120.

[3] *Les sarcophages chrétiens de la Gaule*, p. 63 et 155.

[4] Ponton d'Amécourt, *Recherches des monnaies mérovingiennes du Cenomannicum*, p. 58, 60.

en effet, sous nos yeux la représentation unique, me paraît-il, aux temps anciens, de saints gardant une cité.

Les textes qui mentionnent sous cette forme l'attente de la protection d'en haut sont en grand nombre, car toujours l'homme a espéré un secours du Ciel contre les maux d'ici-bas. Toutes les villes, aux temps des païens, reconnaissaient et saluaient leurs divinités tutélaires. Un petit poème nous dit les noms de celles qui gardaient Dodone, Samos et vingt autres cités de la Grèce[1]. Pour Rome, les anciens parlent souvent du dieu auquel elle confiait ses destinées, dieu dont le nom était tenu rigoureusement caché, de peur que l'ennemi ne le détournât en lui promettant de plus grands honneurs, un temple plus magnifique[2]. On en savait, parmi les hôtes du Ciel, qui, avides comme des mortels, avaient été séduits de la sorte, et avaient déserté leurs sanctuaires en laissant des marques de leur fuite[3]. Il en était de plus fidèles. Alors qu'Alaric vint mettre le siège devant Athènes, il vit, nous raconte Zosime, Minerve armée et menaçante, comme la représentent ses images, parcourir les remparts de la cité; près d'elle était Achille, tel que l'a dépeint Homère quand il marchait contre les Troyens, enflammé de fureur par la mort de Patrocle[4].

Vers le même temps, quelques superstitieux, gnostiques sans doute, faisaient graver sur un marbre que nous possédons encore, une invocation de forme magique à Jéhova et aux archanges pour mettre sous leur sauvegarde la ville de Milet et ses habitants[5].

En ce qui touche les vrais fidèles, les témoignages sont sans nombre. Lors du siège de Rome par les Goths, saint Pierre avait écarté l'ennemi d'un pan de mur ruiné et ouvert à l'assaut[6]. Une autre partie

---

[1] Burmann, *Anthologia*, t. II, p. 547.

[2] Plin., *Hist. nat.*, XXVIII, iv; Servius, *In Georg.*, l. V, 409. Macrobe donne la curieuse formule de l'évocation adressée à la divinité protectrice de l'ennemi; on y trouve la promesse de jeux à instituer en son honneur et l'offre d'un plus riche sanctuaire (III, 9.).

[3] Dio Cassius, LXV, ix, § 8; Lamprid., *Commod.*, xvi. Cf. *Æneid.*, l. II, v. 351, 352, etc.

[4] Zosime, *Histor.*, l. V, c. vi.

[5] *Corpus inscript. græcarum*, n° 2895; Lebas, *Voyage archéologique*, Inscriptions de l'Asie Mineure, pl. XIII, n° 4.

[6] Procope, *De bello gothico*, l. I, ch. xxiii.

de l'enceinte était gardée par les martyrs Jean et Paul dont la demeure vient d'être retrouvée sous l'église qui porte leurs noms [1]. Sainte Eulalie et saint Félix apparurent lorsque les barbares attaquaient Emerita et Nole [2]. Les murs de Vienne, d'Ivrée et de Gelma étaient confiés à la protection des saints [3]. Plus tard, alors que les barbares assaillirent Constantinople, la Vierge, comme autrefois Minerve avait fait pour Athènes, se montra sur les remparts de la cité [4]; ce fut, nous dit Georges Pisidès, sa main qui tendit les arcs, dirigea les traits des défenseurs et coula les navires des assaillants [5].

Chrétiens et païens, je le répète, espèrent également dans un secours d'en haut; mais leur conception est différente. Chez ces derniers, nous l'avons vu, la confiance ne saurait être entière. Leurs dieux ne sont pas, ils le savent trop, de sûrs gardiens. Les prières, les incantations, les promesses des assaillants peuvent énerver la vigilance de ces étranges protecteurs. On les enchaîne dans les temples, de peur qu'ils ne s'enfuient et ne passent à l'ennemi [6]. Chez les chrétiens, rien de semblable. Lorsque les Goths assiègent Rome, on croirait insulter au prince des Apôtres en faisant relever le rempart que sa main puissante doit couvrir [7]; et si quelques hommes à la foi chancelante s'étonnent, se plaignent de voir la ville pillée, incendiée, alors qu'elle possède les tombes de saint Pierre et de saint Paul [8], ils ne peuvent

---

[1] *Sacram. Leon.*, In natali SS. Johannis et Pauli (Muratori, *Liturg. rom.*, t. I, p. 339).

[2] Saint Augustin, *De cura pro martyribus gerenda*, ch. XVI; Idatius, *Chronicon*, n° 456.

[3] *Inscript. chrét. de la Gaule*, n° 420 :
QVI SIT PRAESIDIVM CELSA VIENNA TIBI
Gazzera, *Iscriz. del Piemonte*, p. 80 :
...... SANCTORVM PIGNORA CONDENS
PRAESIDIO MAGNO PATRIAM POPVLVMQVE
[FIDELEM
MVNIVIT TANTIS FIRMANS CVSTODIBVS VRBEM
Corpus inscript. latin., t. VIII, n° 5352 :
NEMO EXPVGNARE VALEVIT DEFENSIO
MARTIR TVETVR POSTICIVS IPSE CLEMENS ET
VINCENTIVS MARTIR CVSTOD INtROITVM IPSV

[4] *Chronicon paschale*, édition de Bonn, p. 725.

[5] Georgius Pisides, *Bellum Avaricum*, vers. 451 et suivants. Voir encore ci-dessus, page 6, le fait rapporté par Grégoire de Tours, *Vitæ Patrum*, XVII, 4, pour les saints protecteurs de Trèves; S. Chrysost., *Laudatio martyrum ægyptiorum*, § 1, édit. de Montfaucon, t. II, p. 694, etc.

[6] Diodor. Sicul. XVII, XLI; Pausanias, III, XV.

Procope, loc. cit.

[8] S. August., *Sermo CCXCVI*, chap. V. In natali Apostolorum Petri et Pauli, II.

du moins se sentir abandonnés, trahis; les Apôtres n'ont point, à l'exemple des immortels, déserté leurs sanctuaires, et cette foule éperdue qu'autrefois l'épée du vainqueur égorgeait au pied des autels y a trouvé un sûr asile [1]; ils n'iront pas, comme naguère les dieux des nations conquises, prendre place, vaincus et captifs, au panthéon de l'ennemi [2].

20 A

ENVIRONS DE CRAON.

Godard Faultrier, *Revue des Sociétés savantes*, 1865, t. I, p. 145. — Deloche *Revue archéologique*, juillet 1889, p. 5.

Bague d'or trouvée aux environs de Craon, arrondissement de Château-Gonthier (Mayenne). Au centre du chaton est gravé un buste de profil qui rappelle ceux des trientes mérovingiens. Comme l'a remarqué M. Deloche, on voit derrière la nuque un appendice semblable à celui qui, sur les monnaies du même temps, représente l'extrémité du bandeau royal.

Autour de l'image se lit le nom du possesseur : ANTONINOS pour *Antoninus*.

---

[1] *De civitate Dei*, l. I, chap. iv.
[2] Minut. Fel., *Octavius*, chap. vi : « Numina victa »; chap. x : « (Deus Iudæorum) romanis cum sua sibi natione captivus »; Tertull., *Apol.*, x : « (Deos) captivos » : xxv : « Simulacra captivorum Deorum »; S. Ambr., *Epist.*, xviii, § 1, Valentiniano : « Captarum simulacra urbium victosque Deos. »

20 B

ANGERS.

Deloche, *Revue archéologique*, juillet 1889, p. 1.

Bague d'or trouvée, en 1869, à Angers, place du Ralliement, sur le lieu où s'élevait autrefois l'église collégiale de Saint-Maimbeuf. Des deux côtés de son double chaton, elle présente les trois globules qui caractérisent les anneaux de l'époque mérovingienne. Le chaton supérieur porte les syllabes MARCO; sur le second est gravé NIVIA. Contrairement à l'opinion de mon savant confrère M. Deloche, j'y vois un seul nom divisé par moitié comme ceux de DOMMIA et de GVNDIS, qui sont coupés de même sur des bagues à double chaton, semblables à celle d'Angers[1]. Les vocables débutant par *Marco* sont fréquents sous les deux premières races. Celui de *Marconivia* est formé comme le sont les noms de *Marcovefa* et de *Teudonivia* que nous trouvons dans Grégoire de Tours et dans le testament de saint Rémi[2].

---

[1] Nos 19 et 24. — [2] *Hist. Franc.*, IV, 26; Pardessus, *Diplomata*, t. I, p. 82.

21

NANTES.

Parenteau, *Bulletin de la Société archéologique de Nantes*, t. X, 1870-1871, p. 18 et planche XIII.

Marbre rose trouvé à Nantes dans les fouilles du sol de l'ancien couvent du Refuge.

Hic requiescit bone
memoriæ . . talis filia do
. . . . . . peretis sub
(die?) . . . .

Les deux syllabes *talis* terminaient un nom propre, celui de *Vitalis* peut-être, que nous trouvons employé au féminin de même qu'au masculin [1].

Ainsi que je l'ai fait remarquer ailleurs, l'indication de la filiation est rare dans les inscriptions chrétiennes [2].

A Couëron (Loire-Inférieure, arrondissement de Savenay), dans la petite chapelle de Saint-Martin, on a exhumé une tuile timbrée en relief du monogramme ☧ inscrit dans une couronne. Ce débris est au musée de Nantes [3].

---

[1] Cf. Mai, *Scriptorum veterum nova collectio*, t. V, p. 421, n° 10.

[2] *Inscript. chrét. de la Gaule*, t. I, p. 125.

[3] Parenteau, *Catalogue du musée départemental d'archéologie de Nantes et de la Loire-Inférieure*, 2ᵉ édition, p. 69.

22

SAUNAY.

RATOALDS

Agrafe mérovingienne en bronze conservée au musée de Tours. Elle a été trouvée à Saunay, commune du canton de Château-Regnard (département d'Indre-et-Loire), et porte au revers des caractères où je crois reconnaître un nom mérovingien, RATOALDS pour *Ratoaldus* [1]. L'absence de l'V ne fait pas obstacle à la lecture que je propose, car cette lettre manque également, à la même place, dans plusieurs inscriptions; c'est ainsi que nous lisons sur nos vieux monuments OMNEBS APTS, AMATS, MENS NANTELMINS, pour *omnibus, aptus, amatus, minus, Nantelminus*; je rappellerai de plus qu'on remarque une même suppression dans le mot ANNS, pour la lettre O qui s'échange si fréquemment avec l'V [2].

Le nom gravé au revers de l'agrafe n'était pas apparent; placé entre les oreillettes où se fixait le cuir de la ceinture, il était nécessairement recouvert. Je ne saurais dire s'il désigne le possesseur de l'agrafe [3]; peut-être est-ce un de ces noms d'ouvriers qu'on a parfois relevés sur les objets similaires [4].

Je dois à M. Pecard, conservateur du musée archéologique de Tours, une empreinte de l'agrafe de Saunay.

---

[1] Cf. Förstemann, *Altdeutsches Namenbuch*, t. I, p. 1003.

[2] *Inscr. chr. de la Gaule*, n°⁸ 17, 474, 609.

[3] *Ibid.*, n°⁸ 17 et 683.

[4] Voir ci-après, n° 54, l'inscription d'une bague.

QUATRIÈME LYONNAISE.

23

PARIS.

Au nombre des monuments épigraphiques de Paris, il faut compter un anneau légué à la basilique de Saint-Gervais par une femme de haute naissance nommée Erminethrude. Le testament qui en témoigne a été publié par Mabillon [1] et depuis par Marini, qui l'attribue au viie siècle [2]. Il mentionne, avec les bijoux de la défunte, une croix d'or, sa vaisselle de métaux précieux, son char et les bœufs qui le tiraient. L'anneau laissé à l'église est désigné par les mots suivants :

« Basilicæ domni Gervasi anolo aureo nomen meum in se habentem scribtum dari præcipio ».

La basilique de Saint-Gervais est l'un de nos plus anciens sanctuaires. Fortunat la nomme dans la *Vie de saint Germain de Paris*[3].

24

La bague mérovingienne, où est gravé le nom de *Gundis* a été trouvée récemment rue d'Assas, dans les fondations de la nouvelle Clinique. Elle est en or et fait partie de la belle collection de M. le baron Pichon.

---

[1] *Liturgia Gallicana*, p. 463 ; *De re diplomatica*, supplément, p. 10 et 92.

[2] *Papiri diplomatici*, p. 117.

[3] Édition Luchi, t. II, p. 49.

25

De Longpérier, *Journal officiel*, 28 octobre 1873, p. 6593; *Comptes rendus de l'Académie des inscriptions*, 1873, p. 288; — Mowat, *Bulletin épigraphique de la Gaule*, 1882, p. 54.

Le cimetière qui porte le nom de saint Marcel, évêque de Paris au ive siècle, nous a donné une dalle de pierre portant une épitaphe d'époque basse et peut-être chrétienne, d'un vétéran du corps des *Menapii*, troupe auxiliaire que mentionnent à la fois un diplôme militaire de l'année 124[(1)] et la *Notitia*[(2)] :

Une note de M. de Longpérier constate que cette dalle recouvrait une tombe de beaucoup moins ancienne, enfouie à un mètre de profondeur entre les quatre piliers de la vieille tour Saint-Marcel.

[(1)] *Corpus inscriptionum latinarum*, t. III, p. 873. — [(2)] *Orient.*, c. vii; *Occid.*, c. v.

La façon de chiffrer qu'on remarque à la dernière ligne se retrouve sur quelques pierres chrétiennes[1]. Si, malgré la fracture du monument, le nombre d'années est complet, *Ursinianus* a vécu soixante-quinze ans.

Une palme est gravée à droite et au bas de la dalle; la partie gauche qui a disparu devait porter de même quelque figure faisant pendant.

L'inscription d'*Ursinianus* est déposée au musée Carnavalet, où je l'ai estampée et dessinée.

26

Les fouilles de l'Hôtel-Dieu ont donné le débris d'une petite vasque de pierre décorée de godrons et sur le bord de laquelle on lit ce reste d'inscription :

...us vivat in Deo

D'après la forme des caractères et particulièrement celle du D, cette acclamation, de style antique, en faveur du possesseur ou du donateur de la vasque me semble appartenir au ve siècle [2]. Ce petit monument est déposé au musée Carnavalet.

---

[1] Hübner, *Inscr. Hispan. christ.*, n° 86; *Inscr. chrét. de la Gaule*, n°ˢ 219 et 509 (pl.).

[2] Cf. *Inscriptions chrétiennes de la Gaule*, préface, p. xxiv.

27

Parmi les antiquités chrétiennes du sol de Paris, je noterai en passant les nombreux sarcophages de plâtre sortis des fouilles de Saint-Germain-des-Prés et de Saint-Étienne-du-Mont, une tombe de pierre exhumée dans le cloître de Saint-Marcel et où figure le monogramme ☩ accosté de l'A de l'W, d'une étoile et d'une croix pattée. En 1882, on a trouvé, au parvis Notre-Dame, une lampe d'argile marquée du monogramme constantinien ☧ ⁽¹⁾.

28

RIGNY-LA-NONEUSE.

J'ai copié au musée de Troyes un tombeau, à la tête duquel est grossièrement tracée, avec quelques lignes obliques et en zigzag, l'inscription suivante :

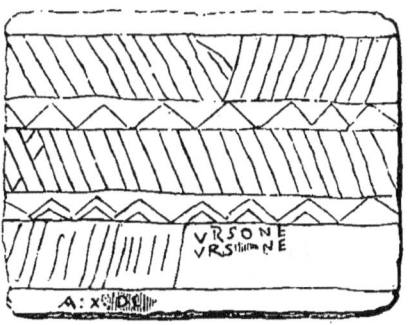

Le cimetière de Rigny-la-Noneuse, où a été trouvée cette tombe, est attribué par ceux qui l'ont fouillé, à l'époque mérovingienne; l'aspect de notre monument ne peut que confirmer cette appréciation. Au-dessous du nom d'*Ursona* sont gravées les lettres

A : ☧ : D . . . . .

⁽¹⁾ De Longpérier, *Revue archéologique*, septembre 1873, p. 190; *Revue de l'art chrétien*, novembre 1873, p. 549; *Bulletin épigraphique de la Gaule*, 1882, p. 113.

Peut-être marquent-elles le jour de la mort. Nous trouvons en effet sur un marbre de Lyon, cette indication de date :

A I D CALENDAS AVG [1].

29

TRANCAULT.

Camus Chardon, *Lettre relative à une médaille trouvée à Trancault et à une inscription tumulaire* (*Mémoires de la Société d'agriculture, sciences et arts du département de l'Aube*, t. VI, n° 45 [1833], p. 14); — d'Arbois de Jubainville, *Répertoire archéologique du département de l'Aube*, p. 87.

En 1829, un habitant de la commune de Trancault, labourant au lieu dit Côte-de-la-Croix-Meurtra, a enlevé avec sa charrue le couvercle de pierre d'un tombeau où se lisait cette inscription aujourd'hui disparue :

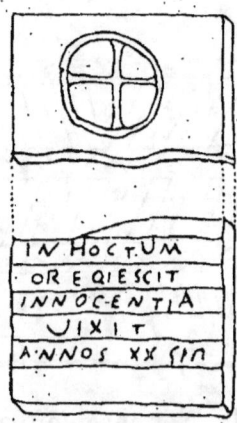

In hoc tum(ul)o req(u)iescit Innocentia vixit annos XX s(ep?)

La dernière ligne a pu être terminée par les chiffres XX *septem*. Ainsi que nous le verrons plus loin, les nombres sont souvent exprimés dans les inscriptions par moitié en toutes lettres et pour le reste en chiffres [2].

---

[1] *Ante diem I calendas Augustas.* (*Inscriptions chrétiennes de la Gaule*, t. I, p. 81.)

[2] Voir ci-après, n° 226 (Vichy, Première Aquitaine).

Les noms *Innocentia, Innocentius* se rencontrent fréquemment sur les marbres chrétiens. Ils étaient de ceux que l'on prenait au baptême [1].

On avait trouvé à Trancault, dès l'an 1730, à une profondeur de deux pieds, des tombes de pierre contenant des squelettes qui se brisèrent en poudre dès qu'on les mit au jour.

30

TROYES.

Grosley, *Éphémérides troyennes pour l'année 1767*, p. 47 ; — *Recueil des antiquités et pièces relatives à l'histoire de Champagne*, formé par Michel Tremet, prêtre et chanoine de l'église de Troyes, t. I, p. 176 (manuscrit appartenant à M. l'abbé Coffinet) ; — l'abbé Coffinet, *Saint Lupien et le tombeau de ce martyr*, p. 24.

Je mentionne, pour ne rien négliger de ce qui peut avoir appartenu à l'époque mérovingienne, une épitaphe aujourd'hui perdue et dont il ne reste qu'une copie à peu près satisfaisante.

Le premier qui l'ait signalée est Grosley qui en parle comme il suit dans ses *Éphémérides troyennes de l'année 1767* :

« Dans le jardin formant à gauche l'encognure de la Ruelle qui, du Mail, conduit au puits de Sainte-Julle, des maçons jetant, en 1763, les fondements d'un pan de mur, rencontrèrent, à la profondeur de cinq pieds, un bloc de pierre sur lequel ils allaient établir leur fondation. Un passant les ayant excités à sonder ce prétendu bloc, il se trouva creux : l'espérance de la découverte d'un trésor piqua leur curiosité ; ils étendirent la fouille et trouvèrent un cercueil de pierre couvert d'une pierre plate. Cette pierre enlevée, ils virent les ossements encore entiers de deux corps, l'un plus grand que l'autre.

« Le cercueil de trois pieds de large sur deux pieds de profondeur étoit formé de deux anciens cercueils coupés en travers par le milieu :

---

[1] « Derivato a patre vocabulo Quintius appellabatur ; nomine autem proprio quod in baptismi gratia acceperat, Innocentius dicebatur (Bolland., t. II, april. p. 483).

l'un de très belle pierre de Tonnerre, que nos maçons appellent du *Franc-Banc*, l'autre d'une pierre commune de Bourguignons.

« La tête des deux cadavres, posés dans la direction du Couchant au Levant, reposoit sur une pierre d'un pied et demi en carré, portant cette inscription en caractères aussi grossiers que mal alignés.

. . . .

« Cette inscription indiquant suffisamment un tombeau chrétien, les ossements furent, de l'avis du passant, portés au charnier de la paroisse Saint-Martin, malgré le scrupule d'une dévote qui soupçonnoit du jansénisme dans l'affaire.

« Une des faces extérieures de la partie du cercueil en pierre de Tonnerre étoit chargée d'une figure de l'*ascia* gauloise de la plus grande proportion, c'est-à-dire de dix pouces de hauteur dans le manche et de neuf pouces dans le fer dont la tête débordoit le manche. Cette *ascia* n'étoit accompagnée d'aucune inscription ni vestige d'inscription.

« Sur les instances du passant, cette partie du cercueil a été encastrée par les maçons, ainsi que l'inscription chrétienne, dans le pan de mur élevé sur le lieu où ils ont été trouvés.

« Par la grossièreté des caractères, par l'irrégularité de leur position, l'inscription ressemble à beaucoup d'inscriptions funéraires encastrées dans les murs du parvis de Sainte-Agnès à Rome et que l'on donne pour des monuments des premiers siècles du christianisme. Mais le monogramme qu'elle porte semble la renvoyer au viiie ou au ixe siècle, dont les monuments indiquent le goût général qui regnoit alors en France pour cette façon d'écrire.

« La partie de l'ancien cercueil qui porte l'*ascia* est l'unique monument en ce genre que nous ayons à Troyes. »

C'est à dessein que je n'ai pas inséré dans la note qui précède la transcription donnée par Grosley de l'inscription troyenne; contraint de la reproduire par les seuls moyens typographiques et sans le secours de la gravure, l'auteur l'a entièrement défigurée. Il vaut donc mieux suivre un fac-similé relevé sur place en 1773, et qui se trouve dans le *Recueil des antiquités et pièces relatives à l'histoire de Champagne*, formé par Michel Tremet, prêtre et chanoine du trésor de l'église de Troyes :

Ainsi que j'ai eu l'honneur de l'écrire au regretté chanoine Coffinet, qui avait bien voulu me consulter en me signalant ce manuscrit, il me semble s'agir ici d'une épitaphe mérovingienne portant, selon toute apparence, un nom germanique, bien connu d'ailleurs, celui de *Madala*[1]. Au-dessous est gravé le monogramme cruciforme dont le *rho* affecte, ainsi que nous le voyons en Gaule, dès la fin du IVe siècle, la forme de l'R latin[2]. Ce signe est accosté de l'A et de l'W intervertis comme sur plusieurs autres marbres chrétiens[3]. Le renversement qui donne à l'W l'apparence d'un M se retrouve dans plusieurs inscriptions de notre pays[4].

Le fait d'une double sépulture dans une tombe dont l'épitaphe ne porte qu'un seul nom pourrait nous étonner, si l'on n'avait déjà signalé dans les catacombes romains un *loculus* contenant deux corps, bien que son inscription ne signale qu'un mort[5].

Nous avons déjà vu ailleurs des épitaphes placées comme ici, sous la tête des défunts[6].

L'ensevelissement de deux corps dans un tombeau formé de deux

---

[1] Förstemann, *Altdeutsches Namenbuch*, t. I, col. 920, 921 : Madala et Madalo.

[2] *Les sarcophages chrétiens de la Gaule*, p. 47. En Espagne, je trouve ce monogramme avec la date précise de 489 sur une inscription publiée par M. de Laurière (*Bulletin de la Société des antiquaires de France*, 1881, p. 105).

[3] Boldetti, *Osservazioni sopra i cimiteri di Roma*, p. 38; Perret, *Catacombes*, t. V, pl. VII, n° 11; *Inscr. chr. de la Gaule*, n° 707.

[4] *Inscriptions chrétiennes de la Gaule*, n°ˢ 337 A et 563.

[5] Marchi, *Monumenti delle arti cristiane*, p. 123.

[6] *Inscr. chrét. de la Gaule*, t. I, p. 420.

moitiés de cuves funéraires sommairement rapprochées est un fait à noter pour l'histoire de la sépulture chrétienne aux temps barbares.

Comme le montre l'*ascia* gravée sur l'un de ces fragments, c'est un sarcophage païen que l'on a pris pour y placer de nouveaux cadavres. Cette particularité se remarque fréquemment en France, aussi bien qu'en Italie, pour les riches tombeaux de marbre sculpté dont nous possédons un si grand nombre [1].

31

POLYCHRONI VIVAS TVIS

Cette acclamation, tracée en cercle autour de la marque P II, se détache en lettres d'argent sur la face supérieure d'un poids de bronze trouvé dans le bassin du canal à Troyes, à côté du palais des comtes de Champagne. Ce petit monument, conservé au musée de la ville, où je l'ai dessiné, est de basse époque et peut avoir appartenu à un fidèle, car les légendes de cette sorte (*vivas tuis, vivas cum tuis*) se rencontrent fréquemment au temps des empereurs chrétiens. Il est toutefois impossible de rien affirmer à ce sujet; j'en serais au besoin détourné par l'inscription CRISPINIANE VIVAS CVM OMNIBVS TVIS qui se lit sur une tuile trouvée en 1885 à Rome, dans un sanctuaire mithriaque, près de la *via dello Statuto* [2].

32

GÉMIGNY.

Léon Dumuys, *Mémoire sur un moule mérovingien;* — Julien Durand, *Les sept anges.*

Un objet fort intéressant et jusqu'à ce moment unique a été découvert en janvier 1884, près de Gémigny (Loiret) et donné par M. Fran-

---

[1] *Les sarcophages chrétiens de la Gaule*, préface, § 1.

[2] *Comptes rendus de l'Académie des inscriptions*, 1885, p. 144.

çois Philippe au musée historique de l'Orléanais. C'est un fragment de pierre calcaire plane d'un côté, légèrement convexe de l'autre, et mesurant o m. 166 de diamètre. Cette forme et la présence d'inscriptions tracées à rebours tendent à établir que l'objet a dû servir de moule pour couler des patènes.

Un médaillon central gravé en creux était entouré d'autres plus petits et qui, d'après leur module, devaient, si rien n'en interrompait la série, être au nombre de huit.

Là sans doute, comme sur des coupes de verre à figures dorées qu'a publiées le R. P. Garrucci[(1)], le cadre du milieu offrait le buste tenant le *volumen* de la loi nouvelle et faisant, ainsi qu'on le voit si souvent ailleurs, le geste du discours. Cette image est accostée de deux croix pattées, et les lettres ATOR qui se lisent près de la tête paraissent être la fin du mot *Salvator*.

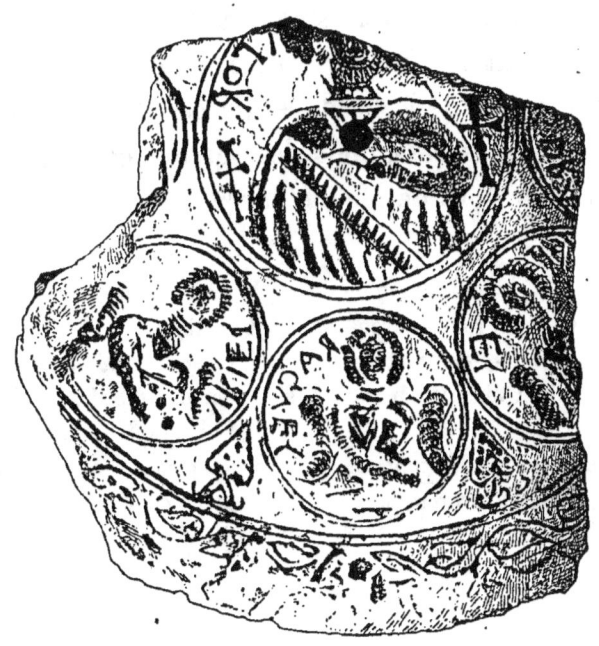

Dans les médaillons incomplets qui occupent la circonférence sont des anges ailés représentés en buste. Les noms de trois d'entre eux se

---

[(1)] *Storia dell' arte cristiana*, tav. 187.

lisent facilement : ARIEL, RAGVEL, (R)AFAEL; il reste seulement d'un quatrième nom les lettres DRA. Ceux que donnent les listes couramment connues ne permettent pas de le compléter. M. Moïse Schwab, que j'ai consulté à ce sujet, pense qu'il peut s'agir ici d'Hudrael (ou Hazdriel), cité comme l'un des anges préposés à la garde des portes du sud du Ciel [1].

La note que M. Dumuys a consacrée à la pierre de Gémigny rappelle fort à propos un texte de Jean Diacre constatant qu'au IX° siècle, saint Athanase, évêque de Naples, donna à l'église de Saint-Janvier une grande patène d'argent où figuraient l'image du Christ et celles des anges : *Fecit magnam patenam ex argento, sculptens in ea vultum Salvatoris et Angelorum* [2].

Le savant archéologue regarde notre moule comme plus ancien, et c'est avec raison, me paraît-il, qu'il le fait remonter au VII° siècle. Le style des figures et celui des lettres concourent à confirmer ce sentiment ; j'en dirai autant du grossier ornement, feuille ou fleur pyramidale, placé sur le cercle de la bordure, au bas des médaillons, et que nous retrouvons dans les bas-reliefs des sarcophages mérovingiens de Valbone [3], de Floure [4] et de Maguelone [5].

---

[1] *Livre de Raziel ou d'Adam*, édition de Vilna, 1877, in-4°, p. 59 A. Nous retrouverons plus loin (n° 254) ces noms et ces figures d'anges invoqués et vénérés par nos pères.

[2] *Vita S. Athanasii episcopi Neapolitani*, § 3, dans Muratori, *Rerum italicarum scriptores*, t. II, 2° partie, p. 1046.

[3] *Les sarcophages chrétiens de la Gaule*, pl. XXVIII, fig. 1.

[4] *Congrès archéolog. de France*, 35° session, tenue en 1868, p. 155.

[5] Lithographie d'un sarcophage à simples ornements, exécutée par les soins de M. Fabrège pour un livre qu'il prépare sur les antiquités de Maguelone.

33

AUXERRE.

Dans son ouvrage sur les miracles de saint Germain d'Auxerre, le moine Héric mentionne par deux fois une très ancienne inscription gravée, comme on disait alors, « sur marbre de Paros » et maintenant disparue. Voici ce qu'il écrit au sujet de cette épitaphe consacrée à saint Loup, évêque de Troyes, et qui se voyait à Auxerre dans la crypte de la basilique de Saint-Germain : « Ipsa tempestate cum præfata Augusta (Chrotechildi) sanctus Lupus episcopus venit de superioribus Burgundiæ partibus; quippe, non multo post ad XVI kal. julii die functus supremo, ex Reginæ placito in eodem ecclesia decenter ac religiose compositus requiescit, quod pario penes nos impressum marmore cuique legere cupienti scriptura prodit antiquior ». « Lupus episcopus, dit-il ailleurs, ut in antiquissimo marmore animadversum est, cum Chrotechilde venerabili illuc devenit, quo tempore B. Germani ædificabat basilicam, et suo præventus fine, ibidem sepultus est [1]. »

[1] *Miracula S. Germani Autissiodorensis episcopi*, l. I, c. IV, § 25; l. II, c. III, § 122 (Bolland., t. VII de juillet, p. 263 et 280). Cf. Dom Fournier, *Description des saintes grottes de l'ancienne abbaye de Saint-Germain-d'Auxerre*, éd. de M. Quantin, 1846, p. 52.

PREMIÈRE BELGIQUE.

34

TRÈVES.

Félix Hettner, *Bericht über die in Regierungsbezirk Trier in den Jahren 1879 und 1880 aufgefundenen Alterthümer* (*Jahrbücher des Vereins von Alterthumsfreunden im Rheinlande*, fasc. LXIX, p. 22).

```
NIC.QVIES ✶ CIT IN PAC
E.ABBO.QVI VIXSIT AN
NOS XXXIII.FRATER.PROP
TER.CARITATE.TE
TVLV.FECIT
```

Épitaphe gravée sur un marbre blanc et découverte au faubourg de Saint-Matthias. On trouve ailleurs, comme dans le mot initial de ce petit texte, l'H affectant la forme de l'N [1]. L'expression *pro caritate*, donnée ici avec une variante, se rencontre souvent dans les inscriptions de Trèves [2]. Il en est de même des mots *titulum fecit* ou *posuit* [3].

Je ne possède pas de dessin de ce marbre.

---

[1] *Inscriptions chrétiennes de la Gaule*, n° 452 : *resurre*CTVRVS IN CNRISTO.

[2] *Ibid.*, n°ˢ 233, 270, 280, 289, 295.

[3] Voir ci-contre, n° 35.

35

F. X. Kraus, *Jahrbücher des Vereins von Alterthumsfr. im Rheinl.* fasc. LXVIII, p. 50.

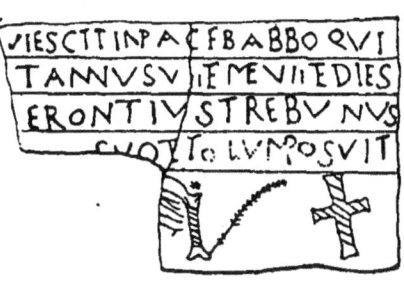

(Hic q)uiescit in pace Babbo qui (vixi)t annus VII et me VII et dies... :
(G)erontius trebunus (filio?) suo tetolum posuit.

Marbre provenant du cimetière de Saint-Paulin.

Par sa formule finale, de même que par son ornementation, l'inscription de Babbo présente les caractères particuliers à l'épigraphie trévisoise. La mention *titulum posuit* s'y représente sans fin[1]; l'arcade reposant sur deux colonnes se retrouve au bas de l'épitaphe de *Sarracina* que j'ai autrefois publiée[2]. L'absence presque absolue de dates sur les marbres chrétiens de Trèves et l'intérêt que présentent les indications chronologiques m'engagent à noter que la même arcade est figurée au revers des monnaies de Constantin le Grand et de Julien l'Apostat[3]. Une palme, une croix pattée et peut-être une étoile accompagnent ici cette image. A en juger par le vide étroit que présente le début de la troisième ligne, l'abréviation FL de *Flavius* employé comme prénom devait précéder le nom de *Gerontius*, comme il précède ailleurs celui de *Gabso*, qualifié de même *tribunus*[4].

[1] *Inscriptions chrétiennes de la Gaule*, t. I, nº⁸ 224, 230, 231, 232, etc. Voir, pour la localisation des formules épigraphiques, t. II, nº⁸ 467 et 601.

[2] *Ibid.*, pl. XXIX, fig. 180.

[3] Fröhner, *Les médaillons de l'empire romain*, p. 278 et 321.

[4] *Inscr. chrét. de la Gaule*, nº 252. Voir, pour la multiplication de ce prénom parmi les personnes de haut rang, *Ibid.*, t. I, p. 360, 361; Muratori, *Annali d'Italia*, a° 457; Canciani, *Leges Barbar.*, t. IV, p. 64; *Concil. Tolet.*, XII et XV: Flavius Ervigius Rex, Flavius Egica; Surius, 25 nov. De S. Columbano, c. XIV «...cum conjuge Flavia et nomine et genere et prudentia nobili».

36

F. X. Kraus, *Jahrbücher des Vereins von Alterthumsfr. im Rheinl.*, fasc. LXI, p. 87.

EYTICIANVS IN PACE FIDELIS

Cette épitaphe a été trouvée en 1877 dans le cimetière de Saint-Matthias. Au bas sont gravés le monogramme du Christ et deux colombes. Le mot *fidelis* indique que le défunt avait reçu le baptême [1]. Je ne possède pas de dessin de ce marbre et des deux suivants.

37

Félix Hettner, *Bericht über die in Regierungsbezirk Trier in den Jahren 1879 und 1880 aufgefundenen Alterthümer* (*Jahrbücher*, etc., fasc. LXIX, p. 22).

```
......PACE GAV
......IT AN·LV
......VX TITV
```

Hic requiescit? in PACE GAV*dentius?* qui *vix*IT ANnos LV....... *conj*VX TITV*lum posuit.*

Fragment de marbre blanc découvert au faubourg Saint-Matthias.

---

[1] Le fait résulte, entre autres preuves, de l'épitaphe suivante (Perret, *Catacombes*, p. 181) :

```
            D·M·S
FLORENTIVS FILIO SVO APRONIANO
FECIT TITVLVM BENEMERENTI Q · VIXIT
ANNVM ET MENSES NOVE DIES QVIN
QVE CVM SOLDV AMATVS FVISSET A MAIORE SVA ET VIDIT
HVNC MORTI CONSTITVTVM ESSE PETIVIT DE AECLESIA VT FIDELIS
DE SAECVLO RECESSISSET
```

Rapprocher de ce monument le texte de Grégoire de Tours : «[Puer] erat unicus patri ... cui febris accessit. Ut autem hic fervor attigit, concurrit pater ad ecclesiam ne proles absque baptismi regeneratione moriretur.» (*De mirac. S. Martini*, l. II, c. XLIII.) Le sens

t. V, pl. XV, n° 9. Conf. Marini, *Arvali*, p. 181) :

38

F. X. Kraus, *Jahrbücher des Vereins von Alterthumsfr. im Rheinl.*, fasc. LXI, p. 86.

```
HARIVLFVS PROTECTOR
DOMESITICVS EILIVS HAN
HAVALDI REGALIS GENTI
S BVRGVNDIONVM QVI
VICXIT ANNOS XX ET MEN
SIS NOVE ET DIES NOVE
.... REVI(N)LO AVVNCVLV
IPSIVS FECIT
```

« Hariulfus, *protector domesticus*, fils d'Hanhavaldus, de sang royal, de la race des Burgondes, lequel a vécu vingt ans et neuf mois et neuf jours ...revi(n)lo, son oncle, a fait ce tombeau ».

Pierre trouvée dans le cimetière de Saint-Eucher, et dès lors probablement chrétienne, bien que rien d'autre part ne le démontre.

Comme plusieurs autres épitaphes de la même ville, celle d'*Hariulfus* nous garde le nom d'un personnage attaché à la cour impériale. Le titre du jeune défunt se retrouve sur nos marbres de la Gaule; nous voyons mentionner à Arles et à Trèves même deux *protectores domestici*[1]; un simple *protector* est nommé dans une inscription mutilée de Toulouse[2].

En dehors des textes originaux, on peut consulter, sur ces deux ordres de milice, le lexique de Du Cange, la note de M. Kraus et un mémoire de M. Jullian[3].

---

particulier que les chrétiens attachaient à *fidelis* nous montre comment saint Augustin a pu écrire sans pléonasme: « Pontianus christianus et fidelis erat. » (*Confess.*, VIII, 65.)

[1] *Inscriptions chrétiennes de la Gaule*, nᵒˢ 252 et 511.
[2] *Ibidem*, n° 606.
[3] *Bull. épigr. de la Gaule*, 1884, p. 6.

On trouvera dans Du Cange des textes mentionnant, comme le nôtre, des *regales* ou princes de race royale. Cette qualification ne s'est pas encore rencontrée sur un monument épigraphique.

L'indication de la filiation est rare dans les inscriptions chrétiennes [1].

39-40

Schneider, *Die Krypta von S. Paulin zu Trier*, Mayence, 1883, in-4°, et *Jahrbücher des Vereins von Alterth. im Rheinl.*, fasc. LXXXVIII, p. 87; — Schaafhausen, *Der Sarg des heil. Paulinus in Trier* (*Jahrbüch.*, fasc. LXXXVII, p. 238); — Kraus, *Repertorium für Kunstwissenschaft*, t. VIII, fasc. III; — Hettner, *Westdeutsche Zeitschr.*, III, 1, p. 30; — De Rossi, *Bullettino di archeologia cristiana*, 1883, p. 31; 1886, p. 14.

En l'an 1402, un prévôt de Saint-Paulin, Friederich Schavard, voulant vérifier l'état des restes du célèbre évêque de Trèves enseveli dans cette église, fit enlever les attaches de fer qui fermaient le sarcophage et mit au jour le cercueil même. Il était de bois, d'une forme inusitée, exécuté avec soin et muni d'agrafes d'argent portant des figures en relief. Des équerres de même métal retenaient des anneaux où passaient des chaînes de fer auxquelles il avait été suspendu. Du côté de la tête se voyaient des serrures d'argent; sur la poitrine du mort était posé un disque où figurait le monogramme ☧ inscrit dans une couronne [2].

Après constatation de l'état du corps, le sarcophage fut pieusement refermé [3]. Jusqu'au commencement de 1883, il demeura clos et une double notice du savant docteur Fr. Schneider nous fait connaître les résultats des investigations nouvelles auxquelles il fut alors procédé.

---

[1] *Inscriptions chrétiennes de la Gaule*, préface, p. VIII.

[2] Le monogramme ☧ découpé dans une feuille de bronze et haut de 16 centimètres a été, m'a-t-on dit, trouvé dans un tombeau de Trinquetaille, près d'Arles.

Cet objet faisait partie de la collection de M. Augier, conservateur du Musée des antiques à Marseille.

[3] Browerus, *Annales Trevirenses*, t. II, p. 260, anno 1402, § 3; Bolland., t. VI d'août, p. 674.

Le cercueil de bois de cyprès contenu dans la tombe de pierre porte, sur son couvercle, une petite plaque d'argent haute de 125 millimètres, large de 6 centimètres, sous laquelle se trouvait une feuille de plomb doré, de même grandeur, fixée avec des clous de bronze. Dans sa partie supérieure, qui est de forme arrondie, a été découpé à jour le monogramme constantinien ☧ accosté de l'Α et de l'Ѡ. Deux cartouches gravés au-dessous offrent des traces de lettres qu'il serait hasardeux de vouloir expliquer. Fortement oxydée, la face de cette plaque porte l'empreinte d'un tissu qui avait enveloppé le cercueil. D'autres appliques de métal, enlevées sans doute en 1402, étaient fixées sur ce dernier, car on retrouve, vers le bas de son couvercle, des traces de clous marquant la place d'un disque où se lisait peut-être une inscription et qui mesurait 13 centimètres.

Nous possédons probablement l'entrée d'une des serrures dont parle Schavard; on peut la reconnaître dans une plaque d'argent de 8 centimètres sur 6, percée de deux entailles en forme de carré long, l'une

de 19, l'autre de 17 millimètres; six clous fixaient cette plaque sur le haut du couvercle. Elle est ornée de reliefs représentant des sujets semblables à ceux qui décorent les sarcophages du IVe et du Ve siècle:

les images d'Adam et d'Ève tentés par le serpent, et de la résurrection de Lazare, unissant le symbole de la chute mortelle de l'homme à celui de la renaissance promise [1]. Un bandeau étroit placé plus bas offre, comme quelques-unes de nos vieilles tombes chrétiennes, des scènes de chasse : deux lièvres poursuivis par un chien, un homme attaquant un sanglier, un lion dévorant un cerf [2]. L'une des entailles a emporté quelques lettres de l'inscription MARTINIANI MANVS VI...AT qui se lit sur deux lignes, à côté du relief représentant Adam et Ève. Le mot incomplet qu'on n'a pas encore cherché à expliquer me paraît être VINCAT ; l'espace vide suppose en effet l'existence de deux lettres et le mot *vincat* se rencontre souvent dans les formules d'acclamation [3].

Sous cet ornement était attachée, avec des clous d'or fin, une rondelle de même métal, grossièrement travaillée, et portant le mono-

---

[1] Des repoussés représentant également des sujets chrétiens ont déjà été signalés dans la même région (Braun, *Jahrbücher des Vereins von Alterthumsfreunden im Rheinlande*, t. XIII, pl. V et VI).

[2] *Les sarcophages chrétiens de la Gaule*, p. 67, 68, 123, 124, 125, etc.

[3] Lamprid., *Alexand. Sev.*, c. x; Buonarruoti, *Vasi antichi di vetro*, p. 221 à 223 ; *Les Actes des martyrs*, Supplément aux *Acta sincera* de Ruinart, § 4 et 46. La formule parallèle NIKA était, comme on le sait, d'un usage très fréquent chez les anciens.

gramme ☧. Son diamètre est de 57 millimètres; à la gauche, un disque d'argent de mauvaise exécution qui mesure 14 centimètres; le même monogramme figure au centre, entouré d'une inscription portant, en lettres tracées au pointillé, le nom de la donatrice, *Eleuthera.*

On a vu plus haut que le cercueil de bois était, suivant une coutume des temps antiques, enveloppé de tissus précieux[1]. Ces étoffes ne présentent que de simples ornements géométriques. M. Schneider, qui en publie des reproductions, estime qu'elles sont antérieures aux âges byzantins et remontent au IVe siècle ainsi que la tombe même. Le style des reliefs de métal qui la décorent n'a rien que de conforme à cette appréciation.

En ce qui touche la plaque où figure la résurrection de Lazare, je ferai remarquer que l'arcade portée sur deux colonnes sous laquelle le mort est debout et qui remplace ici, par exception, l'ædicule traditionnelle, se retrouve sur les monnaies de Constantin et de Julien l'Apostat[2].

Si l'humble épithète qui accompagne le nom d'*Eleuthera* sur la plaque que je viens de reproduire se rencontre souvent à une très basse époque, ce n'est pas à dire que les anciens ne l'aient pas employée. Familière à saint Paulin de Nole, dans un temps voisin de celui de son homonyme de Trèves[3], elle se trouve, dès le début du IIIe siècle, à la fin d'un traité de Tertullien : « Tantum oro ut, cum petitis, etiam Tertulliani peccatoris memineritis[4] ».

Il semblerait superflu sans doute de rappeler, à propos de la plaque d'*Eleuthera* et des autres objets de métal précieux offerts de même à la tombe du saint, les textes et les monuments qui témoignent de cet usage.

---

[1] Voir, pour les restes des saints enveloppés ainsi : Marchi, *Monumenti delle arti cristiane primitive*, p. 268; *Passio S. Bonifatii*, § 15 (Ruinart, *Acta sincera*, p. 290); Hieron., *Adv., Vigil.* Opp. t. V, pars II, p. 278, etc.

[2] Fröhner, *Les médaillons de l'empire romain*, p. 278 et 321.

[3] *Epist.* XLIII, ad Desiderium, Paulinus et Therasia peccatores.

[4] *De baptismo*, § 20.

41

Kraus, *Jahrbücher des Vereins von Alterthumsfreunden im Rheinlande*, fasc. LXVIII, p. 51.

Fragment de marbre blanc trouvé en 1878, en exécutant à Saint-Paulin des travaux de réparations. Il porte le commencement d'un nom propre et probablement celui des mots *pater posuit*. En tête de l'épitaphe, une colombe était gravée.

42

Félix Hettner, *Bericht über die im Regierungsbezirk Trier in den Jahren 1879 und 1880 aufgefundenen Alterthümer* (*Jahrbücher, etc.*, 1880, fasc. LXIX, p. 22).

HIC *quiescit in pace*......
DENTIA *quæ vixit annos*
XXVII SIC...........
SVI TIT*ulum po*.......
SV*erunt*...........

Marbre blanc trouvé dans le faubourg de Saint-Matthias. Comme nous l'avons déjà vu sur d'autres inscriptions de Trèves, un arbre figure ici au bas de la légende [2]. Suivant l'explication des Pères, il

---

[1] Mai, *Scriptorum veterum nova collectio*, t. V, pars I, c. II. pl. XXVIII, n° 173; pl. XXIX, n°ˢ 178, 180; pl. XXXI, n° 190; pl. XXXII, n° 200;
[2] *Inscriptions chrétiennes de la Gaule*, pl. XXXIII, n° 202.

symbolise la résurrection par la renaissance de son feuillage[1]. Plus bas est gravée une colombe. Je ne possède pas de dessin de ce débris.

43

Wilmowsky, *Archäologische Funden in Trier und Umgegend*, p. 40-43; — Aus'm Weerth, *Jahrbücher des Vereins von Alterthumsfr. im Rheinl.*, fasc. LXIX, pl. VI, p. 53; — Garrucci, *Storia dell' arte cristiana*, tav. 463 et t. VI, p. 92; — Mowat, *Exemples de gravure antique sur verre*, p. 18 (*Revue archéologique*, novembre 1882).

Dans un faubourg de Trèves, à Pallien, on a trouvé une grande coupe de verre du Ve siècle, décorée de gravures représentant sous

[1] Theophil., *Ad Autolyc.*, l. I, c. XIII; Tertull., *De resurrectione carnis*, c. XII; Paul. Nol., *Poem.*, XXXIV, v. 235; S. Cyrillus, *Catech.*, XVIII, 6, édition de 1720, p. 287; Gregor. Turon., *Histor. Franc.*, l. X, c. XIII.

une forme nouvelle la scène du sacrifice d'Abraham. Debout, près d'Isaac, garrotté et vêtu, comme lui, de la seule chlamyde, le patriarche tire son glaive. A sa droite est le bélier; entre lui et son fils, un autel, élégamment taillé et surmonté d'une ædicule, est substitué à celui qu'Abraham avait formé sur la montagne, à la hâte et sans doute de pierres brutes [1]. Au-dessus apparaît le bras de l'ange venu du Ciel. Il est rare de voir représenter, comme ici, sous les traits d'un adulte, Isaac, qui, d'après Josèphe, était alors âgé de vingt-cinq ans [2]. Une légende qui entoure le sujet porte l'acclamation VIVAS IN DEO suivi d'un Z représentant le mot ZEZES, si fréquemment inscrit sur les coupes [3].

Trois épitaphes de Trèves, que je n'avais pu retrouver lors de la publication de mon premier recueil, existaient à Metz, chez M. Daubrée, membre de l'Académie des sciences. Elles viennent d'être données par lui au musée du Louvre. Ce sont celles d'*Auspicius*, de *Lupantia* et de *Martiola* [4]. Sur le dernier de ces marbres, le nom du père de la défunte doit être lu *Treverius*.

D'autres pierres chrétiennes de même provenance sont également sorties du pays [5]; quelques inscriptions ont été portées à Manheim [6]. Les deux suivantes, que je croyais perdues, existent au musée de

---

[1] *Études sur les sarcophages d'Arles*, introduction, p. IX.

[2] *Antiquités judaïques*, I, XIII.

[3] Cf. Garrucci. *Vetri ornati di figure in oro*, tav. XIV, n° 8 : VIVAS CYM TVIS FELICITER ZESES; tav. XXX, n° 6 : IN DEO ZESES; tav. XXXIII : P.Z. abréviation de l'acclamation si fréquente Pie zeses. (Voir ci-après, p. 70, n° 48 A.)

[4] *Inscriptions chrétiennes de la Gaule*, n°ˢ 234, 270, 275.

[5] *Les sarcophages chrétiens de la Gaule*, p. 11.

[6] *Inscr. chrét. de la Gaule*, n° 292; Becker, *Annalen des Vereins für Nassauische Alterthumskunde*, t. VII, p. 55.

Bruxelles; je les transcris d'après les photogravures qu'en a données M. H. Schuermans[1].

AVFIDIVS PRESBIT.....
ANN PLVS MINVS L...
HIC IN PACE QVIES....
CVI AVGVRINA SO.....
ET AVGVRIVS DIAC....
FILIVS ET PRO CARITA..
TITVLVM FIERI IVSSE..

HIC QVIESCIT IN PA
CE GAVDENTIOLVS
QVI VIXIT · AN VII ET
MEN VI ET DIES XV TET
VLVM POSVER
VNT GAVDETI
VS ET SERIOLA
PATER ET MATER

✴

La première de ces épitaphes est encadrée de rinceaux où se jouent des colombes.

[1] *Bulletin des commissions d'art et d'archéologie*, Bruxelles, 1869, p. 336, 337, 384; et pl. II, fig. 6 et 7; 1872, p. 77, 78; Kraus, *Horæ belgicæ* (*Jahrbücher des Vereins von Alterthumsfreunden im Rheinlande*, fasc. LXI, LX, p. 249, 250).

44

DENEUVRE.

L'abbé Thédenat, *Bulletin de la Société des antiquaires de France*, 1886, p. 201.

Artula v memoria.

Épitaphe trouvée, en 1883, à Deneuvre (Meurthe-et-Moselle), à 70 centimètres de profondeur, dans des fouilles opérées par M. Payard, directeur des cristalleries de Baccarat, correspondant de la Société des Antiquaires de France. Un curieux bas-relief où figurent deux scieurs de long, un vase portant l'inscription bien connue REPLE COPO, une lampe d'argile marquée au nom du fabricant, diverses statuettes de terre cuite représentant Minerve, puis, dans les restes d'une maison incendiée, deux autels, des monnaies au nom de Dèce et de ses successeurs jusqu'à Arcadius, les débris d'une habitation incendiée, tels sont les principaux objets exhumés par M. Payard.

La pierre funéraire d'*Artula* est l'une des plus barbares que j'aie rencontrées. La chrétienne y est grossièrement représentée debout, les bras levés, dans l'attitude de la prière; la pointe qui surmonte la tête figure sans doute l'attache d'un voile, la femme ne devant pas prier tête nue. Fréquentes sur les sarcophages, ces images d'orantes sont rarement jointes aux inscriptions. La lettre V qui suit le nom propre et qui, isolée de la sorte, représenterait, sur un marbre païen, le mot *viva*, me paraît pouvoir être ici l'abréviation de *virgo*.

Nous avons déjà vu dans ce recueil et nous retrouverons plus loin des épitaphes où la tombe est désignée comme ici, par l'expression *memoria* [1].

Je dois à l'obligeance de M. Payard l'estampage que j'ai reproduit.

---

[1] Nᵒˢ 25 et 246.

SECONDE BELGIQUE.

44 A
BOULOGNE-SUR-MER.
Vaillant, *Épigraphie de la Morinie*, p. 210.

Sous les murs de Boulogne et près du lieu où était autrefois l'église de Saint-Martin, s'étendait une antique nécropole appelée *le Vieil Atre*. Ses sépultures, qui remontent aux premières années du Haut-Empire, ne dépassent pas, dit M. Vaillant, la première moitié du ve siècle. Des tombes contenant des poteries, des armes, des agrafes de bronze, des bracelets, des vases de verre y ont été trouvées, et parmi ces derniers objets figure un bol de verre blanc mesurant en diamètre 192 millimètres.

Sur la partie convexe de cette coupe qui appartient au ve siècle, est gravée par une main barbare la scène du sacrifice d'Abraham. On y voit le patriarche vêtu de la tunique exomide, comme sur tant d'autres monuments, et tenant le couteau. A ses pieds, le bélier; devant lui, l'autel où brûle une flamme; et Isaac debout, entièrement nu, les mains liées derrière le dos. Au-dessus, un groupe de nuées d'où sort un bras, celui de Dieu ou de l'Ange qui appela Abraham prêt à sacrifier son fils. Autour du sujet, on lit l'inscription VIVAS IN ETERNO suivie d'un Z, sigle bien connu du mot *Zeses* souvent inscrit sur les vases de verre païens et chrétiens; c'est, comme on le sait, la transcription de lettres latines de l'acclamation grecque Ζήσαις [1], équivalent du mot VIVAS lui-même si répandu. On voit, dans le registre inférieur, le monogramme du Christ entouré d'astres.

---

[1] Cf. n°^{s} 43 et 43 A.

Quelques remarques peuvent s'ajouter à celles dont ce verre a déjà été l'objet. La représentation du Ciel où se détache le monogramme

du Christ et qu'illuminent à la fois le Soleil, la Lune et les étoiles, est conforme à la tradition artistique des anciens. Nous la retrouvons dans une peinture du Virgile du Vatican au-dessus des dieux de l'Olympe[1]; sur une lampe antique bien connue[2], sur une de nos agrafes mérovingiennes[3] et sur un sarcophage chrétien de Manosque[4]. C'est sans doute dans ces vieux tableaux qu'il faut chercher les prototypes du Soleil et de la Lune joints si souvent par l'art du moyen âge à la représentation du Christ en croix.

Comme le reste de l'image tracée sur la coupe de Boulogne, cette

---

[1] *Virgilii picturæ antiquæ ex codicibus Vaticanis*, éd. Mai, pl. LXVI.

[2] Bellori, *Lucerne*, parte III, n° 29.

[3] Ci-après, n° 51.

[4] *Les sarcophages chrétiens de la Gaule*, pl. L, n° 1.

dernière partie est semée de têtes de flèches descendant de la nuée. Le graveur aurait-il voulu rendre ainsi les rayons d'une apparition divine qui, dans la pensée des anciens, païens, juifs ou disciples du Christ, était toujours éclatante de lumière[1]? C'est là, je me hâte de le dire, une supposition que je ne puis appuyer d'aucune référence directe.

Je me trouverai sur un terrain plus solide pour parler de la formule VIVAS IN AETERNO gravée sur la coupe de Boulogne. Les marbres où se rencontrent ces mots ou leurs équivalents sont tous et sans exception funéraires; c'est ainsi que nous lisons aux catacombes de Rome :

DIOSCORE VIBE IN AETERNO [2]

G . IVLIA AGRIPPINA
SIMPLICI DVLCIS IN AETERNVM [3]

*in pa*CE REQV*es*QVAS IN ETERNO [4]

et dans des épitaphes de notre pays :

QVALIBET IN REGIONE POLI SITVS AVT PARIDISI
CLARE SVB AETERNA PACE BEATVS AGIS [5]

IN ETNVM PAX
TE*Cu*M [6]

Il est donc peu probable que cette acclamation ait été s'adressée à un vivant, et l'on peut se demander si notre coupe n'aurait pas dès lors été gravée pour être déposée auprès du défunt, si certains objets de même nature trouvés ainsi dans les sépultures n'auraient pas eu également une destination exclusivement funéraire [7].

---

[1] Cf. *Deuteron.*, IV, 12 : «Locutus est Dominus ad vos de medio ignis», etc.

[2] Boldetti, *Osserv. sopra i cimit.*, p. 417.

[3] De Rossi, *Bullettino*, 1875, p. 57.

[4] *Ibid.*, 1886, p. 116.

[5] *Inscr. chrét. de la Gaule*, n° 594.

[6] Ci-après, n° 157. Voir de plus la formule PAX AETERNA des Inscriptions chrétiennes d'Arles.

[7] Il en est évidemment ainsi pour une

Le sujet tracé sur le verre de Boulogne n'a rien d'ailleurs qui puisse faire écarter une telle supposition. L'image d'Isaac est, en effet, l'un des types de salut les plus fréquemment représentés sur les sarcophages. Il est rappelé à ce titre dans une antique oraison, la *commendatio animæ* dite par nos pères au chevet des mourants :

Libera, Domine, animam ejus, sicut liberasti Isaac de hostia et de manu patris sui Abrahæ[1].

45

MIANNAY.

Van Robais, *Notice sur une petite seille en bois recouverte de cuivre repoussé, trouvée dans le cimetière dit de Miannay.*

Plusieurs fois, ainsi que le rappelle le mémoire de M. van Robais, des débris de seaux de bois ou de cuivre ont été rencontrés dans les sépultures mérovingiennes; mais celui de Miannay se distingue, entre tous les autres, par des reliefs, malheureusement très légers et très effacés.

On y voit au centre le Christ nimbé, assis sur une *cathedra* ornée et foulant aux pieds le serpent vaincu, représentation figurée sur un sarcophage de Ravenne[2] et qui rappelle la médaille de Constantin où figure le serpent renversé sous le labarum portant le monogramme[3]. A la gauche du Sauveur, se trouvent Adam et Ève à laquelle le Dragon, enroulé autour d'un arbre, présente le fruit défendu. En regard est Daniel, debout, les bras en croix, dans l'attitude de la prière, entre un lion et un homme qui ne peut être qu'Habacuc. Un

---

lampe funéraire qui porte la légende copte : «Cosmas repose dans la joie, dans la béatitude.» (*Inscr. chrét. de la Gaule*, t. I, p. 95.)

[1] *Études sur les sarcophages chrétiens d'Arles*; introduction, p. xxvi.

[2] Ciampini, *Vetera monimenta*, t. 1, tav. III.

[3] Eckhel, *Doctrina numorum veterum*, t. VIII, p. 88; Garrucci, *Vetri ornati di figure in oro*, p. 96; cf. Allegranza, *De monogrammate Christi*, p. 57.

second fragment de la seille offre encore la représentation de ce dernier personnage.

De brèves inscriptions occupent le champ demeuré libre autour des figures d'Habacuc et de Daniel. C'est sur le déchiffrement de ces légendes qu'a bien voulu me consulter M. van Robais en m'adressant son intéressante notice, et c'est seulement de la partie où elles se trouvent que je m'occuperai dans les pages qui vont suivre.

Si je me suis tout d'abord rencontré avec lui dans l'interprétation du sujet représenté, il m'a fallu faire quelques réserves pour le détail de cette figuration et le déchiffrement des légendes. Au-dessus de l'image d'Habacuc, j'ai signalé celle de l'Ange qui, le prenant par les cheveux, le fit descendre près de Daniel pour lui apporter sa nourriture [1]. Le

---

[1] *Daniel*, xiv, 35.

cond fragment présente nettement cette particularité; l'on reconnaît encore sur le premier, auprès d'Habacuc, les pieds de l'envoyé céleste et, plus haut, l'ovale de sa tête.

Mon impression première avait été que, suivant une coutume bien connue, les noms des personnages devaient se trouver près d'eux. La syllabe DAN, commencement évident du nom de Daniel et reconnue par M. van Robais sur le petit débris, m'affermissait dans cette pensée. Aussi n'ai-je point hésité à prier mon savant correspondant de vouloir bien vérifier si le nom de DANIEL ne figurerait pas dans la deuxième ligne du grand fragment où il avait lu d'abord LAMEL; quant aux lettres FRCN qu'il voyait à la suite, j'inclinais à y reconnaître la trace du mot PROFeta inscrit après le nom de Daniel, comme sur une agrafe de ceinturon venue de la collection de Mme Febvre dans le musée de Saint-Germain-en-Laye [1].

La troisième ligne me semblait devoir contenir le nom d'ABACV, dont je retrouvais les deux dernières syllabes dans les lettres RAGV de la copie. Les caractères NGI reconnus sur le petit débris, aux deux côtés de la tête de l'Ange, me paraissaient accuser la présence du mot aNGIlus ou aNGElus.

M. van Robais voulut bien me faire savoir qu'un nouvel examen du cuivre original confirmait mes suppositions, et avec une libéralité dont je ne puis que le remercier vivement, il m'envoya et mit pour quelques jours à ma disposition sa précieuse seille.

C'est d'après le monument même qu'a été exécuté sous mes yeux le dessin des sujets qu'elle présente.

Le grand fragment nous montre Daniel vêtu et mitré, debout, dans l'attitude de la prière, entre un lion et Habacuc porté par l'Ange chargé de deux objets que j'examinerai plus loin.

A la première ligne, je lis *angel*VS EMIS [*sus?*]; à la deuxième, DANIEL PROFIT*a*; à la troisième et la quatrième, *a*BACV FERT F[*scam*]; puis, au-dessous de la figure d'Habacuc, nous trouvons D.... L. NL...

---

[1] *Inscriptions chrétiennes de la Gaule*, n° 519 des planches.

LEONVM que l'on pourrait interpréter *Daniel iN Lacu LEONVM*, par comparaison avec l'inscription DANIEL DE LACO LEONIS d'une coupe de verre trouvée à Podgoritza, près de Scutari d'Albanie [1].

Sur le petit fragment, je reconnais, auprès de l'Ange, le mot aN-GIlus, puis au-dessous DANiel. En démontant la petite bande rivée à la droite de ces lettres on en trouverait sans doute le complément, ainsi que les caractères qui doivent suivre l'M, le T et le D par lesquels débutaient les trois autres lignes.

Cela dit sur les inscriptions de la seille de M. van Robais, il me reste quelques mots à ajouter sur la partie figurée de ce petit monument.

Si souvent que les artistes chrétiens des premiers âges l'aient reproduit, le sujet qui le décore n'a cependant pas toujours été exactement reconnu. Sur un sarcophage d'Arles, Millin prend l'ange pour « Darius le Mède, qui vient voir si Daniel n'a pas été dévoré et qui s'étonne de le trouver vivant » [2]. Sur une lampe qui représente Daniel debout entre les lions et, au-dessus de lui, l'Ange et Habacuc portant un pain, on a vu : « le Christ assis de face entre deux petites figures d'anges qui volent de chaque côté avec une couronne à la main [3] ». Un autre objet de même nature est décrit ainsi par M. Dumège : « Une lampe décorée de la figure de Daniel, dans l'attitude de la prière ; à ses pieds sont des lions destinés, à ce que l'on croyait, à le dévorer, mais s'abaissant devant lui et deux anges qui le rassurent et le consolent [4] ». Deux des personnages signalés ainsi comme représentant des anges, ne sont autres qu'Habacuc, figuré dans les airs à côté de l'envoyé de Dieu.

Peu de sujets, je le répète, ont été plus fréquemment reproduits que ce trait de l'histoire de Daniel où les anciens voyaient, parmi tant d'autres symboles, celui de la constance dans la persécution, de la foi

---

[1] *Étude sur les sarcophages d'Arles*, pl. XXXV.

[2] *Voyage dans les départements du midi de la France*, t. III, p. 531.

[3] *Inscriptions chrétiennes de la Gaule*, t. I, p. 493, et t. II, p. 502. Cette lampe, qui a appartenu à M. Raoul Rochette, est maintenant au musée de Lausanne.

[4] *Mémoires de l'Académie des sciences et belles-lettres de Toulouse*, 1859, p. 213.

en la résurrection promise. De même que l'âge des combats de l'Église, celui de la paix devait le retenir. Fresques, sculptures [1], sceaux de bronze [2], ivoires [3], gemmes [4], agrafes de ceinturon, verres gravés et à fond d'or [5], statues même [6] montrèrent sous tous les aspects cette scène demeurée de nos jours parmi les types traditionnels dans la décoration des églises de la Grèce [7].

A l'est de notre pays, comme en Suisse, elle s'est singulièrement multipliée. Alors que sont tombés dans l'oubli la plupart des sujets familiers aux artistes du ive et du ve siècle, elle survit et je la retrouve à chaque instant représentée sur les agrafes mérovingiennes. A côté de celle qu'avait recueillie Mme Febvre, je puis citer, parmi tant d'autres, deux pièces de même nature découvertes à Saint-Maur, près de Lons-le-Saunier, à Lavigny [8], puis une troisième trouvée dans le canton de Vaud et dont je parlerai plus loin en recherchant la cause de sa reproduction sur les objets de cette nature [9].

Au milieu des nombreuses figurations de la même scène, la petite seille de Miannay me paraît se distinguer par un trait particulier. Je ne parlerai pas ici de l'étrange coiffure donnée par l'artiste à Daniel, ordinairement représenté la tête nue [10]; le personnage d'Habacuc appellera seul mon attention. J'ai dit que le sujet qui nous occupe avait, au point de vue symbolique, deux significations principales : la constance dans la persécution, la foi en la résurrection future. Parmi d'autres sens que cette image présentait de plus pour nos pères, il en est un qu'il faut

---

[1] De Rossi, *Bullett.*, 1873, tav. I; Bosio, *Roma sotterranea*, etc.

[2] Fabretti, *Inscript.*, ch. VIII, n° XLVIII.

[3] Odorici, *Monumenti cristiani di Brescia*, tav. V, n° 12.

[4] Perret, *Catacombes*, t. IV, pl. XVI, n° 12.

[5] *Jahrbücher des Vereins von Alterthums. im Rheinlande*, fascic. XLII, pl. V; *Gazette archéologique*, 1884, pl. XXXII; Garrucci, *Vetri ornati di figure in oro*, tav. I, n° 6.

[6] Euseb., *Vita Constantini*, III, 49.

[7] Didron, *Manuel d'iconographie chrétienne*, p. 120.

[8] *Inscr. chrét. de la Gaule*, t. I, p. 493 et 494, planches n°s 251 et 252.

[9] Voir ci-après n° 93.

[10] Voir pourtant un marbre d'Afrique (Delamare, *Note sur un bas-relief trouvé à D'jemila*, dans la *Revue archéologique* de 1849) et un sarcophage de Ravenne (Spreti, *De amplitudine urbis Ravennæ*, t. I, tab. VIII, n° 3), où Daniel est figuré avec le bonnet phrygien.

noter. Les vivres apportés par Habacuc à l'illustre prophète étaient, à leurs yeux, une figure de l'eucharistie. J'en ai signalé deux preuves dans les sculptures de deux sarcophages d'Arles et de Brescia où l'on voit l'Ange et Habacuc apportant à Daniel des pains et des poissons[1].

Ce double symbole bien avéré du mystère de l'eucharistie me paraît se retrouver encore sur la seille de Miannay. En même temps qu'il porte de la main droite une sorte de panier à anse qu'on reconnaît également sur l'agrafe de Mme Febvre, Habacuc tient suspendu, dans sa main gauche, un objet renflé au milieu et de forme allongée et ondulée. Les données de la scène ne permettent pas de voir ici autre chose qu'une matière comestible, et la comparaison des sarcophages d'Arles et de Brescia me fait incliner à y reconnaître un poisson.

Si l'on en juge ainsi que moi, la seille de M. van Robais serait le troisième monument de l'art chrétien venant révéler, dans la figuration de Daniel exposé aux lions, une signification symbolique dont je n'ai trouvé, jusqu'à cette heure, aucune mention dans les écrits des Pères.

46

PONT-DE-METZ.

Bulletin de la Société des Antiquaires de France, 1884, p. 243.

C'est dans un champ, auprès d'Amiens, qu'a été trouvé ce débris probablement chrétien dont M. Cagnat a donné communication à la Société des Antiquaires de France.

---

[1] *Étude sur les sarcophages d'Arles*, n° VIII.

Un estampage que j'ai sous les yeux me paraît autoriser cet essai de restitution partielle :

vixit annVS ↳ Menses...
defunctus⁽¹⁾ EST IDVs...
decemb? RIS........

La forme des lettres, et particulièrement celle de l'E dont la haste dépasse un peu les membres transversaux, appartient au vi⁰ et au vii⁰ siècle ⁽¹⁾.

47

SAINS.

Goze, *Revue des sociétés savantes*, 1875, p. 582.

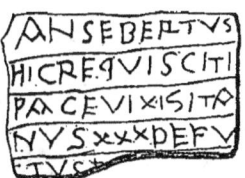

Ansebertus hic requiscit in pace vexisit annus xxx defunctus est...

Pierre exhumée dans l'église de Sains, près d'Amiens, avec les restes d'*Ansebertus*. La mention DEFVNCTVS est, que suivaient probablement les mots *ubi, fecit, mensis..... dies.....* se retrouve dans les inscriptions de la contrée⁽²⁾. La lettre E est ici de même forme que dans l'épitaphe qui précède.

⁽¹⁾ *Inscr. chrét. de la Gaule*, préf., p. xxiv. — ⁽²⁾ *Ibid.*, nᵒˢ 322, 324, 325, 325 A, 330 A.

48

VERMAND.

L'abbé Duchesne, *Bulletin de la Société des antiquaires de France*, 1886, p. 283; — Pilloy, *Découvertes d'antiquités faites dans le département de l'Aisne depuis 1858*, p. 31, 32.

Mon savant confrère, M. l'abbé Duchesne, a récemment publié un plat de verre gravé dont le dessin lui a été communiqué par M. l'abbé Constance. Cette pièce provient d'une tombe découverte dans les fouilles opérées à Vermand par la Société académique de Saint-Quentin.

On y voit grossièrement figurée la résurrection de Lazare. A droite est le Christ, à cheveux courts, nimbé, levant une baguette comme dans les autres représentations de ce miracle et tenant de la main gauche un *volumen*. Il est vêtu d'une tunique au bas de laquelle se détachent deux *calliculæ* en forme de feuilles. Son *pallium*, très largement ouvert, est agrafé sur l'épaule par une fibule. Devant lui, une étoile au-dessus de laquelle est gravé le monogramme constantinien ☧. Une sorte d'arbrisseau à tige mince se dresse entre le Seigneur et Lazare. Debout dans une ædicule à toit allongé que soutiennent deux colonnes, celui-ci se montre sous un aspect inaccoutumé; il n'est point, comme on le voit d'ordinaire, raidi par les bandelettes qui l'enserrent à la mode d'Égypte; celles qui entourent ses jambes et ses bras ne les rattachent pas à son corps et le visage n'est pas enveloppé. S'il y a eu ici, par rare fortune, réflexion chez l'auteur de cette grossière image, on peut penser qu'elle nous montre le frère de Marthe et de Marie après que le Seigneur eût dit : « Déliez-le et laissez-le aller[1] ».

Les représentations qui s'éloignent ainsi, pour Lazare, du type courant sont peu fréquentes[2].

Autour du sujet est gravée l'acclamation VIVAS IN DEO suivie des lettres P Z, abréviation bien connue des mots Πίε ζήσαις, et écrite ici en lettres latines comme sur tant de verres à peinture sur fond d'or[3].

On a proposé de voir un A et un W dans le triangle et le signe entre lesquels se trouve le Z. Ce ne sont là certainement que de simples marques de ponctuation. Quant au signe gravé après le Z, j'hésiterais à lui attribuer une valeur.

---

[1] *Joh.*, xi, 44 : « Et statim prodiit qui fuerat mortuus ligatus pedes et manus institis, et facies illius sudario erat ligata. Dixit eis Jesus : Solvite eum et sinite abire. »

[2] On en trouvera deux au second volume de la *Roma sotterranea*, de M. de Rossi, planches XIV et XV. J'en ai mentionné une troisième sur une coupe de verre découverte en Sicile (*Mélanges de l'École française de Rome*, 1888, planche IV).

[3] Garrucci, *Vetri ornati di figure in oro*, p. 43, 206, 227. Aux objets où figure l'acclamation Πίε ζήσαις se joint un petit disque de verre à peinture sur fond d'or, que j'ai vu à Rome, en 1885, dans une collection particulière, et autour duquel est l'inscription :

KONIΛIΛ KAIΛECTINA ΠIE ZHCEC

Au milieu est représentée une hutte de paille conique et cerclée d'un lien. De l'entrée, qui est à la gauche, sort à mi-corps une brebis couchée. En haut de la cabane, est une palme ou un bouquet d'épis vers lequel vole une colombe.

70 INSCRIPTIONS CHRÉTIENNES.

Le plat de Vermand vient se joindre à la série des vases chrétiens de verre à inscriptions et à figures que nous ont déjà donnés des tombes de Potgoriza en Albanie, de Sambuca Zabut en Sicile, de Pallien, de Boulogne et d'Homblières [1].

---

48 A

Pilloy, *Découvertes d'antiquités faites dans le département de l'Aisne depuis 1858*, p. 31, 32.

C'est aussi des fouilles de Vermand qu'est sorti un petit bol de verre, orné d'un semis de reliefs arrondis et portant gravé au tour du col l'inscription VIVAS . CVM . TVIS . P . Z . Ce vase, dont M. Pilloy donne un dessin, est très probablement chrétien [2].

---

48 B

CIMETIÈRE ENTRE TRAVECY ET VENDEUIL (AISNE).

Deloche, *Revue archéologique*, juillet 1889, p. 13.

Bague trouvée dans une tombe antique et communiquée par M. Pilloy à M. Deloche. Au centre, une croix. Avec mon savant confrère,

---

[1] *Étude sur les sarcophages d'Arles*, pl. XXXV; *Mélanges de l'École française de Rome*, loc. cit.; voir ci-dessus, n°^s 43 et 44 A et *Gazette archéologique*, 1884, pl. XXXII.

[2] Cf. ci-dessus n° 31.

je pense qu'on peut lire sur cet objet ΓΕΛΟϹΙΜΙ. Si, par une permutation entre l'*a* et l'*o* dont nous trouvons sur nos marbres un exemple[1], on a écrit ici *Gelosimi* pour *Gelasimi*, je noterai, mais sans y insister, qu'on lit dans Plaute le nom de *Gelasimus*[2]; que celui de *Gelasinus* se rencontre dans une épitaphe et sur un sceau de bronze[3].

49

LAON (?)

A. de Longpérier, *Comptes rendus de l'Académie des inscriptions*, 1870, p. 316; — Deloche, *Revue archéologique*, septembre 1886, p. 141-143.

M. le baron Pichon possède dans sa riche collection une bague d'or de l'époque mérovingienne trouvée à Laon et portant sur son chaton un monogramme entouré d'un nom propre.

En présentant à l'Académie des inscriptions ce bijou dont j'ai déjà parlé ailleurs, notre illustre et regretté confrère, M. de Longpérier, a proposé d'y lire le nom de BERTILDIS et, dans le groupe central, le mot *regina;* tel est aussi le sentiment de M. Deloche. Tous deux en ont conclu que l'anneau avait appartenu à Bertilde, l'une des femmes de Dagobert Ier.

J'hésite à accepter leur lecture, les éléments du mot *regina* me paraissant faire défaut. Sans parler du Γ, dont l'existence me semble problématique, je ne suis pas persuadé que l'E gravé en dehors

---

[1] *Inscriptions chrétiennes de la Gaule*, n° 415 : ΑΝΑΤΑΛΗΟΥ pour Ἀνατολίου. Cf. Festus, v° *Hemona*, etc.

[2] Plaut., *Stichus*, II, 2, 73.

[3] Fabretti, *Inscr.*, c. 11, n° 121; Mommsen, *Inscr. regni Neapol. latinæ*, n° 6310, 6.

du chiffre[1], au rebours de ses lettres et dans le sens direct de celles du nom, n'appartient pas à ce dernier qui serait orthographié *Berteildis* pour *Bertechildis*, terminaison très commune dans les noms de femmes de l'époque mérovingienne. C'est ainsi que celui de la reine Clotilde est écrit dans les anciens textes *Chrotechildis*[2] et *Chlodehildis*[3] et que nous trouvons à la fois *Theudechildis*[4] et *Teudehildis*[5].

50

COMPIÈGNE.

Le comte de Marsy, *Note sur un anneau mérovingien trouvé près de Compiègne.*

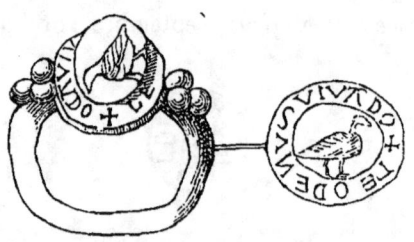

Un anneau d'or trouvé en 1880 dans le lit de l'Oise, près de Compiègne, et appartenant à M. le baron Pichon, a pour chaton un grenat représentant un oiseau dont il est assez difficile de reconnaître l'espèce. Autour de la pierre se lit cette légende précédée de la croix : ✝ LEODENVS VIVAT DEO. C'est là, comme on le sait, une acclamation

---

[1] Dans les monogrammes mérovingiens qui me sont connus, l'E fait partie du chiffre même ; il est figuré par trois petits traits horizontaux, greffés sur l'une des lignes perpendiculaires, comme le montrent les types suivants :

Voir *Inscr. chrét. de la Gaule*, t. II, p. 51, 353, et n° 452 des planches; et de plus Deloche, *Revue archéol.*, juillet 1884, p. 2; janv. 1887, p. 52; janv. 1888, p. 26; oct. 1888, p. 182; sept. 1889, p. 313 et 314 ; Blanchet, *Nouveau manuel de numismatique du moyen âge et moderne*; atlas, n°° 105 et 120, etc.

[2] Gregor. Turon., *Hist. Franc.*, III, vi.
[3] Bolland., t. I, de février, p. 366.
[4] Gregor. Turon., *Hist. Franc.*, IV, xxvi.
[5] Guérard, *Polyptyque de l'abbaye de Saint-Rémi de Reims*, p. 100.

courante sur les objets usuels [1]. Sous la forme VIVAS IN DEO, ou simplement VIVAS DEO, elle est si commune que parfois on l'exprime par un monogramme qui en réunit les éléments. Il en est ainsi pour un anneau du musée de Vienne en Autriche, pour un autre publié par le chanoine Martigny [2], pour une bague de bronze que j'ai acquise à Rome et où figure le chiffre ⟨symbole⟩.

La forme très caractéristique du bijou de *Leodenus* ne permet pas de douter qu'il appartienne à l'époque mérovingienne. L'S couché se rencontre souvent dans les légendes des monnaies du même temps.

51

HERMES.

L'abbé Renet, *Mémoires de la Société d'archéologie du département de l'Oise*, t. XI, pl. VI, fig. 1 et p. 95; — *Revue des Sociétés savantes*, t. V (1882), p. 431; — Héron de Villefosse, *Bulletin épigraphique de la Gaule*, 1882, p. 132.

Dans le travail auquel je renvoie, M. l'abbé Renet a rendu un compte détaillé des belles fouilles opérées avec autant de zèle que d'intelligence par M. l'abbé Hamard au lieu dit le Mont-de-Hermes. Là s'est rencontré un cimetière des temps mérovingiens dont les tombes étaient en grande partie formées de débris antiques, corniches, moulures, colonnes, pierres à imbrications, fragments sculptés. Les objets sortis de cette nécropole sont ceux qui meublent communément les sépultures des âges barbares : poteries, armes, agrafes et bijoux dont nous connaissons tant de types. Dans le nombre s'est rencontrée une agrafe probablement du VIIe siècle, plaquée d'argent, portant au centre une croix pattée, accostée de rameaux et de feuilles et que surmontent les images du Soleil et de la Lune. Dans la partie supérieure de l'agrafe est gravée cette ligne, VAT QVI FECIT, où l'on avait proposé de lire

---

[1] *Inscriptions chrétiennes de la Gaule*, t. I, p. 64, 65, etc.

[2] *Dictionnaire des antiquités chrétiennes*, au mot *Acclamation*.

VATOVI FECIT; j'y ai reconnu, et M. Quicherat a appuyé mon sentiment, une déformation de l'acclamation antique VALEAT QVI FECIT.

Pour justifier ma lecture, j'ai fourni une liste des tuiles où les figulins de l'Italie avaient imprimé ce vœu qui aujourd'hui semblerait étrange [1]. La publication récemment faite, par MM. de Rossi et Dressel, d'une œuvre importante de Marini jusque-là demeurée inédite, les *Iscrizioni antiche doliari*, m'en apporte une série plus étendue; il n'est pas moins de vingt tuiles différentes où cette acclamation figure soit *in extenso*, soit exprimée par des sigles [2]. Elle se lit également sur le chaton d'un anneau d'or découvert à Langres [3]. Un vase antique de Cologne

---

[1] Descemet, *Inscriptions doliaires latines*, n°˙ 21 et suivants.

[2] N°˙ 294, 539, 604, 809, 811, 812, 813, 822, 825, 828, 829, 903, etc.

[3] *Catalogue du musée de Langres*, 1861, p. 59, n° 5.

porte les mots VIVAT QVI FICIT [1]. Un vœu de même nature en faveur de l'ouvrier se retrouve avec une forme pieuse, ORA PRO QVI FECIT, au début de l'inscription cursive tracée sur le bord d'un *dolium* sorti des fouilles des Altâj et appartenant à l'évêché d'Alger. Au xive siècle, un même sentiment a encore dicté les premiers mots de la légende d'une enseigne de pèlerinage : BIEN : AIT : QVI : MA : FET [2].

On remarquera sur l'agrafe de Hermes la présence des images du Soleil et de la Lune accostant la croix. Cette particularité se retrouve sur plusieurs autres de nos monuments [2].

52

R. de Lasteyrie, *Bulletin de la Société des antiquaires de France*, 1884, p. 251.

Les mêmes fouilles ont donné, dans le courant de 1883, l'inscription suivante qui appartient au vi^e siècle :

In Christus. Hic requiscit Radog(isilu)s fidelis.

Cette épitaphe est gravée sur une pierre fort rugueuse et assez épaisse, ce qui se rencontre rarement pour les inscriptions chrétiennes.

---

[1] Auss'm Weerth dans les *Jahrbücher des Vereins von Alterthumskunde im Rheinlande*, 1881, fasc. LXXI, p. 115.

[2] Victor Gay, *Glossaire archéologique du Moyen Age et de la Renaissance*, p. 634.

[3] Voir ci-dessus, n° 44 A.

La barbarie de la transcription ne doit pas nous empêcher de reconnaître au début la formule *in Christo* très fréquente sur les marbres de divers pays[1].

Les curieux et les érudits ont été souvent entretenus des belles fouilles entreprises par M. Frédéric Moreau dans le département de l'Aisne[2]; Arcy-Sainte-Restitue, Breny, Caranda, Chouy, Trugny, tels sont les points principaux sur lesquels se sont portés des efforts dirigés avec autant d'intelligence que de scrupuleuse exactitude. De grands cimetières de l'époque mérovingienne y ont été découverts : silex taillés, vases de verre et de terre cuite, armes, bijoux, bronzes, pierres funéraires et anneaux à signes chrétiens, monnaies gauloises et impériales depuis Auguste jusqu'à Justinien en sont sortis nombreux, et une splendide publication a figuré, décrit ces objets dans des procès-verbaux dignes d'être proposés comme modèles[3]. Tout est-il chrétien dans cette vaste série qui forme aujourd'hui un véritable musée? Je ne puis le dire. On me saura toutefois gré d'en reproduire quelques types à inscriptions, les uns ayant évidemment été possédés par des fidèles, les autres ayant pu leur appartenir.

---

[1] Boldetti, *Osservazioni sopra i cimiteri*, p. 340 : RVFINA IN DE⊕; p. 345 : IN ☧ AVRELIO MARCELLINO; Odorici, *Sylloge veterum inscriptionum*, p. 254 : IN ☧ BICTRIX; Biraghi, *Bisita di Gropello*, p. 2 : DEFVNCTO IN X̄P̄O; *Inscriptions chrétiennes de la Gaule*, n° 265 : IN CHRISTO; n° 399 : HIC REQVIESCET IN CHRISTO.

[2] *Bulletin de la Société des Antiquaires de France*, 1875, p. 74; 1879, p. 126, etc.

[3] Frédéric Moreau, *Album Caranda*, 1878-1888.

53

ARCY-SAINTE-RESTITUE.

Bulletin de la Société des antiquaires de France, 1879, p. 127 ; — Frédéric Moreau, *Album Caranda*, Fouilles de Breny, 1880.

Baudiricus ic riqiscit (annorum) XXXIII.

Pierre épaisse à profil crénelé provenant d'une sépulture dévastée depuis longtemps; elle devait être, d'après sa forme, posée debout sur le tombeau. L'inscription est gravée dans un enfoncement carré. On y remarquera la forme assez peu commune de l'*S*[1] et l'âge marqué exceptionnellement par un chiffre non précédé du mot *annorum*.

54

Frédéric Moreau, *Album Caranda, Les fouilles de Breny*, 1880, pl. VIII ; — Deloche, *Revue archéologique*, juin 1886, p. 341.

Une tombe trouvée au même lieu contenait une bague d'argent à huit pans portant la légende :

Rusticus ficit.

Sur chacune des facettes figure un signe ou un groupe de carac-

[1] Voir ci-après n° 57.

tères. L'V s'y lit seul sur la troisième ; l'R qui devait le précéder paraît avoir été effacé par le frottement qui, en cet endroit, a profondément usé le métal.

Nous verrons plus loin le nom de l'ouvrier sur un coutelas trouvé au cimetière de Pondrôme[1] ; il est singulier de le lire sur une bague antique ; on n'y a encore rencontré, je crois, que celui du possesseur.

L'Ϝ de ϜICIT est d'une forme peu ordinaire. Nous l'avons relevée déjà dans le nord de la Gaule[2].

55

BRENY.

Frédéric Moreau, *Album Caranda*, *Fouilles de Breny*, 1880 ; — Deloche, *Revue archéologique*, juillet 1886, p. 40.

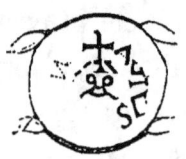

L'un des tombeaux du grand cimetière antique découvert à Breny contenait, avec un vase de terre, des ornements de ceinturon et une boucle en bronze, un anneau de même métal à chaton gravé. On y voit une tête de face très sommairement indiquée et surmontée d'une croix. Une inscription qui l'entoure n'offre plus à gauche que la trace fort douteuse d'un N et à droite AVIVS, c'est-à-dire probablement la fin d'un nom. La tête unique que présente le chaton me fait hésiter à penser que cette bague ait, comme on l'a écrit, porté le vocable de deux époux, ainsi que nous le voyons sur un anneau d'or trouvé près de Mulsanne et où tous deux sont représentés[3].

---

[1] VICSVS FICIT (ci-dessus n° 90) ; cf. n° 52, l'acclamation *valeat qui fecit* gravée sur une agrafe mérovingienne.

[2] *Inscriptions chrétiennes de la Gaule*, n° 348.

[3] *Ibid.*, n° 669 B.

56
CHOUY.

Frédéric Moreau, *Album Caranda, Les fouilles de Chouy*, 1883, pl. XXXIX, fig. 7.

Dans un cercueil de bois, découvert au cimetière de Chouy et orienté vers le Nord, se trouvaient, avec le squelette, une hache et un poignard, un grand plat de terre rouge, des boucles de bronze, une bague en fer et une autre en argent. Cette dernière qui était encore passée au doigt du mort, présente huit facettes portant une colombe avec rameau, un agneau, une palme, un cerf, un animal fantastique et un lièvre; sur les deux autres, on lit la banale acclamation VIVAS. Au

vu de la plupart des figures qui le décorent, l'anneau a été tout d'abord et peut être même avec raison considéré comme chrétien. Un doute grave vient toutefois de l'orientation de la tombe et de ce fait que, dans la bouche du défunt, se trouvait l'obole à Charon, sous forme d'une monnaie d'argent de Valentinien II. Aux temps de barbarie où nous reporte la sépulture de Chouy, ce détail ne serait pas toutefois absolument décisif, car la pratique dont il témoigne s'est perpétuée longtemps, malgré l'avènement de la foi chrétienne. L'abbé Lebeuf écrivait en effet, à la date du siècle dernier : « J'ai connu des gens qui ont persuadé aux paysans d'un village proche d'Auxerre, de ne plus pratiquer cet usage qui paraissait tenir du paganisme, d'autant plus que quelques-uns assuraient que c'était pour payer le passage de la barque à Caron qu'on munissait ainsi le mort d'un liard ou d'une autre pièce d'aussi petite conséquence [1]. »

---

[1] *Dissertations sur l'histoire ecclésiastique et civile de Paris*, 1789, p. 287 (*Traité sur les anciennes sépultures*). Voir de plus, Maury, *La Magie et l'Astrologie*, p. 158.

57

AIGUISY.

Frédéric Moreau, *Album Caranda*, 1886, pl. LIV; — Deloche, *Revue archéologique*, avril 1886, p. 222.

Agrafe probablement chrétienne trouvée dans une sépulture à Aiguisy par M. Frédéric Moreau. Elle porte l'indication de son possesseur, *Regnoveus*, nom dont la troisième lettre qui semble tout d'abord un ʃ surmonté d'un signe d'abréviation, est en réalité un ɢ que nous voyons avec cette même forme dans les vocables de *Pelagia* et de *Paragor* et de *Peleger* inscrits sur des épitaphes d'Auch [1] et de Narbonne [2].

L'occasion est rare de pouvoir estimer, même approximativement, l'âge des agrafes mérovingiennes. Il convient donc de noter que la dernière des inscriptions de Narbonne que je viens de rappeler est datée de l'an 688, et que deux des caractères du nom de *Regnoveus* se trouvent dans les parties en onciales d'un célèbre manuscrit de Corbie qui appartient au VIIe siècle. Le ɢ et l'ʃ gravés sur notre agrafe se montrent en effet dans le nom de *Sigibertus* écrit comme

---

[1] Ci-après, n° 292. — [2] *Inscriptions chrétiennes de la Gaule*, t. II, pl. n°ˢ 491 et 511.

il suit à la première ligne du chapitre xxxიი, folio 57 de ce précieux volume⁽¹⁾.

Sigibertur

Plusieurs de nos marbres présentent, comme l'agrafe d'Aiguisy, et à une époque beaucoup plus ancienne, l'*S* fait en forme de *gamma grec*.[2]

58

THUISY.

M. Édouard de Barthélemy a communiqué en novembre 1881, au Comité des travaux historiques, un calque pris sur une pierre blanche et dure servant de marche dans une maison de Thuisy, village du département de la Marne (canton de Verry). On croit que ce fragment a été trouvé sur l'emplacement du vieux château de Luches, voisin de cette localité et qui fut détruit au xvᵉ siècle.

La pierre est très fruste et l'inscription difficile à lire; elle semble avoir porté les mots *Hic Floren... jacet.*

---

[1] Manuscrit de Grégoire de Tours, Biblioth. nat., fonds latin, n° 17655, fol. 57, donné en fac-similé dans la planche I du *Manuel de paléographie* de M. Prou. Notons toutefois qu'à Rome cette lettre se montre dans le mot *refrigeri* d'une inscription cursive qui peut appartenir au ivᵉ siècle. (Marucchi, *Le recenti scoperte presso il cimitero di S. Valentino*, page 457, du *Bullettino della Commissione archeologica di Roma*, 1888.)

[2] Voir ci-dessus, p. 9.

59

SÉZANNE (?)

Louis Pâris, *Histoire de l'abbaye d'Avenay*, t. II, p. 66.

Anneau d'or de travail antique trouvé dans les environs de l'abbaye d'Avenay (département de la Marne), avec plusieurs débris de poteries romaines. Autour du chaton de ce bijou, qui appartient à M. le baron Pichon, est une inscription irrégulièrement tracée en lettres niellées. On s'était accordé tout d'abord à y voir, après le nom de Gundobertus, les mots *suavis cum Deo*, lecture qu'il serait, je crois, impossible de justifier par la production d'un exemple. L'examen de l'objet même m'a permis de constater qu'à la suite du nom dont la fin est assez trouble, il faut lire la formule courante VIVAT DEO. Après les lettres VIV, très apparentes, vient un A, non barré, puis un T cursif (τ), que l'on avait pris pour un C surmonté d'une barre d'abréviation et représentant le mot *cum*. Le T fait de cette manière se rencontre souvent dans les inscriptions [1].

Ici, la barre transversale du T fait corps avec le trait inférieur; il n'en est pas de même dans l'épitaphe que porte un fragment de sarcophage conservé au musée du Latran et où le nom *Constantiae* est écrit CONSCANTIAE, son premier T étant formé d'un C surmonté d'un trait indépendant [2]. Je ne noterais pas ce fait de très mince importance, s'il n'en résultait que les lapicides gravaient leurs inscriptions d'après des modèles écrits en caractères cursifs. L'erreur que je relève vient évidemment, en effet, de ce que le texte fourni à l'ouvrier conte-

---

[1] Lupi, *Epitaphium Severae martyris*, p. 98; de Rossi, *Inscriptiones christianae Urbis Romanae*, t. I, n° 856; *Inscr. chrét. de la Gaule*, t. II, n° 400 des planches.

[2] Garrucci, *Storia dell' arte cristiana*, pl. CCCXCVII, n° 3.

nait un T de la forme suivante 𝜏 et que cet homme a vu dans son tracé, trop rapide sans doute, un ℭ surmonté d'une barre détachée[1].

60

ÉPITAPHE D'UNE FEMME PEUT-ÊTRE CHRÉTIENNE
DÉCÉDÉE HORS DE LA GAULE.

Vetzstein, *Ausgewählte griechische und lateinische Inschriften*, n° 63; — Waddington, *Inscriptions grecques et latines de la Syrie*, n° 2036.

Il existe à Imtan, l'antique Mothana, au-dessus de la porte extérieure de la mosquée, une pierre datée de l'an 237 de Bostra (342 de notre ère), et portant l'épitaphe d'une Gauloise nommée *Stercoria*, originaire de la ville de *Ratomagus*.

```
ΤΕССΕΡΑΚΟΝΤΟΥΤΗССΤΡΚΟΡΙΑ
ΓΑΛΛΙΞΕΝΘΑΔΕΚΙΤΕΠΟΛ.ΡΑΤΟΜΑΓΟΥ
ΜΟΝωΝΡΠΕΗСΚΑΙΤΟΜΝΗΜΑΤΟΥΘωС
ΟΡΑСΕΚΘΕΜΕΛΙωΝΜΕΧΡΙСΥΨΟΥСΦΛ.
ΓΕССΙΚΑСΑΝΗΡΠΤΕΞΙΔΙωΝΕΞΕСΤΕΛΕС
ΑΝΑΛωСΑСΧ΄Μ/ΕΕΝΕΤΙСΛΖ [2]
```

Le nom de la ville de la Gaule désignée dans cette épitaphe a paru tout d'abord être celui de *Rotomagus* inexactement orthographié; mais une pierre découverte il y a quelques années au cimetière chrétien du mont de Hermes est venue rappeler que dans notre pays avait existé

[1] Exemple: le T du mot *sustuli* d' *graffito* de Pompéi, reproduit par Massmann (*Liber aurarius*, p. 61). Parfois la lettre T est restée incomplète, sa partie inférieure faite de la sorte ayant été seule tracée. C'est ainsi que nous trouvons BEᏟ⟨E pour *Bethleem* (Garrucci, *Vetri*, tav. x), VIᏟSIᏟ pour *vixit* (Perret, *Catacombes*, pl. XIV), etc.

[2] Je transcris ici la lecture proposée par mon savant confrère, M. Waddington : Τεσσερακοντούτης Στερκορία γαλλὶξ ἐνθάδε κῖτε, πόλ[εως] Ῥατομάγου. Μονῶν [ἀ]π' ἐῆς καὶ τὸ μνῆμα τοῦθ' ὡς ὁρᾷς, ἐκ θεμελίων μέχρις ὕψους Φλ. Γεσσίκας ἀνήρ π[ο]τ' ἐξ ἰδίων ἐξετέλεσ[εν] ἀναλώσας δηνάρια μύρια πεντακισχίλια. Ἐν ἔτ[ε]ι σλζ'.

autrefois une ville nommée *Ratomagus*. Elle est mentionnée en même temps sur ce monument et par Ptolémée qui la place chez les Silvanectes[1].

Une particularité m'a fait penser et noter, mais sous toutes réserves, que l'inscription d'Imtan peut provenir de la tombe d'une chrétienne; c'est la singularité du nom que porte la Gauloise *Stercoria*. Ce vocable étrange se rencontre parmi ceux qu'adoptèrent les premiers fidèles, par un sentiment d'humilité et de sacrifice dont j'ai recherché ailleurs les marques[2].

61

FONTAINES.

Au-dessus du village de Fontaines (Haute-Marne, arrondissement de Vassy), à l'est et au-dessous de l'oppidum du Châtelet, on a trouvé, dans le cimetière de cette dernière localité, un fragment d'inscription chrétienne où figure la légende suivante :

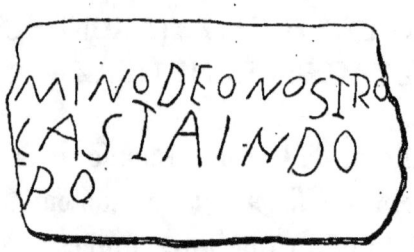

[Do]mino Deo nostro
. . . . . casta in D[e]o
. . . . . po

Ce débris, qui mesure 30 centimètres de large sur 16 de haut, était presque à fleur du sol.

[1] *Bulletin de la Société des antiquaires de France*, 1878, p. 162 à 172; *Comptes rendus de l'Académie des inscriptions et belles-lettres*, 1878, p. 149, et suivantes.
[2] *Inscriptions chrétiennes de la Gaule*, n° 412.

Si la première ligne se complète facilement, il n'en est pas ainsi de la dernière.

Je ne saurais dire à quel temps appartient cette inscription très grossièrement gravée en caractères de mauvaise forme qui peut remonter à l'époque mérovingienne, comme au commencement de l'âge suivant. Elle tire un prix particulier du lieu où elle a reparu, la contrée n'étant pas féconde en vieilles inscriptions chrétiennes.

M. l'abbé Fourot, professeur de rhétorique au collège de Saint-Dizier, veut bien m'apprendre que, dans le même cimetière, on a trouvé une stèle romaine portant en beaux caractères le nom de MANTIDIA. On y a également rencontré plusieurs objets mérovingiens : une plaque de ceinturon en bronze sur laquelle sont gravées six croix; une fibule cruciforme incrustée de verroteries; deux autres représentant un poisson. Il n'est pas impossible, me dit M. l'abbé Fourot, que de nouvelles recherches fassent retrouver le reste de l'inscription de la chrétienne.

PREMIÈRE GERMANIE.

62
COBLENZ.

Freudenberg, *Jahrbücher des Vereins von Alterthumsfreunden im Rheinlande*, t. XL, p. 340; — Becker, *Annalen des Vereins für Nassauische Alterthumskunde*, t. IX, p. 136.

C'est d'après les archéologues allemands que je donne les inscriptions suivantes dont je n'ai ni dessin ni estampage. Celle ci marquait la tombe d'une femme ayant vécu soixante-dix ans « dans le siècle » et ensevelie le jour des calendes de Mars :

```
. . . . NV . . . . .
. DIC · TA · E . . . .
IL · SEOIRA · T · IN
SCO · VIX · IT AN
NVS · LXX DE · PO
SI · CI · O EIVS ·
SVB · DIE · KALEN
☩ MAR · CI · AS
IN · PA · CE
```

L'épithète *benedicta* que paraît avoir porté cette inscription se lit sur un marbre des Catacombes [1]. Elle figure également sur les tombeaux païens ; les recueils de Gruter, de Passionei et l'*Anthologia* de Burmann nous en offrent plusieurs exemples [2].

[1] Bosio, *Roma sotterranea*, p. 511. — [2] Gruter, 875, 3 ; Passionei, *Iscrizioni antiche*, p. 96, n° 77 ; Burmann, *Anthologia*, t. II, p. 119.

63

ENVIRONS DE COBLENZ.

Freudenberg, dans les *Jahrbücher des Vereins von Alterthumsfreunden im Rheinlande*, t. XXXIX, p. 339, 340; — Becker, *Annalen des Vereins für Nassauische Alterthumskunde*, p. 135.

Depuis la publication des *Inscriptions chrétiennes de la Gaule*, un certain nombre de monuments de cette nature ont été signalés sur la rive gauche du Rhin. Dès 1864, M. Becker de Francfort, M. Freudenberg de Bonn et enfin M. Kraus se sont occupés de ces épitaphes.

Deux pierres funéraires des premiers siècles, aujourd'hui conservées au Gymnase de Coblentz, ont, paraît-il, été trouvées dans les environs de la ville. Je reproduirai d'après la copie de M. Kraus la première de ces inscriptions qui lui a paru présenter quelques difficultés de lecture :

```
HIC REQ···SCEI·LPIPA
DVS·LECTOR AMATVS
GRATVS IN FEDE PROVA
TVS QVI VIXIT ANNVS
XVIII CVI PATER LEVNINVS
. . . . . . . . . . . . . . .
```

Nous avons déjà trouvé ailleurs, même dans les épitaphes en prose, ces accumulations d'épithètes qui, dans les pièces métriques, remplissent parfois des vers entiers[1]. Plusieurs de nos inscriptions louent, comme celle-ci, la pureté de la foi de ceux qui ne sont plus[2].

Si l'on se reporte aux formules courantes dans la contrée, on est fondé à croire que l'inscription se terminait par les mots *pater Leoninus titulum posuit*[3].

---

[1] Gruter, 1176, 2; Muratori, 1415, 10; *Inscriptions chrétiennes de la Gaule*, t. I, p. 58; t. II, p. 182; Ennodius, *Epist.*, 95; Fortunat, IV, 4 et 24, etc.

[2] *Inscriptions chrétiennes de la Gaule*, n°ˢ 404, 405, 428.

[3] Voir pour la localisation des formules épigraphiques, *ibid.*, t. II, n°ˢ 467, 601.

64
LIEU DIT « LA VIEILLE-ÉGLISE ».

Freudenberg, *Jahrbücher des Vereins von Alterthumsfreunden im Rheinlande*, t. XL, p. 366 ; — Becker, *Annalen des Vereins für Nassauische Alterthumskunde*, p. 134, t. IX.

Dans un lieu dit *la Vieille-Église*, situé entre Lehmen et Gondorf, les mêmes antiquaires signalent une plaque de marbre découverte en 1865 et portant l'inscription suivante :

```
☩ IN HVNC TOMOLO REQVIISCIT VIR
BEATISSIMVS dEOdATVS dIAN̄S
QVI VIXIT IN SAECOLO ANNIS XXXI
dEPOSICIO EIVS XVI KAL IVL
IN PACE
```

Si nous étions ici dans un de ces pays de langue grecque où le mot de *bienheureux* est pour ainsi dire de formule sur les tombes, je ne m'arrêterais pas à cet éloge donné au diacre *Deodatus*; mais les épithètes *beatus*, *beatissimus* sont réservées en Occident aux saints illustres, aux martyrs et aux innocents, témoin l'épitaphe suivante d'un enfant inhumé dans les catacombes de Rome :

```
BEATISSIMO FILIO QVIN
TIANO BENEME ☙
rENTI IN PACE [1]
```

Beatissimus, sur notre marbre, contient donc moins peut-être une allusion à la félicité céleste qu'un hommage rendu aux mérites du défunt « bienheureux » d'avoir possédé, selon la parole du Seigneur [2],

---

[1] De Rossi, *Bullettino di archeologia cristiana*, 1880, p. 94. Cf. 1887, p. 10, pour un enfant de trois ans qualifié *beatissimus*. — [2] Matth., c. v.

les perfections qui ouvrent les portes du paradis. Ainsi en est-il pour deux chrétiens gaulois sur les tombes desquels nous lisons :

NOBELIS NATALEBVS SED BEATVS EX OPEREBVS
BEATVS MOREBVS [1].

65

GONDORF.

J. Klein, *Jahrbücher des Vereins von Alterthumsfreunde im Rheinlande,* fasc. LXXXIV, p. 241.

*Hic quiesci*T LEPIDVS IN Pace
*qui v*IXIT AN XII MS
.....ADIVS ET PACI....
*patres ti*tVLVM POSVE*runt*
✷ ✝
✝

Inscription sur calcaire du Jura trouvée à Gondorf, près de Coblenz. Le mot *patres* pour *parentes*, que je restitue à la quatrième ligne à raison de l'étroitesse de l'espace, est très fréquent dans les épitaphes de Trèves [2]. Au-dessous de l'inscription sont gravées deux croix et une étoile dont j'ignore la forme, n'ayant ni estampage ni dessin de ce fragment.

[1] *Inscriptions chrétiennes de la Gaule*, n°⁸ 471 et 564. — [2] *Ibid.*, n°⁸ 244, 246, 250, 259, 272, etc.

66

J. Klein, *Jahrbücher des Vereins von Alterthumsfreunden im Rheinlande*, fasc. LXXXIV, p. 241.

```
HOC TETOLO FECET MVNTANA
CONIVS SVA MAVRICIO QVI VI
SIT CON ELO ANNVS DODECE
ET PORTAVIT ANNOS QVARRANTA
TRASIT DIE ☧ VIII KL IVNIAS
```

C'est-à-dire : *Hunc titulum fecit Montana conjux sua Mauricio qui vixit cum illo annos duodecim et portavit annos quadraginta. Transiit die VIII kalendas junias.*

Inscription sur marbre blanc trouvée au même lieu. Je relèverai, dans son texte barbare et en désordre, le mot *illo* écrit *elo* et la forme des nombres *dodece* et *quarranta* si proche de l'italien *dodici* et *quaranta*. Nous avons déjà rencontré et nous retrouverons plus loin en Gaule, *portavit annos* pour *vixit annos* [1]. *Gerere, ferre, facere* tiennent également aussi, dans ce cas, le mot *vivere* [2].

Je n'ai ni dessin ni estampage de l'épitaphe de *Mauricius*. Comme les inscriptions de Trèves, dont elle offre le type, elle doit appartenir au Ve siècle [3].

---

[1] *Inscriptions chrétiennes de la Gaule*, 337A, et ci-après, n° 224, une inscription de Molles.

[2] *Ibid.*, n°s 277, 299, 633, 642; Hübner, *Inscr. Hisp. christ.*, n° 12.

[3] *Ibid.*, préface, p. XLV à LIII.

67

BOPPARD.

Becker, *Annalen des Vereins für Nassauische Alterthumskunde*, 1864, p. 36 ; — Bendermacher, *Jahrbücher des Vereins von Alterthumsfreunden im Rheinlande*, 1871, fasc. L, LI, p. 96.

Hic in pace quiescet Armentarius inn(o)cens famulus Dei q(uis vix)it annis IIII et menses VIIII obiit die oc(t)avo k(a)l(endas) oct(obres) Berancio et Euharia pare(ntes) titolum posuerunt.

C'est dans l'enceinte de la ville nommée par les anciens *Baudobriga*, aujourd'hui Boppard, qu'a été trouvée, avec les quatre suivantes, l'épitaphe d'*Armentarius*, enfant de quatre ans et neuf mois, enseveli par son père *Berancio* et sa mère qui paraît s'être nommée *Eucharia*. L'absence presque complète de dates certaines dans les inscriptions de la contrée m'engage à rappeler qu'en Gaule, d'après les monuments connus, la mention des parents qui ont fait faire la tombe s'arrête en 470[1].

---

[1] *Inscriptions chrétiennes de la Gaule*, préface, p. XVII.

La formule finale est particulière à la région; c'est la première fois que j'y rencontre les mots *Famulus Dei*.

La forme donnée ici à la lettre T me paraît exceptionnelle.

Ainsi que nous le voyons souvent ailleurs des défauts de la pierre ont obligé le graveur à couper plusieurs mots[1].

68

Bendermacher, *Jahrbücher des Vereins von Alterthumsfreunden im Rheinlande*, 1871, fasc. LI, p. 101.

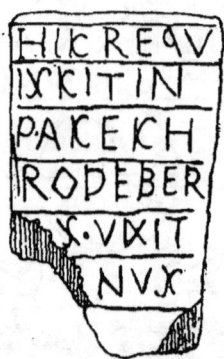

Hic requiscit in pace Chrodebert(u)s. Vixit (an)nus)...

J'emprunte à M. Bendermacher la copie de cette pierre et des trois qui vont suivre; elles ont été trouvées dans un cimetière antique avec des sarcophages qu'elles accompagnaient; le savant allemand donne un plan détaillé de ce lieu. On remarquera, dans l'épitaphe de Chrodebert, la barre perpendiculaire qui accompagne la lettre C et celle qui, ici et dans l'inscription n° 70, coupe la lettre S.

[1] *Inscriptions chrétiennes de la Gaule*, n° 667 A; Chatelain, *L'inscription du moissonneur*, p. 10, etc.

69

Bendermacher, *Jahrbücher des Vereins von Alterthumsfreunden im Rheinlande*, 1871, fasc. LI, p. 104.

Hic q(uiesci)t in pace Libefridus vixit annus (XXXX?).

70

Bendermacher, *ibid.*, p. 99.

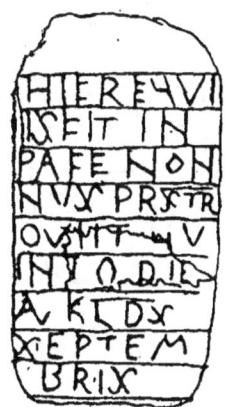

Hic requiiscit in pace Nonnus pr(e)s(by)t(e)r oviit quinto die an(te) K(a)l(en)d(a)s septembris.

Cette pierre était posée sur le sarcophage auquel elle appartenait. Son écriture et celle des nos 68, 69, 72 rappellent les inscriptions chrétiennes d'Amiens[1].

[1] Cf. *Inscriptions chrétiennes de la Gaule*, planches, n° 36.

94 INSCRIPTIONS CHRÉTIENNES.

Ici, comme bien souvent ailleurs, l'abréviation du mot *presbyter* est de forme irrégulière [1].

Bien peu nombreuse est la série des épitaphes signalées dans la région du Rhin, et pourtant trois d'entre elles sont consacrées à des clercs : *Deodatus* le diacre, un jeune lecteur et le prêtre *Nonnus*. Les inscriptions y désignent donc surtout les tombes de ceux qui, à travers les temps barbares, nous ont conservé l'art d'écrire.

La date qui termine l'épitaphe doit être lue *Ante kalendas septembris*. C'est une formule de style antique et dont on connaît de nombreux exemples [2].

71, 72

Bendermacher, *Jahrbücher des Vereins von Alterthumsfreunden im Rheinlande*, 1871, fasc. LI, p. 106.

Deux fragments sortis du même cimetière et provenant de tombes chrétiennes.

[1] *Inscript. chrét. de la Gaule*, t. II, p. 433.

[2] *Ibid.*, t. I, p. 338; Cicero, *Ad Atticum*, III, 17.

73

KEMPTEN.

Becker, *Annalen des Vereins für Nassauische Alterthumskunde*, 1864, p. 31; — Koenen, *Jahrbücher des Vereins von Alterthumsfreunden im Rheinlande*, 1883, p. 157.

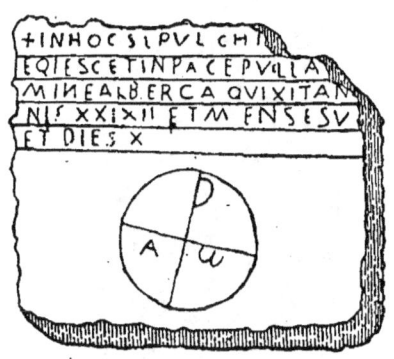

† *In hoc sepulchro (r)eqiescet in pace puella (no)mine Alberca q(uæ) vixit annis XXXII et menses V et dies X.*

Cette pierre, conservée au musée de Cassel, a été, comme la suivante, découverte en 1779, dans une vigne, à Kempten près de Bingen. Au bas, le monogramme du Christ, accosté de l'A W. Le mot *nomine* précédant le vocable du défunt se rencontre sur d'autres monuments [1].

[1] *Inscriptions chrétiennes de la Gaule*, n°⁵ 348, 355.

74

Bernh. Liesen et Friedr. Schneider, *Die Bertisindis Inschrift zu Kempten bei Bingen* (*Jahrbücher des Vereins von Alterthumsfreunden im Rheinlande*, 1882, fasc. LXXIV, p. 32.)

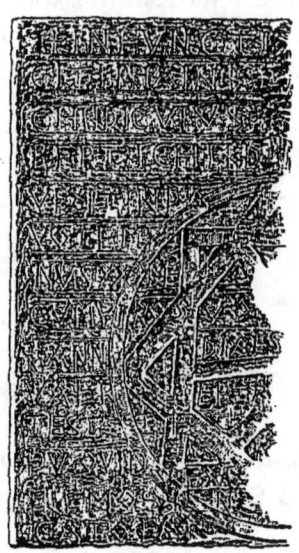

Je reproduis, d'après les dessins de MM. Leisen et Schneider, cette inscription encastrée, dans la tour de l'église au village de Kempten. Elle est gravée sur une dalle portant un ornement géométrique. La moitié seule en est conservée, et j'hésite, je l'avoue, à tenter ici une lecture qui, sauf pour quelques mots, ne peut être qu'arbitraire. Parfois, à l'époque barbare, le sens des textes lapidaires est difficile à suivre et à comprendre alors même qu'ils nous sont parvenus tout entiers. Il en est ainsi d'une épitaphe de Lyon, d'une autre de Saint-Romain-en-Gal qu'il suffit de rappeler pour faire voir à quel degré les essais de restitution peuvent demeurer inutiles devant certaines légendes[1]. Si les dalles qui portent ces épitaphes étaient brisées par la moitié et que l'un des fragments eût disparu, quelqu'un pourrait-il espérer de les compléter avec certitude? Il en est de même, à mon

---

[1] *Inscriptions chrétiennes de la Gaule*, n° 48; ci-après n° 103.

avis, de notre inscription, dont le texte obscur et en désordre me semble fait pour déconcerter tout essai de restitution. On y voit seulement qu'il s'agit d'une jeune femme probablement nommée *Bertichildis* reposant *in hoc titolo*, qu'elle a été mariée peu de temps, qu'elle est morte jeune et qu'elle faisait l'aumône.

75

Becker, *Annalen des Vereins für Nassauische Alterthumskunde*, 1864, p. 32;
Kœnen, *Jahrbücher des Vereins von Alterthumsfreunden im Rheinlande*, 1883, p. 158.

M. Becker publie avec de nombreuses indications bibliographiques ce fragment d'inscription dont le texte devait être assez étendu. Si l'on excepte quelques mots qui se complètent facilement, il serait hasardeux de chercher à en restituer la légende.

76

MAYENCE.

Friedr. Schneider, *Weitere christliche Inschriften aus Mainz* (*Jahrbücher des Vereins von Alterthumsfreunden im Rheinlande*, 1882, fasc. LXXIV, p. 50).

✝ IN HVNC
TVMVLO RE
QVIISCIT BONE
MEMORIE
ADALH · · A
RVS QVI
VIXIT IN
PACE A

Épitaphe incomplète trouvée sur la place de l'ancienne église Saint-Pierre. Elle était encadrée par une ligne brisée comprise entre deux lignes droites. Les lettres sont mal tracées; la dalle mesure 49 centimètres de hauteur. L'A final peut représenter une abréviation du mot *Amen*[1].

---

[1] Voir ci-après, n° 80.

77

Friedr. Schneider, *Weitere christliche Inschriften aus Mainz* (Jahrbücher des Vereins von Alterthumsfreunden im Rheinlande, 1882, fasc. LXXIV).

```
. . . . . . . . . . . . . .
REQVIISCIT DRVCTA
CHARIVS QVI VIXIT IN
PACE ANNVS XXI
CONDITA OC TVMVLIS
REQVIISCIT OSSA SE
PVLCHRVM BIQVE TV
MVLATVS PROPNAM
SVBTERIACIT ARCE
M FLIVELIS EVINIT ME
SERORVM CORDA PA
RENTVM EO FILIVS
```

Inscription terminée par des *quasiversus* des plus barbares et difficiles à expliquer. Je ne sais ce que signifie le deuxième hexamètre; au troisième, *flivelis* et *evinit* sont écrits pour *flebilis* et *evenit*. Ainsi que le pense M. Schneider, le mot *eo* qui suit le dernier vers représente peut-être l'exclamation *heu*, fréquente dans les épitaphes métriques[1]. *Propnam* paraît avoir été écrit pour *propriam*[2].

---

[1] Burmann, *Anthologia*, t. II, p. 92, 168, 281; Marini, *Papiri diplomatici*, p. 341; Fortunat, *Miscell.*, IV, 11. Cf. ma notice intitulée *Tables égyptiennes à inscriptions grecques*, p. 7.

[2] Voir *Inscr. chrét. de la Gaule*, n° 492 :
MALLVIT HIC PROPRIAE CORPVS COMMITTERE TERRAE
QVAM PRECIBVS QVAESISSE SOLVM.

78

Friedr. Schneider, *Weitere christliche Inschriften aus Mainz* (*Jahrbücher des Vereins von Alterthumsfreunden im Rheinlande*, 1882, fasc. LXXIV).

```
IN HVNC TITO
LO REQVIISCIT
BONE MEMORI
E RADELINDI
S QVI VIXIT IN
PACE ANNV
S XXV·
```

Une grande croix pattée occupe la partie inférieure de la dalle de pierre sur laquelle est gravée cette épitaphe.

Je n'ai pas de dessins des trois inscriptions qui précèdent.

79

SASBACH.

Fr. Kraus, *Jahrbücher des Vereins von Alterthumsfreunden im Rheinlande*, 1881, p. 87.

Le musée de Carlsruhe possède une cuiller d'argent découverte à Sasbach près de Strasbourg. Cet objet, dont j'ai déjà donné un type[1], porte sur le manche le nom d'ANDREAS et sur le disque qui unit ce manche à la partie concave le monogramme chrétien ☧.

Nous possédons un certain nombre de ces cuillers dont la forme paraît n'avoir pas varié pendant de longues années. Il en est de chrétiennes et de païennes. Beaucoup d'entre elles portent des inscriptions : les unes donnent un nom seul ou suivi d'une acclamation ; les autres, une légende plus étendue. L'historien Lampride parle des cuillers sur

---

[1] *Inscriptions chrétiennes de la Gaule*, n° 483 des planches.

lesquelles Héliogabale avait fait graver, pour égayer ses festins, des sortes *convivales* [1].

Au ixe siècle, Flodoard et les auteurs de l'*Historia Episcoporum Autissiodorensium* mentionnent des cuillers portant des inscriptions [2].

Le R. P. Cortenovis [3], MM. de Rossi [4], Fröhner [5], Reinach [6], Héron de Villefosse [7] et d'autres encore ont parlé de ces pièces d'orfèvrerie.

80

OESTRICH.

Fr. Becker, *Annalen des Vereins für Nassauische Alterthumskunde*, 1864, p. 52; — Lindenschmit, *Handbuch der Deutschen Alterthumskunde*, t. I, p. 404; — Kraus, *Real-Encyclopaedie*, t. I, p. 47; — Deloche, *Revue archéologique*, mai 1888, p. 298.

Bien qu'Oestrich soit situé sur la rive droite du Rhin, c'est-à-dire hors des limites de la Gaule, je mentionnerai, à côté des monuments de notre épigraphie chrétienne, un anneau d'or qu'on y a découvert. Ce bijou porte les mots :

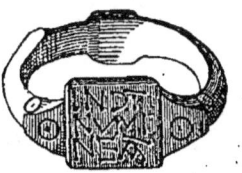

c'est-à-dire *In Dei nomine. Amen.* Nous avons déjà vu à Lyon la première de ces formules [8]. L'acclamation finale se rencontre dans un

---

[1] *In Heliogab.*, c. xxii.

[2] Flodoard, *Hist. Rem.*, lib. I, c. xviii et xxiii : « Cochlearia tria quæ meo nomine sunt titulata »; *Historia Episcoporum Autissiodorensium*, c. xx : « Item cocleares XII, pensantes libras III; habent caudas scriptas. » (Duru, *Bibliothèque historique de l'Yonne*, t. I, p. 335).

[3] *Sopra una iscrizione greca d'Aquileja, con i disegni di alcune altre antichità.* (Bassano, 1792, in-8°.)

[4] *Bullettino di archeologia cristiana*, 1868, p. 80; 1878, p. 119.

[5] *Philologus*, voir le *Supplement Band*, p. 57.

[6] *Bulletin de correspondance hellénique*, 1882, p. 353.

[7] *Bulletin de la Société des antiquaires de France*, 1885, p. 84.

[8] *Inscriptions chrétiennes de la Gaule*, n° 294.

certain nombre d'épitaphes grecques [1] et latines [2] et aussi sur quelques monuments de l'épigraphie non funéraire [3].

La formule *In Dei nomine. Amen* est des plus fréquentes dans les actes au bas desquels s'appliquaient des sceaux semblables à celui d'Oestrich [4].

81

WIESBADEN.

Schalk, *Annalen des Vereins für Nassauische Alterthumskunde*, t. IX, p. 365.

Je donnerai de même, comme se rattachant à la famille de nos inscriptions, cette épitaphe trouvée à Wiesbaden :

Hic qiecit in p(ace) Municelna qi vixit an I.

Comme les inscriptions de Trèves, avec lesquelles elle offre de grandes ressemblances, cette pierre a été gravée au ve siècle.

[1] De Clarac, *Inscriptions du musée du Louvre*, n°ˢ 857, 858.

[2] Martigny, *Bull. d'archéol. chrét.*, 1878, p. 75 et la note; Hübner, *Inscript. Hisp. christ.*, n°ˢ 49, 75, 96, 171; *Inscr. chrét. de la Gaule*, n°ˢ 371 A et 512 (anno 553).

[3] L. Renier, *Inscriptions romaines de l'Algérie*, n° 3431 (anno 452); Hübner, *loc. cit.*, n° 108.

[4] Pardessus, *Diplomata*, t. II, p. 54, 84, 93, 97, 161, 220 (annis 637, 646, 651, 653, 673, 691).

DEUXIÈME GERMANIE.

82, 83, 84, 85.

NEUSS.

E. Aus'm Weerth, *Jahrbücher des Vereins von Alterthumsfreunden im Rheinlande*, fasc. LXIII, p. 99; — De Rossi, *Bullettino di archeologia cristiana*, 1880, p. 98.

Une monographie publiée par M. Aus'm Weerth nous donne une copie, trop imparfaite pour que je puisse la reproduire, de quatre petites plaques de verre découvertes à Neuss, près de Cologne, au mois de mars 1847, et qui ont été acquises par le docteur Jäger. Ce sont les débris d'une cassette contenue dans un sarcophage de pierre plus étroit aux pieds qu'à la tête. Ces plaques sont, comme tant de verres trouvés à Rome et quelques autres provenant de Cologne, décorées de dessins sur fond d'or

La première porte l'image du Christ, assis sur un trône, entre saint Pierre et saint Paul debout que désignent leurs noms inscrits au-dessus d'eux : PETRVS, PAVLVS. Ainsi qu'on le remarque souvent sur les objets de l'espèce et contrairement aux usages ordinaires de l'iconographie, ce dernier est placé à la droite du spectateur[1]. Il s'agit moins ici sans doute d'une exception à la règle courante que d'un fait matériel : je veux dire le renversement de l'image que l'artiste traçait au revers de la glace.

La deuxième plaque porte quatre personnages. Aux extrémités, saint Hippolyte et saint Sixte debout, comme dans les bas-reliefs d'un sarcophage d'Apt[2]; leurs noms, écrits IPPOLITS, SVSTVS, encadrent

---

[1] Garrucci, *Vetri ornati di figure in oro*, 2ᵉ édition, pl. IX, n° 7; pl. X, nᵒˢ 2 et 6; pl. XI, nᵒˢ 1, 3, 4, 8; pl. XII, nᵒˢ 1, 2, 3, 6; pl. XIII, nᵒˢ 1, 2, 3, 4, 5, etc.

[2] *Les Sarcophages chrétiens de la Gaule*, pl. XLIX.

leurs images. Le sujet central nous montre Job assis sur un monceau qui peut représenter le fumier dont parle l'Écriture [1] et devant lui, sa femme qui, l'approchant avec dégoût, lui tend un pain au bout d'une baguette. Le patriarche est désigné par son nom, IOB, la femme par l'épithète *blasphema* (BLASTEMA), *la blasphématrice* [2]. Le type de ce groupe se rencontre souvent sur les tombeaux antiques. Je le retrouve longtemps après dans les peintures d'un manuscrit de saint Grégoire de Nazianze, exécuté au VIIe ou au VIIIe siècle [3].

On ne voit plus du sujet suivant que la figure d'Ève, avec son nom EVA, et l'arbre autour duquel s'enroule le Serpent. L'image d'Adam a disparu. La disposition de ce groupe est commune aux œuvres des sculpteurs et aux peintres des anciens temps chrétiens.

Il est difficile de reconnaître exactement ce que représente la quatrième plaque. Devant saint Pierre (PETRS), qui semble étendre le bras gauche, on voit accroupi ou agenouillé un personnage plus petit. M. Aus'm Weerth pense qu'il s'agit de saint Pierre et de Malchus. M. de Rossi incline à croire que cette image nous montre le Prince des Apôtres identifié à Moïse frappant le rocher; le petit personnage serait l'un des Hébreux se portant vers la source. Une bonne reproduction de cette peinture pourrait seule permettre de l'interpréter avec quelque certitude. On ne retrouve plus, du reste du tableau, qu'un homme vêtu du *pallium*, debout à l'extrémité de droite.

---

[1] *Job*, II, 8. — [2] *Job*, II, 9. — [3] *Étude sur les sarcophages d'Arles*, p. 64.

86

COLOGNE.

Fiedler, *Jahrbücher des Vereins von Alterthumsfreunden*, 1867, fasc. XLII, p. 76.

```
LEONTIVS HIC IACIT FIDELIS
PVER DVLCISSIMVS PATRI PIENTIS
SIMVS MATRI QVI VIXIT ANNVS
VII ET MENSIS III ET DIES VI IN
NOCENS FVNERE RAPTVS
BEATVS MENTE FELIX
ET IN PACE RECESSIT
```

Le mot *fidelis* atteste que *Leontius* avait reçu le baptême [1].

Comme dans une inscription romaine rappelée plus haut, le jeune âge du défunt me paraît permettre de penser que le mot *beatus* a trait à la béatitude céleste [2].

Je ne possède pas de dessin de ce monument.

87

De Rossi, *Bullettino di archeologia cristiana*, 1866, p. 52, d'après une communication de M. Heuser; — Duntzer, *Jahrbücher des Vereins von Alterthumsfreunden im Rheinlande*, 1867, fasc. XLII, pl. V et p. 168; — Garrucci, *Storia dell' arte cristiana*, t. III, p. 113 et pl. CLXIX.

Dans un des tombeaux exhumés à Cologne, près de l'église de Sainte-Ursule, on a trouvé une patère de verre ornée de figures se détachant en or sur fond blanc et représentant divers sujets de l'histoire

[1] Voir ci-dessus n° 36. — [2] Cf. ci-dessus, n° 64.

biblique. Une coupe de même nature, déjà découverte à Cologne, avait fourni sur ces objets et leur mode de fabrication des renseignements utiles [1]. Celui que je reproduis tient dignement sa place parmi les ouvrages de l'art chrétien des premiers siècles. Dans le nombre des sujets qu'on y relève, il en est un des plus rares, la vision d'Ézéchiel rappelée, nous dit saint Jérôme, dans les leçons de toutes les Églises [2]. Le prophète est debout, tenant une baguette dont il paraît toucher des membres humains qui reprennent la vie en sortant du tombeau.

Je ne m'arrêterais pas à ce monument qui appartient au domaine de l'antiquité figurée, si quelques lettres, débris d'une des légendes acclamatoires que présentent si souvent les objets de l'espèce, ne se trouvaient sous la scène [3].

---

[1] De Rossi, *Bulletino*, 1864, p. 89. — [2] *In Ezechiel*, c. xxxvii. — [3] Cf. Garrucci, *Vetri antichi*, p. 76, 157, 192, pour la formule *Dulcis anima* inscrite sur les vases de verre.

88

BONN.

Paul Wolters, *Jahrbücher des Vereins von Alterthumsfreunden im Rheinlande*, 1880, p. 48.

☧

....pa VSAT FL SP......

........vi XITAN......

....

Je n'ai ni dessin ni estampage de ce fragment trouvé à Bonn. La cinquième et la sixième lettre de la première ligne, reproduites en fac-similé par M. Wolters, m'ont paru pouvoir être un F et un L. Ce serait l'abréviation de *Flavius* employé comme prénom, que nous trouvons dans plusieurs inscriptions du ve et du vi[e] siècle[1].

[1] Voir à Trèves l'épitaphe du *protector domesticus* nommé *Fl. Gabso* (*Inscriptions chrétiennes de la Gaule*, n° 252. Cf. de Rossi, *Inscriptiones christianæ urbis Romæ*, t. I, p. CXII).

89

REMAGEN.

Kraus, *Jahrbücher der Vereins von Alterthumsfreunden im Rheinlande*, 1883, p. 180.

```
        HIC REQV
        ISCIT PV
        ELLO NV
        MENE REV
        DOLFV
        QV DOI
        IT V....
        O......
        .......
        TIS QOD
        ADVLT.....
        I.....MENSE
        GVNNDV
```

Épitaphe trouvée en 1876 à Remagen, près de Bonn. Je n'en ai ni dessin ni estampage. Tel qu'il a été donné, ce petit texte me paraît difficile à restituer; on n'y lit couramment que le début *Hic requiescit puello (puellus) numene (nomine) Reudolfu(s)*.

90

CIMETIÈRE DE PONDRÔME.

Annales de la Société archéologique de Namur, 1887, p. 243.

Anneau de bronze découvert près de Namur dans le cimetière de Pondrôme. Le nom qui y est gravé paraît formé de la racine *agin*.

On a trouvé au même lieu des agrafes de fer plaquées d'argent et un grand coutelas portant l'inscription VICSVS FICIT [1].

---

90 A.

CARIGNAN.

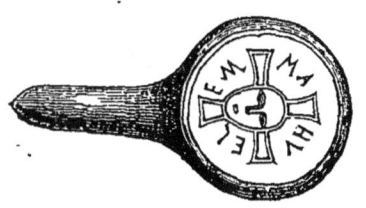

Je dois à M. Maxe Werly, correspondant de la Société des Antiquaires de France, le dessin d'un ardillon de fer plaqué d'argent, débris d'une boucle mérovingienne semblable à celles que j'ai données sous les numéros 51 et 57. Ce petit objet qui appartient à un collectionneur de Nancy, M. Bretagne, a été trouvé, dans le département des Ardennes, à Carignan, l'*Epoissus* de l'Itinéraire d'Antonin. Il porte, sur sa base, la tête du Christ se détachant au centre d'une croix pattée. Entre les branches de la croix on lit le nom EMMANVEL. Deux autres monu-

---

[1] *Annales de la Société archéologique de Namur*, 1887, p. 241.

ments antiques, une croix d'or découverte à Rome et une pierre que je publierai plus loin présentent ce nom, avec son interprétation NO-BISCVM DEVS [1]

[1] De Rossi, *Bullettino di archeologia cristiana*, 1863, p. 31, et ci-après, n° 251. Cf. S. Damas., *Carmen VI*, De cognomentis Salvatoris.

GRANDE SÉQUANAISE.

91, 92

AVENCHES.

Anzeiger für Schweizerische Alterthumskunde, 1872, p. 385, n° 149.

Une revue publiée à Zürich constate qu'en 1872, près de l'enceinte du vieil *Aventicum*, on a trouvé un cercueil d'enfant, creusé dans un bloc de chêne et contenant, avec une jatte en terre rouge, une cuiller de fer, quelques fragments d'épingles en os et les débris d'un bracelet noir, deux gobelets de verre blanc très mince, moucheté de bleu; sur l'un se lit l'inscription VIVAS IN DEO; l'autre, fort incomplet, ne donne plus que les lettres ZE, reste de l'acclamation ZESES si souvent tracée sur les objets de l'espèce. Écrit en lettres latines, ce mot grec (Ζήσαις) est ordinairement précédé de PIE (bibas) [1].

Bien que les fidèles aient employé les mots *bibe* et *vive* dans un sens mystique [2], il ne faudrait pas y voir un indice certain de christianisme. C'est une simple *acclamatio convivalis* qui plaisait aux anciens pour la singularité de son assonance et que l'on inscrivait couramment sur les vases à boire.

[1] Voir ci-dessus n° 43. — [2] S. August. *Sermo* 284, *In Natali martyrum Mariani et Jacobi*, § 1 : «Fons est vitæ; accede, bibe et vive.»

93

DAILLENS.

De Bonsteten, *Anzeiger für Schweizerische Alterthumskunde*, 1872, p. 386
Carte archéologique du canton de Vaud, p. 20.

En 1849, à deux kilomètres de Daillens, village du canton de Vaud, M. Gex a découvert un grand nombre de tombeaux formés de grosses dalles de pierre brute. Ces sépultures, qui remontent à l'époque mérovingienne, contiennent des urnes et de petits vases de terre rouge, des armes, des agrafes, des plaques de ceinturon en bronze et en fer damasquiné d'argent. Parmi ces derniers objets, il en est un portant, comme tant d'autres dans cette région de la vieille Gaule, l'image grossière de Daniel debout, en prière, entre deux lions qui lui lèchent les pieds[1]. Autour de ce groupe est l'inscription :
† DAIDIVS † VVI DAGNIHIL DVO LEONES EEO EVVS LENGEBANT.

Après un nom propre placé entre deux croix et les lettres VVI dont

---

[1] *Inscriptions chrétiennes de la Gaule*, t. I, p. 494; Moutron, *Histoire d'Autrey, de sa seigneurie et de ses dépendances*, p. 170, etc.

la signification m'échappe, l'agrafe de Daillens offre une transcription barbare de ces mots qui expliquent le sujet représenté :

Daniel. Duo leones pedes ejus lingebant.

On a souvent répété que l'Église conduisait la main des artistes, et j'ai déjà dit ailleurs combien cette assertion, uniquement fondée sur un texte du VIIIe siècle, me paraissait peu acceptable[1]. Les diverses représentations de Daniel jeté aux bêtes féroces viennent confirmer mon sentiment. D'après la version donnée par Théodotion du texte de Daniel, version qu'ont suivie les sculpteurs et les graveurs puisqu'ils figurent de plus l'épisode d'Habacuc, le prophète était assis dans le *lacus* au milieu de sept lions; l'art chrétien nous le montre debout en prière, entre deux de ces bêtes farouches. Parfois même, on a ajouté une particularité étrangère au texte biblique : sur les agrafes trouvées dans l'est de la Gaule, les lions s'inclinent devant Daniel et lui lèchent les pieds. Ce n'est pas là seulement que le miracle des animaux féroces respectant les serviteurs de Dieu est orné de ce trait; je le retrouve aussi dans les vieux Actes de sainte Thècle où nous lisons : *Leæna mittens linguam lingebat pedes Theclæ*[2], et dans le passage de saint Ambroise relatif à cette héroïne des anciens jours : *Cernere erat lingentem pedem bestiam*[3]. Le même détail reparaît encore sous la plume des hagiographes dans plusieurs Actes des martyrs, ceux d'Éleuthère, Pauline, Christine, Anicet, Marcel et Fortunée[4].

En étudiant la première série de nos inscriptions chrétiennes, j'ai voulu rechercher si la répartition locale des signes et des symboles que présentent ces marbres répondait à celle des marques similaires empreintes sur les monnaies; en d'autres termes, si la croix, le vase,

---

[1] *Études sur les sarcophages d'Arles*, préface, p. VIII.

[2] Grabe, *Spicilegium Sanctorum Patrum*, t. I, p. 108. Voir au sujet de ce texte, mon mémoire intitulé : *Notes archéologiques sur les Actes de sainte Thècle* (Annuaire de l'Association des études grecques, 1877, p. 260).

[3] *De Virginitate*, II.

[4] *Acta S. Eleutherii* (Bolland. 18 april.); *Acta S. Paulini*, § 12 (12 jul.); *Passio S. Christinæ*, § 16 (24 jul.); *Compendium martyrii S. Aniceti*, § 2 (12 aug.); *Acta S. Marcelli*, § 7 (27 aug.); *Passio S. Fortunatæ*, § 9 (14 oct.).

la colombe, les monogrammes du Christ se montraient dans les mêmes provinces, sur les ouvrages des monétaires et ceux des lapicides. Le parallélisme que je pensais pouvoir constater sur ce point n'existe pas, et de ce fait, comme d'un autre de même nature, j'ai conclu que chaque corps d'artistes ou d'artisans avait en propre ses traditions et ses types [1]. La série des images de Daniel dans la fosse aux lions accuse de même, pour des ateliers de nature diverse, l'emploi de modèles différents. Tandis que sur les sarcophages, le prophète est, presque sans exception, représenté nu entre deux lions assis, nous le voyons sur les agrafes, vêtu, entre les lions qui se prosternent et lui lèchent les pieds.

Pourquoi sur les objets de cette sorte a-t-on multiplié à l'infini les représentations de Daniel? Je me le suis souvent demandé, et dussé-je faire fausse route, comme il arrive parfois quand on se résout à hasarder une conjecture, je dirai ici ma pensée. Nous savons quelle valeur les anciens attachaient aux amulettes et quelle vertu ils leur prêtaient pour conjurer le mauvais sort. L'un des plus estimés, des plus répandus parmi ces phylactères était l'image d'Alexandre dont les monnaies, même chez les chrétiens, étaient recherchées et portées par les hommes, aussi bien que par les femmes, comme de précieux préservatifs [2]. Nous apprenons d'un autre côté que, parmi les types du salut miraculeusement trouvé dans les périls, nos aïeux comptaient, avec Suzanne vengée de ses calomniateurs, les trois jeunes Hébreux sauvés des flammes, Daniel épargné par les lions [3].

Or, de même que cette dernière image se montre sur les plaques de ceinturon, nous voyons qu'une monnaie d'Alexandre, phylactère hautement réputé, a été enchâssée dans la plaque d'or d'un baudrier antique [4]. Au lecteur d'apprécier si ce rapprochement peut mener à

---

[1] *Inscriptions chrétiennes de la Gaule*, préface, p. LXXVI et LXXVII.

[2] Trebell. Pollio, *XXX Tyranni*, § 13 (*De Quieto*); S. Chrysost. *Cataches.*, II, ad illuminandos, § 5.

[3] Hieron., *Epist.*, I. Ad Innocentium, § 9; S. August., *Epist. CXI*, Victoriano, § 5.

[4] On trouvera une gravure de cette plaque dans le *Dictionnaire des antiquités grecques et romaines* de MM. Daremberg et Saglio, t. I, p. 258.

conclure que l'image de Daniel était, comme celle du prince macédonien, tenue pour une sauvegarde contre les périls et si l'on peut chercher dans ce fait la cause de sa remarquable multiplication.

94

Une agrafe mérovingienne dont j'ai donné le dessin dans mon premier volume [1] porte, avec l'image de Daniel entre les lions, une inscription en deux lignes que l'on a renoncé à expliquer.

Sur une autre agrafe découverte à Daillens et signalée par le savant baron de Bonstetten [2], se trouve, avec une représentation absolument semblable, une légende pareille pour la première ligne et dont la seconde seulement diffère. Le sens de ces caractères m'échappe complètement.

[1] Figure 248 et p. 494. — [2] *Carte archéologique du canton de Vaud*, p. 20.

LES SEPT PROVINCES.

VIENNOISE.

95

GENÈVE.

Gosse, *Schweizerischer Anzeiger*, 1873, p. 453;
Hirschfeld, *Corpus inscriptionum latinarum*, t. XII, n° 2644.

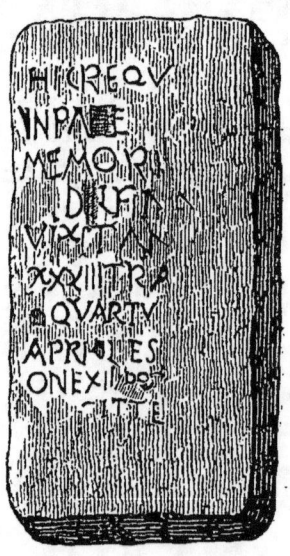

Hic requiescit in pace bonae memoriae Adelfin(a?) qu(æ?) vixit annos XXXIII transiit quarto (kalendas?) apriles, indictione XII... *post consulatum*... *Citte*...

Inscription du musée de Genève, gravée sur une dalle assez épaisse de calcaire blanc.

La restitution est difficile, en ce qui touche les deux dernières lignes. Nous y retrouvons un chiffre d'indiction, xii, peut-être xiii ou xiiii, car la pierre est entamée sur ce point, puis les lettres POS, début de la formule *post consulatum*.

La première mention de l'indiction qui se présente sur les marbres de la Gaule nous reporte à l'année 491; c'est donc vers ce temps que l'on est fondé à rechercher le nom du consul qui figurait sur l'épitaphe.

Dans son beau travail sur les inscriptions chrétiennes à dates certaines, M. de Rossi constate que le nom du consul Cethegus, qui reçut les faisceaux en l'année 504, se voit écrit de plusieurs façons différentes : Cetheus, Cytheus, Citheus [1]; le postconsulat de ce personnage nous reporte à l'an 505 qui correspond, pour les calendes d'avril, à la quatorzième indiction. S'il s'agit bien ici de ce consul, le seul de cette époque dont le nom puisse s'accorder avec les caractères demeurés lisibles, on doit se demander ce que portait le début de la dernière ligne; il devait, selon toute apparence, être occupé par les lettres FL, abrégé du prénom *Flavius* qui était celui de *Cethegus*, ainsi que nous l'apprend un marbre d'Æclanum [2].

96

Fazy, *Catalogue du musée de Genève*, n° 32, 1;
Hirschfeld, *Corpus inscriptionum latinarum*, t. XII, n° 2645.

Hic requiescit bonae memoriae? Ursolus qui vixit annus.....

Fragment trouvé en 1862 près du collège, dans les murailles de Genève et conservé au musée de la ville.

---

[1] Pages 415, 416. — [2] *Corpus inscriptionum latinarum*, t. IX, n° 1376.

97

Becker, *Annalen des Vereins für Nassauische Alterthumskunde*, t. IX, p. 138; — Krauss, *Jahrbücher des Vereins von Alterthumsfr. im Rheinl.*, fasc. XLI, p. 156; — Fazy, *Catalogue du musée de Genève*, n° 24; — Hirschfeld, *Corpus inscriptionum latinarum*, t. XII, n° 2646.

Même musée; fragment de calcaire blanc trouvé au mois de février 1862, en démolissant le bastion du Pin. L'épitaphe qui portait un nom terminé par *gisus* débutait par la formule banale *Hic requiescet in pace bone memoriae*. Elle paraît avoir été terminée par les mots *requiescat anima* que je n'ai pas encore rencontrés sur les marbres antiques.

98

Fazy, *Catalogue du musée de Genève*, n° 32, 2;
Hirschfeld, *Corpus inscriptionum latinarum*, t. XII, n° 2647.

Fragment d'une inscription sur calcaire blanc; il appartient au musée de Genève.

99.

Gosse, *Anzeiger für Schweizerische Alterthumskunde*, 1873, p. 454;
Hirschfeld, *Corpus inscriptionum latinarum*, t. XII, n° 2647.

```
.....N.......
......SIMIO...
........ILV...
........NI....
```

Débris retrouvé dans les fouilles de Saint-Pierre.

Sur un autre, découvert au même lieu, figure une colombe.

100

BOURGOIN.

Allmer, *Inscriptions antiques de Vienne*, t. IV, p. 286;
Hirschfeld, *Corpus inscriptionum latinarum*, t. XII, n° 2353.

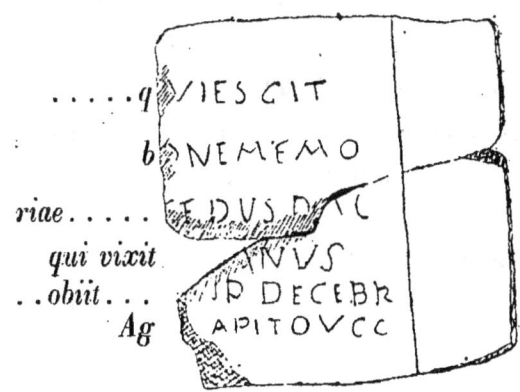

Pierre datée du consulat d'Agapitus qui reçut les faisceaux en l'année 517. Elle a été trouvée en 1875 lors de la démolition du clocher de Bourgoin (Isère).

Les lettres qui, à la troisième ligne, suivent le nom propre sont peut-être le reste du mot *diaconus*.

Je dois la copie de cette inscription et celle de la suivante à M. Allmer, dont les infatigables recherches sont si profitables aux études archéologiques.

101

TREPT.

```
 RITTORV
RATRISOSP
BSPATRONATRO
SVISTRISOLLICITAIV
CINISCMMPOR AISTI
XXVPC IVSTINDICT XIII
```

```
MVNIA
```

Ces trois fragments proviennent d'un même marbre trouvé dans la démolition de l'ancienne église de Trept, près de Bourgoin. J'hésite à tenter une restitution quelconque d'un texte si incomplet. Si nous possédons dans leur entier les chiffres de la dernière ligne, l'épitaphe a été gravée au temps du vingt-cinquième postconsulat de Justin et dans la treizième indiction. Cette double indication reporte à l'année 565.

J'ai fait remarquer ailleurs qu'à Lyon et quelque peu au sud de cette ville, les inscriptions étaient datées par les postconsulats de Justin, consul en l'an 540, tandis qu'autour de Vienne elles l'étaient par ceux de Basile[1]. L'épitaphe que je viens de transcrire apporte une nouvelle preuve de ce fait dont la raison d'être m'est inconnue.

[1] *Inscriptions chrétiennes de la Gaule*, préface, p. LXXII.

102
BRIORD.

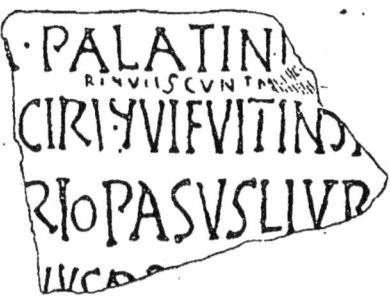

J'ai copié ce fragment à la bibliothèque du séminaire de Belley.

La tombe devait contenir les restes de quelqu'un de ces personnages que l'on nommait *Palatini*.

Les dernières lettres de l'inscription, ABS, peuvent avoir été le début de l'épithète *abstutus*, qui se lit sur d'autres pierres de Briord [1].

Entre la première et la deuxième ligne on voit, en très petits caractères, le mot REQVIESCVNT déjà probablement écrit sur le marbre lorsqu'on l'employa pour l'épitaphe. Comme le faisaient les gens du métier, le graveur l'aura sans doute masqué avec du stuc, avant de livrer son travail [2].

---

[1] *Inscriptions chrétiennes de la Gaule*, n°ˢ 376, 380, et préface, p. cxx.

[2] Furlanetto, *Lapidi del museo di Este*, p. 44, note 2; Borghesi, *OEuvres*, t. VII, p. 122; de Rossi, *Bullettino*, 1875, p. 79; *Roma sotterranea*, t. III, p. 238.

103
SAINT-ROMAIN-EN-GAL.

Allmer, *Revue épigraphique du midi de la France*, t. I, p. 225 et 256; — Florian Vallentin, *Bulletin épigraphique de la Gaule*, 1881, p. 279; — Hirschfeld, *Corpus inscriptionum latinarum*, t. XII, n° 2116.

Hic jacet Gerontia
Condidit alta quies annis meritisque verendam
Justitiae? virtutis adque veri (?) famulam;
Quae venerata Deum cunctis venerabilis inter
Emeritos Christi nunc habitat? [1] *famulos?*

Épitaphe d'une lecture difficile; on l'a trouvée en 1880 à Saint-Romain-en-Gal, près de l'église, dans les murs d'une ancienne maison dépendant de la Commanderie; elle appartient au musée de Vienne.

Les *quasiversus* dont se composent les six dernières lignes ont probablement été empruntés à une pièce plus étendue que l'on n'aura su ni lire ni comprendre.

Le graveur avait substitué aux D des B qu'il a effacés ensuite; puis l'I à l'L et l'F à l'R et à l'S. La lettre Q faite comme ici en forme de G se retrouve à la quatrième ligne d'une épitaphe du vii° siècle publiée par l'abbé Gazzera [2]. Celle de Saint-Romain-en-Gal me paraît de beaucoup antérieure.

[1] Cf. *Inscr. chrét. de la Gaule*, t. II, p. 402 : CAELI SEDES HABITARE QVIETAS.

[2] *Iscrizioni cristiane del Piemonte*, pl. I, fig. 2, et p. 49.

104
VIENNE.

Allmer, *Inscriptions de Vienne*, t. IV, p. 394.

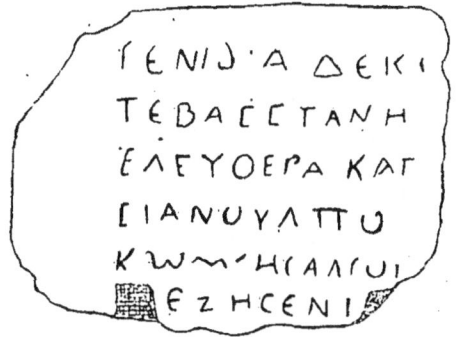

Un recueil formé par M. Chavernod, l'un des anciens bibliothécaires de Vienne, et contenant des dessins d'antiquités trouvées dans la localité, donne cette inscription disparue que M. Allmer me signale. Le savant archéologue y reconnaît avec raison ces mots défigurés par le copiste :

ЄΝΘΑΔЄ ΚΙΤЄ ΒΑϹϹΙΑΝΗ ЄΛЄΥΘЄΡΑ ΚΑϹϹΙΑΝΟΥ ΑΠΟ ΚѠΜΗϹ ΑΛΓΟΙ?.... ЄΖΗϹЄΝ Ι.....

L'épitaphe est évidemment de basse époque et sa formule est de celles qui se lisent sur les marbres des fidèles. Appartient-elle à une chrétienne? Je ne saurais le dire, attendu sa mutilation et l'imperfection de la copie. Il est à coup sûr fort probable que, suivant l'opinion de M. Allmer, une croix ou un monogramme que l'on aura pris pour la lettre Γ précédait le mot initial ЄΝΘΑΔЄ.

Une raison de douter se trouve dans les mots ЄΛЄΥΘЄΡΑ ΚΑϹϹΙΑΝΟΥ, la qualité d'affranchi n'étant presque jamais, comme je l'ai dit et expliqué ailleurs, jointe au nom du défunt sur les épitaphes chrétiennes[1]. Quoi qu'il en soit, la formule ΑΠΟ ΚѠΜΗϹ, particulière

---

[1] *Inscr. chrét. de la Gaule*, t. I, p. 123. Cf. de Rossi, *De christanis titulis Carthaginiensibus*, p. 41. Notons qu'une chrétienne ensevelie dans les catacombes de Priscille est qualifiée ΑΠЄΛЄΥΤЄΡΑ. (*Bull. arch. crist.*, 1886, p. 106.)

aux inscriptions des personnages désignés autrefois sous le nom vague de *syriens*, montre que Bassiane était étrangère et de race orientale [1]. Je ne saurais reconnaître le nom de lieu qui suivait ici le mot Κώμης.

105

Charvet, *Fastes de la ville de Vienne*, p. 148; — Allmer, *Inscriptions antiques de Vienne*, t. IV, p. 260; — Hirschfeld, *Corpus inscriptionum latinarum*, t. XII, n° 2057.

```
HIC REQVIESCIT IN PA
CE BONAE MEMORIAE
CALVMNIOSA QVAE
VIXIT ANNIS XL
ET OBIIT · XV KLD IVN
SYMMACHO VC CON
```

Épitaphe perdue ; elle est transcrite dans un manuscrit aujourd'hui publié, celui de Charvet, le vieil historien de Vienne.

Le Symmaque nommé à la fin de cette inscription est probablement le consul de l'année 485 [2].

J'ai dit ailleurs mon sentiment sur une série de vocables étranges paraissant reproduire certaines épithètes injurieuses proférées contre les chrétiens qui les acceptaient et s'en faisaient gloire [3]. De ce nombre est, je crois, le nom de *Calumniosa*, assez fréquent chez les fidèles [4], et que je n'ai pas encore rencontré parmi ceux que portaient les païens.

Charvet dit que cette inscription a été trouvée dans le lit du Rhône, vis-à-vis des jardins de Saint-Pierre, en janvier 1763.

---

[1] *Inscriptions chrétiennes de la Gaule*, préface, p. cxv.
[2] *Ibid.*, n° 388 A.
[3] *Ibid.*, n° 412.

[4] Aux indications de ma note, t. II, p. 67, ajouter les suivantes : *Concilia Galliæ*, p. 965; Bolland., *Acta sanctorum*, 12 janv, p. 737.

106

Allmer, *Inscriptions antiques de Vienne*, t. IV, p. 294-295, et Atlas, n° 279-14.

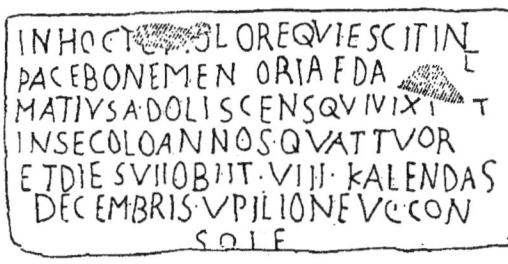

Copie de M. Allmer.

Un défaut du marbre a obligé ici le graveur à laisser un espace après les deux premières lettres du nom de *Dalmatius*. C'est un détail assez fréquent dans les inscriptions de basse époque. Comme un autre enfant du même âge mort à Aoste en 547 [1], *Dalmatius* est qualifié *adolescens*; il n'a vécu que quatre ans et sept jours, jusqu'au 8 des calendes de décembre, sous le consulat d'un des deux Opilions. Le premier de ces personnages a reçu les faisceaux en 453; le second en 524. C'est seulement en 492 que se montre, sur notre sol, d'après mes relevés, la formule compliquée par laquelle débute l'épitaphe : *In hoc tumulo requiescit in pace bonae memoriae* [2]; j'incline donc à faire descendre jusqu'aux premières années du vi° siècle la date du décès de *Dalmatius*.

Je noterai en passant la substitution fautive de l'N à l'M, qui se montre ici dans le mot *memoriae*. Nous l'avons déjà vue dans une inscription d'Arles [3]; nous la retrouverons encore dans ce volume [4].

---

[1] *Inscriptions chrétiennes de la Gaule*, n° 394.
[2] *Ibid.*, préface, p. ix.
[3] *Ibid.*, n° 535.
[4] Ci-après n° 162. Cf. *Corpus inscr. lat.*, t. VI, n° 3271 : NESSOR pour MESSOR.

107

Allmer, *Revue épigraphique du midi de la France*, n° 728.

Pierre trouvée, en juillet 1888, dans la corniche de l'abside de l'église Saint-Pierre; sa face inscrite était engagée dans la maçonnerie. En tête est sculpté un rinceau de pampres et de raisins.

L'épitaphe du jeune *Maurolenus* se distingue de celles du type commun. Son texte n'est point de ceux que les lapicides empruntaient à leurs formulaires[1]. Celui qui l'a composée paraît avoir eu quelque connaissance des lettres, comme le montrent les mots *mors invida* si souvent répétés dans les pièces de poésie funéraire. De même que l'expression *adolescens* appliquée à un enfant de quatre ans dans l'inscription qui précède, le mot *infantia*, écrit à propos d'un jeune homme de vingt-trois ans peut causer quelque surprise. Pour ne citer ici qu'un seul auteur, je rappellerai comment, au sentiment de Varron, se distinguaient les diverses étapes de la vie humaine : « Varro, dit Censorin, quinque gradus ætatis æquabiliter putat esse divisos; unum quemque scilicet, præter extremum, in anno XV. Itaque primo gradu

---

[1] *Inscriptions chrétiennes de la Gaule*, n° 476.

usque ad annum XV, pueros dictos... secundo ad XXX annum adolescentes [1] ».

Nous avons déjà rencontré plusieurs fois et nous retrouverons plus loin encore l'adjectif *bonememorius*, particulier à la Gaule et au nord de l'Espagne [2].

Le souverain dont la troisième année est mentionnée sur notre inscription ne saurait être Clotaire Ier qui ne possédait pas la Bourgogne à ce moment de son règne. Le doute peut exister entre les deux autres princes du même nom, Clotaire II et Clotaire III. D'après de récentes recherches, ce dernier est monté sur le trône entre le 11 septembre et le 16 novembre 657 [3]. Le 1er mai de sa troisième année correspond donc à la deuxième et non à la troisième indiction. Quant à Clotaire II, il est impossible d'asseoir ici un calcul exact, la date du jour de son avènement au trône de Bourgogne en 613 n'étant pas connu.

108

Allmer, *Inscriptions antiques de Vienne*, t. IV, p. 404, atlas n° 320, 67; Hirschfeld, *Corpus inscriptionum latinarum*, t. XII, n° 2133.

Inscription trouvée à Vienne en 1865. On y lit sans difficulté : *In hunc tumulum requiescit bone memoriae Patricius qui vixet annos LXV, obiit in pace idus marti(as).....*

---

[1] *De die natali*, c. XIV. Cf. Isid. Hisp., *Orig.* XI, 2, etc.
[2] *Inscr. chrét. de la Gaule*, voir la table.
[3] Krusch, *Zur Chronologie der Merowingischen Könige* dans les *Forschungen zur deutschen Geschichte*, t. XXII, p. 459; J. Havet, *Bibl. de l'École des chartes*, t. XLVI, p. 433-439.

108 A

Hirschfeld, *Corpus inscriptionum latinarum*, n° 2134.

Tablette de marbre blanc, appartenant au musée de Vienne.

*Hic requiescit in pace Peregrinus qui
vix(it an)nis VI et me(nsibus).*

L'inscription est en beaux caractères, et ne porte pas la formule *bonae memoriae* que nous trouvons pour la première fois en 473 [1]. Je la crois antérieure à cette date.

109

Hirschfeld, *Corpus inscriptionum latinarum*, t. XII, n° 2138.

*Eic requie(scit in pa)ce Rogatu(s qui vi)xit plus me(nus
annos) XL. obiet...*

Fragment gravé sur pierre de choin et conservé au musée de Vienne.

---

[1] *Inscriptions chrétiennes de la Gaule*, préface, p. x.

Ce n'est pas sans étonnement que je trouve le mot *hic* orthographié *eic*. La forme *Heic* donnée à cet adverbe ne m'est connue que sur des marbres et dans des *graffiti* d'une haute antiquité[1]. Peut-être s'agit-il ici d'une erreur matérielle du graveur qui aurait substitué un E à l'H initial du mot *hic*.

110

Allmer, *Revue épigraphique du midi de la France*, n° 713.

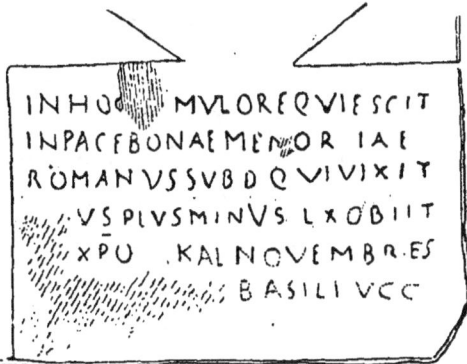

J'ai reçu de M. Cornillon, bibliothécaire de la ville de Vienne et conservateur du Musée, un estampage de cette épitaphe trouvée, en décembre 1887, dans le dallage de la petite chapelle Saint-Georges, contiguë à la basilique Saint-Pierre. La partie supérieure du marbre est engagée sous la base d'une colonne.

Le sous-diacre *Romanus* est mort dans les années qui ont suivi le consulat de Basile, consul en 541.

L'indication précise de la date a disparu avec celle du chiffre du post-consulat.

---

[1] *Corp. inscr. lat.*, t. Ier, n°s 1007, 1051, 1078, 1080, 1081, etc., t. IV, n°s 1446, 1842, 1989. Je n'ai encore rencontré qu'une seule fois, dans une inscription des premiers temps chrétiens, la syllabe *ei* se substituant à l'*i* (Perret, *Catacombes*, t. V, pl. xxv : IPSEIVS pour *ipsius*). L'épitaphe de *Severa* longuement commentée par le Père Lupi porte les mots ЄICΠЄIPЄITШ, ΦЄΛЄIЄ. mais il s'agit là d'un texte latin écrit en lettres grecques.

111

Allmer, *Inscriptions antiques de Vienne*, n° 1904;
Hirschfeld, *Corpus inscriptionum latinarum*, t. XII, n° 2142.

Hic requiescunt in pace Silvia et... qui vixit annos IIII et minses...

Fragment appartenant à M. Girard et communiqué par M. Allmer. Il a été trouvé, en novembre 1871, en démolissant un mur d'une maison située en face de la caserne.

112

Allmer, *Bulletin de la Société des antiquaires de France*, 1866, p. 64;
Hirschfeld, *Corpus inscriptionum latinarum*, t. XII, n° 2156.

Débris d'épitaphe trouvé dans le Rhône, un peu au-dessous de Vienne et conservé au musée de Lyon. L'intérêt de ce marbre réside dans la formule *in albis recessit* inscrite aux deux premières lignes. C'est là une mention peu commune, bien qu'un grand nombre de chrétiens, baptisés autrefois *in extremis*, soient morts avant d'avoir déposé les aubes du sacrement régénérateur. J'ai cité ailleurs à ce propos et parmi d'autres textes antiques, un vers épigraphique de Fortunat où se lisent comme ici les mots *recessit in albis*[1].

Quelques lignes de Grégoire de Tours nous apprennent que les nouveaux baptisés étaient ensevelis avec ces *albæ* qu'ils ne devaient, si la vie ne leur manquait, déposer qu'au bout de huit jours : « Dans l'église de Saint-Vénérand, dit-il, au temps où Georgius était comte de Clermont, une partie de la voûte de la *cella* où se trouvaient des sarcophages sculptés s'écroula, minée par les pluies, et le couvercle d'une de ces tombes fut brisé. On vit dans le sépulcre le corps d'une jeune fille aussi intact que si la mort était récente; son vêtement n'était ni détruit par l'humidité, ni même souillé ; il était de soie blanche et plusieurs de nous en conclurent que la jeune chrétienne était morte dans les aubes du baptême [2] ».

113

Allmer, *Inscriptions antiques de Vienne*, t. IV, p. 300; et atlas, n° 279-5.

Dessin de M. Allmer. Fragment de marbre très ruiné, trouvé à Vienne en 1872 dans le quartier de la Bâtie et « portant au revers des bandes d'architraves bordées d'un cordon en torsade ». On y reconnaît quelques mots sans suite : *Requiescit..... annos et dies VII..... disceplina..... caelo*. La lecture du reste est fort incertaine.

---

[1] *Inscriptions chrétiennes de la Gaule*, n° 355. — [2] *De gloria Confessorum*, c. xxxv.

114

Allmer, *Inscriptions antiques de Vienne*, t. IV, p. 329; et atlas, n°˚ 320-46.

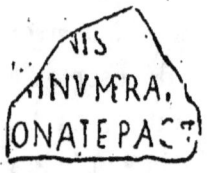

Dessin de M. Allmer.

Ce marbre est sorti, avec tant d'autres, des fouilles de l'église Saint-Pierre[1]. Sa provenance et la forme des lettres permettent de le considérer comme chrétien.

115

Ibid., t. IV, p. 413; et atlas, n° 310.

Dessin de M. Allmer.

Inscription d'origine inconnue, conservée au musée de Vienne.

> *Hic requiescit in pace*
> *bone memoriae. . . . .*
> *presbyter, servivit annis? . . . vix-*
> *sit annis. . . . .*

Le complément que je propose pour la troisième ligne est fondé sur plusieurs textes antiques[2].

D'après le libellé de sa formule initiale, cette épitaphe doit appartenir à la fin du ve siècle ou au vi[e]. C'est la première fois que je rencontre, à une époque aussi ancienne, la barre d'abréviation affectant la forme ⁀ fréquemment usitée plus tard[3].

---

[1] *Inscriptions chrétiennes de la Gaule*, t. II, p. 581.

[2] *Ibid.*, n°˚ 865. Cf. n°˚ 667 A et 483.

[3] *Ibid.*, n° 574.

116

Allmer, *Inscriptions antiques de Vienne*, t. IV, p. 408, atlas, n° 570;
Hirschfeld, *Corpus inscriptionum latinarum*, t. XII, n° 2166.

Dessin de M. Allmer.

Hic jacet . . . . . innox? qui vixit . . . . .
dies viginti . . . . . requiescet in pace . . . .

A Rome, comme en Gaule, le début *hic jacet* indique un temps antérieur à l'emploi des formules plus compliquées[1].

117

Hirschfeld, *Corpus inscriptionum latinarum*, t. XII, n° 2077.

. . . . I

post consulatum . . . . . . NI IVN VCC

Fragment de marbre vu au musée de Vienne par M. Hirschfeld.

Le postconsulat dont l'inscription portait la date peut avoir été celui d'*Avienus junior* ou de *Paulinus junior*; elle serait ainsi quelque peu postérieure, soit à l'an 503, soit à l'an 534.

---

[1] *Inscriptions chrétiennes de la Gaule*, préface, p. VIII.

118

Allmer, *Revue épigraphique du midi de la France*, n° 702.

Débris de marbre cipollin à face légèrement convexe; il a été trouvé, en décembre 1887, au milieu de la terre qui recouvrait les sarcophages exhumés dans la chapelle Saint-Georges. Bien que les mots *aliis sibique* puissent rappeler les formules épigraphiques où les défunts sont loués de s'être montrés généreux pour les autres, parcimonieux pour eux-mêmes[1], je n'oserais proposer sur ce point un essai de restitution. Si les lettres initiales de la troisième ligne appartiennent au mot *populis*, notre fragment proviendrait sans doute de l'épitaphe de quelque haut personnage, ecclésiastique ou laïque.

119

Petite plaque de marbre cipollin trouvée, en juin 1888, par le conservateur du musée de Vienne, M. Cornillon, qui a bien voulu m'en communiquer un estampage; elle était employée dans un vieux mur de soutènement de l'église Saint-Pierre. Il est difficile de savoir quelle en

---

[1] Gruter, 1174, 10 : PAVPERIBVS LOCVPLEX SIBI PAVPER ; Cf. Chorier, *Recherches sur les antiquités de la ville de Vienne*, p. 322 ; LARGVS PAVPERIBVS PARCVS SIBI ; *Inscriptions chrétiennes de la Gaule*, n° 492 : PARCVS SIBI LARGVS AMICIS, etc.

était l'inscription. Si les quatre lettres de l'avant-dernière ligne appartiennent au mot *suscipe* adressé au Seigneur, comme nous le voyons dans une épitaphe d'Arras, en Viennoise, et dans plusieurs liturgies funéraires[1], elle aurait contenu une prière pour le défunt. Les trois premières lettres pourraient dans ce cas être le reste du mot *memento*.

En exceptant les monnaies romaines où les M sont faits de quatre barres verticales et parallèles, j'ai rarement vu cette lettre formée, comme ici, de membres détachés.

120

Débris provenant d'une épitaphe chrétienne. M. Cornillon, qui a bien voulu m'en envoyer un estampage, m'apprend que ce marbre a été trouvé, en 1887, à Vienne, dans la Grande-Rue, en construisant un égout.

Peut-être faut-il lire à la seconde ligne *trans*ACTIS MEN*sibus*, paroles donnant le nombre des mois dans l'indication de l'âge du défunt. Dans cette hypothèse, l'épitaphe semblerait avoir été métrique.

---

[1] PLACIDIA PACATVS SVSCIPE (*Inscr. chrét. de la Gaule*, t. II, n° 473, et la note de la p. 174).

120 A

Allmer, *Revue épigraphique du midi de la France*, n° 741.

*in hoc tu*MOLV............
.......LEBR...........
.....VM'CAE............
....A SPREVI...........
Dominu ou *Deu*M METVENs............
...EX ADVERSAR...........
...TIS INGENIO XP̄........
cui? VS DEP. III IDVS IANVA*rias*..
post cons. BaSIL VCC INDIC. XIIII ↄ

Marbre tiré, en août 1888, des débris d'un mur, côté nord, de l'église Saint-Pierre. La face inscrite était tournée vers le sol. Ce débris et les six autres suivants, dont je ne possède pas de dessins, sont déposés au musée de Vienne. Contrairement à ce que nous voyons d'ordinaire pour les inscriptions chrétiennes, celle-ci a été gravée sur un bloc.

La restitution de la cinquième ligne me paraît justifiée par plusieurs textes [1].

Les supputations par les postconsulats de Basile, qui reçut les faisceaux en 541 et dont le nom figurait sur ce marbre, s'arrêtent jusqu'à présent, en Gaule, à l'année 606. Dans ce long intervalle de temps, une quatorzième indiction reparaît quatre fois, en 551, 561, 581 et 596.

[1] Fredegarius, *Chronicum*, c. XLII : «timens Deum». De Rossi, *Roma sott.*, t. III, p. 297. TIMENS DVM. *Inscr. chrét. de la Gaule*, n° 662 : DM TIMENS; n° 688 : TIMENS DNM. Ci-dessus n° 26 : VIXIT IN AMORE ET TEMORE DI ; ci-dessous, n° 216 : QVE VIXIT IN TIMORE DI. *Concil. Agaun.* circa a^m 523 : «In timore Dni ntri J. C.».

120 B

Allmer, *Revue épigraphique du midi de la France,* n° 742

A

annos V . ET MIN*ses*

I . OBIIT IN *Christo?*

I . NONAS

decem? BRIS

Fragment d'une plaque de marbre découvert, en septembre 1888, dans les fondements d'un mur du cloître de l'église Saint-Pierre.

---

120 C

Ibid., n° 743.

requi ESci*t*

. . . . . BONE *memoriae*

. . . . . MAV

Débris tiré, à la même date, d'un vieux mur de l'église Saint-Pierre.

---

120 D

Ibid., n° 744.

QVI

TVOR ET

XV . OBIIT

kl . januar? IAS

Découvert en août 1888 dans des fouilles faites autour de la même église.

120 E, 120 F

Allmer, *Revue épigraphique du midi de la France*, n° 746.

```
VS...        ..SINE...
NIS...       FAMV..
QV...
```

Deux débris trouvés, le premier dans le seuil de la porte d'une masure adossée à la face sud du porche de l'église, le second sur la route de Saint-Marcel, près du théâtre romain. Comme l'a noté M. Allmer, ce dernier marbre a pu porter la mention *famulus* ou *famula Dei*.

121

Hirschfeld, *Corpus inscriptionum latinarum*, t. XII, n° 2154.

```
BONAE
RELI
IT
```

Copié par M. Hirschfeld au musée de Vienne, actuellement en reconstruction. M. Cornillon y a vainement recherché ce fragment pour en joindre l'estampage à ceux que je tiens de son obligeance. L'épitaphe portait probablement la formule banale *Hic requiescit in pace bonae memoriae*; peut-être marquait-elle la tombe d'une religieuse qualifiée RELI*giosa* [1].

[1] Cf. S. Greg. Magn., *Regesta*, VII, 28 : « Adeodatæ ancillæ Dei... prædictæ Adeodatæ religiosæ »; *Inscr. chrét. de la Gaule*, n° 545 : EVSEBIA RELIGIOSA MAGNA ANCELLA DI etc.

121 A

Allmer, *Revue épigraphique du midi de la France*, n° 801.

Je dois à M. Cornillon, conservateur du musée des antiques de Vienne, un estampage de ce fragment trouvé, en septembre 1889, près de l'église Saint-Pierre. M. Allmer s'est demandé quel empereur a pu être désigné à la seconde ligne du marbre. La désinence TINI ne peut s'adapter qu'aux noms de Constantin et de Justin. Mon savant confrère écarte tout d'abord les deux Justins, empereurs d'Orient, dont le nom ne paraît point dans les inscriptions de la Gaule; il fait de même des deux Constantins, morts, le premier en 337 et le second en 340, l'épitaphe, quoique assez bien gravée, ne lui paraissant pas remonter à une époque si haute. Reste le tyran Constantin qui avait fixé sa résidence à Arles[1] et dont le premier consulat est mentionné, en 409, sur une pierre de Trèves[2]. Le postconsulat de ce personnage figurait donc sans doute, écrit M. Allmer, sur l'inscription de Vienne qui aurait porté les mots *post consulatum Constan*TINI AVG(*usti*). J'incline à accepter cette opinion méthodiquement présentée et j'ajoute pour l'appuyer, en ce qui touche l'exclusion des deux premiers Constantins, que le symbole du vase gravé au bas de notre marbre ne s'est pas encore rencontré, dans les épitaphes de la Gaule, avant l'année 450[3].

La dernière ligne portait probablement la formule *Resurget in Christo*[4].

[1] Zosime, V, xxxi.
[2] *Inscr. chrét. de la Gaule*, n° 248.
[3] *Ibid*, préface, p. xii.
[4] *Ibid.*, t. II, p. 37.

121 B

Hirschfeld, *Corpus inscriptionum latinarum*, t. XII, n° 2178.

Marbre blanc, au musée de Vienne.

In hoc tu(mulo requiescit in) pace bon(ae memoriae..... s)anctem(onialis).....

Nous avons déjà vu en Gaule plusieurs épitaphes de religieuses désignées, comme ici, par le nom de *sanctimonialis*[1].

---

121 C

Ibid., n° 2135.

Musée de Vienne. Fragment de marbre blanc. L'inscription, en bons caractères, ne paraît pas postérieure au commencement du v° siècle. Je n'ose proposer une restitution pour la première ligne. La seconde débutait probablement par les mots QVI VIXIT.

---

[1] *Inscriptions chrétiennes de la Gaule*, n°ˢ 259, 468, 676.

122

SAINTE-COLOMBE.

Allmer, *Inscriptions antiques de Vienne*, t. IV, p. 419, atlas n° 320-73; Hirschfeld, *Corpus inscriptionum latinarum*, t. XII, n° 2164.

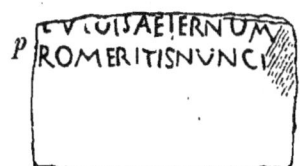

Débris de provenance inconnue, copié par M. Allmer dans la cour d'une maison voisine du Rhône.

123

VÉRENAY.

Allmer, *Inscriptions antiques de Vienne*, t. IV, p. 424, atlas n° 320-74; Hirschfeld, *Corpus inscriptionum latinarum*, t. XII, n° 2140.

Copie de M. Allmer; inscription trouvée à Vérenay (Rhône) et conservée au musée de Vienne. Elle doit être lue comme il suit :

Hic requiescit in pace bonae memoriae
Severa quae vixit annos LIII? Obiit
in $\overline{XPO}$ ..... *nonas junias* ......

124

EYZIN.

Allmer, *Inscriptions antiques de Vienne*, t. IV, p. 429, atlas n° 320-78;
Hirschfeld, *Corpus inscriptionum latinarum*, t. XII, n° 2165.

Dessin de M. Allmer.

Fragment trouvé dans la démolition de l'ancienne chapelle de Saint-Marcel et maintenant encastré dans le mur intérieur de la nouvelle église. Le nombre *decima*, qui se lit à la fin de l'épitaphe, représente un numéro d'indiction peut-être précédé par le nom d'un consul.

125

LE PASSAGE.

OEuvres de Longpérier, t. VI, p. 257.

Le regretté Longpérier a consacré une excellente notice à un grand *missorium* d'argent trouvé au Passage, canton de Virieu (Isère). Ce précieux objet, conservé au Cabinet des médailles de la Bibliothèque nationale, porte au centre un lion devant lequel se voit la cuisse d'une bête qu'il a dévorée. Tenu, sans aucune autre raison, pour un ouvrage carthaginois, notre plateau a été de plus considéré comme ayant appartenu à Annibal. Après avoir fait justice de cette attribution si hazardée, M. de Longpérier signale deux *graffiti*, tracés au revers du disque et qui étaient restés inaperçus. L'un en indique le poids, comme on le voit sur tant d'autres objets d'orfèvrerie antique; il pesait trente-trois livres. L'autre nous donne, en cursive mérovingienne, une ligne gravée entre deux croix.

† *Agnerico som* † disent ces lettres déchiffrées par M. Delisle qui voit, avec toute vraisemblance, dans le personnage qu'elles désignent, le patrice Agnaric, gouverneur du pays de Vienne vers le commencement du viiie siècle.

La formule employée dans notre petite légende n'est pas sans exemples. C'est ainsi qu'on lit sur un marbre publié par Fabretti :

ꟻVM CAꟻTAE CIHERVM ʅAPIꟻ PVEʅʅAE CVꟻTOꟻ [1]

sur un autre :

ͶAPKEΛΛΗΣ TAΦOΣ EIͶI [2]

Nous verrons plus loin une épitaphe de notre pays, faisant parler la dalle funéraire et portant les mots :

GVNDERAMNO ꟻOM [3]

J'ajoute que sur une très antique pierre gravée, en forme de scarabée, le nom du possesseur est indiqué par ces mots :

ΘΕΡΣΙΟΣ

ΕͶΙΣΑͶΑ [4]

Ainsi pouvait être conçue l'inscription d'un *missorium* d'argent du poids de trente-sept livres que les *Gesta Pontificum Autissiodorensium* nous disent avoir été offert à la basilique de Saint-Germain-d'Auxerre, dans les premières années du viie siècle, par l'évêque Desiderius et sur lequel était représenté quelque trait de l'histoire d'Énée : «Missorium

---

[1]. Fabretti, *Inscriptiones antiquæ quæ in ædibus paternis asservantur*, c. II, n° 2.

[2] *Corpus inscr. græc.*, t. III, n° 6253.

[3] N° 269.

[4] Pour Θέρσιος εἰμί σῆμα (*Archaologische Zeitung*, 1883, p. 338).

argenteum qui Thorsomodi nomen scriptum habet; pensat libras xxxvii; habet in se historiam Eneæ cum litteris grecis [1] ». Les nombreuses pièces d'argenterie que mentionne en même temps notre texte étaient, comme celles d'Agnéric et de Thorsomond, presque toutes ornées de gravures, et l'on me permettra de m'écarter un moment du cadre des études épigraphiques pour noter quelques-uns des sujets représentés sur ces objets. Ainsi que le *missorium* d'Agnéric, beaucoup portaient des figures d'animaux : des cerfs, des poissons, des boucs, des ours, des taureaux, un lion, un léopard dévorant des chèvres; sur d'autres étaient des Éthiopiens, des joueurs, des pêcheurs, un homme et une femme auprès d'un crocodile. Une seule fois dans toute la série paraît un type chrétien : la croix entre deux personnages. L'un des bassins portait un centaure, l'autre l'antique figure de Neptune armé du trident, car aux bas-temps, aussi bien qu'à l'époque où vivait saint Jérôme, on ne se faisait pas scrupule de graver sur des pièces d'argenterie les images des faux dieux [2]. Une large série de marbres sculptés aux premiers siècles, les sarcophages chrétiens de notre sol, nous a montré la série des sujets représentés sur les monuments d'un caractère religieux; autres étaient, on vient de le voir, ceux qui décoraient les objets, aujourd'hui plus rares dans les musées, que nos pères fabriquaient pour les usages de la vie commune.

La légende du bassin d'Agnéric vient de nous montrer le mot *sum* écrit par un *o*. On l'écrivait également *so*, comme l'attestent deux marbres antiques et une plaque de collier d'esclave où nous lisons : HIC SO ET NON SO [3], NON FVI ET SO [4], FVGITIBVS SO [5]. Parmi ceux que la pratique des manuscrits, des *graffiti* et des inscriptions a habitués à rencontrer la suppression de l'*m* final des mots, je

---

[1] *Gesta Pontificum Autissiodorensium*, c. xx. De S. Desiderio (Duru, *Bibliothèque historique de l'Yonne*, t. I, p. 334-337).

[2] «Numquid in lancibus idola cælata descripsi? Numquid inter epulas christianas virginalibus oculis Baccharum Satyrorumque complexus innexui? (S. Hieron. *Epist. XXVII, ad Marcellam*, § 3.)

[3] *Corpus inscript. latin.*, t. I, n° 2970.

[4] Doni, *Inscript. antiquæ*, p. 107, n° 180.

[5] *Bullett. della Commiss. munic.*, 1877, p. 206.

n'étonnerai personne en avançant que *sum* a pu être orthographié *su* aussi bien que *so*⁽¹⁾. Cela dit, la formule *Agnerico sum* me paraît expliquer la seconde légende d'un petit bijou des temps mérovingiens. C'est un chaton de bague portant d'un côté :

VVAR
ENBERTV
ƧDEDI

et de l'autre les mots :

† ROCCOLANE ƧV

où mon savant confrère M. Deloche a proposé de lire soit *Roccolane sue*, soit *Roccolane subscriptio*⁽²⁾. J'incline pour ma part à y reconnaître une formule semblable à celle du plat d'Agnéric et rappelant l'inscription de la bague grecque que j'ai citée plus haut, c'est-à-dire *Roccolanae sum*. J'en dirai autant pour la légende ABBONEƧO d'un anneau que j'ai autrefois publié⁽³⁾, et où je crois voir aussi le mot *so* pour *sum* suivant le nom propre.

126

SAINT-SIXTE.

Allmer, *Inscriptions antiques de Vienne*, t. IV, p. 284, atlas, n° 279, 10; Hirschfeld, *Corpus inscriptionum latinarum*, t. XII, n° 2421.

Pierre engagée dans le mur de l'église de Saint-Sixte, hameau de la commune de Merlas (Isère). J'en dois l'estampage à feu M. Revon, conservateur du musée d'Annecy. Les lettres INE qui suivent la croix peuvent être une abréviation de la formule *in nomine Dei*, souvent inscrite en tête des épitaphes.

La chrétienne Claudia, dont l'épitaphe suivante marquait la tombe,

---

⁽¹⁾ Cf. *Lupi, Epit. Severæ*, p. 173 : TECV, DOMV, etc.

⁽²⁾ *Rev. archéol.*, mars 1884, p. 143.

⁽³⁾ *Inscr. chrét. de la Gaule*, n° 575 A. M. Deloche y lit *Abbone so[bscriptio]* pour *Abbonis subscriptio* (*Rev. arch.*, juill. 1886, p. 43).

est décédée le 18 des calendes de février, après le consulat d'Anthemius et de Florentius dont les successeurs n'étaient pas encore

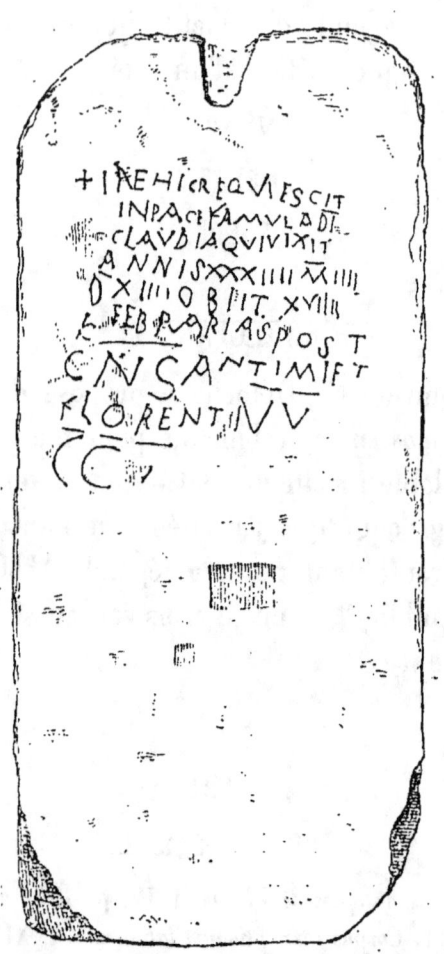

connus en Gaule à ce moment de l'année. Cette mention chronologique correspond à l'an 516. On remarquera qu'ici le consul d'Orient, Anthemius, est nommé avant celui d'Occident.

127

PACT.

Allmer, *Revue épigraphique du midi de la France*, 1885, p. 103, n° 530.

HIC REQVIES
CIET IN PACE
BONE ME :
MORIAE ISP
...NOMENE S
......A'X QVI
.....IT IN PA
.....NNVS
.......ISM

Hic requiesciet in pace bone memoriae isp... nomine s... qui vixit in pace annus..... plus minus.....

« Épitaphe trouvée derrière l'église, sur l'emplacement d'une localité depuis longtemps disparue et appelée *De Ocellatis*, dans des documents du ixe et du xe siècles. » M. Allmer, auquel on doit ce renseignement, ajoute que le sol est jonché en cet endroit de débris romains, chapiteaux et placages en marbre, cubes de mosaïques et conduits d'hypocaustes.

La restitution de ce petit texte, dont je n'ai pas vu l'original, n'est point sans quelque difficulté. Quoi qu'il en puisse sembler d'ailleurs, j'hésiterais à reconnaître dans les lettres ISP... le début d'un nom propre, le mot *nomine*, devant, me paraît-il, précéder le nom au lieu de le suivre [1].

[1] *Inscriptions chrétiennes de la Gaule*, t. I, p. 462, 463 : NOMINE BRINGA, NOMINE MATRONA, NOMINE DECIMVS, NOMINE LEO, NOMINE ANASTASIVS, NOMINE PATRICV; p. 476 : NOMENE VALENTINIANO; t. II, p. 6 : NOMINE MANNONE.

128

SAINT-ALBAN DE BRON.

Allmer, *Deuxième supplément aux Inscriptions antiques de Vienne*, p. 13;
Hirschfeld, *Corpus inscriptionum latinarum*, t. XII, n° 2079.

Pierre très usée servant de marche dans l'escalier de la chapelle de Saint-Alban, voisine de l'hospice de Bron. Le chrétien dont elle marquait la sépulture a vécu « en paix » cinquante années; il est mort dans la quinzième indiction, une ou plusieurs années après le consulat d'un personnage dont le nom est presque entièrement effacé. M. Allmer, dont je reproduis le dessin, pense qu'un L a dû précéder les trois dernières lettres qui en restent. Il pourrait donc s'agir ici du deuxième ou troisième postconsulat du Paulinus de 534, bien que, comme on le voit parfois ailleurs, le mot *junior* ne soit pas joint ici au nom de ce personnage [1].

---

[1] De Rossi, *Inscriptiones christianæ*, t. I, p. 475.

129

CORENC (près de Grenoble).

Hirschfeld, *Corpus inscriptionum latinarum*, t. XII, n° 2308; cf. p. 829.

Hic requiescit
BONAE MEMORIAE
. . . .

130

ANDANCE.

Allmer, *Rev. épigr. du midi de la France*, 1884, p. 70; — Morel, *Le temple du châtelet d'Andance*, p. 23; — Hirschfeld, *Corp. inscr. lat.*, t. XII, n° 5862.

Hic titulus teget diaconum Emilium quem funere duro
Eu nimium celere rapuit mors impia cursu
XXXVIII *etatis sue anno mortem perdedit, vitam invenit quia auctorem vite solum dilexit.*

Cette inscription et la suivante ont été dessinées par M. Morel, artiste peintre à Andancette. Toutes deux appartiennent au musée de Lyon.

Celle dont je vais m'occuper couvrait une tombe faite de briques et de pirres.

Si, comme il semble, le rédacteur de cette épitaphe s'est proposé de la commencer par deux hexamètres tirés sans doute de quelque modèle, le premier ne saurait être admis qu'à la condition de le transcrire ainsi :

Hic titulus tegit Æmilium quem funere duro

c'est-à-dire en retranchant le mot *diaconum*[1].

Parmi toutes les idées nouvelles qui naquirent avec le christianisme, nulle ne parut plus singulière à ses ennemis que celle dont témoignent les derniers mots de l'inscription d'Andance, la croyance à l'entrée dans la vie par la mort. Les fidèles la proclamaient sous toutes les formes; leurs épitaphes, leurs livres, leurs discours attestaient cette haute pensée[2]. Un mot la résumait : le jour où le chrétien quittait la terre était appelé *natalis*, car il faisait naître pour le ciel. Les persécuteurs s'étonnaient devant l'expression d'une idée dont ils ne pouvaient saisir le sens. Des confusions sans nombre se produisaient, à l'heure suprême de l'interrogatoire, lorsque le martyr, menacé de mort s'il refusait de sacrifier aux idoles, disait sa résistance fondée sur sa ferme volonté de vivre. « Comment, s'écriait un magistrat, tu prétends souhaiter la vie, et voici que tu veux mourir! »[3] « C'est là, disait un saint d'Afrique, c'est là ce que les gentils comprennent le moins, alors même qu'ils s'accordent avec nous sur les choses divines[4]. »

---

[1] Je parlerai plus loin des insertions fautives introduites de la sorte dans les inscriptions métriques prises pour modèles (n° 248).

[2] *Epist. ad Diognetum*, c. v : Θανατοῦνται καὶ ζωοποιοῦνται. *Passio S. Symphoriani*, § 7 : « Timere non possumus mortem quæ sine dubio perducit ad vitam. » *Passio SS. Montani, Lucii*, § 19 ; « Vivere nos etiam cum occidimur. » (Ruinart, *Acta sincera*, p. 82 et 236) TRANSIERVNT AD VERAM REMEANS E CORPORE VITAM (*Inscriptions chrétiennes de la Gaule*, n° 380), etc.

[3] Voir ma note intitulée : *Les chrétiens dans la société païenne* (*Mélanges d'archéol. publiés par l'École franç. de Rome*, t. VIII).

[4] *Passio SS. Montani, Lucii*, § 19 (Ruinart, *Acta sincera*, p. 236).

Les mots AVCTOREM VITAE qui terminent notre inscription expliquent en la complétant l'expression elliptique d'une épitaphe de Saint-Romain-en-Gal :

Surrecturus die cœlo cum venerit Auctor[1].

131

Allmer, *Rev. épigr. du midi de la France*, 1884, p. 71 et 92; — Morel, *Le temple du châtelet d'Andance*, p. 23; — Hirschfeld, *Corp. inscr. lat.*, t. XII, n° 5861.

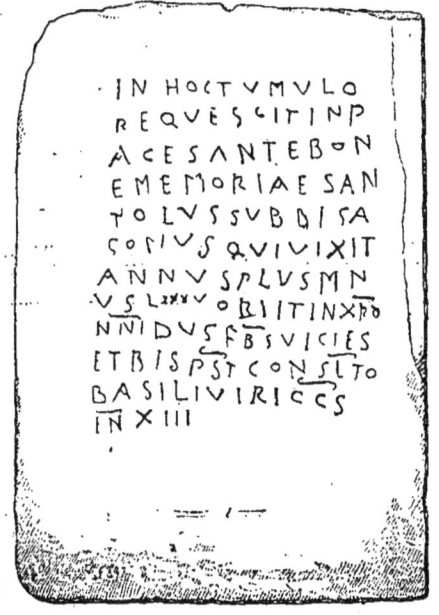

In hoc tumulo requescit in pace sante bone memoriae Santolus[2] *subdicaconus qui vixit annus plus minus* LXXXV. *Obiit in Christo ūn idus ebruarias vicies et bis post consulate Basilii viri clarissimi consulis, indictione XIII.*

Si les mots *bonae* et *sanctae* accompagnent *memoriæ* dans un grand

---

[1] *Inscriptions chrétiennes de la Gaule*, n° 398.

[2] Nous avons vu ce nom à Lyon sous la forme *Sanctulus* (*idem*, n° 667).

nombre de textes chrétiens antiques, je ne les ai pas encore vus réunis.

Le nom du sous-diacre *Sanctulus* honoré de cette double épithète nous a donné celui de Santeul, notre célèbre poète latin.

Je ne sais comment interpréter les deux N surmontés d'une barre d'abréviation qui suivent le nom du Christ. Nous avons vu à Guillerand une épigramme où se lisent les mots TRANSIET IDAS FALENDAS NOVENBRAS[1]. Peut-être, par une erreur semblable, l'ouvrier avait-il gravé d'abord ici les sigles de *nonas* qu'il a fait suivre du mot IDVS.

Le vingt-deuxième postconsulat de Basile nous reporte à l'année 563. La treizième indiction ne correspond pas à cette date, si on ne l'a, contre l'ordinaire, comptée à partir du 1er janvier[2].

132

Allmer, *Inscriptions antiques de Vienne*, t. IV, p. 425;
Hirschfeld, *Corpus inscriptionum latinarum*, t. XII, n° 1802.

Fragment trouvé à Andance dans les fondations du clocher, derrière le chœur, et conservé par M. Caillet, curé d'Andance. J'en dois le dessin à M. Allmer. L'abréviation du nom du Christ se lit à la dernière ligne.

---

[1] *Inscriptions chrétiennes de la Gaule*, t. I, n° 474.

[2] Cf. De Rossi, *Inscriptiones urbis Romæ christianæ*, t. I, p. c.

133

PARNAUS.

Burais, *Courrier de la Drôme et de l'Ardèche*, 27 oct. 1862; — Allmer, *Inscriptions antiques de Vienne*, t. IV, p. 297, atlas, n° 279, 16; — Hirschfeld, *Corpus inscriptionum latinarum*, t. XII, n° 2193.

```
ONIAUJEDVANAELEMOSINIS
PROFVSA·SEPEGEIUNA · DEFR
VIVGAUDENS·XPO PRESTAN
TEPENETENTIAE LXVII AETATIS
ANVDEHAECLVCE MEGRAVIT D
OLTAO IDVSDECEMBRESMAFVSIOV
FROO ARISSEMCCC·
```

Copie de M. Allmer.

Pierre extraite d'une chapelle aujourd'hui détruite. Elle est encastrée à Parnaus, dans la façade d'une maison appartenant à M. Guichard.

L'épitaphe me paraît pouvoir être lue comme il suit : *Orati?oni assidua, in elemosynis profusa, saepe jejuna, de fructu gaudens, Christo praestante, paenitentiae; LXVII aetatis anno de hac luce migravit die octavo idus decembris, Mavortio viro clarissimo consule.*

Ces formules élogieuses, dont nous avons déjà trouvé le type sur un marbre de Narbonne, sont fréquentes au vi° siècle; elles se rencontrent en grand nombre dans les écrits de Grégoire de Tours[1]. La mention de la pénitence est inscrite sur deux épitaphes de Lyon[2].

Le consulat de Mavortius répond à l'an 527.

---

[1] *Inscriptions chrétiennes de la Gaule*, n° 615. — [2] *Ibid.*, n°ˢ 66 et 663.

134

SAINT-ROMAIN-D'ALBON.

Allmer, *Premier supplément aux Inscriptions de Vienne*, p. 3; — Roman, *Bulletin de la Société des Antiquaires de France*, 1881, p. 126; — Hirschfeld, *Corpus inscriptionum latinarum*, t. XII, n° 1791.

A Saint-Romain-d'Albon, localité de la Drôme, dont le sol avait déjà fourni des débris de l'époque romaine, M. Charvet a découvert, en 1875, près du cimetière actuel, des sépultures et un sanctuaire des anciens âges. Il ne restait de cet édifice que l'abside et une partie de la nef. Dans un bas-côté se sont trouvées deux petites tombes, puis à droite, en dehors, une construction renfermant cinq sarcophages monolithes ou faits en maçonnerie et recouverts de tuiles à rebord; ces tombes sont symétriquement rangées et une sixième est placée en travers au-dessus d'elles. Au même lieu a été exhumé un petit cercueil de marbre blanc; comme on l'a fait souvent au v° siècle, il avait été creusé dans le marbre d'une corniche, débris de quelque vieil édifice[1].

L'inscription de *Constantiola* se lit sur une grande dalle de pierre qui avait autrefois fermé entièrement la tombe, mais que l'on avait déplacée plus tard pour y introduire les restes d'un jeune homme[2]. Au

---

[1] *Inscriptions chrétiennes de la Gaule*, préface, p. xxix. — [2] Voir ci-après, n° 135.

moment de la découverte, cette dalle ne reposait plus sur le sépulcre que par l'extrémité où figure l'épitaphe.

La mention finale de cette dernière me paraît nous reporter au 21 février 467, date à laquelle les noms des nouveaux consuls pouvaient n'avoir pas encore été connus dans la Viennoise. Sur d'autres marbres, l'un de Lyon, l'autre de Rome, l'année précédente est indiquée par la formule DN LEONE III, DN LEONE III CONS [1].

Comme les deux suivantes, l'épitaphe de *Constantiola* a passé dans la collection Girard. J'en dois le dessin à l'obligeance de M. Allmer.

135

Allmer, *Premier supplément aux Inscriptions de Vienne*, p. 9; — Roman, *Bulletin de la société des Antiquaires de France*, 1881, p. 126; — Hirschfeld, *Corpus inscriptionum latinarum*, t. XII, n° 1792.

La dalle qui porte cette inscription a été trouvée sur la tombe que recouvrait en partie la pierre dont je viens de parler. C'est en l'année 516, *post consulatum Florentii et Anthemii virorum clarissimorum consulum*, qu'a été enseveli le jeune chrétien probablement nommé *Libanius* [2].

---

[1] *Inscr. chrét. de la Gaule*, n° 74; De Rossi, *Inscript. christ. Rom.*, t. I, p. 362.

[2] Le nom de *Levanius* se rapproche toutefois de celui de *Liubanius* que présente une de nos inscriptions. (*Inscr. chrét. de la Gaule*, n° 616 B.)

136

Allmer, *Premier supplément aux Inscriptions de Vienne*, p. 9; — Roman, *Bulletin de la Société des Antiquaires de France*, 1881, p. 126; — Hirschfeld, *Corpus inscriptionum latinarum*, t. XII, n° 159.

Fragment trouvé au même lieu; c'est une partie de la moitié d'un carreau hexagonal en marbre blanc; ce débris a donc été taillé pour être employé dans un dallage.

Le prince nommé ici, comme dans des inscriptions de Briord et de Lusinay[1], est Dagobert Ier qui seul posséda la Bourgogne. La quatrième indiction ne s'est rencontrée qu'une seule fois sous son règne; elle nous reporte aux calendes de juillet de l'an 631.

La forme particulière qu'affecte ici la lettre O se retrouve sur l'inscription de Ham qui appartient à la fin du VIIe siècle[2] et sur un *triens* de Dagobert Ier frappé à Limoges que possède le Cabinet des médailles.

Au bas de l'épitaphe est gravé un oiseau entre deux poissons. C'est la troisième fois que nous trouvons en Gaule, sur des marbres de basse époque, ce dernier signe qui, à Rome, caractérise les épitaphes des anciens âges[3].

[1] *Inscriptions chrétiennes de la Gaule*, n°ˢ 373 A, 397 A.

[2] *Ibid.*, n° 91.

[3] *Ibid.*, n°ˢ 261 et 631.

137, 138, 139

Allmer, *Deuxième supplément aux Inscriptions de Vienne*, p. 15, 16; *Troisième supplément*, p. 15; — Hirschfeld, *Corpus inscriptionum latinarum*, t. XII, n°ˢ 1793, 1794, 1795.

```
...CA.....        ............      .....B....
...ANSS...        ...IDIE....       ....SV....
...IDVS....                         ...VEM....
...ASX...
....TV....
```

Trois débris découverts au même lieu, en 1878, et que M. Allmer, si bon juge en matière d'épigraphie, a relevés comme provenant d'épitaphes chrétiennes. On y reconnaît la formule *tr*ANS*üt S*ub *die*...IDVS, puis quelques restes probables d'autres indications chronologiques : *pr*IDIe, *no*VEM*bris*.

140

SAINT-VALLIER.

Allmer, *Deuxième supplément aux Inscriptions de Vienne*, p. 11; Hirschfeld, *Corpus inscriptionum latinarum*, t. XII, n° 1787.

Plaque de marbre trouvée au château de Rioux, près de Saint-Vallier, en réparant le dallage de la chapelle. Son inscription nous montre à quel degré étaient divers les noms de forme germanique : *Leubatena* manque en effet dans la longue série de vocables procédant de la racine *Liub* qu'a réunis M. Förstmann dans son utile *Altdeutsches Namenbuch*[1].

Le nom du consul Volusien, qui est inscrit sur notre marbre, paraît pour la première fois en Gaule. Il se lit dans les fastes en 252, 253, 261, 311, 314 et 503. Sans parler ici de l'aspect fort décisif du marbre

---

[1] Pages 847 et suivantes.

même, plus d'une raison nous mène à écarter les cinq premières de ces dates : la forme de la lettre E dont la haste dépasse les membres

transversaux, la croix gravée en tête de la légende, la formule compliquée du début : HIC REQVIESCIT IN PACE BONE MEMORIAE, la présence d'un nom germanique, traits dont aucun ne se rencontre en Gaule avant 450 [1].

Le Volusien de 503 a eu pour collègue en Orient Dexicrates que je n'ai pas encore vu mentionner sur les marbres occidentaux. Une inscription chrétienne de Lyon appartient comme celle-ci à l'an 503 [2]; mais le décès remontant au 1er janvier et l'épitaphe ayant sans doute été gravée avant que l'on sût en province le nom du nouveau consul, elle est datée du postconsulat d'Avienus.

Les ⌊ ont ici la figure d'un T tracé à rebours. Il en est de même pour une inscription de même formule, datée de 502, qui existe au musée de Lyon [3].

[1] *Inscriptions chrétiennes de la Gaule*, préface, p. IX, XIII, XXIII, XXIV.

[2] *Ibid.*, n° 70.

[3] *Ibid.*, planches n° 47; cf. n° 34.

C'est la première fois que je vois comme ici sur un marbre les lignes de la réglure prolongées hors du cadre et terminées par un motif d'ornement.

L'épitaphe de *Leubatena* fait partie de la collection de M. Vallentin, magistrat à Montélimar, qui a recueilli avec un soin intelligent les monuments épigraphiques de la contrée.

141

Allmer, *Troisième supplément aux Inscriptions de Vienne*, p. 14; *Revue épigraphique du midi de la France*, t. I, p. 194; — Hirschfeld, *Corpus inscriptionum latinarum*, t. XII, n° 1788.

Débris d'une dalle de marbre trouvé près de l'église de Saint-Vallier, en démolissant un mur sur l'emplacement de l'ancien cimetière de l'abbaye de Saint-Ruf où a été découvert un curieux fragment de sarcophage chrétien [1].

Le consul que désignait l'épithète *juniore* était probablement le Paulinus de l'an 534, si souvent nommé dans les inscriptions de la contrée.

Notre fragment appartient à M. de Colongeon, membre de la Société d'archéologie de la Drôme.

[1] *Les sarcophages chrétiens de la Gaule*, p. 29.

142

CLÉRIEU.

Vincent, *Notice historique sur la baronnie de Clérieu*, p. 65 ; — De Gallier, *Essai historique sur la baronnie de Clérieu*, p. 14 ; — Allmer, *Inscriptions antiques de Vienne*, t. IV, p. 315 et atlas, n° 279, 23.

..... a qui vixit annos ..... obiit IIII idus ..... indixione octava ..... post consulatum Johannis viri clarissimi consulis ..... dulcesseme .....

Marbre trouvé à Clérieu (Drôme) et appartenant à un habitant du village, M. Seyron.

C'est en 538 que Johannes a été promu au consulat. Chaque année de cette charge correspondant à deux indictions, la huitième qui est notée ici nous reporte, suivant le mois de décès, en 544 ou en 545.

La lettre A qui précède *qui vixit*, donne à penser que cette épitaphe marquait la sépulture d'une femme[1] ; le mot *dulcissime* ne peut donc, en ce cas, être tenu pour un vocatif. S'il a appartenu à une formule mentionnant le nom de la personne qui a enseveli la morte : *pater filiæ dulcissimæ posuit*, par exemple, il y aurait lieu de noter le fait, les indications de cette nature ne se montrant pas d'ordinaire, en Gaule aussi bien qu'en Italie, au delà du ve siècle[2].

---

[1] J'ai à peine besoin de noter que sur les marbres des bas-temps, aussi bien que dans notre langue, le mot *qui* s'emploie indistinctement pour les deux genres.

[2] *Inscriptions chrétiennes de la Gaule*, préface, p. XIX, XXI.

Ici, comme sur quelques autres marbres de ce recueil, le chiffre de l'indiction est énoncé avant le consulat[1]. C'est là une particularité assez rare et dont il importe de se souvenir lorsqu'il s'agit de restituer par voie méthodique, c'est-à-dire en se fondant sur la comparaison avec d'autres monuments, une inscription dont le texte est incomplet.

143

TOURNON.

L'abbé Rouchier, *Histoire religieuse, civile et politique du Vivarais*, t. I, p. 300; Hirschfeld, *Corpus inscriptionum latinarum*, t. XII, n° 2652.

IN HOC tu.
MOLO REquie
SCIT FAMV
LA DEI BRIC
CIOFRIDA QVI
VIXIT AN...
. . . .

Épitaphe exhumée sur le territoire de Tournon (Ardèche) et aujourd'hui perdue.

Le nom de *Bricciofrida* ne figure pas dans les relevés des vocables germaniques.

---

[1] N°ˢ 126, 164, 169, 180, 182; l'indiction est partout aussi mentionnée avant la date royale (n°ˢ 226, 238, 309).

144

SOYON.

Allmer, *Bulletin de la Société archéologique de la Drôme*, 1873, p. 76;
Hirschfeld, *Corpus inscriptionum latinarum*, t. XII, n° 2659.

```
...EREQV.....
...EMOR.....
...AISA DEP.....
...SENGVESN.....
```

Je dois à l'amitié de M. Allmer une copie d'un dessin de ces deux fragments encastrés à Soyon (Ardèche), au-dessus de la porte de la maison de M. Louis Faure. On reconnaît facilement ici le reste de la formule banale *Hic in pacE REQViescit bonae mEMORiae* et le début du mot *DEPosita*.

145

BOURG-LÈS-VALENCE.

Allmer, *Rev. épigr. du midi de la France*, t. I, p. 224; — Vallentin, *Bull. épigr. de la Gaule*, 1881, p. 280; — Hirschfeld, *Corp. inscr. lat.*, t. XII, n° 1781.

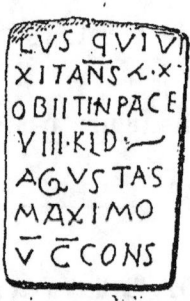

Inscription trouvée à Bourg-lès-Valence, chez M. Rebatel, et copiée par M. Allmer, d'après un estampage de M. Lacroix, archiviste de la Drôme.

A l'époque chrétienne, trois consuls ont porté le nom de *Maximus*, en 433, 443 et en 523. Le dernier est le seul qui n'ait pas eu de collègue. C'est donc lui qui, selon toute apparence, est désigné sur notre marbre.

146

Perrossier, *Bulletin d'histoire ecclésiastique de Valence*, 1886-1887, p. 110; Hirschfeld, *Corpus inscriptionum latinarum*, t. XII, n° 5858 a.

    Hic Requi .
    ESCit in pace bo
    NE memoriae
    . . . .

147

LUC-EN-DIOIS.

Allmer, *Bulletin de la Société archéologique de la Drôme*, 1873, p. 257; Hirschfeld, *Corpus inscriptionum latinarum*, t. XII, n° 1692.

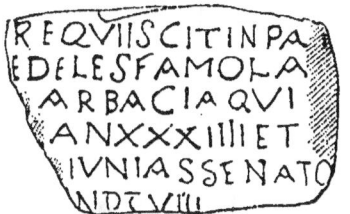

Hic requiiscit in pace fedeles famola Dei Arbacia qui vixit annos XXXIIII et obiit. . . . . junias senatore v. cc. indictione VIII.

Marbre trouvé en 1860 dans les décombres de la vieille église de Luc-en-Diois et acquis par M. le docteur Long; il appartient maintenant à M. de Lamorte Félines. Le mot *fidelis* indique que la chrétienne avait reçu le baptême comme le montrent ces mots de l'épitaphe d'un enfant : ... CVM SOLDV AMATVS FVISSET A MAIORE SVA ET VIDIT HVNC MORTI CONSTITVTVM ESSE PETIVIT DE AECCLESIA VT FIDELIS

DE SECVLO RECESSISET[1]. C'est le célèbre Cassiodore qui ici, comme ailleurs, est désigné par le nom de *Senator;* il a été consul en l'an 514. Si on ne l'a, contre l'ordinaire, comptée du 1er janvier, l'indiction courante était bien alors la huitième.

Le dessin que je reproduis m'a été communiqué par M. Allmer.

148

VIVIERS.

Allmer, *Revue épigr. du midi de la France*, t. I, p. 366; — l'abbé Rouchier, *Hist. du Vivarais*, t. I, p. 500; — Hirschfeld, *Corp. inscr. lat.*, t. XII, n° 2702.

inlus TRIS ORTV GENERIS SANC*titate*
... VTVS BONIS PRIMVM DEF...
*qui*NQVE DECIM MERVIT O......

J'ai donné, dans mon premier recueil, d'après un estampage très imparfait, ces trois lignes dont je retrouve des copies dans les publications de M. l'abbé Rouchier et de M. Allmer. Je reproduis la transcription de ce dernier qui a vu le marbre original aujourd'hui égaré; elle s'écarte également de ma lecture et de celle que publie M. l'abbé Rouchier.

149

SAINT-MONTAN.

Flouest, *Bulletin archéologique du Comité des travaux historiques et scientifiques*, 1887, p. 45.

Sur le territoire de la commune de Saint-Montan, au sud et près de Viviers, on a trouvé un anneau d'or que M. Flouest vient de faire reproduire en lui consacrant une notice intéressante.

---

[1] Marini, *Arvali*, p. 171. On lit de même, dans Grégoire de Tours, à propos d'un enfant atteint d'une fièvre grave : « Ut autem hic eum fervor attigit, concurrit pater ad ecclesiam ne proles absque baptismi regeneratione moriretur. » (*De Miraculis S. Martini*, t. II, p. XLVII.) Cf. *Inscr. chrét. de la Gaule*, n° 244.

Ce riche bijou, type excellent de l'orfèvrerie mérovingienne, porte sur son chaton une tête de profil assez grossièrement gravée; elle est imberbe, à cheveux courts, ceinte d'un bandeau perlé et semblable à celles que présentent les monnaies contemporaines. Derrière on voit une petite croix, et devant les trois lettres NON, abréviation du nom latin *Nonnus*, de l'un de ses dérivés, ou d'un autre de ceux de même forme que M. Forstmann enregistre dans son relevé des vocables germaniques[1].

150

APS.

Allmer, *Revue épigraphique du midi de la France*, t. I, p. 108.

Eustochie vivas! Tel est le sens de l'acclamation grecque tracée sur un marbre découvert à Aps et dont M. Vallentin a bien voulu me remettre un estampage. Ce débris est-il chrétien? Je ne saurais l'affirmer, la palme n'appartenant pas exclusivement aux monuments des fidèles.

Nous ne possédons peut-être dans ce fragment qu'une partie d'une légende funéraire grecque ou même latine. Souvent, en effet, des épitaphes écrites dans cette dernière langue sont accompagnées de souhaits adressés ainsi aux défunts dans l'idiome des Hellènes. On en trouve de nombreux exemples à Lyon et en d'autres pays[2].

ЄΥϹΤΟΧΙ est le vocatif du nom masculin Εὐστόχιος comme ΚΙΡΙ celui de Κύριος dans une inscription que me fournit le recueil de

---

[1] *Altdeutsches Namenbuch*, t. I, p. 968. — [2] Boissieu, *Inscriptions de Lyon*, p. 151, 308, 309, 503; Maffei, *Museum Veronense*, p. 192, etc.

Gruter [1]. « Les noms propres en *ιος*, m'a dit à ce sujet mon confrère M. Miller, ont pris, dans les bas-temps, la forme *ις*; c'est ainsi que Κῦριος est devenu Κῦρις, Κύρης et même χῦς. Dans les *Acta S. Abramii*, n° 36, on lit Ἀνάσ]α, Κῦρι. »

Par son caractère et sa formule, l'inscription d'Aps me semble remonter au ɪᴠᵉ siècle; on doit la compter, si elle est chrétienne, parmi les plus anciennes que la Gaule possède de cette série.

151
COLONZELLES.

Lacroix, *L'arrondissement de Montélimar*, t. II, p. 372 et 407; — Allmer, *Bulletin de la Société archéologique de la Drôme*, 1872, p. 377; — Fl. Vallentin, *Bulletin épigr. de la Gaule*, 1883, p. 31; — Hirschfeld, *Corp. inscr. lat.*, t. XII, n° 1739.

HICVETRANVYPAVYAT

Inscription probablement chrétienne copiée par M. Allmer. Elle se lit sur la paroi extérieure d'un sarcophage trouvé dans un terrain contigu à la très ancienne chapelle Saint-Pierre, située près de Colonzelles (Drôme), et dans la construction de laquelle figure un bas-relief romain. Cette tombe a été portée à Margerie et déposée dans un jardin.

L'*S* reproduisant ou rappelant comme ici la forme du *gamma* n'est pas d'un usage fréquent; il a toutefois été longtemps employé par les graveurs d'inscriptions. Un marbre copié par le comte Vidua nous le montre au temps de Gallien [2]; il existe en l'an 301, dans le célèbre édit de Dioclétien [3]; aux catacombes en 298 et en 338 [4]; nous le retrouvons sur notre sol en 405 [5] et dans une épitaphe du ᴠɪᵉ siècle [6]. Cette lettre est courante dans la minuscule mérovingienne [7].

---

[1] P. 88, n° 12 et la note; cf. Muratori, *Inscr.*, p. 1883, n° 2 : ΓΡΙΓΟΡΙ ΧΑΙΡΕ.

[2] *Inscriptiones antiquæ in Turcico itinere collectæ*, pl. XXVI.

[3] *Atti dall'Accad. rom. d'arch.*, t. II, pl. I.

[4] Boldetti, *Osservazioni*, p. 84 et 461.

[5] Ci-après, n° 277.

[6] *Inscript. chrét. de la Gaule*, n° 661. Cf. ci-dessus, n° 57.

[7] Prou, *Manuel du paléographe*, pl. I.

152

BRUIS.

Fl. Vallentin, *Bulletin épigraphique de la Gaule*, 1881, p. 246, 247; 1882, p. 253; — Roman, *Bulletin de la Société des antiquaires de France*, 1881, p. 277; *Bulletin de la Société d'études des Hautes-Alpes*, 1882, p. 279; *Répertoire archéol. du dép. des Hautes-Alpes*, p. 127; — Hirschfeld, *Corp. inscr. lat.*, t. XII, n° 1530.

Hic requiescit? in PACE BONAEMEMORIA
..... *quae vixi* l [1] ANNIS OVINOVAGINTA [2]
.... *j*OHANNE V·C̄·C̄·IND·SECVNDA

Fragment d'épitaphe trouvé sur une colline près du village de Bruis, canton de Rosans (Hautes-Alpes). Ce petit marbre qui appartient à M. Roman, correspondant de la Société des Antiquaires de France, porte une double indication chronologique, le consulat de *Johannes* et la deuxième indiction. Il a donc été gravé en l'année 538. Je le reproduis d'après la copie de M. Roman.

153

LE BUIS.

M. Morel, receveur des finances, correspondant du Ministère de l'instruction publique, a bien voulu me communiquer l'estampage d'un

---

[1] I pour T. — [2] *Quinquaginta.*

fragment de marbre trouvé au Buis, département de la Drôme, et qui porte les caractères suivants :

C'est la fin d'une épitaphe où figurait sans doute la formule *post consulatum* . . . . . *viri clarissimi consulis.*

154

VAISON.

Manuscrit de Suarez n° 9141, f° 38 (à la Bibliothèque du Vatican); Hirschfeld, *Corpus inscriptionum latinarum*, t. XII, n° 1511.

. . . .
CONS AZ

I IVN Indict.

secVNDA?

Ce débris, autrefois conservé dans la collection de l'Evêché, venait de l'église Saint-Étienne.

Mon savant ami, M. Stevenson, qui a bien voulu examiner pour moi le manuscrit où il figure, m'écrit que ce cahier fait partie des papiers de Suarez autrefois possédés par Marini. Bien que l'auteur des copies n'ait pas été un homme habile, M. Stevenson pense que ses transcriptions méritent toute confiance, particulièrement en ce qui touche la partie contenant les épitaphes chrétiennes.

155

ORANGE.

Hirschfeld, *Corpus inscriptionum latinarum*, t. XIII, n° 1274.

Je donne, d'après un estampage de mon savant confrère, M. Henri Révoil, ce marbre découvert à Orange et déposé dans le théâtre antique.

On retrouve à la première et à la deuxième ligne des restes de la mention de l'âge du défunt et la date de sa mort ..... *dies* XXVII ..... *nonas*. J'ai déjà rencontré ailleurs l'indication de l'année par le mot CONSOLATV suivi du nom génitif[1]. Cette formule toutefois n'est pas commune. Elle était suivie ici de la mention d'une indiction dont le chiffre est peut-être incomplet.

156

Sous le n° 503 de mon premier recueil, j'ai publié l'épitaphe d'un évêque d'Orange, saint Eutrope, épitaphe alors conservée chez un particulier.

Une détérioration de l'estampage que j'avais pris de ce marbre, alors peu abordable, a amené quelques inexactitudes dans la repro-

---

[1] Maffei, *Museum Veronense*, p. 932, n° 5. De Rossi, *Iscrizione onoraria della statua di Nicomaco Flaviano* (*Annali dell' Instituto di corrispondenza archeologica*, 1849, p. 301). *Inscriptions chrétiennes de la Gaule*, n° 657.

duction de trois de ces fragments. Je les ai revus, il y a deux ans, au musée Calvet d'Avignon, et j'en donne ici la copie rectifiée :

N° 1.		N° 2.	N° 3.
VM	EX	RISGRANDISCIRF	NAPANDV
GIT	E	STVMFLETIBO	LTA REPLET
IIS	S	POPVLOSCM	NERGIMAPEL ... NS
		BQPA	MIS

157

URBAN.

Allmer, *Bulletin de la Société archéologique de la Drôme*, 1876, p. 311 ; Hirschfeld, *Corpus inscriptionum latinarum*, t. XII, n° 1498.

Tablette de pierre trouvée, en 1864, dans les ruines d'un village autrefois situé au sommet de la montagne d'Urban dont il portait le nom. Ce village, qui formait encore commune en 1789, a été alors réuni à celle de Beaumes-de-Venise (arrondissement d'Orange).

L'inscription, dont je dois un estampage à M. Gautier, ancien notaire à Beaumes, me paraît devoir être lue comme il suit :

   † *Quiescit in pace*
   benememoria Epyme-
   ne. Vixit annis xxv mens-
   es iii. dies xxvii. Recessit
   sub die kalendas junias, post con-
   solatu veri
   Venantii clarissimi consulis.
   In eternnum. pax
   tecum.

Les trois signes qui, à la septième ligne, viennent après le C qui suit *Venanti* ne sont point des S, comme le montre leur forme anguleuse différente de celle des S de l'épitaphe. Ce sont de simples notes de ponctuation. Nous en avons déjà vu de semblables sur un marbre de Vienne [1] et ailleurs.

Par trois fois le nom de Venantius se montre dans les fastes : en 484, en 507 et en 508. Le dernier personnage étant distingué dans quelques textes par la qualification de *junior* ou *alius*, on est amené à penser que, quand le nom est donné sans aucune adjonction, il doit s'agir du consul de 484 ou de celui de 507 [2]. Notre inscription paraît donc avoir été gravée en 508. Nous avons déjà trouvé à Vienne une épitaphe datée, comme celle-ci, du postconsulat de Venantius [3].

L'acclamation PAX TECVM se rencontre d'ordinaire en Gaule aussi bien qu'à Rome sur des marbres d'une haute antiquité [4]. Il convient de noter ici sa présence dans une épitaphe gravée à la fin du ve siècle ou au commencement du vi^e.

J'ai parlé ailleurs de la formule IN AETERNVM [5].

---

[1] *Inscriptions chrétiennes de la Gaule*, pl. L, fig. 295.

[2] De Rossi, *Inscriptiones christianæ*, t. I, p. 420.

[3] *Inscr. chrét. de la Gaule*, n° 434.

[4] De Rossi, *Roma sotteranea*, t. I, p. 341; *Bulletino di archeol. crist.*, 1890, p. 24; *Inscriptions chrétiennes de la Gaule*, préface, p. xxviii.

[5] Ci-dessus, p. 60.

158
MUSÉE D'AVIGNON.

Hirschfeld, *Corpus inscriptionum latinarum*, t. XII, n° 1271.

J'ai déjà publié, dans mon recueil des Sarcophages chrétiens de la Gaule, cette épitaphe gravée sur la tessère d'un couvercle de tombeau conservé au musée d'Avignon et dont la provenance est inconnue[1]. On voit à la gauche de l'inscription cette représentation de repas fréquente sur les monuments des premiers fidèles qui figure le festin céleste. La formule *anima dulcis*, qui se lit à la deuxième ligne, était familière aux païens ainsi qu'aux chrétiens; elle appartient à une époque assez ancienne, comme le montre sa présence dans le passage suivant du roman d'Apulée : «Mellite mi, mi marite, tuæ Psyche dulcis anima[2].»

Le nom qui figure sur notre marbre est celui d'*Anthedonius*, déjà connu par une inscription du sud de l'Italie[3].

---

[1] P. 27, 28.
[2] *Metamorph.*, lib. V. Éd. Oudendorp, p. 331.
[3] *Commissione conservatrice dei monumenti ed oggetti di antichità e belle arti nella provincia di Terra di Lavoro. Verbale della tornata del 7 ottobre 1885*, p. 141 (Caserte, in-8°).

159

Même musée. Marbre d'origine également inconnue. Si l'on en juge par la forme des lettres, ce fragment d'épitaphe a désigné une tombe chrétienne.

160

GIGONDAS.

Fragment copié par M. Allmer à Gigondas (Vaucluse) chez M. Eugène Raspail. Les deux premières lignes nous donnent *Sub Die* VIII *kal?* ... IAS *Post Consulatum*. On trouve ensuite la fin d'un nom de consul et la mention d'une quatorzième indiction. Ce chiffre et les lettres finales du nom permettent de penser aux postconsulats de Faustus qui reçut les faisceaux en 490 avec Longinus, et à ceux d'Agapitus, consul en 517. L'inscription appartiendrait ainsi à l'année 491 ou à l'année 520.

161
COLLINE DE NOTRE-DAME-DE-BEAUREGARD
(PRÈS D'ORANGE).

Lafaye, *Bulletin épigraphique de la Gaule*, t. I, p. 229 ; Hirschfeld, *Corpus inscriptionum latinarum*, t. XII, n° 1022.

IN HOC TV*mu*

*l*OREQVIES*cit*

STEPHANVS..

. . . .

Ce débris, provenant de la colline de Notre-Dame-de-Beauregard, a été employé au moyen âge dans la construction du couvent des Augustins, aujourd'hui démoli. Il a été porté depuis à Aix, chez M. d'Aubergue.

162
ARLES.

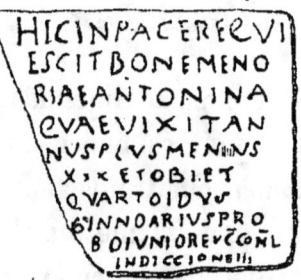

Épitaphe trouvée à Arles et acquise par le musée de Marseille. Elle est gravée sur un fragment de marbre blanc qu'on n'avait pas pris soin d'équarrir. Si ce marbre a été placé dans les jours mêmes qui ont suivi le décès, il montre que le nom de Probus le jeune, consul en 525, avait été promulgué en Gaule dès le début de l'année [1].

---

[1] Il en est de même pour l'épitaphe de Vienne du 10 janvier 525 (*Inscriptions chrétiennes de la Gaule*, n° 695).

163

Hirschfeld, *Corpus inscriptionum latinarum*, t. XII, n° 940.

Épitaphe trouvée en 1872 par M. Révoil et offerte par lui au musée du Louvre. La formule *sub die* était sans doute suivie des mots DEcima kalendas[1].

164

Huart, *Bulletin monumental*, 1875, p. 129;
Hirschfeld, *Corpus inscriptionum latinarum*, t. XII, n° 935.

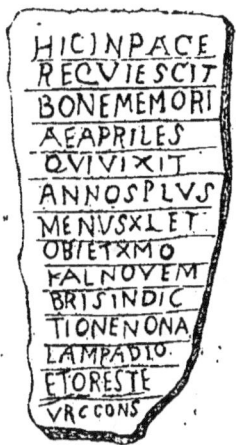

Au musée d'Arles. Inscription datée de l'an 530. On remarquera ici l'abréviation XMO pour *decimo*. Cette façon de noter un nombre n'est pas ordinaire. Nous avons toutefois vu déjà sur des marbres de

---

[1] Cf. Boldetti, p. 547 : DIE VII KAL IVLIARVM; Muratori, p. 395, n° 3 : DIE V IDVS OCTOBRES; 402, 6 : SVB DIE XIII KAL OCTOBR; 404, 4 : DIE GI K L OCTOB, et ci-après n° 166.

Lyon et de Bordeaux, *tertio tricessimo, sexto* et *quinto* écrits xxxiii°, vi°, v°[1]. Nous retrouverons plus loin ce mode d'abréviation dans une inscription de Bellegarde[2].

165

Hic in pace requiescit bonae memoriae Asellus qui vixit annus.....

Au musée d'Arles, comme tant d'autres noms d'animaux, celui d'*Asellus* se rencontre fréquemment chez les premiers fidèles[3].

166

Allmer, *Revue épigraphique du midi de la France*, n° 367;
Hirschfeld, *Corpus inscriptionum latinarum*, t. XII, n° 5819.

Inscription découverte à Arles et acquise par le musée Calvet à Avi-

[1] *Inscriptions chrétiennes de la Gaule*, n°s 25 et 586 A.
[2] N° 300.
[3] Boldetti, p. 383, 397, 455, 487;

gnon. Le nom assez rare qu'on y lit se retrouve sur un marbre chrétien des catacombes romaines [1]. D'après la forme des caractères, cette épitaphe me paraît appartenir à la fin du ve siècle, époque où se montre, pour la première fois, sur notre sol, la mention de l'indiction. La croix gravée en tête de la légende, la complication de la formule initiale et l'emploi du mot *obiit* mènent également à cette attribution [2].

167

De Rossi, *Bullettino di archeologia cristiana*, 1874, p. 148; Hirschfeld, *Corpus inscriptionum latinarum*, t. XII, n° 941.

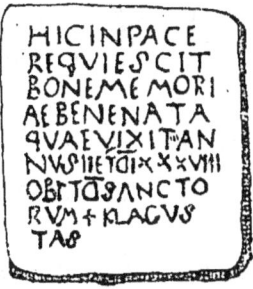

Ce marbre, déposé, comme les suivants, au musée d'Arles, est remarquable par la formule *obiit die Sanctorum, kalendas augustas*. En rappelant l'universelle célébrité de la fête instituée le 1er août, en mémoire des chaînes de saint Pierre, M. de Rossi conclut ingénieusement que le mot *Sanctorum* désigne ici cet Apôtre et saint Paul qui lui est de même associé dans une légende métrique du sanctuaire de Rome où l'on conserve cette relique fameuse, l'église de Saint-Pierre-aux-Liens.

L'inscription de *Benenata* doit, d'après sa formule, appartenir à la fin du ve siècle.

Mommsen, *Inscriptiones regni Neapolitani latinæ*, n° 7161. On connait la lettre de saint Jérôme à la chrétienne *Asella*. Voir Cancellieri, *Dissertazione sopra due iscrizioni delle sante martiri Simplicia ed Orse*, p. 8.

[1] Muratori, 1841, 7.
[2] *Inscr. chrét. de la Gaule*, préface.

167 A.

En publiant l'épitaphe de l'évêque Concordius, j'ai vu dans les mots du quatrième vers *lectus cœlesti lege*, une allusion possible à ces coups d'intervention divine que les anciens signalent plus d'une fois dans les élections épiscopales [1]. Ces mots peuvent avoir une autre sens qui, d'ailleurs, n'exclurait pas le premier. Nous savons, par plus d'un document, et entre autres par l'histoire de saint Martin, que les fidèles nommaient leurs pasteurs [2], et que, dans l'accord du peuple pour une élection de cette sorte, l'on voyait la manifestation de la volonté divine. Les textes sont nombreux à cet égard et je puis invoquer le témoignage de saint Cyprien [3], celui de l'auteur de sa Vie [4], Sulpice Sévère [5], une lettre insérée dans les écrits de Symmaque [6], Héric d'Auxerre [7], Anastase le bibliothécaire [8]. Cet accord de la foule, je le dis en passant, ne fut pas toujours tenu par nos ancêtres en aussi haute estime ; je lis en effet dans un écrit d'Alcuin publié par Baluze : « Nec audiendi qui solent dicere *vox populi, vox Dei*, cum tumultuositas vulgi semper insaniæ proxima sit [9]. »

---

[1] *Inscriptions chrétiennes de la Gaule*, t. II, p. 242.

[2] Sulp. Sever., *De vita Martini*, c. VII; Mabillon, *Liturg. gallic.*, p. 308; Selvagi, *Antiquitatum christianarum institutiones*, l. I, part. 2, c. 4, etc.

[3] *Epist. X*, ad Antonianum, § 8 : « De Dei judicio qui episcopum fecit. »

[4] Pontius, *Vita et passio S. Cypriani*, § V : « Judicio Dei et plebis favore ad officium sacerdotii et episcopatus gradum adhuc neophytus, et, ut putabatur, novellus electus est. » (Ruinart, *Acta sincera*, p. 208.)

[5] « Populus, Domino volente, cogebat. » (*De vita Martini*, c. 7.)

[6] « Divinum est quidquid tantorum firmat electio... Relictis singulis titulis presbyteri omnes aderunt, qui voluntatem suam, hoc est Dei judicium, proloquantur. » Symmach., *Epist.* X, 74; édition de 1653, p. 431.

[7] « Populos in consona vota ruentes, spirante Deo. » (*Vita S. Germani Altisiodor.*, l. II.)

[8] « Collectis igitur in unum venerabilibus episcopis et gloriosis Romanorum proceribus amplæ Urbis populo in palatio Lateranensi, ut quod jam corde celitus revelatum æquiter omnes tenebant in uno multorum sonitu resonerent, unius voluntatis consensu fortiter acclamatum est : « Valentinum sanctissimum « archidiaconem sedis apostolicæ dignum! » (*Liber Pontificalis*, éd. Duchesne, t. II, p. 72.) Je retrouve chez les païens la même pensée : « Quatenus existimem, dit Portius Latro, voces ipsas publicas non hominum esse, sed oraculi potius nuncupandas. » (*Declamatio contra Catilinam*, c. VIII.)

[9] *Capitulare admonitionis ad Karolum*, § IX. (Baluze, *Miscellanea*, éd. in-8°, t. I, p. 376.)

168

Hirschfeld, *Corpus inscriptionum latinarum*, t. XII, n° 943.

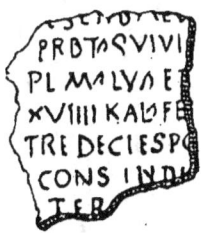

Hic in pace requiescit bonae memoriae Eu..... presbyter qui vixit plus minus (annos) LV et obiit sub die XVIII kalendas februarias tredecies post (consulatum Basilii v. c.) consulis indictione tertia.

Fragment communiqué par M. Huart, conservateur du musée d'Arles. Ce marbre marquait la tombe d'un prêtre dont le nom n'est plus représenté que par les deux lettres initiales EV..... La triple indication chronologique qui termine l'épitaphe nous reporte au 15 janvier de l'an 554, répondant à la troisième indiction et au treizième postconsulat de Basile.

On remarquera ici la forme exceptionnelle donnée aux signes de ponctuation.

169

Huart, *Bulletin monumental*, 1875, p. 130;
Hirschfeld, *Corpus inscriptionum latinarum*, t. XII, n° 933.

Je ne sais à quelle date précise attribuer l'épitaphe suivante qui porte, avec l'indication d'une septième indiction, celle du postconsulat d'un Symmaque. Trois personnages ainsi nommés ont reçu les faisceaux en 446, 485 et 522, et l'indiction septième ne correspond à un postconsulat d'aucun d'entre eux. Le premier de ces modes de supputation chronologique ne s'est pas jusqu'ici rencontré en Gaule avant l'année 487; ce fait et la forme des caractères permettent d'écarter ici le nom du premier Symmaque dont on n'a pas encore d'ailleurs vu noter de postconsulat.

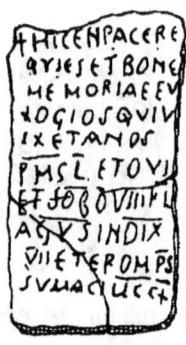

† *Hic en pace requieset bone memoriae Eulogios qui vixet anos plus minus* L *et oviet sob die* VIII *kalendas agustas, indixione* [1] VII, *eterom pos* (*consulatum*) *Sumaci viri clarissimi consulis.*

S'il ne s'agit ici, comme j'en suis persuadé, et comme on le voit souvent d'ailleurs, d'une lettre omise par le lapicide, la suppression du c dans le mot REQVIESET pour *requiescit* serait, au point de vue philologique, un fait exceptionnel dans la longue série de nos inscriptions chrétiennes des premiers siècles [2].

170

Hirschfeld, *Corpus inscriptionum latinarum*, n° 5820.

Hic requiescit..... Felician..... qui vixit annos.....

J'ai copié au musée de Marseille ce fragment qui provient d'Arles.

---

[1] Nous trouvons, sur nos marbres mêmes, d'autres exemples de cette façon d'écrire. Cf. n° 142... ind*i*XIONE; n° 325 : INDIXIONE. — [2] Voir ci-après, n° 374.

171

Hirschfeld, *Corpus inscriptionum latinarum*, t. XII, n° 948.

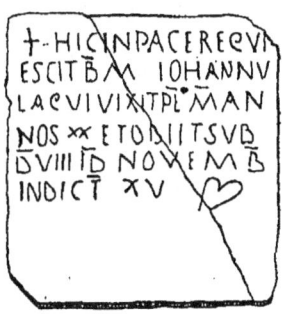

Marbre funéraire de *Johannula* « de bonne mémoire ». Il a été trouvé à Arles et acquis par le musée de Marseille.

172

Manuscrit de Suarez, n° 9141, fol. 2 (à la bibliothèque Vaticane);
Hirschfeld, *Corpus inscriptionum latinarum*, t. XII, n° 834.

```
PAX TECVM
IVLIA VICTORIA
M·AVR·ASCLEPIODOTO
CONIVG·INCOMPARABILI
```

La formule *Pax tecum* se retrouve, à Arles même, sur des épitaphes où sont gravés le monogramme du Christ, l'ancre et une figure d'orante [1]. Je ne doute pas que notre inscription, aujourd'hui disparue, soit chrétienne ainsi que ces légendes. Les *tria nomina* de *Marcus Aurelius Asclepiodotus* montrent qu'elle appartient à une haute antiquité [2].

---

[1] *Inscr. chrét. de la Gaule*, n° 526, 533, 541. — [2] *Ibid.*, préface, p. VI.

173

Inscription d'Arles conservée au musée de Lyon. On remarquera les ponctuations en forme d'*S* plus ou moins déformés que nous rencontrons souvent ailleurs et qu'il faut se garder de confondre avec des caractères [1].

174

Allmer, *Revue épigraphique du midi de la France*, n° 386 ;
Hirschfeld, *Corpus inscriptionum latinarum*, t. XII, n° 5822.

```
✝ HICINPACEREQVI
ESCITBONMLEONI
DIVSQVIVIXIT
ANNVSPLM
ETOBIITSVBDIE
         INDICTIO
NE
```

Ainsi que le montre mon dessin, l'épitaphe de *Leonidius* présente trois lacunes : le graveur n'y a noté ni l'âge du mort, ni le jour du décès, ni le chiffre de l'indiction. Il s'agit là, selon toute apparence, du marbre d'une sépulture que, sans s'arrêter au mépris de la dépouille terrestre préconisé par de saints personnages [2], le chrétien

---

[1] Voir ci-après, n° 175.
[2] S. Ephrem, éd. Quirini, t. I, p. 197 ; S. August., *Confessiones*, l. ix, c. 11 ; Victor Vitensis, *De persecutione Vandalica*, I, 14 ; cf. Johannes Climac., *Scala paradisi*, grad., V, 22. 28.

d'Arles s'était fait préparer. Les survivants devaient, l'heure venue, remplir les vides du texte, comme il est dit dans cette inscription également restée incomplète que M. Léon Renier a copiée à Diana, en Numidie :

```
    D    M    S
  PAPINIVS
  IANVARIVS
  SIBI ET REGI
  LIAE QVAR
  TVLE·SE VIVO
  FECIT·HERES AN
  NOS ANNOTABIT·V·A·⁽¹⁾
```

L'attente de Januarius n'a pas été remplie, car rien ne vient après les dernières lettres V·A· sigles de *vixit annos*. Il ne semble pas, et peut-être le fait explique-t-il, en partie, l'usage si répandu chez les anciens de préparer sa propre sépulture, il ne semble pas, dis-je, que la confiance dans la pieuse sollicitude de certains survivants ait été absolue. C'est ce qui résulterait d'une épitaphe relevée à Thasos par M. Millet, et dans laquelle un certain *Aurelius Philippus* dit que « connaissant bien la négligence des héritiers » et voulant s'assurer un lieu de sépulture, il élève lui-même son monument funéraire [2].

ΑΥΡ·ΦΙΛΙΠΠΟΣ ΦΙΛΙΠΠΟΥ ΑΝΔΗΡΕΙΗΣ
ΖΩΝ ΕΤΙ ΚΑΤΕΣΚΕΥΑΣΕΝ ΕΑΥΤΩ ΚΑΙ ΓΥ
ΝΑΙΚΙ ΑΝΤΩΝΕΙΝΗ ΚΑΙ ΤΕΚΝΟΙΣ ΕΑΥΤΟΥ
..Υ ΕΙΔΩΣ ΚΛΗΡΟΝΟΜΩΝ ΤΗΝ ΕΠΙΛΗΣΜΟΣΥΝΗΝ
ΚΑΙ ΚΟΙΝΟΥ ΘΑΝΑΤΟΥ ΜΝΗΜΟΣΥΝΟΝ ΠΡΟΒΛΕ
ΠΩΝ

La formule de l'épitaphe d'Arles, la croix qui la précède et en par-

---

[1] *Notes d'un voyage archéologique au pied de l'Aurès* (*Revue archéologique*, 1852, p. 511). — [2] *Revue archéologique*, 1866, p. 58.

ticulier le type de certaines lettres dont la haste dépasse les membres horizontaux[1] permettent de classer ce marbre au début du vi° siècle. Il a été acquis par le musée d'Avignon.

175

Quicherat, *Bulletin de la Société des antiquaires de France*, 1874, p. 158, 159; — Penon, *Congrès archéologiques*, t. XLIII, p. 534; — *Catalogue du musée de Marseille*, n° 191; — Hirschfeld, *Corpus inscriptionum latinarum*, t. XII, n° 953.

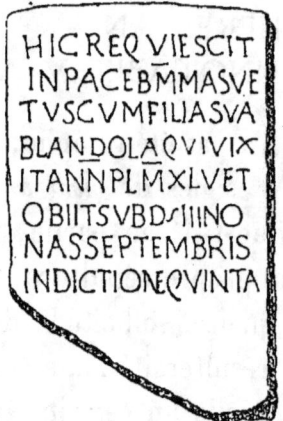

Marbre funéraire de *Mansuetus* et de sa fille *Blandula*, trouvé au cimetière de Saint-Pierre-de-Mouléyrès. Cette épitaphe a été acquise par le musée de Marseille. Le signe en forme d'*S* qui suit le D de la sixième ligne est une simple marque de ponctuation[2].

---

[1] *Inscript. chrét. de la Gaule*, préface, p. xxiv. — [2] Voir ci-dessus, n°ˢ 157 et 173.

176

Hirschfeld, *Corpus inscriptionum latinarum*, t. XII, n° 950.

† *Hic in pace requiescit bonae memoriae Marsiola qui vixit ann.* L.
Obiet pridie idus apriles.

Inscription d'Arles appartenant au musée de Marseille.

177

Ibid., n° 951.

† *Hic in pace requieccit bone memorie Mart.. a quae vixit an?*
plus minus VIII. *Obiit v kalendas decembres.*

Au musée de Marseille. Même provenance.

178

Hirschfeld, *Corpus inscriptionum latinarum*, t. XII, n° 955.

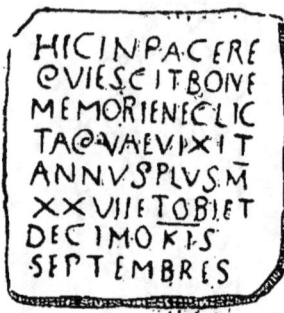

Le nom de *Neglicia* qui figure dans plusieurs des copies d'une de nos inscriptions disparues m'a paru pouvoir être celui de *Neglicta*, pour *Neglecta*, que nous trouvons ici, et je me suis demandé s'il ne se rattacherait pas à une série de vocables adoptés par les fidèles pour témoigner de leur humilité, de leur détachement de toute vanité mondaine[1]. Le nom de *Neglecta* rappellerait cet abandon de son corps, ce mépris de toute parure dont parlent si souvent les textes antiques. «Que la compagne de ta fille, écrivait-on à une mère chrétienne, ne soit ni brillante ni élégante, *sed gravis, pallens, sordidata, subtristis*»[2]. Je croirais toutefois hasardeux de rien affirmer avant d'avoir vérifié si, comme paraissent l'établir de premières recherches dans les listes de l'*onomasticon* romain, ce nom ne se trouverait pas chez les païens. L'achèvement du précieux Lexique que publie le R. P. De Vit nous renseignera sur ce point.

---

[1] *Inscriptions chrétiennes de la Gaule*, n° 491, et préface, p. xcvii, xcviii. — [2] Hieron., *Epist.* cvii, § 9, ad Lætam.

179

Hirschfeld, *Corpus inscriptionum latinarum*, t. XII, n° 5821.

Hic in pace quiescit bonae memoriae P... *qui vixit annis plus menus*.....
et obiet sub die tertio kal? maias..... *n*...

Fragment de marbre provenant d'Arles et transporté au musée de Marseille.

180

Hirschfeld, *Corpus inscriptionum latinarum*, t. XII, n° 934.

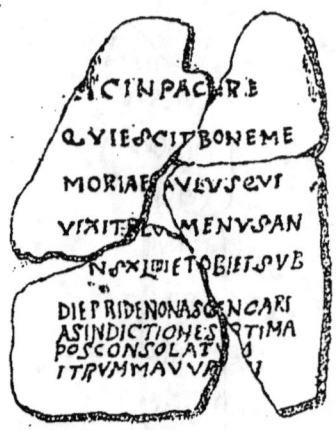

Hic in pace requiescit bone memoriae Paulus qui vixit plus menus annos XLIIII *et obiet sub die pride nonas genoarias indictione septima pos consolatum itrum Mavvrtii v.*

Inscription d'Arles acquise par le musée de Marseille. Paul est mort le 4 janvier de l'année qui a suivi le postconsulat de Mavortius, *post consulatum iterum Mavortii viri clarissimi consulis,* c'est-à-dire en 529.

Nous rencontrons ici, et pour la troisième fois sur nos marbres chrétiens, le Ϲ substitué à l'I initial dans le nom du mois *Januarius*[1]; cette marque de l'adoucissement d'une lettre que les anciens prononçaient comme le C dur est un fait relevé par les philologues[2]; il est toutefois intéressant de la trouver dans des inscriptions à dates certaines.

---

[1] *Inscriptions chrétiennes de la Gaule,* n° 325 (vii° siècle), et ci-dessus, n° 162 a° 525).

[2] Seelmann, *Die Aussprache des Latein,* p. 239 et 343; Bonnet, *Le latin de Grégoire de Tours,* p. 173.

181

Hirschfeld, *Corpus inscriptionum latinarum*, t. XII, n° 5823.

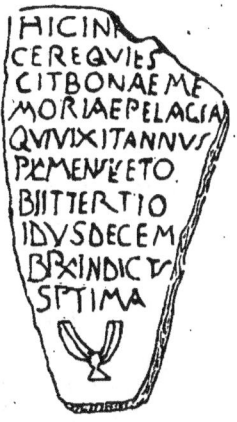

Hic in pace requiescit bonae memoriae Pelagia qui vixit annus plus menus L et obiet tertio idus decembres indictione septima.

Épitaphe trouvée dans les fouilles pratiquées autour de l'église de Saint-Pierre-de-Mouleyrès. Elle est gravée sur un fragment de dalle qu'on n'a pas même pris soin d'équarrir. Les abréviations sont, comme on le voit souvent, indiquées par des lettres barrées. A la sixième et à la neuvième ligne, les signes séparatifs ont la forme d'un ʃ [1]. Au bas, un vase grossièrement figuré. Ce marbre appartient au musée de Marseille.

182

Révoil, *Revue des sociétés savantes*, 1869, p. 506; — *Congrès scientifiques de la France*, 39ᵉ session, 1872, t. II, p. 560; — De Rossi, *Bullettino di archeologia cristiana*, 1874, p. 144; — Hirschfeld, *Corpus inscriptionum latinarum*, t. XII, n° 936.

Épitaphe datée de l'an 530, par la double mention du postconsulat de Decius et de la huitième indiction. M. Véran l'a trouvée en 1869 aux abords de la vieille église de Saint-Pierre-et-Saint-Paul des Aliscamps.

---

[1] Cf. ci-dessus, n° 175.

Lequel de *Petrus* ou d'*Asclepius* est le fondateur de ce sanctuaire? L'inscription ne le dit pas clairement. Mais quel que soit celui auquel on doive attribuer cette œuvre pie, une difficulté se présente, car la Règle de Saint-Aurélien dit que le monastère fondé par cet évêque d'Arles l'a été la cinquième année après le consulat de Basile le jeune, ainsi que l'église consacrée aux saints Apôtres[2]. Or cette date nous reporte à l'année 546, tandis que le *Petrus* nommé dans notre inscription était mort dès l'an 530, après avoir survécu à son père.

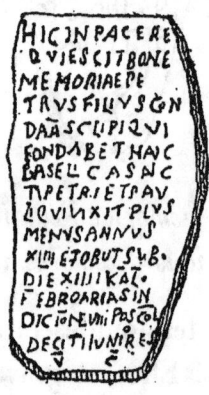

Hic in pace requiescit bone memoriae Petrus filius condam (quondam)[1] *Asclipi qui fondabet (fondavit) hanc baselicam sancti Petri et Pauli; qui vixit plus menus annus* XLIII *et obiit sub die* XIIII *kal. febroarias indictione* VIII *pos col. (post consulatum) Deciti juniores viri clarissimi.*

Pour la cinquième fois nous rencontrons en Gaule le mot *post* écrit sans le *t* final[3]. Ce fait orthographique, qui se retrouve dans les inscriptions chrétiennes de Rome, de Vercelli et dans les chartes de Ravenne[4], est la marque d'une prononciation adoucie

---

[1] Cf. *Inscr. chrét. de la Gaule*; t. II, p. 478.

[2] *Regula S. Aureliani Arelatensis episcopi ad monachos* (Hölsten., *Codex antiquarum regularum*, t. II, p. 113).

[3] *Inscr. chrét. de la Gaule*, n° 396 et 462 (années 547 et 563); ci-dessus, n°° 157 et 180 (années 508 et 529).

[4] De Rossi, *Inscript.*, t. I, n°° 91, 93, 103, 214, etc.; *Bullett.*, 1864, p. 15; Gazzera, *Iscriz. cristiane del Piemonte*, pl. III: POSHODVMMEVM, pour *post obitum meum*; Marini, *Papiri diplomatici*, p. 199.

familière aux anciens, ainsi que le note le grammairien Velius Longus[1].

183

Hirschfeld, *Corpus-inscriptionum latinarum*, t. XII, n° 957.

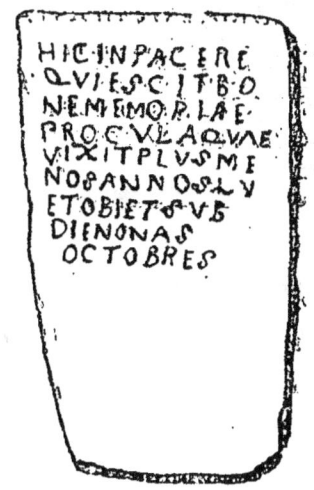

Inscription d'Arles acquise par le musée de Marseille.

184

Hirschfeld, *Ibid.*, t. XII, n° 937.

Inscription d'Arles, datée de l'an 531; elle se trouve au musée d'Avignon.

L'A du mot MEMORIAE est superposé à un V que le lapicide avait d'abord gravé, croyant avoir sans doute à inscrire l'épithète *boneme-*

---

[1] *D orthographia*, éd. Keil, t. VII, p. 79. «Sicut Cicero qui dicebat: *posmeridianas quadrigas* libentius dixerim quam *postmeridianas.*» Cf. Marius Victorinus, *De arte grammatica*, éd. Keil, t. VI, p. 22 : «et quoque exconsonnantibus eliditur, 'ut *posquam res Asiae* non *postquam*».

morius si fréquente sur nos marbres[1]. Cette surcharge, aujourd'hui apparente, ne devait pas l'être au moment où l'épitaphe fut livrée, les graveurs ayant l'habitude de boucher avec du stuc, maintenant tombé, les faux traits qu'ils avaient pu faire[2].

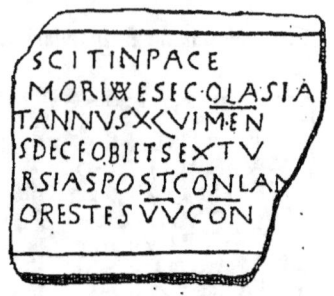

Hic requiescit in pace bonae memoriae Secolasia quae vixit annus XLVI *menses... dies dece. Obiet..... sextu Kal? marsias post con(su)la(tu)m Lampadii et Orestes virorum (clarissimorum) consulum.*

185

Mon savant ami M. Révoil a retrouvé à Arles et a bien voulu me donner un fragment d'épitaphe vu autrefois par le Père Bonnemant et que l'on croyait perdu. C'est celui que j'ai publié sous le n° 528 des *Inscriptions chrétiennes de la Gaule*. La transcription ancienne est exacte; elle contient, de plus que le marbre dans son état actuel, quelques lettres aujourd'hui disparues. Ce débris est précieux par la mention d'un ensevelissement AD SANCTVM MARTVREm, probablement saint Genès, le célèbre martyr d'Arles, dont l'image paraît être reproduite sur les sarcophages sculptés de cette ville.[3] La formule employée ici pour rap-

---

[1] Cf. ci-dessus, n° 107.
[2] Furlanetto, *Lapidi del museo di Este*, p. 44; Borghesi, *OEuvres*, t. VII, p. 122, etc.
[3] *Les sarcophages chrétiens d'Arles*, p. 34; *Les sarcophages chrétiens de la Gaule*, p. 29, etc.

peler ce fait est fréquente sur les marbres romains où nous lisons : AT SANCTA FEL(*icitatem*, AD SANCTVM CORNELIVM, AT DOM....., AD

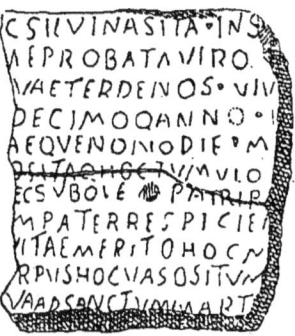

SPOLITVM [1]. Le mot *vas* pris dans le sens de cercueil ne se trouve pas dans les auteurs classiques.

186

Manuscrit de Suarez, n° 9141, fol. 2 (à la bibliothèque Vaticane Hirschfeld, *Corpus inscriptionum latinarum*, t. XII, n° 931.

```
HIC IN PACE REQ
VIESCIT BONAE
MEMORIE SOFRO
NIVS QVI VIXIT AN
NOS LIIII OBIIT SVB D
XII KAL NOVB VIATO
RE VC CONS
```

Inscription datée de l'an 495.

---

[1] De Rossi, *Bullettino*, 1863, p. 21; *Roma sott.*, t. I, p. 224, 304; t. III, p. 213.

187

Vie de M. de Peiresc, p. 240; — Spon, *Recherches curieuses d'antiquité*, p. 169.

Le 6 août 1619, notre célèbre antiquaire Peiresc écrivit à Holstenius, bibliothécaire du Vatican, au sujet d'un anneau chrétien qu'il venait d'acquérir à Arles. Je transcris ici les premières lignes de la lettre dont une copie existe à la bibliothèque Barberine [1] :

« Monsieur,

« En revenant de la Cour et passant par Arles, j'achetai une grosse
« bague d'or antique nouvellement déterrée, sur laquelle est représenté
« un visage d'une manière assez grossière avec cette inscription tout au-
« tour : ✝ TECLA SEGELLA, le tout dans une plaque d'or environnée de
« quelques enrichissemens de fueillages et goderons dans le vuide des-
« quels est écrit : ✝ TECLA VIVAT DEO CVM MARITO SEO, et à l'op-
« posite du cercle de cette bague on y voit un petit ovale avec ces let-
« tres dedans RATE dont je serois bien aise d'avoir vôtre avis. »

Je ne sais ce qu'Holstenius a pu répondre à cette lettre et je demeure aussi empêché que l'ont été Peiresc et Jacob Spon pour trouver ici une explication satisfaisante. La chose certaine est qu'il s'agit d'un anneau offert à une femme portant l'illustre nom de celle que l'Église salue comme la première des martyres et que sur cette bague était inscrit, comme sur les objets de l'espèce et sur les verres à peintures sur fond d'or, un souhait de longue vie pour les deux époux [2]. Un autre anneau mérovingien découvert à Turenne présente, comme celui-ci, un second chaton placé à son revers [3].

---

[1] Peiresc a écrit une autre lettre sur le même sujet à Dupuy (Tamizey de Larroque, *Lettres de Peiresc*, t. II, p. 139).

[2] Lazari, *Raccolta Correr*, p. 184, n° 959 : GERONTI CVM LYCINA VIVAS ; anneau de bronze de la collection Castellani : COII (*con* pour *cum*) ME VIVAS; Garrucci, *Vetri*, 2ᵉ éd., pl. XXVIII, n° 1 : VINCENTI VIVAS CVM S.....A; n° 5 : MAXIMA VIVAS CVM DEXTRO; pl. XXX, n° 1 : CARITOSA VENANTI VIVATIS IN DEO.

[3] Ci-après, n° 241.

188

Hirschfeld, *Corpus inscriptionum latinarum*, t. XII, n° 963.

Hic in pace requiescit bonae memoriae Th(eodora?) sacra Deo puella quae vixit annos plus minus L et obiit sub diae XII kalendas marcias indictione...

Inscription communiquée par M. Huart. Nous avons déjà trouvé plusieurs fois, sur le sol de la Gaule, la mention de saintes filles s'étant consacrées, comme la chrétienne d'Arles, au service du Seigneur[1].

189

Ibid., n° 959.

Fragment d'une inscription probablement métrique. Peut-être faut-il restituer à la deuxième ligne *ſIDE PVDORE* et, à la cinquième, *ſontE RENATA*. C'est ainsi que nous lisons sur un marbre de Vienne : CRIMINA

---

[1] *Inscriptions chrétiennes de la Gaule*, préface, p. x.

DEPOSVIT FONTE RENATA DEI [1] et ailleurs: *Mox purgatus aquis et Christi fonte renatus* [2]. *Fides* serait pris ici dans le sens de foi conjugale; ailleurs il désigne la foi religieuse.

190

Hirschfeld, *Corpus inscriptionum latinarum*, t. XII, n° 969.

Hic in pace requiescit bonae memoriae.... lus n sancti Caesarii qui vixit annos.....

J'ai proposé de voir, dans un fragment d'inscription d'Aix, la mention d'un de ces *notarii* ecclésiastiques que nomment si souvent les textes du moyen âge [3]. Ici de même, j'incline à lire à la troisième ligne de notre marbre, les mots *notarius sancti Caesarii*. Le défunt aurait été l'un des *notarii* attachés au monastère de Saint-Césaire d'Arles.

---

[1] *Inscr. chrét. de la Gaule*, n° 412. — [2] H. Valesius, *Rer. franc.*, t. II, p. 188. — [3] *Inscr. chrét. de la Gaule*, n° 625.

191

Hic requiescit in pace bonae memoriae ..... *quae vixit annos* .....
et obiit sub die ..... *indictione* ...

Musée d'Arles. Au revers de ce marbre est sculpté un entrelac de basse époque.

192

Hirschfeld, *Corpus inscriptionum latinarum*, n° 970.

Hic requiescit in pace Ad?aeldis quae vixit annos plus minus XXVI obiit...
kalendas septembres, indictione septima.

Au musée d'Arles.

193

Épitaphe mentionnant l'âge du défunt (ANNOS...), le jour de sa mort (OBIES *Sub die*... NONAS *Septembres*) et l'indiction alors courante.

194

Débris d'une épitaphe qui portait la mention d'un postconsulat.

Quelque incomplet que soit ce texte, on peut toutefois chercher par une voie méthodique à en fixer à peu près la date.

La forme des caractères ne permet pas de le faire remonter plus haut que la fin du v⁰ siècle.

L'S qui précède les lettres PCS, sigle de *post consulatum*, montre que cette mention était précédée d'une indication numérique : *quinquies*, *sexies* ou toute autre de même forme[1]. Il faut donc, parmi les consuls

---

[1] La formule *bis* à laquelle on pourrait penser et qu'on trouve dans d'autres textes (Mabillon, *Vetera analecta*, p. 244 : «Fausto juniore et Longino bis conss.») ne m'est pas connue sur les marbres; les seconds postconsulats y sont indiqués par les mots *iterum post consulatum*.

mentionnés sur nos marbres, songer à ceux dont les postconsulats ont servi de point de départ à de longues supputations. Ce sont, en 485 *Symmachus junior*, en 534 *Paulinus junior*, en 538 *Johannes*. Comme les noms des consuls sont rarement écrits en abrégé, on ne peut guère penser que l'N surmonté du signe d'abréviation qui précède les sigles V C fasse partie d'un nom propre ; il est probablement la troisième lettre du mot *junior* si souvent représenté en cet endroit même sur le marbre par la syllabe initiale IVN.

Parmi les trois consuls que j'ai cités, cette particularité écarte Johannes, la qualification de *junior* n'accompagnant que les noms de Symmaque et de Paulin.

Un dernier élément chronologique se trouve dans les lettres subsistantes à la quatrième ligne : NETE qui, placées comme elles le sont à suite du nom du consul, doivent présenter les restes de la mention *in-dicio*NE TE*rtia* ou TE*rtia decima*.

S'il s'agit de Symmaque, la treizième indiction correspond à la fin de son cinquième postconsulat, soit l'an 490, la troisième, au commencement de son dixième, soit l'an 495. Les deux dernières mentions sont réunies dans ces mots d'une inscription d'Arles dont le type est semblable à celui de la nôtre :

DECIES P C SY*mma*

CHI IVN V C I*ndic*

TIONE TER

TIA [1]

Si nous devons penser à Paulin, son postconsulat de 535 ne peut être compté ici, l'S qui subsiste avant les lettres PCS ne permettant point de supposer un terme de nomenclature inférieur à *quinquies* qui ne cadrerait pas avec le chiffre de l'indiction. La troisième indiction

---

[1] *Inscriptions chrétiennes de la Gaule*, n° 538.

s'accorde au contraire avec le troisième-quatrième postconsulat, ce qui nous reporte à l'année 539 ou 540 [1].

C'est donc en 490, 495, 539 ou 540 qu'a dû être gravé le marbre dont nous possédons le fragment.

195

H. de Villefosse, *Bulletin monumental*, 1879, p. 45, 46 ; Hirschfeld, *Corpus inscriptionum latinarum*, t. XII, n° 977 D.

Fragment trouvé par M. Gosse dans une fouille faite, en 1876, près de Saint-Pierre-de-Mouleyrès. M. de Villefosse pense, avec raison, que l'épitaphe dont il provient se terminait par un chiffre d'indiction tel que *quarta* ou *quinta decima*.

196

Au musée d'Arles. Reste d'une épitaphe datée d'une indiction. L'apposition de l'S après l'X dans le mot *in*DIXSIONE nous représente

---

[1] Si je ne pousse pas ici mon calcul jusqu'à la treizième indiction qui nous ferait descendre jusqu'en 549, c'est que je n'ai pas trouvé sur les marbres de supputa

une forme orthographique des temps anciens. Fabretti[1] et Cardinali[2] en ont relevé plusieurs preuves. J'y joindrai le passage suivant qu'a consacré à la lettre X un vieux grammairien, L. Cæcilius Minutius Apuleius, dont le traité *De orthographia* a été publié pour la première fois par Angelo Maï[3] : « *Coiux* citra *n* in utraque syllaba reperitur apud antiquos, et cum *s* post *x coiuxs*. Nam *x* non erat antiquissimum, pro quo modo *cs*, modo *gs*, modo *ss* utebantur : *apecs* pro *apex*, *gregs* pro *grex*, *Ulysses* pro *Ulixes*. Postea *x* varie usurpata; modo enim pro duplici, modo simplici persona posita invenitur. Unde *vixi*, *vicxi* et *vixsi* in libris manu auctorum scriptis et in monumentis vetustisque lapidibus Romanorum. »

197

.....*S* QVI VIXIT *annIS* LII OBIIT *sub diE* ..... *kaL* FEBruarias

Fragment trouvé à Arles et acquis par le musée de Marseille. Le V, dont les deux jambages non rejoints par le bas se terminent par des crochets extérieurs, est d'un type exceptionnel. Nous l'avons déjà vu à Pont-de-Metz et nous en trouverons l'analogue dans l'A d'une autre inscription d'Arles[4].

---

tion dépassant le 13ᵉ postconsulat de Paulin (Allegranza, *Inscripi. sepulcr. christ.*, p. 18 : TERDECIES PC PAVLINI IVNIORIS IND·XII).

[1] *Inscriptiones*, c. v, nᵒ XLII.

[2] *Iscrizioni Veliterne*, p. 199.

[3] *Juris civilis antejustinianei reliquiæ*, p. 133 (Romæ, 1832).

[4] Ci-dessus, nᵒˢ 46 et 176.

198

Je dois à mon savant confrère, M. Héron de Villefosse, la connaissance d'un reste d'inscription provenant d'Arles et conservé à la Guerche, département du Cher, dans le cabinet de M. Roubet, ancien juge de paix. On ne peut guère, devant un si faible débris, procéder que par voie de conjecture. La première ligne contenait probablement l'éloge banale *b*ONE *Memoriae*. Si l'on se reporte au vers suivant d'une épitaphe chrétienne copiée par Fabretti :

HVNC · HABVIT · PATREM · ORFANVS · ET · VIDVA [1]

et à la formule courante *Pater pauperum* [2], on peut penser que la deuxième ligne, qui semble se terminer par un *f*, donnait les mots *p*ATER OR*fanorum*. Le son de l'X étant parfois représenté par la double consonne CX [3], il est permis de lire *qui vixit* dans les lettres QVIVECX. Les quatre caractères NNVS représentent sans doute la fin du mot *annos*.

199

Hirschfeld, *Corpus inscriptionum latinarum*, t. XII, n° 977 *b*.

Fragment communiqué par M. Huart.

---

[1] *Inscriptiones*, c. x, p. 478.
[2] *Inscriptions chrétiennes de la Gaule*, t. II, p. 23.
[3] Fabretti, *op. cit.*, c. v, n° 387 : GRATISSIMA CONIVNCXS. et ci-dessus, n° 196.

200

201

202

Trois débris conservés, comme le précédent, au musée d'Arles et provenant d'inscriptions chrétiennes.

203

Je dois à l'obligeance de M. Révoil un estampage du singulier fragment dont je donne ici la reproduction. Il a été découvert, en 1863, dans les fouilles faites par le savant architecte au théâtre antique d'Arles. Au-dessous de quelques caractères que je ne saurais expliquer figure une colombe tenant dans son bec une palme dont on voit quelque reste. A droite, le monogramme ☧; plus bas, ce même signe du Christ est inscrit dans une couronne près de laquelle on a gravé l'image d'un cheval courant vers une palme. C'est un symbole de victoire déjà signalé sur d'autres marbres. Une épitaphe de Sardaigne, publiée par M. De Rossi, porte, comme notre fragment, l'image d'un cheval et

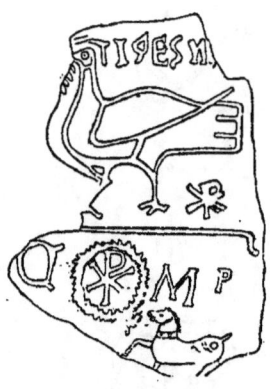

en même temps les lettres D M[1]. Celui d'Arles paraît être marqué, suivant la coutume antique, d'un signe imprimé sur la cuisse[2].

204

Hirschfeld, *Corpus inscriptionum latinarum*, n° 5824 a.

    V... *vixit an*
    NVS......o
    BIET X.....
    SVI F(?)....
    ET A......

Fragment provenant des Aliscamps et acquis par le musée de Marseille.

---

[1] De Rossi, *Bullettino*, 1873, p. 132 et pl. XI, n° 1; *Inscr. chrét. de la Gaule*, n° 295.
[2] Greg. Turon., *Mirac. s. Martini*, l. III, c. 33; De Rossi, *Bullettino*, 1873, p. 137.

J'ai vu Rome, chez un marchand d'antiquités, une une lampe de terre cuite portant l'image d'un cheval sur la cuisse duquel était la marque ⊕.

205

Hirschfeld, *Corpus inscriptionum latinarum*, n° 5824 *b*.

*Hic in pac*E RE
quiescit BONE
memoriæ... FIVS IP
. . . .

205 A

QVII...
TA.....

Deux fragments trouvés à Arles en 1882 et acquis par le musée d'Avignon.

205 B

L'abbé Trichaud, *Itinéraire des voyageurs dans Arles*, p. 33, et *Histoire de la Sainte Église d'Arles*, t. I, p. 206; — Balthazar, *Congrès archéologique de la France*, 1885, p. 496; — Hirschfeld, *Corpus inscriptionum latinarum*, t. XII, n° 946.

SANCT*us*
HEROS
SVMMVS AN*tistes*
O.....

Je n'ai, dans aucun de mes voyages, eu communication de cette inscription que possédait, m'a-t-on dit, M. l'abbé Trichaud et qui aurait marqué la tombe de saint Héros, évêque d'Arles, au commencement du ve siècle. Il aurait importé de voir, pour en parler avec certitude, cette épitaphe, aujourd'hui perdue, qui semble avoir été copiée sur celle de saint Hilaire [1] et dont l'authenticité est, pour moi, des plus douteuses.

J'ai déjà, dans mon premier recueil, cité un certain nombre de manuscrits où figurent des inscriptions chrétiennes d'Arles. J'en indiquerai encore deux autres qui, à mon grand regret, ne m'ont présenté ni monument nouveau ni leçon utile à relever. L'un se trouve aux Archives des Bouches-du-Rhône, le second appartient à leur savant archiviste, M. Blancard. Voici les titres de ces recueils qui peuvent, à d'autres points de vue, avoir leur intérêt :

Histoire d'Arles sacrée et profane, par F. Porcher, religieux de l'ordre de la très sainte Trinité. 1640.

Les antiquités d'Arles traitées en manière d'entretien et d'itinéraire, où sont décrites plusieurs nouvelles découvertes qui n'ont pas encore veu le jour, avec toutes les inscriptions tumulaires qui sont dans la ville et son terroir. Même celles qui y étoient autrefois qui ont été enlevées ou détruites. Par Arnaud Bourgeois et natif de la même ville. 1739.

BELCODÈNE.
206, 207, 208, 209

Jullian, *Inscriptions de la vallée de l'Huveaune;*
Hirschfeld, *Corpus inscriptionum latinarum,* n° 5791 *a, b, c, d.*

a

ANNO X

HANC MARMORE SAXO

b

SEIIS

IT ADN

c

ONE

TAC

d

IGRAIII

Fragments copiés par M. l'abbé Albanès dans l'église de Belcodène

[1] *Inscriptions chrétiennes de la Gaule,* n° 515.

et paraissant, d'après la forme des lettres, provenir de tombes chrétiennes.

Plusieurs inscriptions païennes ont été trouvées à Belcodène.

210

MARSEILLE.

Recueil de Marchand, t. II, p. 141.

Cette épitaphe, aujourd'hui disparue, est relevée dans un recueil de notes et de dessins que j'ai déjà eu l'occasion de signaler[1]. Ce recueil appartient à M. l'abbé Louche, aumônier du pensionnat des Frères à Marseille; il a été formé, au temps de la Révolution française, par un artiste nommé Marchand, organiste du couvent des Dominicains. Une note jointe à l'inscription de *Basilianus* nous apprend qu'elle se voyait à Saint-Victor.

---

[1] *Les sarcophages chrétiens de la Gaule*, p. 37.

211

Jullian, *Bulletin épigraphique*, 1885, p. 257;
Hirschfeld, *Corpus inscriptionum latinarum*, t. XII, n° 5769.

Inscription du musée de Marseille, gravée sur un débris de plaque de marbre. Elle a été exhumée, en 1885, dans les dépendances de l'ancien cimetière du Lazaret. La disposition des caractères est insolite. A l'épitaphe qui ne portait d'abord que les mots BENENATA IN PACE, on a ajouté en surcharge, entre les lettres de la première et de la deuxième ligne, les deux mots HIC IACET. Le marbre de la vierge *Benenata* n'est pas, selon toute apparence, postérieur au v° siècle, car la formule initiale HIC IACET ne se montre pas en Gaule au delà de 449 [1]. C'est seulement de 371 à 471 qu'on la rencontre à Rome [2]. Le savant Père de Vit signale en Afrique une *Benenata* et plusieurs *Benenatus* [3]. Un prêtre de ce nom figure dans les Actes de sainte Devota [4].

---

[1] *Inscriptions chrétiennes de la Gaule*, n° 35, a° 447; n° 667, a° 449.

[2] De Rossi, *Inscriptiones christianæ*, t. I, a° 371, 383, 396, 452 et 471.

[3] *Onomasticon*.

[4] Bolland., 27 janv., t. II, p. 770.

212

Hirschfeld, *Corpus inscriptionum latinarum*, t. XII, n° 479.

Hic requircit Cypriana in pace qui vixit plus minus annos XXXIII.

Cette inscription provient, comme plusieurs autres, des fouilles du bassin du Carénage.

Elle appartient au musée de Marseille.

213

Penon, *Congrès archéologiques de la Frace*, t. XLIII, p. 532; Hirschfeld, *Corpus inscriptionum latinarum*, t. XII, n° 485.

Au musée. Fragment de colonnette en marbre gris trouvé près de Saint-Victor dans des décombres provenant des fouilles du bassin du Carénage. La colonnette marquait sans doute l'emplacement d'une triple sépulture.

Une inscription des catacombes romaines mentionnée autrefois par Fabretti et dont M. de Rossi a publié le dessin donne, avec le nom de la chrétienne *Rufina*, un arbre entre l'A et l'W [1]. C'est le monogramme du Seigneur qui, sur un nombre infini de monuments, est accosté ainsi de ces deux caractères. En donnant à l'arbre la place qu'occupe ordinairement ce groupe le graveur a eu sans doute à la pensée le mot si souvent répété chez les fidèles « Christus est arbor vitæ » [2]. Qu'il ait voulu représenter un olivier sur l'épitaphe de *Rufina*, c'est chose possible ; mais nous le voyons mieux sur la colonnette de Marseille où cet arbre est reconnaissable à ses fruits nettement indiqués. La visée allégorique s'y montre de la façon la plus claire, car l'olivier n'y fait qu'un avec le *signum Christi* qui en forme le sommet. Il y a là comme une traduction figurée d'un mot de ce vers où saint Damase, énumérant la longue série de noms symboliques que la piété des fidèles donnait au Christ, dit qu'il est à la fois le pasteur, la brebis, la vigne et l'olivier :

Vinea, pastor, ovis, pax, radix, vitis, oliva [3].

[1] Fabretti, *Inscriptiones*, p. 580; De Rossi, *Roma sotteranea*, t. II, p. 323.

[2] Origen., *In. Epist. ad Rom.*, lib. V, § 9 : « Christus ergo Dei virtus et Dei sapientia, ipse est arbor vitæ cui complantari debemus; et novo quodam atque amabili Dei dono, mors illius nobis arbor vitæ efficitur. » S. August., *Civ. Dei*, lib. XIII, c. 21 : « Lignum vitæ sanctum sanctorum utique Christus. » Methodius, *Convivium decem virginum*, IX, 3 : Ὁ μὴ πιστεύσας Χριστῷ μηδὲ τὴν ἀρχὴν εἶναι καὶ τὸ ξύλον τῆς ζωῆς ᾐσθημένος..... S. Justin., *Dial. cum Tryphone judæo*, c. LXXXVI : Σύμβολον εἶχε τοῦ ξύλου τῆς ζωῆς.

[3] *Carmen VI*, v. 5.

214

Hirschfeld, *Corpus inscriptionum latinarum*, t. XIV, n° 492.

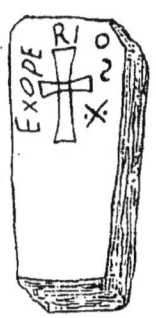

Même musée. L'inscription d'*Exuperius* a été trouvée, en 1865, dans le cimetière du Lazaret. Elle se lit sur un cippe de pierre calcaire haut de 25 centimètres. C'est là une très rare exception, la généralité des épitaphes chrétiennes étant gravées sur des plaques.

215

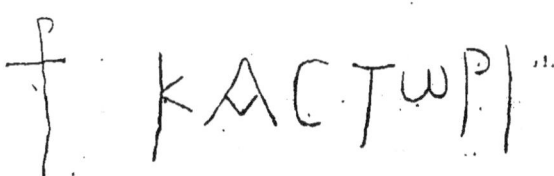

Une fouille opérée, en 1865, dans l'îlot 18 de la rue Impériale, a mis au jour un cimetière antique contenant un grand nombre de corps abrités par deux rangs de tuiles à rebords debout, arc-boutées les unes contre les autres et formant une toiture dont des *imbrices* couvraient l'arête. Deux autres tuiles fermaient la double extrémité de ces sortes de tombes. Là se voyaient aussi quelques sarcophages de pierre dont l'un, conservé au musée, porte, gravés en grands traits sur sa face antérieure, le monogramme du Christ et, en lettres grecques, le nom du défunt, *Castorius*. Plusieurs squelettes ont été retrouvés au milieu de ces sépulcres. On y a relevé également le corps d'un enfant déposé dans le vide de deux amphores brisées par le milieu et placées bout à bout.

216

L'un des manuscrits laissés par Peiresc nous donne, avec l'indication *ad Sc̄i Victoris Massiliens.* l'épitaphe suivante, aujourd'hui disparue, et que je ne vois répéter nulle part ailleurs [1].

```
        HIC IACET BO
        NE M̄M̄ P̄P̄ LA
        ZAR QVE VIXIT
        IN TIMORE D̄I
        P.M̄.AN LXX ET
        REQVIEVIT IN
        PACE P.I [2] . . . . . S
           . . . . . CV . . . . .
```

Peiresc joint cette note à sa copie :

« Tabula marmorea in Ecclesia subterranea Sc̄i Victoris, in sacello in quo Sancti Andreæ crux asservatur, in ipso muro cui dicta crux innixa est. »

En marge du texte est écrit :

« LARARIAM [PP LAZAR] Præpositam vel Priorissam legere mallet D. Polycarpus de la Rivière. »

Bien que la permutation de l'E et de l'I soit chose des plus fréquentes, je ne me souviens pas d'avoir trouvé sur les marbres, où le contraire se montre souvent, QVE remplaçant le QVI masculin. Il faudrait donc lire ici *Lazara* et non *Lazarus* dans LAZAR, forme d'abré-

---

[1] Bibl. nat., fonds latin, n° 8958, f° 302. — [2] *Pridie kalendas?*

viation qui est exceptionnelle. Si, comme l'a pensé, le fameux Dom Polycarpe de la Rivière, les sigles P̄P̄ de la seconde ligne veulent dire *Præposita*, je m'étonne de voir ce titre précéder le nom propre.

Hic jacet, qui est une formule ancienne, se rencontre rarement avec l'épithète *bonae memoriae*; je n'en ai relevé que deux exemples[1], tandis que sur des centaines d'inscriptions, ces derniers mots sont joints au début *Hic requiescit*.

On possède à Lyon une épitaphe datée de l'an 573 et portant, comme celle-ci, la formule VIXIT IN TIMORE DEI[2].

Le nom de *Lazara*, s'il a été gravé sur notre marbre, doit être noté. Ainsi que je l'ai expliqué ailleurs, au contraire de ce qui se faisait au pays d'Orient, on donnait rarement aux chrétiens de nos contrées d'Europe des vocables d'origine hébraïque[3].

L'inscription de Marseille, dont je douterais, si elle n'avait, comme il le semble, été vue par Peiresc, me paraît appartenir à la fin du ve siècle ou aux premières années du vie.

217

Hirschfeld, *Corpus inscriptionum latinarum*, t. XII, n° 493 A.

---

[1] Gori, *Inscript. in Etrur. extantes*, t. III, p. 332; *Inscriptions chrétiennes de la Gaule*, n° 598. J'écarte naturellement de la liste des épitaphes débutant par les mots HIC IACET BONAE MEMORIAE la nombreuse série d'inscriptions fausses publiées par Bonfant dans son livre intitulé : *Triumpho de los Santos del Reyno de Cardeña*.

[2] *Inscriptions chrétiennes de la Gaule*, n° 25.

[3] *Ibid.*, nos 66 et 621. Le nom de Lazarus était porté au début du ve siècle par un évêque contre lequel écrivit le pape Zosime (*Epist. II de causa Cœlestii*).

218

Jullian, *Bulletin épigraphique*, t. V, p. 260;
Hirschfeld, *Corpus inscriptionum latinarum*, t. XII, n° 5770.

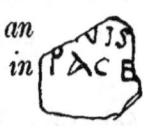

219

Hirschfeld, *Ibid.*, n° 493, B.

Trois fragments conservés au musée de Marseille. Le deuxième est sorti des fouilles de l'ancien cimetière du Lazaret. La provenance des autres est inconnue. Les colombes figurées sur le dernier portent une guirlande. A la droite sont gravés deux objets que je ne puis reconnaître. Je remarque un signe presque semblable en tête de cette inscription votive découverte, en 1876, par M. Costa dans le cimetière punique de Constantine :

OPCAE
YXHN

PREMIÈRE AQUITAINE.

220
BOURGES.

Boyer, *Revue archéologique*, novembre 1865, p. 394; — Caumont, *Bulletin monumental*, 1869, p. 682; — Bühot de Kersers, *Épigraphie romaine dans le département du Cher*, p. 164.

† *Hic requiescit Badardus.*

Comme les deux suivantes, cette épitaphe a été découverte à Bourges, dans le cimetière de l'antique prieuré de Saint-Martin-de-Brives. Là se sont trouvés aussi des stèles à inscriptions et autres débris païens que MM. Buhot de Kersers et Boyer ont publiés. On pense que ces restes ont pu être apportés par les chrétiens et employés à la construction de leurs sépultures. Les constatations nécessaires pour établir ce point n'ont, par malheur, pu être faites au moment des fouilles.

Si peu nette que soit l'inscription qui m'occupe et dont M. Buhot de Kersers a bien voulu m'adresser un estampage, je crois pouvoir y lire le nom de *Badardus*, analogue à celui de *Badarad*, fort répandu aux temps du moyen âge [1].

Le savant antiquaire note que la croix gravée en tête de l'inscription est presque effacée, « comme si elle eût été longtemps piétinée. Cette stèle, ajoute-t-il, avait-elle donc été disposée horizontalement comme un couvercle de tombe? » Nous ne savons rien, je le répète, de la place qu'occupait originairement la pierre; mais le fait signalé par M. de Kersers rend sa supposition probable. Que la croix ait été usée par les pieds des passants, ou qu'on l'ait effacée à dessein, cette particularité rappelle en effet un trait de l'histoire des premiers siècles. « Un jour, raconte Paul Diacre, Tibère Constantin parcourant son palais, vit dans le pavé une dalle de marbre sur laquelle la croix était gravée. « Eh quoi, dit-il, ce signe sacré dont nous marquons nos fronts et « nos poitrines, voilà que nous le foulons aux pieds! » Sur l'heure, il fit enlever la dalle [2]. » Dès longtemps ses prédécesseurs s'étaient émus, comme lui, d'une telle profanation. En 427, une loi avait défendu de figurer la croix sur le sol, sur les marbres que l'on y encastrait; elle avait prescrit de faire disparaître ceux qui s'y pouvaient trouver, et une lourde amende punissait toute désobéissance à cet ordre [3]. Une inscription datée de l'an 589 nous reporte au temps où il était rigoureusement observé : c'est une épitaphe romaine placée autrefois sans doute dans le pavé, car les croix qu'on y avait inscrites ont été enlevées avec le ciseau [4].

---

[1] Förstmann, *Altdeutsches Namenbuch*, t. I, p. 199.

[2] Paul. Diacon., *De gestis Langobardorum*, III, 12. Gr. Turon., *Hist. Fr.*, V, 20.

[3] *Cod. Justin.*, lib. I, tit. 8; Cf. *Concil. in Trullo*, c. LXXIII.

[4] De Rossi, *Inscript. christianæ*, t. I, p. 516.

221

Boyer, *Revue archéologique*, novembre 1865, p. 395; — Caumont, *Bulletin monumental*, 1869, p. 682; — Buhot de Kersers, *Épigraphie romaine dans le département du Cher*, p. 163.

Stèle de pierre.

222

Boyer, *Ibid.*, p. 395; — Buhot de Kersers, *Ibid.*, p. 165.

Le D en forme de delta et les lettres B, E, R, dont la haste dépasse les membres transversaux, ne permettent pas de faire remonter cette inscription plus haut que le vɪᵉ ou le vɪɪᵉ siècle[1].

Avec les trois épitaphes que je viens de transcrire on a trouvé des armes et une fibule du type mérovingien. Là s'est également rencontré un sarcophage d'une époque postérieure qui avait contenu les

---

[1] *Inscriptions chrétiennes de la Gaule*, préface, p. xxɪv.

restes d'un prêtre[1]. A la tête de cette tombe est sculpté un aigle qui semble être un symbole de la résurrection attendue. Nous avons déjà rencontré ce signe sur deux autres sépultures chrétiennes[2].

En terminant sa notice sur les fouilles du cimetière de Saint-Martin-de-Brives, M. Boyer exprime le désir de les voir pousser plus loin. « Il s'en faut, dit-il; que tout le terrain ait été entièrement exploré. » Sans parler de l'intérêt qu'offriraient les découvertes nouvelles, il importerait en effet de savoir si les pierres païennes ont été apportées en ce lieu et utilisées par les chrétiens, ou si ces derniers se sont fait ensevelir dans une nécropole des gentils.

222 A

BRIVES.

Des Méloizes, *Mémoires de la Société des Antiquaires du Centre*, 1888-1889, p. 165.

Pierre longue de 2m,20c exhumée à Brives, arrondissement d'Issoudun, dans les fondations d'un mur circulaire où M. des Méloizes reconnaît le reste de l'abside d'une église. A l'intérieur de cette enceinte étaient trois sarcophages sur lesquels reposait en travers la dalle qui porte notre inscription; elle avait autrefois recouvert une tombe et été placée au niveau du pavé, comme le montre l'usure de ses caractères à demi effacés par les pieds des passants.

En tête est gravée une rosace dans laquelle se détachait probablement le monogramme du Christ.

L'épitaphe, de formule banale, appartient au vi[e] siècle; elle est intéressante par le titre d'*archipresbyter* que porte le défunt. C'est la première fois que nous trouvons l'indication de cette fonction sur un monument épigraphique de notre pays. Plusieurs archiprêtres sont mentionnés par Grégoire de Tours. L'un d'eux, appelé Mundericus, fut

---

[1] *Mémoires de la Société des Antiquaires du Centre*, t. III, 1869, p. v, vi; Buhot de Kersers, *op. cit.*, p. 171. — [2] *Les sarcophages chrétiens de la Gaule*, p. 86.

désigné pour suppléer Tetricus, évêque de Langres, atteint d'une grave maladie. L'histoire en nomme d'autres dans les bourg d'Arthona, de Becciacum et de Néris[1].

In hoc tomolo requiiscit bone memoriæ Baudulfus arcepresbyter. Obiit XIII kalendas decembres.

Je n'ai encore relevé le titre *d'archipresbyter* que dans deux inscriptions, dont l'une est datée de l'an 619[2].

[1] *Hist. Franc.*, l. V, c. 5; *Gloria martyrum*, c. 5; *Gloria confessorum*, c. 5; *Vitæ patrum*, IX, 3.

[2] Mommsen, *Inscript. regni Neap. latinæ*, n° 2070; Perret, *Catacombes*, t. V, pl. LXXIII, 11.

L'abréviation arcep͞rb̄ montre une fois de plus qu'au vɪᵉ siècle le *c* suivi de l'*e* ou de l'*i* avait encore le son dur.

223
CLION.

Épitaphe gravée autour du monogramme ✻ inscrit dans un cercle. J'en dois un estampage à M. Daiguson, correspondant de la Société des Antiquaires de France, et à M. l'abbé Blanchet, curé de Buzançais, qui a bien voulu m'adresser, au sujet de cette pièce, une lettre intéressante. La pierre a été trouvée en 1880 à Clion, département de l'Indre, dans les fouilles faites pour la construction d'un nouveau presbytère.

Une note de mon savant confrère, M. Longnon, nous apprend que cette localité est l'ancien *Claudiomagus*, sur la position duquel on ne s'était pas accordé⁽¹⁾. Ce bourg est nommé dans le deuxième *Dialogue* de Sulpice Sévère comme l'un de ceux où passa saint Martin. Là se trouvaient un grand nombre de religieuses. Après le départ du saint qui y avait demeuré une nuit, les pieuses filles se précipitèrent dans la sacristie, couvrant de baisers ardents, suivant la coutume antique (*adlambentes*) les lieux où le grand apôtre s'était assis ou arrêté, se par-

---

⁽¹⁾ *Bulletin de la Société des Antiquaires de France*, 1879, p. 182. Cf. Tillemont, *Mémoires pour servir à l'histoire ecclésiastique*, t. X, p. 332; Dom Gervaise, *Vie de saint Martin*, p. 152; Quicherat, *De la formation française des anciens noms de lieu*, p. 50.

tageant la paille de son humble couche. Un possédé au cou duquel l'une d'elle suspendit un brin de cette relique, fut délivré de l'esprit malin [1].

L'épitaphe d'*Allovera* me paraît postérieure d'un siècle à la mort de saint Martin.

224
MOLLES.
Bulletin de la Société d'émulation de l'Allier, t. XVI, p. 385.

```
IN HOCTVMVIC
REQVIESCETINPACAE
BONAEMEMORIA
EMARIAPORTAN
SANNVSSEPTEETM
ENSISQVINQVE
NOTAVIDIExsuikl
FEBRARIAS
```

In hoc tumolo requiescet in pacae bonae memoriae Maria portans annus septe et mensis quinque. Notavi die xviiii kalendas febrarias.

Épitaphe découverte dans un cimetière antique sur le plateau de la Couronne, commune de Molles, près de Cusset (Allier). Un grand nombre de cercueils de grès, étroits par le pied, sont sortis de la même fouille. Nous avons déjà rencontré dans ce recueil et nous retrouverons plus loin les mots *portavit annos* pour *vixit annos*[2]. Une inscription de Lyon, une autre découverte à Saint-Jean-de-Bournay offrent, comme celle-ci, l'expression assez rare *notavi die*.....[3]. C'est, comme je l'ai dit, le fait de l'introduction dans la rédaction des épitaphes d'une formule familière à la diplomatique[4].

[1] *Dialog.*, II, c. ix; Fortunat, *Vita S. Martini*, lib. III, v. 269 et suiv.

[2] N°° 66 et 226.

[3] *Inscr. chrét. de la Gaule*, n°° 36 et 461; Cf. Hübner, *Inscr. Hispan. christ.*, n° 244 : DOMINICVS NOTAVIT.

[4] Cf. Baluze, *Capitul.*, t. II, p. 587 à 590. *Nova collectio formularum* : « Notavi diem dominicum, diem illum. » Pithæus, *Codex Canonum Ecclesiæ romanæ*, p. 435, 436 : *Formulæ antiquæ alsaticæ* : « Notavi supradictos dies, Notavi dies suprascriptos. »

J'ai à peine besoin de faire remarquer la suppression si ordinaire de l'M final que nous voyons ici dans le mot *septe*, l'emploi de l'*episemon bau* qui représente, comme on sait, le chiffre VI[1], et l'orthographe IN PACAE qui témoigne de la prononciation dure du C.

La formule initiale de l'inscription de *Maria* nous reporte à la fin du VIe siècle, si ce n'est au VII[e][2].

225

CIMETIÈRE DE SAINT-VICTOR.

Mémorial de l'Allier, 3 octobre 1883.

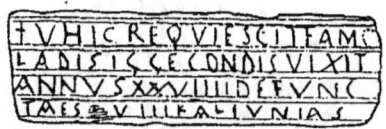

C'est auprès de Montluçon, dans un cimetière mérovingien entourant l'église de Saint-Victor, qu'a été exhumée cette épitaphe communiquée par M. Delort au Comité des travaux historiques[3]. Gravée sur une plaque de grès, elle était encastrée dans le couvercle d'un tombeau et, si j'ai bien compris la note de M. Delort, tournée vers l'intérieur, ainsi que nous l'avons vu en d'autres lieux[4]. C'est là le seul objet sauvé de tous ceux qu'a produits la fouille. De nombreux sarcophages de pierre avaient également été trouvés; mais, quand le savant professeur est venu pour les examiner, ils avaient été employés à la construction de passerelles dans des propriétés particulières. Un seul couvercle demeuré en place portait, en beaux caractères, la syllabe MOM surmontée d'un signe d'abréviation.

L'épitaphe de Sigegonde, au revers de laquelle sont gravées quelques lettres sans suite, ne présente aucune difficulté de lecture. Je ne

---

[1] *Inscr. chr. de la Gaule*, n°ˢ 34 et 407.
[2] *Bulletin archéologique du Comité*, 1883, p. 142.
[3] *Inscriptions chrétiennes de la Gaule*, préface, p. XXXI.
[4] *Ibid.*, n° 301, etc.

vois à y relever que quelques particularités orthographiques. La permutation entre C et le G dans le nom de *Sigegondis* est un fait des plus connus : nous lisons de même sur les marbres QVADRACINTA, GARTACO, CONIVCI[1]. Un trait plus curieux par sa rareté et que nous retrouverons plus loin[2], consiste dans l'addition du *v* en tête de l'adverbe *Hic*. Peut-être faut-il l'attribuer à l'accent guttural des langues germaniques et y voir une marque de l'analogie existant, dans ces idiomes, entre le son du *v* et celui de l'aspiration *h*. Elle nous est déjà attestée par le nom de *Vlodoar* dont le radical est *Hlod*[3] et par ceux de *Hwido* et de *Huitan*[4], où l'*h* est inséré avant le *v*.

L'épitaphe de Sigegonde appartient au VIe siècle.

226

VICHY.

J'ai reçu de deux de mes confrères, M. Révoil, correspondant de l'Institut, et M. Bertrand, vice-président de la Société d'émulation de l'Allier, des estampages de cette épitaphe trouvée à Vichy en 1882 et déposée à la mairie, dans la salle de la bibliothèque. Les lettres en sont très effacées, l'inscription ayant été, ou posée tout d'abord à terre, ou employée plus tard dans un dallage.

Le prince nommé sur notre marbre ne peut être que Thierry Ier; sa dix-neuvième année de règne correspond à l'an 530. Les premières lettres de la sixième ligne sont d'une lecture difficile, et j'hésiterais à les interpréter si l'étude des inscriptions ne nous apprenait que les formules tendent à se reproduire dans les mêmes contrées. J'en ai consigné ailleurs des preuves nombreuses[5]. Si effacés que soient les

---

[1] Reinesius, XX, 44; Gori, *Inscript. Etrur.*, t. III, p. 332, etc.

[2] Ci-après, n° 230.

[3] Pardessus, *Diplomata*, t. II, p. 251.

[4] Pertz, *Monumenta Germaniæ*, t. VIII, p. 24; *Codex Laureshamensis*, t. II, p 213.

[5] *Inscriptions chrétiennes de la Gaule*, n° 467.

caractères dont je parle, j'incline donc à y reconnaître la trace du mot *portare* (*portat* ou plutôt *portavit*), comme dans l'épitaphe de Molles donnée plus haut et où nous lisons PORTANS ANNVS SEPTE.

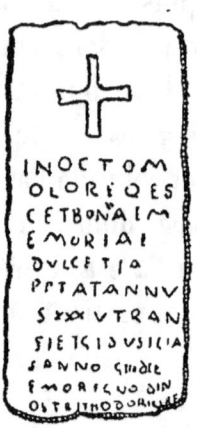

In oc tomolo reqescet bonae memoriae Dulcetia pptat annus xxxv; transiet vii idus jlias anno viiii decemo regno domini nostri Thodorici regis.

Nous rencontrons souvent ailleurs des nombres exprimés comme ici par moitié en toutes lettres et pour le reste en chiffres [1].

Le D oncial se montre, dès l'année 301, dans l'édit de Dioclétien [2]. Il n'apparaît que plus tard sur nos monuments épigraphiques : à Bordeaux, au vi[e] ou au viie siècle [3]; à Vienne en 567 [4]. En Espagne, de même qu'à Narbonne [5], sur les marbres mêmes où cette lettre garde sa forme ordinaire, elle devient onciale dans les parties où elle est employée comme chiffre.

---

[1] Bosio, *Roma sotterranea*, p. 506 : XX ET VNV ; XX ET SEX ; Gazzera, *Iscrizioni cristiane del Piemonte*, p. 88 : VIGINTI ET III ; Hubner, *Inscr. Hisp. christ.*, n° 11 : L ET VNO ; *Inscriptions chrét. de la Gaule*, t. I, p. 292 : CCC DECEM ET OCTO ; t. II, p. 150 : XX ET III ; p. 342 : NONO X.

[2] Mommsen, *Das Edict Diocletians*, p. 46.
[3] *Inscriptions chrétiennes de la Gaule*, planches, n° 490.
[4] *Ibid.*, planches, n° 323.
[5] *Ibid.*, planches, n° 502 ; Em. Hubner, *Inscript. Hispaniae christianae*, n°s 12, 33, 35, 44, 60, 65, 86, 99, 115, 155, 158.

227
VICHY.

Avenir de Vichy, 14 mars 1880; — *Bulletin de la Société des Antiquaires de France*, 1880, p. 145; — *Bulletin de la Société d'émulation du département de l'Allier*, t. XVI, p. 188 et 385.

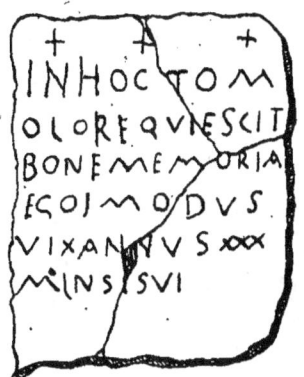

Cette épitaphe a été trouvée à Vichy, au lieu dit les Capucins, en opérant le nivellement de l'ancien cimetière. J'en dois des estampages à MM. Bertrand et Révoil. De la même fouille est sortie une borne milliaire portant les noms des deux Philippes et que les chrétiens avaient évidée, comme nous le voyons souvent pour d'autres pierres antiques, afin d'en faire un cercueil [1].

228
LE PUY-DE-GAUDY.

De Cessac, *Bulletin de la Société des Antiquaires de France*, 1874, p. 115, 116; — *L'oppidum du Puy-de-Gaudy*, p. 23 (*extrait de la XLII° session des Congrès scientifiques de France*); — Thuot, *Revue des Sociétés savantes des départements*, 1875, p. 133.

Le lieu où a été trouvée cette inscription dépend de la commune de Sainte-Feyre, près de Guéret, département de la Creuse. C'est un

---

[1] Siauve, *Antiquités du Poitou*, p. 23, 71, 80, 98; Mandet, *L'ancien Velay*, p. 116; Léon Renier, *Itinéraires romains de la Gaule*, p. 59; *Inscript. chrét. de la Gaule*, t. I, p. 29.

cimetière antique attenant à une chapelle et demeuré ouvert depuis les temps mérovingiens jusqu'au xiv° siècle. Plusieurs cercueils de granit y ont été découverts. Entre deux de ces tombes, écrit M. de Cessac, était « une dalle gravée légèrement bombée, creusée en gouttière en dessous et taillée d'une façon un peu négligée. Elle mesure 1ᵐ,30 de longueur sur 0ᵐ28 de largeur près de la tête, 0ᵐ,24 aux pieds et environ 0ᵐ,12 d'épaisseur. Ces faibles dimensions semblent indiquer qu'elle ne recouvrit pas une auge de pierre, mais que, suivant un usage pratiqué à cette époque, le mort qu'elle protégea avait été déposé sans cercueil entre les deux tombes placées près d'elle. »

Je n'ai pas vu cette inscription et je n'en ai pas d'estampages. Trois copies en ont été données qui offrent une variante notable. Après les lettres FIL, celle de M. de Cessac porte un S; celle de M. Thuot, que je reproduis, la trace d'un caractère qui peut avoir été un Є de forme lunaire. On a successivement proposé de lire : *Dodolenus filius patri posuit*, et ce qui serait bien moins admissible : *Dodolenus filius Petri. pax ossibus (tuis)*. Si la transcription de M. Thuot est exacte et si, dans la partie très ruinée qui suit le groupe FIL, on retrouve la trace d'un Є, on pourrait voir ici les mots *Dodolenus fil. Eppo*, en se rappelant les souscriptions qui terminent plusieurs actes antiques : *Anastasius v c fil. qd Leo, Theofanius v h filius qd Theodosio, Vitalis v c filius Calionoro, Adelberto v c filius qnd Samso, Deusdedit v c filius Felix Venetico* [1]. Cela dit sous toutes réserves, la pierre du Puy-de-Gaudy n'ayant point passé sous mes yeux, j'ajouterai que le nom d'*Eppo* se rencontre dans les textes anciens, ainsi que celui de *Dodolenus* que l'on avait proposé de lire *Bobolenus* [2].

C'est toujours pour moi, et cette observation s'étendra à l'épitaphe

---

[1] Marini, *I papiri diplomatici*, p. 155, 171, 192, 194.

[2] Förstemann, *Altdeutsches Namenbuch*, t. I, p. 340 et 358.

qui va suivre, c'est toujours pour moi, dis-je, un très vif embarras que de me trouver en face de ces sortes d'inscriptions à grosses lettres, brutalement gravées, dont j'ai rencontré le type dans la seconde Aquitaine, à Sivaux, à Neuvicq[1]. J'hésite, en les donnant dans ce recueil ouvert seulement aux monuments des sept premiers siècles. Sont-elles mérovingiennes? N'appartiennent-elles pas plutôt à l'époque suivante? Rien ne le montre avec certitude et il nous faudra attendre que quelque découverte nouvelle, quelque épitaphe portant une date vienne éclairer ce point obscur.

A côté de la pierre de *Dodolenus* s'en est trouvée une autre grossièrement marquée d'une croix pattée à branches égales. Toutes deux ont été portées au musée de Guéret.

229

Revue des Sociétés savantes, 5ᵉ série, t. VI, p. 315 et 533;
De Cessac, *L'Oppidum du Puy-de-Gaudy*, p. 24.

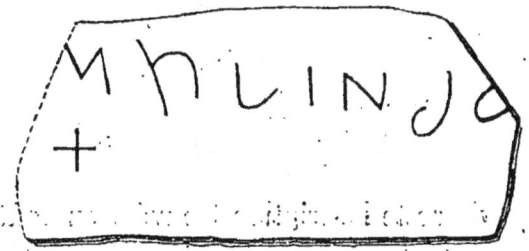

Inscription communiquée par M. Thuot au Comité des travaux historiques. Elle est encastrée aujourd'hui dans le mur d'une maison du village de Bains, au Puy-de-Gaudy. M. de Cessac estime qu'elle doit provenir de cette dernière localité. De cette épitaphe qui portait un nom de forme germanique, trois copies existent; la première donnée par M. Thuot, la seconde par M. de Cessac. J'ai suivi la troisième que mon savant confrère, M. de Laurières, a bien voulu relever pour moi.

---

[1] *Inscriptions chrétiennes de la Gaule*, t. II, 357, 366.

230
VOLVIC.

J'ai copié à Volvic cette inscription trouvée, en août 1871, dans le sol de l'église. Je ne tenterai pas de restituer un texte si mutilé; qu'il me suffise d'y relever une interpellation au lecteur : QVI LEGIS; la mention des péchés ou du pécheur : PECCA....; puis deux mots relatifs à l'admission du mort dans le séjour des bienheureux : REQVIEM IN SEDE....., formule que permettent de compléter plusieurs textes antiques : SANCTORVM SEDE POTITVS [1], SEDE BEATORVM RECIPIT TE LACTEVS ORBIS [2]. Tu imaginem tuam cum sanctis et electis tuis

---

[1] Bosio, *Roma sotterranea*, p. 47. — [2] *Archæologisch Epigraphische Mittheilung aus OEsterreich-Ungarn*, 1884, p. 136.

aeternis sedibus praecipias sociari [1] ». « Qui cupit aeterna sociari in sede beatis [2] ».

La fin se lit facilement : *obiet sub die VIII kalendas madias anno XV regno domini Dagoberti regis*. Cette indication nous reporte au 24 avril de l'année 636.

A la cinquième ligne, je ne m'explique pas comment pouvaient se diviser les mots auxquels appartenaient les lettres IVITAVHIC. Nous venons de voir dans la même région, au cimetière de Saint-Victor, une épitaphe où le mot *hic* est orthographié VHIC [3]; en serait-il ici de même ?

Une inscription de Clermont porte les mots NATVRE QVIDEM COmP...VE... [4]. Ces mêmes paroles semblent avoir été gravées au début de ce qui nous reste de l'épitaphe de Volvic : NATVRE QVI... MPLEVE... Le même marbre et deux autres que l'on verra plus loin donnent comme celui-ci la formule QVI LEGIS [5].

L'abréviation D̄MI au lieu de D̄NI (*Domini*) est insolite.

On remarquera ici l'emploi simultané de l'E carré et de l'Є lunaire.

Trois lettres provenant peut-être d'une inscription antérieure, incomplètement effacée, se voient à la droite de notre légende.

231

LEZOUX.

Quicherat, *Bulletin de la Société des Antiquaires de France*, 1872, p. 73.

Lezoux, chef-lieu de canton du Puy-de-Dôme, est, depuis longtemps connu pour les objets antiques sortis de son sol. On y trouve particulièrement des vases de terre rouge, blanche ou noire qui se fabriquaient en ce lieu et dont les débris portent les marques de diverses

---

[1] *Sacramentarium Gelasianum* (Muratori, *Liturgia romana*, t. I, p. 751).
[2] Fortunat, *Miscell.*, I, 6 : « De Basilica S. Martini ».
[3] N° 225.
[4] *Inscr. chrét. de la Gaule*, n° 564 ; cf. ci-après n° 233.
[5] Ci-après n°ˢ 232, 233 et 317.

officines, celles de *Primus, Plautinus, Libertus, Borillus, Asiaticus*. Poursuivies par M. le docteur Plicque, les fouilles ont mis au jour de nombreux produits de l'espèce, des bronzes remarquables, et de plus un groupe de quinze sépultures à incinération où se trouvait une médaille de Vespasien [1].

Dans la même localité on a trouvé, en 1862, en travaillant aux fondations d'une mairie, une petite épitaphe portant ces mots :

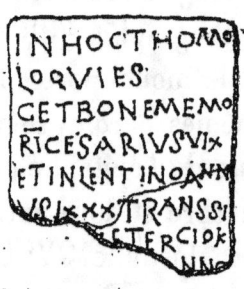

Je tiens de mon savant confrère, M. Chassaing, un estampage de cette inscription dont la partie inférieure a malheureusement disparu. Comme d'autres légendes de la même contrée, celle-ci se terminait évidemment par une mention chronologique semblable à celle du marbre dont je viens de parler TRANS*Slit di*E TERTIO *k*alendas . . . . . aNNO . . . . . N . . . . . *domini nostri regis.*

Tel qu'il nous est parvenu, ce petit texte est intéressant par l'indication, assez rare sur une inscription chrétienne, d'un nom de lieu : *Lentinum.* MM. Chassaing et Quicherat pensent qu'il s'agit ici de Lempsi, village voisin de Lezoux.

La tombe de Césaire « de bonne mémoire », *bone memoriae*, ou *bone memorius*, comme on le lit si souvent sur les marbres funéraires de la Gaule [2], n'était pas isolée; là devait être un cimetière mérovingien, car M. Chassaing a su qu'une épitaphe, portant également une date royale,

---

[1] Le docteur Plicque, *Gazette archéologique*, 1881, p. 17; Héron de Villefosse, *Bulletin de la Société des Antiquaires de France*, 1883, p. 89 et 105; *Revue archéologique*, numéro de décembre 1890, p. 297, etc.

[2] *Inscriptions chrétiennes de la Gaule*, n° 14, 59, 70, 376, etc.

avait été rencontrée au même lieu. On y lisait le nom de *Taurillo*. Il advint qu'au moment de la découverte passa un homme appelé Thorillon. Frappé de ce nom semblable au sien, il emporta la pierre que l'on n'a pu encore retrouver. C'est donc, jusqu'à cette heure, un monument de plus à compter parmi ceux que nous avons perdus.

A l'époque mérovingienne, Lezoux possédait un atelier monétaire; on lit sur ses pièces LEDOSO VICO et LEDOSVM VICO [1].

232

CLERMONT.

Dom Estiennot, *Fragmenta historiae Aquitanicae*, t. III.
(Bibl. nat., ms. lat. n° 12765, p. 123, 124.)

In cimiterio Ecclæ S^{ti} Laurentii Claromont. reperta fuit marmorea tabula anno MDCLXV. *In qua hæc scribuntur :*

> hoc tegetur tomolo qui
> Legis intellege jacentem
> Diacon Emellio nomine
> ipse ter denus et lustra sic
> gesserat annus set mors
> inveda abstolit jovenim
> Vitam obiet sub die v kalend
> Augustas anno XXXVII rigni
> domi Chlotharii regis

Telle est la note relevée par M. Chassaing dans un manuscrit de la Bibliothèque nationale. Elle reproduit un monument dont je n'ai

---

[1] A. de Barthélemy, *Liste des noms de lieux inscrits sur les monnaies mérovingiennes*, p. 17.

retrouvé aucune autre trace. L'épitaphe est, comme tant d'autres, faite de lambeaux métriques maladroitement assemblés. Nous avons déjà rencontré l'expression *gerere lustra* [1].

La mention finale *vitam obiit sub die v kalend. augustas, anno xxxvii regni domini Chlotarii regis* correspond au 28 juillet de l'année 548, s'il s'agit de Clotaire Ier, de 621 s'il s'agit de Clotaire II.

233

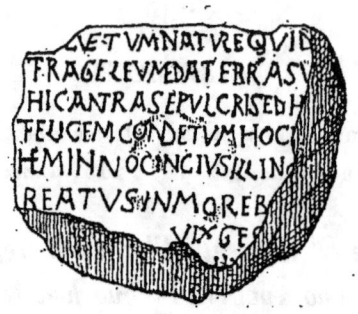

J'ai, sous le numéro 564 des *Inscriptions chrétiennes de la Gaule*, noté comme disparu un marbre que je n'avais pas trouvé au musée de Clermont et que ne mentionne pas d'ailleurs le catalogue de 1867. C'est un débris d'épitaphe dont la transcription existe dans une lettre adressée par Philippe Raffier à Ruinart. Je l'ai, dans un dernier voyage, rencontré au musée parmi quelques fragments, brisé par la moitié et ayant perdu le côté droit. Ce qui en reste permet de constater l'exactitude de la copie envoyée à Ruinart. Je n'ai rien à ajouter à ce que j'en avais dit, si ce n'est que quelques mots de la première ligne paraissent avoir été également gravés sur une épitaphe de Volvic [2]. J'ai signalé ailleurs l'existence de certains formulaires épigraphiques dont l'emploi peut expliquer ces sortes de rencontres [3].

---

[1] *Inscriptions chrétiennes de la Gaule*, n° 633.

[2] Ci-dessus, n° 230.

[3] *Inscr. chrét. de la Gaule*, n° 476.

234

Inscription donnée au musée de Clermont par M. Le Dru, architecte, et dont la provenance m'est inconnue. Les ornements qui la décorent, comme plusieurs marbres de la région, permettent de croire qu'elle y a été trouvée [1]. En tête, sous une double arcade, est gravée la colombe buvant dans un vase. C'est la première fois que je rencontre sur une épitaphe chrétienne ce sujet appartenant à l'art païen et sans doute ici purement ornemental.

Théobalde, dont le nom figurait sur notre marbre, a régné de 548 à 555. Dans cette série d'années, la quatrième indiction ne s'est présentée qu'à la dernière, après le 1ᵉʳ septembre. Si donc le chiffre des calendes est complet, la chrétienne est morte le 24 novembre 555.

[1] *Inscriptions chrétiennes de la Gaule*, nᵒˢ 447, 451 et 462 des planches.

235

Au musée de Clermont. Fragment qui, d'après la forme des lettres, appartient à l'époque chrétienne.

236

Matthieu, *Annales scientifiques et littéraires de l'Auvergne*, t. XXX, p. 176.

Marbre découvert en 1840 au faubourg de Saint-Alyre. On y reconnaît les restes du mot *an*NOS indiquant l'âge du défunt, puis la mention du jour de sa mort et celle de l'année du règne d'un prince dont le nom manque : anno ..... DOMini Nostri ..... REGIs. Par sa formule comme par ses caractères, cette épitaphe est exactement semblable aux inscriptions mérovingiennes de la contrée; elle appartient au même temps et non, comme on l'a dit, au IXe siècle. N'ayant pu retrouver l'original, je la reproduis d'après la copie soigneusement exécutée qu'en a faite M. Matthieu. J'hésite à interpréter la troisième ligne qui semble donner le mot *Lemovicensis*.

237

Cohendy, *Mémoires de l'Académie de Clermont*, 1879, p. 650.

*tra*NSIiT IDu*S* ..... anno ..... REGNO *domini nostri* ..... *reg*ES

Fragment de marbre trouvé au même lieu; il appartient au musée de Clermont.

238

CHAMALIÈRES.

G. G. de C. F., *Simples notes à propos d'une inscription tumulaire trouvée en 1879 sur le territoire de Chamalières-lez-Clermont*, Clermont-Ferrand, 1879, in-8°; — Cohendy, *Mémoires de l'Académie de Clermont*, 1879, p. 650.

Les travaux entrepris pour ouvrir une avenue entre Clermont-Ferrand et Royat ont mis au jour, sur le lieu dit *la Chapelle de Saint-Mart*, des substructions antiques et traversé un groupe de sarcophages. Au milieu de ces coffres de pierre, étroits au pied et grossièrement taillés, on a découvert le fragment d'une épitaphe brisée par le haut et sur la gauche, dont je dois un estampage à l'obligeance de M. Versepuy, conservateur du musée de Clermont :

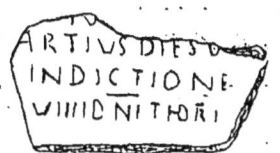

Le lieu où a été trouvé ce marbre, les lettres ...ARTIVS de la première ligne ont donné à penser que l'on avait sous les yeux le nom de saint Mart, abbé de Clermont, auquel Grégoire de Tours a consacré le chapitre XIV de ses *Vitae Patrum* et dont un écrit du X° siècle, le livre

De sanctis ecclesiis et monasteriis Claromontii mentionne la sépulture [1]. Telle est l'opinion développée dans le travail anonyme cité en tête de cette note.

Je regrette de ne pouvoir partager le sentiment de l'auteur; brisée comme elle l'est, l'inscription, intéressante peut-être lorsqu'elle était complète, ne nous offre rien que d'ordinaire et de fort courant dans la contrée : la date du jour d'un décès avec la mention mutilée d'une indiction et d'un nom de prince. De nombreux éléments de comparaison fournis par les épitaphes, par les chartes, ne sauraient permettre le doute. Mais comme la lecture proposée soulève une question intéressante pour l'hagiographie française, je me reprocherais de rejeter parmi les monuments vulgaires un débris où l'on a cru voir un nom illustre et vénéré, si je ne réunissais des textes qui me semblent mettre hors de conteste l'interprétation comportée par notre marbre.

Sous la première race de nos rois et jusqu'au commencement de la seconde, une façon particulière de dater était en faveur; pour indiquer le quantième du mois, on employait une formule dont je trouve l'un des premiers types dans ces mots qui terminent un acte de donation de Childebert : *datum quod fecit menso decembre dies sex* [2]. Les exemples de cette façon de dire, où *ubi* et *quo* remplacent parfois le mot *quod*, sont nombreux jusqu'en 812 dans les documents diplomatiques. Elle est également fréquente dans nos inscriptions chrétiennes. C'est ainsi que nous lisons à Amiens [3] :

DEFVNCTA EST V | *bi fecit* NOVEMBRIS | DIIS XV
DEFVNCTVS EST | VBI FICIT NO DI XV
DEFVNCTVS · EST | VBI · FICIT · GENA | RIVS · DIES · XV
DEFVNC | TA · EST · VBI · FICI | T · IVLIVS · DIES | XXIII

---

[1] Savaron, *Les origines de la ville de Clairmont*, p. 364.

[2] Jules Tardif, *Archives de l'Empire, monuments historiques*, p. 3, 17, 23, 24, 25, 28, 30, 31, 32, etc.; Pardessus, *Diplomata, chartæ, epistolæ, leges*, p. 80, 198 et suiv.; Du Cange, *V. Facere* et *Quod facit*.

[3] *Inscriptions chrétiennes de la Gaule*, nᵒˢ 322, 324, 325 et 325 A.

A Plait, sur les bords du Rhin.[1] :

DEPOSI | CIO EIVS QVO | FACit MENSI | SERIA D XIIII

A Mesves :

OBIEt | ..... QVOD FICit [2]

A Poitiers :

QVOD FA ..... R DI X E · III [3]

Sur une pierre trouvée dans les ruines de la vieille église de Saint-Apre, près de Périgueux :

RECESSIO BONE ME
MORIAE VIVIANI
CVM FECERIT OC
TOB DIES VII [4]

Et enfin, à Bordeaux, cette formule qui réunit les deux modes d'indication :

DIAE · VI° · IDVS AVGVSTAS · VBI · FECIT AVGVSTA | DIES SEPTE [5]

Si de ce type où le nom du mois est uniformément suivi du mot *dies* et d'un nombre, on rapproche la première ligne du fragment de Clermont : ▓▓ARTIVS DIES V... [6], on est conduit à y reconnaître l'indication d'une date marquée par les mots *ubi*, *quod* ou *quo fecit* mARTIVS DIES V..... Nous ne trouverions donc point ici, à mon avis,

---

[1] *Inscriptions chrétiennes de la Gaule*, n° 360. Je reproduis, comme je l'ai dit dans mon livre, une lecture qui n'est pas mienne et qu'il conviendrait de reviser.

[2] *Ibid.*, n° 674 A.

[3] Ci-après, n° 245.

[4] Ci-après, n° 279.

[5] *Inscriptions chrétiennes de la Gaule*, n° 586 A.

[6] La copie de M. Cohendy, qui porte ARTIVS DIESE, manque d'exactitude en cet endroit.

le nom de saint Martius, mais la simple mention d'un quantième du mois de mars.

L'auteur de la notice relative à l'inscription de Clermont estime que le chiffre VIIII se rattache au mot INDICTIONE; j'hésite à l'affirmer, car le marbre est brisé et peut-être incomplet sur la partie gauche; la portion disparue pouvait porter la mention de l'indiction, et le chiffre qui subsiste désignerait dès lors les années du règne, comme dans les textes suivants :

INDICTIONE XV ANNO XIIII REGNO DOMNI NOSTRI LEOVILDI REGIS
INDIC QVARTA ANN X REGN DO NOS TEVDERE
INDICT · IIII · ANN · V · DI · NI ATHANAGILDI REGIS [1]

Si cependant, comme nous le voyons souvent à l'époque mérovingienne, le graveur s'était servi d'une dalle non équarrie, et si nous devions dès lors tenir pour complètes les deux dernières lignes de l'inscription, rien ne s'opposerait à ce qu'on lût ici *Indictione* VIII *domini Theodoberti*[2], en prenant pour exemple une inscription de Clermont terminée par les mots :

TRANSIET FLEN | DAS SEPTEN | BRIS INDICTIO | QINTA REGIS | TEVDORICI [3]

Dans la double hypothèse dont je parle, nous nous trouvons en présence de quatre dates possibles. Rattaché à l'indiction, le chiffre VIIII nous reporte à 546 pour Théodebert Ier, à 591 pour Théodebert II. Si ce chiffre désigne au contraire une année de règne, il correspondrait, toutes réserves faites pour le jour précis de l'avènement de l'un et de l'autre de ces princes, à 543 pour le premier, à 605 pour le second.

---

[1] *Inscriptions chrétiennes de la Gaule*, n°° 611, 616 et 620.
[2] C'est par une erreur matérielle que l'auteur de la brochure établit son calcul sur le chiffre supposé d'une indiction 19, les indictions se succédant, comme on le sait, par séries de quinze.
[3] *Inscr. chrét. de la Gaule*, n° 570.

239

SAINT-CHAMANT.

Deloche, *Comptes rendus de l'Académie des inscriptions*, 1880, p. 234.

Inscription tracée à rebours sur une bague d'or trouvée à Saint-Chamant, canton d'Argentat, département de la Corrèze. Au milieu de ce bijou était encastrée une cornaline très rapidement gravée, portant l'image de la Fortune, debout, tenant de la main droite un gouvernail et de la gauche un objet défiguré par une cassure et qui peut être la corne d'abondance. De chaque côté du chaton sont soudés, selon la mode mérovingienne, des globules d'or.

Mon savant confrère, M. Deloche, auquel appartient cet anneau, pense qu'après le mot *fecit*, écrit ici FEET, on peut lire MDICMI qui serait l'abrégé de *medicamentum illud*. Il incline dès lors à voir dans la bague de Saint-Chamant un cachet de la nature de ceux dont les oculistes scellaient leurs médicaments.

J'hésite à adopter cette opinion. La lettre qui suit l'M initial semble un O plutôt qu'un D, et rien de moins certain que l'existence d'un I avant la croisette. J'aime mieux, pour ma part, renoncer à trouver l'interprétation d'un ou plusieurs mots défigurés sans doute par une main ignorante, comme le sont souvent la légende des monnaies impériales frappées en province [1].

Si singulier que le fait puisse paraître, nous savons par l'inscription d'une bague trouvée à Caranda et portant RVSTICVS FICIT que parfois les orfèvres signaient ces sortes d'ouvrages [2]. J'ajoute que sur d'autres menus bijoux, on lit une allusion à ceux qui les ont fabriqués [3]:

---

[1] Cf. Cohen, *Médailles impériales*, t. II, p. 540.

[2] Ci-dessus, n° 54.

[3] Ci-dessus, n° 51.

Abstraction faite des caractères d'interprétation fort douteuse qui terminent notre légende, je pense donc que le nom gravé avant le mot *fecit* est celui de l'orfèvre qui a fait l'anneau de Saint-Chamant, et que nous y trouvons une mention semblable aux signatures inscrites sur les monnaies de l'époque : MARETOMOS FECET, FRANCIO FICIT, EBRVLFVS FECIT.

240

LE PUY.

J'ai reçu, il y a quelques années, un estampage de ce débris avec une seule indication : « Fragment appartenant à M. de Moré, au Puy ». Plusieurs autres monuments de l'antiquité chrétienne, des inscriptions et un sarcophage des plus remarquables existent, comme on le sait, dans cette ville [1].

241

TURENNE.

Bulletin archéologique de la Société de Tarn-et-Garonne, 1872, t. II, p. 57; — Ph. Lalande, *Bulletin de la Société historique et archéologique de la Corrèze*, 1879, t. I, p. 258; — Deloche, *Revue archéologique*, juillet 1880, p. 25.

Anneau d'or trouvé dans le canton de Meyssac, près de Brive (Corrèze) et non loin du bourg de Turenne; il appartient à M. le baron Pichon, qui a bien voulu m'en donner une empreinte. Ainsi que plusieurs bagues antiques, celle-ci porte deux chatons taillés dans le

---

[1] *Inscript. chrét. de la Gaule*, nos 572, 573; *Les sarcophages chrétiens de la Gaule*, n° 91.

métal aux extrémités opposées de la circonférence. On lit sur le premier, en lettres autrefois émaillées, un nom au génitif : ALDVNI, le mot *sigillum* étant sous-entendu. Sur l'autre chaton est un monogramme

rendu différemment par le graveur de la Société de Tarn-et-Garonne et par celui de la *Revue archéologique*. Comme tant d'autres chiffres de cette espèce, il est d'une lecture incertaine.

242

SAINT-CIRQ-LA-POPIE.

Congrès archéologiques de France, session de 1865, p. 397, 398.

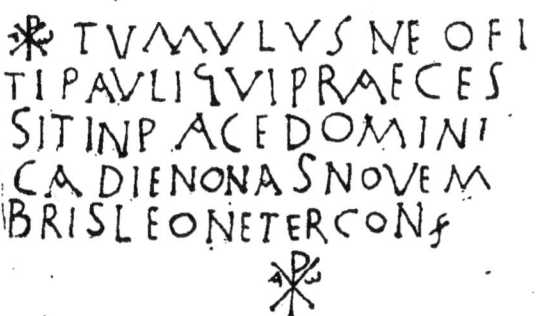

Inscription trouvée en 1858, dans un tombeau de grès, en construisant les fondations du clocher de l'église de Tour-de-Faure, commune de Saint-Cirq-la-Popie, canton de Saint-Géry, département du Lot. Je dois à l'obligeance de MM. de Laurière et de Fontenille, un estampage de cette pierre que je n'ai pas vue. C'est la première fois que je rencontre le mot TVMVLVS ainsi placé au début d'une épitaphe antique. La formule *praecessit in pace* est empruntée, comme je l'ai rappelé ailleurs, à la liturgie funéraire [1]. *In pace dominica* se retrouve sur des tombes de la même région [2]. La qualification *neophytus* permet de penser que le chrétien *Paulus* était un de ces nombreux *clinici* qui, malgré les objurgations de l'Église, attendaient l'heure dernière pour recevoir le baptême [3].

L'épitaphe de Saint-Cirq-la-Popie est datée de l'an 466, c'est-à-dire du troisième consulat de l'empereur Léon dont le nom paraît ici, comme dans une Novelle de Majorien et sur un marbre de Saint-Paul-hors-les-Murs, sans autre qualification que celle de consul [4].

La fouille qui a mis au jour notre petit monument a également donné plusieurs tombes formées de grandes tuiles à rebords.

243

CAHORS.

L'auteur anonyme qui écrivit la vie de Didier, évêque de Cahors au viie siècle, nous apprend que ce saint personnage dota son église de vases sacrés et d'objets de grand prix dont il donne la curieuse nomenclature :

« Jam vero, dit-il, in altari ecclesiæ ministeria dici non potest quantum se fuderit, quantaque fecerit, quam numerosa, quam pulchra quamque nitentia quæ hodie constare melius puto intuentium oculos judicare quam nostro sermone exponere. Quantus sit in calicibus decor, in distinctione gemmarum nec ipsos intuensium obtutus facile dijudicare reor; fulgent quidem gemmis auroque calices, prominent turres, mi-

---

[1] *Inscriptions chrétiennes de la Gaule*, t. I, p. 384; *Manuel d'épigraphie chrétienne*, p. 96; *Étude sur les sarcophages chrétiens de la ville d'Arles*, p. xxi à xxxix.

[2] *Inscr. chrét. de la Gaule*, n° 601.

[3] *Ibid.*, t. I, p. 477, 478, et mes Recherches sur la Parabole de la vigne. (*Revue archéologique*, 1865).

[4] *Novellæ Majoriani*, tit. VII (*Cod. Theod.*, éd. Ritter, Appendix, p. 156; De Rossi, *Inscriptiones christianæ urbis Romæ*, t. I, p. 457).

cant coronæ, candelabra resplendent, nitet pomorum rotunditas, fulget recentarii cælique varietas, nec desunt patenæ sacris propositionis panibus præparatæ; adsunt et statarii ceresium corporibus aptati. His omnibus Crux alma ac pretiosissima, varia simul et candida, arcubus appensa sanctisque superjecta fulgetris. Hæc sunt opera Desiderii, hæc monilia illius sponsæ, hoc studium pontificis nostri; hoc emolumentum pastoris egregii; in his sedulum studium impendit, quod dum præparavit Domino quidem honorem, sanctis autem venerationem et sibi providit mercedem perennem[1]."

Plus loin, dans l'épilogue de son écrit, l'auteur, célébrant de nouveau la munificence du saint évêque, nous apprend qu'il avait fait graver sur les vases offerts de sa main de courtes inscriptions : «In quibusdam autem versiculis sic scripsit : DESIDERII VITA CHRISTVS. In quibusdam autem sic scripsit : DESIDERII TV PIVS CHRISTE SVSCIPE MVNVS. In aliis autem ita : ACCIPE CHRISTE MVNERA DE TVIS TIBI BONIS OBLATA. In aliis quoque ita : SVSPICE SANCTE DEVS QVOD FERT DESIDERIVS MVNVS VT MAIORA FERAT VIRIBVS ADDE SVIS. In aliis : HAEC EST SAPIENTIA SAPIENTIVM PROFVNDI SENSVS. In aliis vero abbreviatum illud dictum : SAPIENS VERBIS INNOTESCIT PAVCIS[2].

C'est entre les années 629 et 652 ou 653 que saint Didier occupa le siège épiscopal de Cahors; ses inscriptions ont donc une date certaine qui en augmente le prix, car elles mettent sous nos yeux des types des légendes dédicatoires que l'on composait à cette époque.

La première rappelle le verset de l'Épître aux Philippiens : *Mihi vivere Christus est*[3] et les textes nombreux où les chrétiens proclament avec l'Apôtre que le Christ est «la vie»[4].

---

[1] *Vita S. Desiderii Caturcensis episcopi et confessoris*, c. IX. (Labbe, *Nova bibliotheca manuscriptorum librorum*, t. I, p. 705.)

[2] *Ibid.*, p. 715.

[3] I, 21.

[4] S. Iren., l. I, c. IX, § 3; S. Damas., *Carm.* VI; S. Gregor. Nyss., *Orat.* X, *Contra Eunomium*, c. 2; Phœbadius, *De Filii divinitate*, c. 6; on connaît les groupes où les mots ΦΩC ΖΩΗ sont disposés, comme il suit, en forme de croix pour réunir deux épithètes du Christ :

Φ
· Ζ Ω Η
C

(Card. Pitra, *Spicilegium Solesmense*, t. III,

244 INSCRIPTIONS CHRÉTIENNES.

Les deux légendes qui suivent : DESIDERII TV PIVS CHRISTE SVSCIPE MVNVS, ACCIPE CHRISTE MVNERA DE TVIS TIBI BONIS OBLATA reproduisent des formules liturgiques, ainsi qu'on le voit par cette oraison du vieux sacramentaire de saint Gélase : « Suscipe munera, quæsumus, Domine, quæ tibi de tua largitate deferimus. »[1] Ces inscriptions, comme la prière, procèdent des paroles prononcées par David en présentant à Dieu ses offrandes et celles des chefs d'Israël : « Cuncta quæ in cælo sunt et in terra, tua sunt... tua sunt omnia, et quæ de manu tua accepimus dedimus tibi [2]. » Aux temps antiques, au moyen âge, les chrétiens ont souvent reproduit cette pensée qui proclame le Seigneur comme le créateur, le maître, le dispensateur de tous les biens d'ici bas, le souverain auquel nos dons ne peuvent que reporter humblement le fruit de ses bienfaits. Si le prêtre Leporius, dit saint Augustin, a pu élever une basilique, c'est à l'aide des ressources que Dieu lui a fournies par les mains de ses fidèles : « Basilicam ad octo Martyres fabricavit de his quæ per vos Deus donavit [3]. » Donner au Christ, lit-on ailleurs, c'est lui rapporter son propre bien [4]. A chaque page, les recueils de l'épigraphie chrétienne enregistrent des dédicaces grecques ou latines rappelant ainsi que l'objet offert au Seigneur est l'un des présents mêmes de sa bonté. DE DONIS, EX DONIS DEI DEDIT, OFFRIT, FECIT y lisons-nous en même temps que les mots ΤΑ ϹΑ ΕΚ ΤΩΝ ϹΩΝ ΠΡΟϹΦΕΡΟΜΕΝ [5], empruntés, comme les précédents, au formulaire de la liturgie [6].

---

p. xv et 448 ; Renan, *Mission de Phénicie*, p. 216 ; *Mémoires de la Société des Antiquaires de l'Ouest*, 20° série, t. IV, p. 357).

[1] Muratori, *Liturgia romana*, t. I, p. 689.
[2] *Paralipom.*, I, v. 11, 14 et 16.
[3] *Sermo* CCCLVI, § 10.
[4] ET TRIBVIT CHRISTO QVOD FVIT ANTE SVVM (*Inscriptions chrétiennes de la Gaule*, n° 585).
[5] Mabillon, *Museum italicum*, p. 213 ; Marini dans Mai, *Scriptorum veterum nova collectio*, t. V, p. 80, n° 2 ; Fontanini, *Disco votivo*, p. 17 et suiv. La même formule, directement inspirée par le texte des Paralipomènes, se retrouve dans une antique inscription juive en langue grecque (*Corpus inscriptionum græcarum*, t. IV, n° 9894. Cf. ci-après, n° 292).
[6] Σοὶ, Κύριε ὁ Θεὸς ἡμῶν, τὰ σὰ ἐκ τῶν σῶν προσεθήκαμεν (Renaudot, *Liturg. orient.*, t. I, p. 156).

Je ne connais point de texte à rapprocher du distique :

SVSCIPE SANCTE DEVS QVOD FERT DESIDERIVS MVNVS
VT MAIORA FERAT VIRIBVS ADDE SVIS

Je n'y relèverai que deux points relatifs à la quantité du nom de *Desiderius*. En ce qui touche les deux premières syllabes, il y a faute évidente : elles sont longues et il les faudrait brèves, pour que, sous une réserve que j'indiquerai plus loin, le vers fût acceptable. Des erreurs de même nature qui se trouvent chez les poètes des bas temps, Prudence, Fortunat et d'autres encore, permettent de passer sur cette irrégularité[1]. Elle peut d'ailleurs s'expliquer d'une autre manière, si l'on veut admettre que, selon une coutume d'alors, l'évêque, se dégageant de tout souci de la quantité, s'est borné à copier un distique où se trouvait un nom satisfaisant aux lois de la métrique et qu'il a remplacé par le sien[2]. Ainsi ont fait ceux qui voulant introduire dans d'autres inscriptions ce vers de l'épitaphe composée pour sainte Paule par saint Jérôme :

HOSPITIVM PAVLAE EST CAELESTIA REGNA TENENTIS[3]

l'ont travesti des deux façons suivantes :

HOSPITIVM BEATISSIMI HONORII ABBATIS CAELESTIA REGNA TENENTIS[4]
HOSPITIVM ROMVLI LEVITAE EST CAELESTIA REGNA TENENTIS[5]

Si l'auteur de notre inscription a tenu pour brèves les deux premières syllabes de *Desiderius*, un autre point doit être relevé. Selon

---

[1] Voir Prudence, éd. d'Arevalo, p. 176 et, pour les noms grecs, *Inscr. chrét. de la Gaule*, n°ˢ 2, 242; Miller, *Manuelis Philæ carmina*, præfat. p. xv.

[2] Cf. ci-dessus, n° 130.

[3] Hieron., *Epist.* cviii, ad. Eustochium. Voir, pour ces emprunts faits à d'autres épitaphes, *Inscriptions chrétiennes de la Gaule*, n° 478; *Bulletin de la Société des Antiquaires de France*, 1867, p. 47-50.

[4] Hübner, *Inscript. christ. Hisp.* n° 49.

[5] Bolland., 9 febr. (t. II, p. 333). J'ai cité ailleurs d'autres vers ainsi défigurés par l'ignorance de ceux qui les voulaient copier (*Inscriptions chrétiennes de la Gaule*, t. II, p. 18, etc.). Certaines inscriptions grecques

les règles des temps classiques, la désinence du nom devient en effet longue devant le mot *munus*. En admettant qu'en cet endroit l'auteur ait pris souci de la prosodie, le fait peut s'expliquer par la suppression que, pour l'oreille, les anciens faisaient parfois de l'S final. C'est ainsi que nous lisons, sur des marbres, ces vers qu'auraient répudiés les maîtres :

STALLIVS GAIVS HAS SEDES HAVRANVS TVETVR ⁽¹⁾
VT SINT QVI CINERES NOSTROS BENE FLORIBVS SERTIS
SAEPE ORNENT ⁽²⁾
CETIBVS SANCTORVM MERITO SOCIATVS RESVRGAM ⁽³⁾

L'énumération des objets que l'évêque de Cahors offrit à ses églises appellerait un examen spécial ; je me bornerai à signaler, pour l'intérêt qu'elles présentent au point de vue des monuments figurés, les tours qui figurent dans la liste. Ces tabernacles faits d'ordinaire de métaux précieux et dont il ne paraît plus exister de type, étaient destinés à contenir les saintes espèces ⁽⁴⁾, attendu, nous dit un texte du vıᵉ siècle, que la tombe du Seigneur avait été taillée en forme de tour dans le rocher : « Corpus vero Domini ideo defertur in turribus, quia monumentum Domini in similitudinem turris fuit scissum in petra ⁽⁵⁾. » Cette mention, que n'ont point relevée les archéologues, fait com-

---

présentent des erreurs de même sorte (Desrousseaux, *Mélanges de l'École française de Rome*, 1886, p. 588). Dans son important recueil intitulé *Les rouleaux des morts* (p. 62 et 89) M. Delisle donne une prière où se trouve l'hexamètre :

Regula quod dat habens vocitamen domnus et abbas.

Vers reproduit plus loin sous cette forme :

Regula quod dat habens vocitamen domnus Basilius et abba.

⁽¹⁾ Fabretti, *Inscriptiones antiquæ*, c. 1, n° 130.

⁽²⁾ Jahn, *Specimen epigraphicum*, p. 107.

⁽³⁾ Hübner, *Inscriptiones Hispaniæ christianæ*, n° 158.

⁽⁴⁾ Thiers, *Dissertation sur les principaux autels des églises*, p. 196 et suiv. ; Viollet-Leduc, *Dictionnaire du Mobilier*, t. I, p. 244.

⁽⁵⁾ Dom Martene, *Thesaurus novus anecdotorum*, t. V, col. 95, *Expositio brevis antiquæ liturgiæ gallicanæ*.

prendre pourquoi les sculpteurs de trois monuments plus anciens, des sarcophages d'Arles, de Milan et de Rome, ont donné au Saint-Sépulcre la forme d'une édicule ronde [1].

LOCALITÉ INCONNUE.

243 A

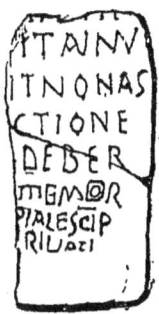

Je place sous toutes réserves parmi les monuments de la Première Aquitaine ce fragment dont je dois la connaissance à M. Chassaing et que le musée de Saint-Germain-en-Laye vient d'acquérir. Il faisait partie de la collection de feu M. Compagnon, architecte, qui l'avait probablement recueilli dans les environs de Clermont-Ferrand.

Cette pierre est, comme on le voit, incomplète par le haut et vers la gauche. La restitution en est fort difficile et l'on ne peut rétablir avec probabilité que quelques mots insignifiants des quatre lignes du début :

```
. . . . . . . . . . . . . . . . . . . . . . . . . . . . . . . . . . .
. . . . . . . . . . . . . . . . . . . . . .qui vixIT ANNV
. . . . . . . . . . . . . . . . . . . . . .transiIT NONAS
. . . . . . . . . . . . . . . . . . . . . . . . . .indiCTIONE
  anno . . . . regni domini nostri . . . DEBERTI
```

[1] *Étude sur les sarcophages d'Arles*, pl. XXX; Bugati, *Memorie storico-critiche di S. Celso martire*, tav. I; Bottari, *Roma sotterranea*, tav. XXX. Le Saint-Sépulcre figuré dans une mosaïque de S. Apollinare nuovo de Ravenne a de même une forme arrondie (Garrucci, *Storia dell' arte cristiana*, pl. 251, n° 6).

S'agit-il ici de Théodebert, souvent nommé dans les marbres de la région de Clermont, ou de Childebert II qui, lui aussi, régna en Austrasie? Je ne saurais le dire.

Le signification des trois dernières lignes est pour moi des plus douteuses. Y était-il parlé, comme nous le voyons à Lyon et à Narbonne, du jour où se célébrait la commémoration du défunt[1]? Quel est le saint que désignent les lettres SCI P.....? Que faut-il voir dans les lettres RIVATI? Est-ce le reste du nom de Brioude, introduit ici dans l'inscription comme celui de *Lentinum* sur une pierre de Lezoux[2]? Tout cela est pour moi fort trouble. Une chose plus certaine à mes yeux c'est que l'épitaphe étant très incomplète à gauche, comme paraît le montrer l'étendue des suppléments que réclament son début, il serait hasardeux de relier, comme on l'a proposé, le P de la sixième ligne aux lettres RIVATI qui restent à la dernière.

L'O terminé en haut et en bas par un appendice se retrouve dans nos inscriptions du VIIe siècle[3] et sur une pièce de Dagobert Ier que possède le Cabinet des médailles[4].

---

[1] *Inscr. chrét. de la Gaule*, n° 41 et ci-après, n° 317.

[2] Ci-après, n° 231.

[3] *Inscr. chrét. de la Gaule*, n° 91 et ci-après, n° 107.

[4] C'est la pièce dont a parlé mon savant confrère, M. Deloche, dans sa notice intitulée *Dissertation sur une médaille d'or mérovingienne* (*Mémoires de l'Académie des inscriptions*, t. XXIX, 2° partie, p. 340.)

SECONDE AQUITAINE.

244
DOUÉ-LA-FONTAINE.

R. de Lasteyrie, *Bull. archéol. du Comité*, 1887, p. 30;
Revue archéologique, 1888, t. I, p. 281.

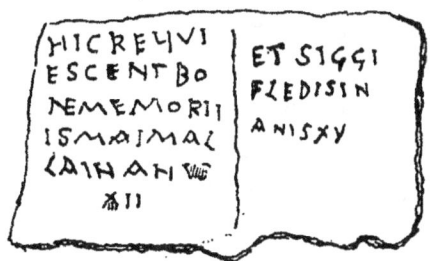

Je dois à M. de Lasteyrie un estampage de cette double épitaphe gravée sur un calcaire très fin et qui fait partie de la collection de M. A. Michel. Elle a été trouvée à Doué-la-Fontaine (Maine-et-Loire) dans les ruines de l'église de Saint-Denys [1].

Bonememorii est le pluriel de l'adjectif *bonememorius* qui se rencontre fréquemment sur les tombes chrétiennes de la Gaule.

Le premier des noms, *Ismaimalla*, est, pour moi, d'une forme absolument nouvelle.

L'âge des défunts s'indique de même qu'ici dans d'autres inscriptions; c'est ainsi qu'on trouve à Rome EVTICIO QRE IN ANNOS XXII [2], REGVLVS IN ANIIS [3]. Rien de plus variable que la formule relative à cette mention; nous voyons à la fois sur les marbres : *vixit, transiit in*

---

[1] *Inscript. chrét. de la Gaule*, n° 59.
[2] Boldetti, *Osservazioni*, p. 428.
[3] Mai, *Scriptorum veterum nova collectio*, t. V, p. 409, n° 9.

ou *per annos*[1], *vixit*[2], *habuit*[3], *tulit*[4], *pertulit*[5], *portavit*[6], *gessit*[7], *egit*[8], *fecit annos*.....[9], *fecit annorum*.....[10] ou simplement *annorum* suivi d'un nombre[11].

POITIERS.

De grands travaux de terrassements, opérés en 1878, à l'est de Poitiers, par le génie militaire, ont mis au jour une série d'objets antiques, et le savant Père Camille de la Croix a reconnu, dans le lieu exploré, l'existence d'une nécropole gallo-romaine. Continuées sous son habile direction dans des propriétés voisines, les fouilles amenèrent d'abord la découverte de plus de trois cents sépultures; poussées plus loin, elles firent reparaître un hypogée long de cinq mètres sur trois de large, et auquel on accédait par un escalier dont huit marches subsistent encore. Le linteau de la porte placée au bas des degrés porte une inscription qui fait connaître la destination funéraire de cette salle souterraine. Au fond se voient les restes d'un autel élevé sur deux degrés. A gauche, une tombe de pierre et deux autres à la droite sont appliquées au mur. Une petite fenêtre s'ouvre au-dessus de l'autel.

Au point de vue épigraphique, la découverte est d'un vif intérêt. D'autres inscriptions se lisent sur les montants de la porte, sur la pierre du seuil, sur une autre dont la position ancienne n'a pu être déterminée, sur une grande marche demeurée en place, sur deux fragments ornés de gravures, et enfin sur un débris sculpté.

Plusieurs légendes tracées en couleur sur les parois peintes de l'hypogée viennent s'ajouter à ces documents.

Les inscriptions, les sculptures de la crypte ont soulevé une longue

---

[1] *Inscr. chrét. de la Gaule*, n°° 551, 569.
[2] *Ibid.*, n° 585.
[3] Mai, *Script. vet. novæ coll.*, t. V, p. 451, n° 8.
[4] *Inscr. chrét. de la Gaule*, n° 277.
[5] Muratori, 1926, 1.
[6] *Inscr. chrét. de la Gaule*, n° 377 A.
[7] *Ibid.*, n° 631.
[8] Orelli, n° 2201.
[9] *Inscr. chrét. de la Gaule*, n° 234.
[10] Oderici, *Dissert. et annot.*, p. 260.
[11] *Inscr. chrét. de la Gaule*, n° 210.

polémique, et je dois, malgré ma coutume, renoncer à enregistrer la liste véritablement interminable des écrits auxquels les fouilles de Poitiers ont donné lieu, me bornant à rappeler les plus notables. J'inscrirai ici en première ligne la magnifique publication du savant religieux à la sagacité duquel revient tout l'honneur d'une découverte capitale [1], un mémoire de l'abbé Duchesne [2], d'autres signés par M. Ramé [3], Mgr Barbier de Montaut [4] et finalement une note communiquée par M. de Rossi à l'Académie pontificale d'archéologie [5]. Ceux qui souhaiteraient d'entrer plus avant dans le détail de la controverse, en trouveront de nombreux extraits dans la notice de Mgr Barbier de Montaut intitulée *Documents sur la question du martyrium de Poitiers* et dans la *Revue poitevine et saintongeaise* [6].

Une lettre du savant religieux clot bien tristement la série des notices consacrées à sa belle découverte. « J'ai remis, écrit-il à M. Berthelé, j'ai remis, il y a peu de jours, dans cette intéressante substruction toutes les terres qui avaient été extraites en décembre 1878 » [7]. L'invasion du public dans l'hypogée qu'on ne pouvait faire garder efficacement, la dégradation incessante des peintures, des inscriptions, des pierres sculptées ont contraint le R. P. de la Croix à ce dur sacrifice. La masse des terres rapportées avec un soin intelligent gardera et rendra du moins, à ceux qui voudront l'étudier à nouveau, un ensemble unique jusqu'à ce jour et dont la découverte honore si grandement le nom de son inventeur.

Une suite de moulages placés par lui au musée des Antiquaires de l'Ouest, et où les lettres sont rehaussées de rouge, nous représente seule à cette heure les inscriptions lapidaires disparues. C'est sur ces

---

[1] *Monographie de l'Hypogée-martyrium de Poitiers.*

[2] *La crypte de Mellebaude et les prétendus martyrs de Poitiers.*

[3] *Observations sur le monument de Mellebaude à Poitiers.*

[4] *Le martyrium de Poitiers.*

[5] *Accademia romana pontificia di archeologia*, séance du 25 février 1886, p. 33.

[6] Je rappellerai entre autres les intéressantes appréciations des RR. PP. Piolin, Chamard et de Smedt, de MM. les abbés Auber, Kraus, de MM. Arthur Loth, Berthelé, de Celeuneer.

[7] *Le remblaiement de l'hypogée des dunes de Poitiers* (1886, in-8°).

plâtres ainsi coloriés, comme le montre la teinte foncée des caractères, qu'ont été prises les phototypies jointes au recueil du savant religieux et que je reproduis à mon tour.

245 et 245 A

Le R. P. de la Croix, *Monographie de l'hypogée-martyrium de Poitiers*, p. 61, 62, et pl. IX; — L'abbé Duchesne, *La crypte de Mellebaude*, p. 10, 11; — Ramé, *Le monument de Mellebaude*, p. 10, 11; — Mgr Barbier de Montaut, *Le Martyrium de Poitiers*, p. 36; — De Rossi, *Accademia pontificia*, 1886, p. 12, 14.

Une inscription importante pour l'intelligence du monument s'est présentée dans des conditions insolites. C'est une légende murale peinte dans un arcosolium. Au moment de la découverte on y voyait ce texte mutilé :

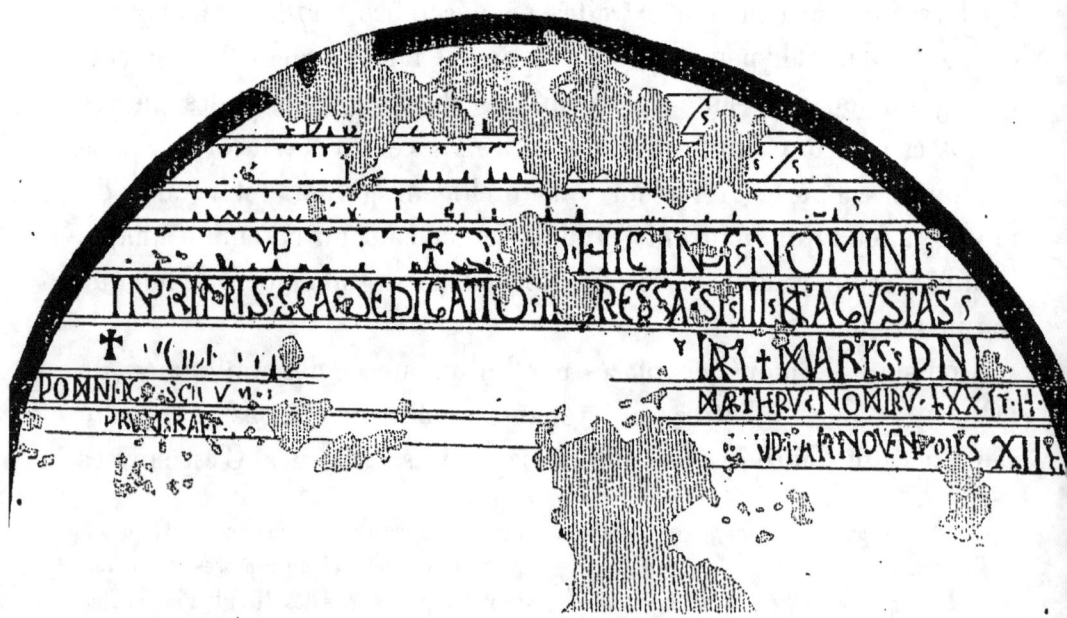

Les lettres des trois dernières lignes étaient d'une couleur autre que celles des précédentes et le R. P. de la Croix a tout d'abord vu qu'elles avaient été superposées à un texte plus ancien. Un lavage opéré avec soin les fit disparaître, après qu'on les eût scrupuleusement copiées, et l'on dégagea ainsi cinq des lignes qui composaient l'inscription primitive. On eut alors sous les yeux la légende suivante :

Une épitaphe sur pierre que nous verrons plus loin désignait la crypte comme étant la *memoria* d'un abbé nommé Mellebaude. On se divisa cependant à son sujet en soulevant la question suivante : L'hypogée est-il un monument des premiers temps chrétiens consacré à des martyrs locaux et restauré vers le vi[e] ou le viie siècle par Mellebaude; est-ce une crypte sépulcrale que ce dernier a fondée pour lui-même en y rassemblant des reliques venues de lieux divers ?

A mes yeux la question n'est jamais demeurée douteuse. Ici, comme ailleurs, le mot *memoria* désigne un tombeau[1] et je ne pouvais oublier que, dans notre pays même, à Vaison, un personnage nommé Pantagathus s'était fait élever un édifice funéraire dans lequel il avait placé,

---

[1] Fabretti, *Inscriptiones*, c. III, n° 164 : PARENTES | CONTRA VOTVM FILIAE | DVLCISSIMAE | MEMORIAM A FVNDAMENTIS FECER c. II, n° 155 : FECIT SIBI... MEMORIOLAM; *Passio S. Afræ*, § 4 : « Repleverunt memoriam sarmentis et spinis siccis » (*Acta sinc.*,

selon la coutume du temps, pour s'assurer protection dans la tombe, des reliques de saint Vincent et d'autres bienheureux :

PANTAGATVS FRAGILEM VITAE CVM LINQVERIT VSVM
MALLVIT HIC PROPRIAE CORPVS COMMITTERE TERRAE
QVAM PRECIBVS QVAESISSE SOLVM · SI MAGNA PATRONIS
MARTYRIBVS QVAERENDA QVIES · SANCTISSIMVS ECCE
CVM SOCIIS PARIBVSQVE SVIS VINCENTIVS AMBIT
HOS ADITOS · SERVATQVE DOMVM DOMINVMQVE TVETVR
A TENEBRIS · LVMEN PRAEBENS DE LVMINE VERO ⌘ [1].

Ainsi me paraît avoir fait Mellebaude et j'ajoute qu'une inscription d'Ivrée, témoigne d'un fait de même nature :

MARTYRIBVS DOMINI ANIMAM CORPVSQVE TVENDO
GRATIA COMMENDANS TVMVLO REQVIESCIT IN ISTO
SILVIVS HIC PLENO CVNCTIS DILECTVS AMORE
PRESBITER AETERNAE QVAERENS PRAEMIA VITAE
HOC PROPRIO SVMPTV DIVINO MVNERE DIGNVS
AEDIFICAVIT OPVS SANCTORVM PIGNORA CONDENS [2].

La première des inscriptions peintes que j'ai données plus haut parle de soixante-douze martyrs (MARTHERV NOMIRV LXX ET II) dont les reliques ont été déposées dans la crypte. M. l'abbé Duchesne, si versé dans l'étude des antiques martyrologes, et aux démonstrations duquel je me borne à renvoyer, pense qu'il faut voir, dans ces victimes, la célèbre phalange des saints Chrysanthe, Daria et de leurs soixante-dix compagnons. Tel est également le sentiment de M. de Rossi.

---

p. 457); Muratori, 997,7 : MEMORIOLAM VETVSTATE DELAPSAM REFECIT; Cagnat, *Nouvelles explorations en Tunisie*, 1887, p. 73 : HIC MEMORIA ... C? ... AORI, etc.

[1] *Inscriptions chrétiennes de la Gaule*, n° 492.

[2] Gazzera, *Iscrizioni cristiane del Piemonte*, p. 80.

Un groupe de même nombre de martyrs locaux n'ayant pu être produit par ceux auxquels cette attribution répugne, je me range à l'opinion de mes savants confrères.

L'inscription remise au jour par le lavage des lettres qu'on avait superposées indique, comme on l'a fait remarquer, deux particularités distinctes : d'abord la dédicace de l'hypogée, IN PRIMIS SCA DEDICATIO, faite le 3 des kalendes d'août, puis, avec une autre date, l'introduction des reliques de saints[1] dont les noms, difficiles à reconnaître, suivaient les mots HIC EST [2].

---

[1] INGRESSIO SCORVM. (Cf. de Rossi, *loc. cit.*)

[2] Pour *Hoc est*, sinon pour *id est* que nous voyons dans les textes contenant des nomenclatures. Cf. Boldetti, *Osservazioni*, p. 54 : PARENTES POSVERVNT ID EST VICTORIANVS ET CYRIACETE; de Rossi, *Roma sotterranea*, t. III, p. 522 : ID EST PETRO ET MICINO; *Bulletin du Comité des travaux historiques*, 1882, p. 154 : MEMORIA BEATISSIMORVM MARTYRVM ID EST ROGATI MATENNI ENASSI MAXIMAE; *Inscriptions chrétiennes de la Gaule*, n° 379 : RELIQVIT LIBERTVS (*libertos*) ID EST SCVPILIONE GERONTIVM BALDAREDVM LEVVERA OROVELDA ILDELONE; n° 621 ; TRES FILI... ID EST IVSTVS MATRONA ET DVLCIORELLA. Cf. *Journal des Savants*, 1873, p. 320.

246

Le R. P. de la Croix, p. 66 et pl. VI; — L'abbé Duchesne, p. 6 et suiv.;
Ramé, p. 5; — Mgr Barbier de Montaut, p. 7; — De Rossi, p. 9.

Il importe maintenant de donner l'inscription gravée sur pierre dont j'ai parlé plus haut et qui se lisait sur la face extérieure du linteau de la porte. Voici la teneur de cette légende malheureusement mutilée :

Deux faits en résultent clairement, c'est que la crypte découverte était le tombeau, la *memoria* de l'abbé Mellebaude (*me*MORI*a* MELLE-BAVDI ABBI), puis que les fidèles, attirés par la sanctification du lieu[1], y venaient prier en foule (DEVOTI VENIVN*t* VN*di*QVE). Il est de plus probable, si l'on consulte, comme l'a fait M. de Rossi, les légendes inscrites sur les portes des églises antiques, que le mot REMEANT se rattachait à quelque formule rappelant le sentiment d'allégresse spirituelle que les dévots rapportaient de ces sortes de visites.

Ici, comme dans une autre inscription que nous verrons plus loin, Mellebaude se proclame *reus Christi*. Que, dans cette expression, *reus* ait, comme on le voit ailleurs, le sens de débiteur et qu'elle veuille dire « débiteur du Christ » je crois pouvoir l'admettre si je me reporte aux mots de l'oraison dominicale : *Dimitte nobis debita nostra.* « Ce sont nos fautes, écrit saint Cyprien, que le Seigneur appelle nos dettes[2] ». Tertullien[3], saint Chrysostome[4] parlent de même, et saint Augustin, commentant à son tour la grande prière chrétienne, dit que « nous sommes tous ici-bas

---

[1] Voir plus loin, p. 259, dans l'inscription du montant de la porte, les mots : SI QVIS (*est*) QVI NON HIC AMAT·ADORARE·DNM. IHM XPM.

[2] *Liber de oratione dominica*, c. XXII :
« [Peccata] quæ debita Dominus appellat ».

[3] *De oratione*, c. VII : « Debitum autem in Scripturis delicti figura est ».

[4] In Matth., Homil., XIX, § 5 : Εὔχονται δὲ οὗτοι ἁμαρτήματα ἑαυτοῖς δεόμενοι.

débiteurs, non pas d'une somme d'argent, mais par le fait de nos péchés[1]. »

En ce qui touche les compléments proposés pour restituer la légende, j'hésite à les accepter. Une partie notable de la gauche a disparu, comme le montre la place occupée à cette heure par le monogramme qui tenait autrefois le milieu; il me paraît hasardeux de chercher dans ces conditions à relier immédiatement la fin d'une ligne à ce qui nous reste de la suivante.

Avant le mot *memoria* se trouvait probablement une croix suivie de la formule initiale que nous verrons plus loin : IN DEI NOMINE.

247-248

Le R. P. de la Croix, p. 71 et pl. VII; — Ramé, p. 12; — Mgr Barbier de Montault, p. 15; — Dom Chamard, *L'Hypogée des Dunes*, § 4; — De Rossi, p. 10.

Une autre légende lapidaire, gravée sur le montant droit de la porte d'entrée, constate une fois de plus la destination funéraire de l'hypogée.

Cette inscription, intéressante par la rusticité du langage, nous offre un type important du latin vulgaire parlé chez nos ancêtres au VIIe siècle. Le mot ISPELVNCOLA, pour *speluncula* précédé d'un I euphonique, ne figure pas dans les lexiques. La présence de l'H dans l'abréviation IHM représentant le nom de Jésus a fait l'objet d'une discussion. Quelques-uns ont proposé d'y voir l'H latin, d'autres l'H grec[2]. Quoi qu'il en soit, cette façon d'écrire se rencontre dès le Ve siècle, car le revers d'un contorniate bien connu porte la légende DN IHS XPS DEI FILIVS[3].

---

[1] *Sermo LVI*, c. VII : «Nobis debita dimitti postulamus. Debitores enim sumus non pecuniarum sed peccatorum».

[2] Cavedoni, *Dell' origine della scrittura IHS* (Memorie di religione di morale e di letteratura, série III, t. III, 1846) et d'appendice de ce mémoire (*Messagiere di Modena*, 11 août 1855).

[3] Vettori, *De monogrammate SS. nominis Jesus*, p. 60; *Dissertatio apologetica*, p. 6; Eckhel, *Doctrina numorum veterum*, t. VIII, p. 174.

Une inscription d'Espagne, datée de l'an 517 de l'ère locale (489 de notre ère), offre les mots IN PACE DOMINI N̄ IH̄S X̄R [1].

On remarquera ici l'ardente affirmation de la divinité, de l'incarnation du Christ, puis l'imprécation reproduisant les paroles de saint Paul et dirigée contre celui qui, dans le lieu sacré où repose Mellebaude, n'adorerait pas le Seigneur [2], contre l'impie qui oserait ruiner la tombe. J'ai déjà, dans mon premier recueil, parlé des imprécations inscrites dans les épitaphes contre les violateurs des sépultures [3]. Nous en trouvons un autre exemple dans cette nouvelle série de marbres chrétiens [4].

En examinant les types divers de nos inscriptions, j'ai eu l'occasion de remarquer que leur texte accusait souvent l'emploi de formulaires composés à l'usage même des lapicides [5]. Parfois aussi, nous l'avons vu, on y introduisait des phrases qui ne procédaient en rien du style courant de l'épigraphie. C'est ainsi qu'une inscription de Lyon se termine par une salutation épistolaire : OPTAM VOBIS FILICISSIMI VALEATIS; qu'un marbre sépulcral d'Évian reproduit une mention qui semble empruntée aux rédacteurs des chroniques : SVB VNC CŌNSS BRANDOBRICI REDIMTIONEM A DN̄M̄O GVDOMARO REGE ACCEPERVNT. Le mot *notavi*, placé avant la date sur une épitaphe lyonnaise et qui se trouve aussi dans une inscription de Molles, représente une façon de dire très fréquemment employée dans les textes diplomatiques [6]. C'est aux mêmes documents qu'il faut se reporter pour trouver des intitulés semblables à celui de l'inscription de Mellebaude : IN DI NOMINI EGO. Je relève en effet le même en-tête dans des actes datés des années 673 et 675 : «Ego Bercharius, in Christi nomine»; «In nomine Domini

---

[1] *Bulletin de la Société des Antiquaires de France*, 1881, p. 105.

[2] *I Corinth.*, XVI, 22 : «Si quis non amat dominum nostrum Jesum Christum, sit anathema maranatha». Une imprécation inscrite dans un codicille de l'an 675 établit la corrélation admise par nos pères entre ces deux termes : «Sit anathema maranatha, quod est perditio in adventu domini nostri Jesu Christi.» (Pardessus, *Diplomata*, t. II, p. 166.) L'anathème *maranatha* est inscrit sur un marbre antique de Salamine (*Corp. inscr. græc.*, n° 9303).

[3] *Inscript. chrét. de la Gaule*, n° 207.

[4] N° 333.

[5] *Inscript. chrét. de la Gaule*, n° 476.

[6] *Ibid.*, préface, p. VII, et ci-dessus n° 224.

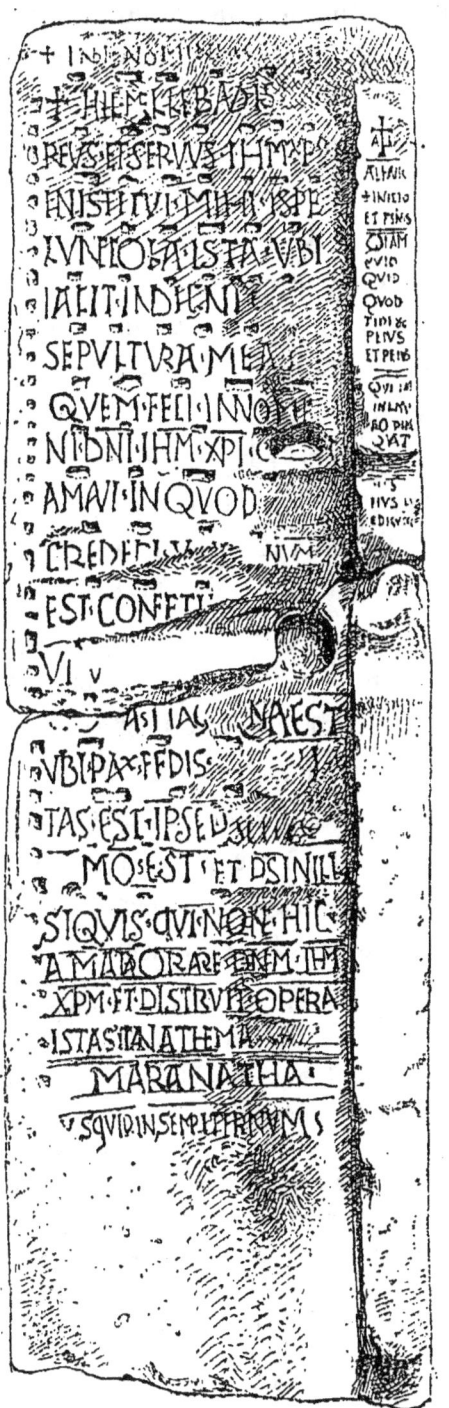

† In Dei nomine ego.
† Hic Mellebaudis,
reus et servus Jhm Christo,
inistitui mihi ispe-
luncola ista ubi
jacit indigni...

sepultura mea...
quem feci in nome-
ni Domini Jhm Christi quem
amavi, in quod...
crêdedi. Vere dignum
est confetiri
vivum, ...

[cujus glori]a magna est;
ubi pax, fedis, c[ari]-
tas est. Ipse Deus et
homo est, et Deus in illo.
Si quis [est] qui non hic
amat adorare Dominum Jhm
Christum et distruit opera
ista, sit anathema
maranatha
usquid in sempiternum.

Jesu Christi, ego Amandus[1] » et dans plusieurs autres du viie et du viiie siècle avec cette seule différence que le nom propre y remplace le mot *ego*[2].

Une seconde inscription se trouve à droite sur la face intérieure du dormant de la porte.

En tête est la croix aux branches de laquelle l'A et l'W sont suspendus par des chaînettes, comme cela se pratiquait pour les croix stationales[3]. Le savant auteur de la découverte restitue les quatorze premières lignes de la façon suivante qui ne me laisse des doutes que pour l'avant-dernier mot : « ☨ Alpha et W ☨ initium et finis. Quoniam quidquid quotidie pejus et pejus, quia jam finis adpropinquat... » La formule initiale est tirée de l'Apocalypse où elle est répétée par trois fois[4]. Dans le second des versets où elle figure, *initium* remplace comme ici *principium*; il en est de même dans les citations qu'en font plusieurs Pères : saint Cyprien, saint Jérôme et Fulgence[5]. De quelque façon que l'on doive lire le mot qui précède *adpropinquat*, il s'agit évidemment ici d'une allusion à la fin du monde, considérée autrefois comme imminente, ainsi qu'en témoignent tant de vieux textes chrétiens[6].

Les petites cavités carrées semées sur la pierre entre les lignes avaient servi, suivant la mode des âges mérovingiens, à recevoir des incrustations imitant les pierres précieuses[7]. Plusieurs de ces verroteries de couleur verte, blanche et bleue ont été retrouvées en place.

---

[1] Pardessus, *Diplomata*, t. II, p. 159 et 166.

[2] *Ibid.*, p. 29, 46, 137, 170, 310 (annis 634, 637, 664, 675, 717).

[3] *Les sarcophages chrétiens de la Gaule*, p. 139.

[4] I, 8; XXI, 6; XXII, 13.

[5] S. Cypr., *Testimon.*, II, 6; Hieron., *Contra Jovinianum*, I, 6; Fulgent., *Ad Trasimundum*, II, 5.

[6] S. Cyprian., *Ad Demetrianum*, III : « Jam mundi finis in proximo est » ; Greg. Tur., *Hist. Franc.*, Proleg. : « Adpropinquante mundi fine » ; *Passio S. Philippi Heracl.*, § 2 : « Mutantis sæculi extrema volvuntur ». (*Acta sincera*, p. 410); *Inscript. chrét. de la Gaule*, préface, p. LXXXVI, etc.

[7] Des appliques de même sorte décoraient le sarcophage d'un évêque de Carpentras (*Les sarcophages chrétiens de la Gaule*, p. 139). La pierre sépulcrale d'un évêque de Chartres, saint Chalétric, était ornée d'incrustations en os (*Inscript. chrét. de la Gaule*, t. I, p. 306).

249

Le R. P. de la Croix et Mgr Barbier de Montaut, *loc. cit.*

INSCRIPTIONS CHRÉTIENNES.

La légende ci-dessus, gravée sur le dormant de gauche a puis souffert encore. On y retrouve ces restes de caractères :

☧

ALFA ET[1]

....EO·VE

......LIS

......QVI

...TOLLIT

......ALI

....NĀS

.....ECA

......AP

......CA

.......VI

........N

.....DVS

......HE

.......IT

Des traces de trois dernières lignes ont été retrouvés après le tirage des planches que je reproduis d'après le savant religieux. On y voit les lettres suivantes :

.....AR

....bVS

....ERIT

[1] *Alfa et (omega).*

250

Le R. P. de la Croix, *Monographie*, p. 75 et pl. VI; — Longpérier, *Journal des Savants*, 1881, p. 144; — Palustre, *Bulletin monumental*, 1879, p. 346.

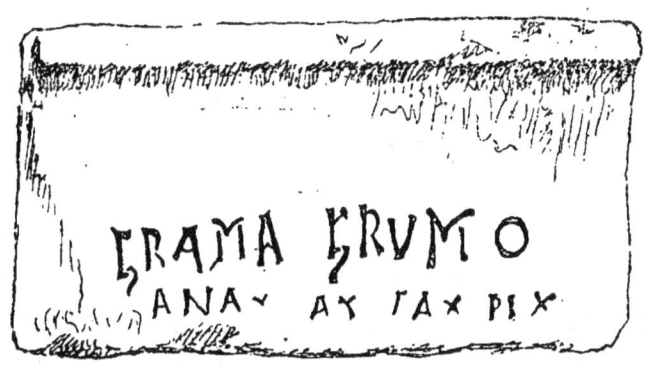

Légende gravée sur le seuil de l'hypogée et faisant face à l'autel.

Le regretté Longpérier et le R. P. de la Croix ont essayé d'en dégager un sens; le premier y a lu : ANAGRAMA · PAX XRI CVM VO*bis* AG*at*; le second : ANAGRAMA · AGRVM CARVM PIO.

Cette inscription, dont l'original est aujourd'hui enfoui sous plusieurs mètres de terre[1], m'embarrasse à plus d'un point de vue. La copie publiée en 1883 par le savant religieux et que je reproduis ici diffère d'une autre, signée de son nom, et jointe, dans le *Bulletin monumental* de 1879, à une note de M. Palustre. Ce dessin porte, au début de la seconde ligne, non point ANA, mais :

Laquelle des deux transcriptions devons-nous suivre? Et si c'est la première, que devient la leçon ANAGRAMA que l'on a tirée d'un renversement de deux mots superposés? La photographie d'après laquelle est reproduite la seconde copie ferait foi sans aucun doute si elle avait

---

[1] Voir ci-dessus, p. 251.

été prise sur l'original et non sur un moulage en plâtre où les lettres ont été rehaussées de rouge, ainsi que je l'ai dit plus haut et comme le montre d'ailleurs, je le répète, la teinte foncée à l'excès qu'elles présentent dans les phototypies du R. P. de la Croix. Cette sorte d'enluminure, disons-le en passant, est un fait toujours regrettable parce qu'elle force l'œil à accepter ce qu'a vu ou cru voir celui qui tenait le pinceau; et s'il me fallait choisir ici entre les deux copies dissemblables, je préférerais la première, celle que nous devons au crayon du savant religieux.

Ni l'une ni l'autre ne peut toutefois nous mener, me semble-t-il, à l'intelligence du texte. Son assemblage incohérent de mots et de syllabes représente, pour moi, l'une de ces formules mystérieuses et dépourvues de sens qui faisaient, aux yeux des anciens, la valeur des incantations et des phylactères [1].

La juxtaposition des vocables *Grama, Grumo* ne peut que m'affermir dans ce sentiment. Rien de plus commun en effet, dans les formules, auxquelles on prêtait autrefois une vertu surnaturelle, que cette répétition sous une forme approchante de certaines paroles secrètes. *Daries, Dardaries, Astataries;* — *Ista, Pista, Sista;* — *Cuma, Cucuma, Ucuma, Cuma, Uma;* — *Argidam, Margidam, Sturgidam;* — *Crisi, Crasi, Cancrasi,* telles sont celles que nous relevons chez Caton l'ancien, et dont, par une persistance dont il est d'autres preuves en cette matière, quelques-unes figurent encore cinq cents ans plus tard, dans le livre de Marcellus Empiricus [2].

---

[1] Apuleius, *Metamorphoseon*, lib. III, édition d'Oudendorp, t. I, p. 205; Origenes, *Homilia xx*, In librum Jesu Nave, § 1; Euseb., *Præparatio evangelica*, l. IV, c. 1; l. VI, c. x, etc.

[2] Cato, *De re rustica*, c. CLX; Marcellus, *De medicamentis empiricis, physicis et rationalibus liber*, c. x, xii et xiv, édition de G. Helmreich, Leipsig, 1889, p. 110, 123, 133. Pour la persistance de l'usage de certaines formules dites préservatrices, je rappellerai le verset *Os non comminuetis ex eo* inscrit sur un phylactère antique (mon mémoire intitulé *Les actes des martyrs, supplément aux Acta sincera*, § 38) et que citent aussi pour sa vertu prétendue tant de vieux livres des derniers siècles (*In Enchiridion manuale orationes devotæ Leonis papæ*, p. 102, Moguntiæ, 1633; Delrio, *Disquisitio*

Parmi les très nombreux vocables de ce type que contiennent les livres imprimés aux trois derniers siècles[1], je remarque le groupe *Hax, Pax, Max* plusieurs fois cité et qui rappelle le *Cax Pix* final de l'inscription de Poitiers[2]. Notons encore, sous toutes réserves, que le mot ΓPAMMA, si semblable à notre GRAMA, figure sur plusieurs phylactères[3].

S'il s'agit bien ici, comme il me paraît, d'une légende empruntée au formulaire cabalistique, sa présence dans un hypogée chrétien est à coup sûr chose fort inattendue. Elle n'est pas toutefois sans quelque rapport avec les idées superstitieuses dont témoigne un autre détail : je veux dire l'admission dans le même lieu de l'image de Raguel, l'un des prétendus anges dont l'Église a condamné le culte[4].

En résumé, et si je n'ai fait fausse route, Mellebaude aurait à la fois voulu assurer le repos de ses restes par la présence des reliques saintes, par l'anathème contre les violateurs inscrit sur la porte de l'hypogée, et en faisant graver sur le seuil même une de ces formules que nos ancêtres tenaient pour de puissants phylactères[5].

rerum magicarum, édit. de 1603, t. II, p. 402; Thiers, *Traité des superstitions*, 5ᵉ édition, t. I, p. 410 et 490). Le type d'un vers que l'on récitait au xvıı° siècle pour écarter les maux : φεύγετε κανταρίδες, λύκος ἄγριος ὕμμε διώκει (Thiers, t. I, p. 417) se retrouve dans les mots cabalistiques dont Pline (*H. N.*, XXVII, LXXV) et Marcellus (c. VIII, p. 89) conseillaient l'emploi : φεῦγε, φεῦγε, κρείων σε διώκει. Je le relève également sur un phylactère antique : ΦΥΓΕ ΠΟΔΑΓΡΑ ΠΕΡϹΕΥϹ ϹΕ ΔΙΩΧΙ (Koehler, *Erläuterung eines von Rubens gerichteten Dankschreibens*, p. 25, 26, dans les *Mémoires de l'Académie de Saint-Pétersbourg*, t. III).

[1] *Aiti, Aitai. — Aglati, Aglata. — Aglas, Algadas, Algadamas. — Ber, Fer. — Calin, Cala. — Dabé, Habé. — Dabit, Habit, Hébet. — Gla, Eglatèn, Egla. — Ibel, Abel, Ebel. — Orbat, Orbot. — Tel,*

Bel (*Le Demosterion de Roch le Baillif*, p. 115; *Enchiridion Leonis papæ*, Moguntiæ, 1633, p. 166, 169, 175, 176; Delrio, t. II, p. 303; Thiers, t. I, p. 189, 190, 191, 407).

[2] *Le Desmoterion*, p. 115; Delrio, t. II, p. 103; Thiers, t. I, p. 409.

[3] Passeri, *Thesaurus gemmarum astriferarum*, t. II, p. 260, 263; cf. p. 275.

[4] Ci-après, n° 254.

[5] Une tombe païenne que signale Paciaudi porte avec l'inscription TV · NE · VELLIS ALIENA · MEMBRA · INQVIETARE, des figures obscènes auxquelles les anciens attribuaient, comme on le sait, une vertu préservatrice (*Monumenta Peloponnesia*, t. I, p. 203, 204. Cf. Jahn, *Ueber den Abenglauben des bösen Blicks bei den Alten* dans les *Berichte über die Verhandlungen der königlich Sächsischen Gesellschaft*, 1885, p. 75).

251

Le R. P. de la Croix, p. 77, et pl. XI; — M⁄gr Barbier de Montaut, p. 40;
de Rossi, *Accademia pontificia*, 1886, p. 11.

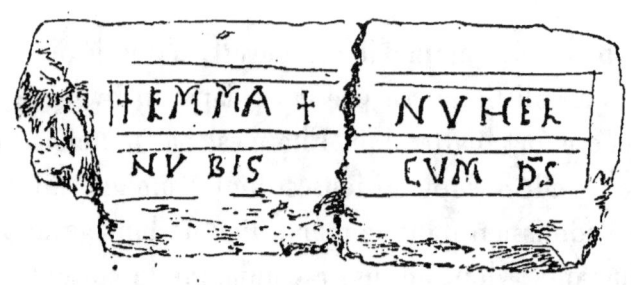

Le R. P. de la Croix hésite à indiquer la place qu'occupait cette
pierre, jadis moulurée, où se lit le nom d'Emmanuel avec son interprétation latine.

252

Le R. P. de la Croix, p. 81, 82, et pl. VIII; — M⁄gr Barbier de Montaut, p. 47.

Au nombre des morceaux découverts dans la crypte funéraire de
Mellebaude figure un débris de pilastre sur lequel se détachent le buste

sans tête et, jusqu'au-dessous des genoux, les jambes d'un personnage tenant, de ses deux mains croisées sur la poitrine, une croix à courte hampe. Au-dessus de cette dernière est écrit sur une seule ligne :

† *Hic sanctus Symion.*

Le bienheureux ainsi représenté est, selon toute apparence, le célèbre stylite. Une particularité semble pouvoir l'établir. Sur le devant des jambes passe une traverse qui peut être une barre ou une corde; dans le premier cas, ce serait, comme l'a pensé M. l'abbé Duchesne, la balustrade du sommet de la colonne sur laquelle saint Syméon passa tant d'années, balustrade que je vois figurée dans les miniatures du Ménologe de Basile[1]. Si le sculpteur a voulu représenter une corde, on peut se rappeler que le saint fit dresser, sur le sommet de sa colonne, une poutre à laquelle il s'attachait pour se contraindre à demeurer debout, sans pouvoir ni s'asseoir, ni se coucher[2].

Le mot *sanctus* de l'inscription paraît avoir été représenté par les lettres STS. Ce serait là une singularité, l'abréviation régulière de ce mot se composant, comme on le sait, des sigles SCS.

D'après certaines traces demeurées mal distinctes, le R. P. de la Croix pense que les bras du personnage étaient couverts de plumes. Ne faudrait-il pas plutôt y reconnaître l'indication du vêtement de peau que portait le saint et que les dévots venaient toucher avec respect[3]?

Les cavités creusées dans la croix montrent qu'elle était incrustée de verroteries[4].

Notons en passant que, dans son voyage en Syrie, M. de Vogüé a

---

[1] *Menologium græcorum, jussu Basilii imperatoris editum*, t. I, p. 4; cf. la planche représentant saint Ephrem sur sa colonne, planche insérée en tête du tome III de la *Roma sotteranea* de Bottari.

[2] Theodoret, *Religiosa historia*, § 26 (t. III, p. 1271) : Ἐπεὶ δὲ ἐπὶ τοῦ κίονος ἔστη, κατιέναι μὲν οὐκ ἠνείχετο, ἐμηχανήσατο δὲ τὴν στάσιν ἑτέρως. Δοκὸν γάρ τινα προσδήσας τῷ κίονι, καὶ σχοινίοις πάλιν ἑαυτὸν τῇ δοκῷ προσαρμόσας, τὰς τεσσαράκοντα οὕτω διετέλεσεν ἡμέρας.

[3] *Ibid.*, p. 1272 : Ἐπειδὴ, τοίνυν ἀριθμοῦ κρείττους οἱ ἀφικνούμενοι προσψαύειν δὲ ἅπαντες ἐπεχείρουν, καί τινα εὐλογίαν ἀπὸ τῶν δερματίνων ἐκείνων ἱματίων τρυγᾶν.

[4] Cf. ci-dessus, p. 260.

268   INSCRIPTIONS CHRÉTIENNES.

retrouvé le rocher qui a servi de base à la colonne de saint Syméon et des débris de cette colonne[1].

253
Le R. P. de la Croix, p. 65 et pl. XI, XII.

Sur le mur du fond, derrière l'autel, était peinte en lettres rouges une inscription dont il ne reste plus que le commencement de deux lignes :

Il serait hasardeux de chercher à deviner le sens des paroles qui suivaient ici la formule initiale : *In Dei nomine*. Je noterai toutefois que souvent le mot *monitus* figure dans des textes relatifs à des offrandes faites, à des œuvres pieuses accomplies par des fidèles à la suite de songes, de visions qui leur avaient paru apporter un ordre, un avertissement du ciel. DIVINIS FLAMMEIS VISIONIBus FREQVENTER ADMONITus, est-il dit dans une inscription de Cologne qui rappelle l'érection d'une basilique par un chrétien nommé Clematius[2]; Grégoire de Tours emploie souvent, comme l'avaient fait d'ailleurs les païens[3], les mots *monere*, *monitus*, en mentionnant ces sortes de révélations venues d'en haut[4].

---

[1] *Syrie centrale, Architecture civile et religieuse du Ier au VIIe siècle*, t. I, p. 148, 149.
[2] *Inscript. chrét. de la Gaule*, n° 678 B.
[3] Sueton., *August.*, § 91; Gruter, 62, 9; 70, 7; 80, 2 et 5; 101, 1; 130, 11.
[4] « Sequenti vero nocte admonetur vir ille per visum... » (*Glor. martyr.*, XLVIII). « Quod non præsumerem, nisi bis et tertio admonitus fuissem per visum. » « Alia vero die, admonita per soporem... » (*De mirac. S. Martini*, Epist. prævia et l. II, c. xxxi). Cf. *Acta S. Devotæ*, § 5 : « Benenatus presbyter Sabaudus et Apollinarius diaconus qui moniti sunt per visum... » (Bolland., 27 jan.).

254

Le R. P. de la Croix, *Monographie*, p. 36, 37, 79, et pl. VIII; — L'abbé Duchesne, *La crypte de Mellebaude*, p. 14; — Ramé, *Le monument de Mellebaude*, p. 12; — Mgr Barbier de Montault, *Le martyrium de Poitiers*, p. 42.

Un morceau portant à la fois des sculptures et des inscriptions a été trouvé dans l'hypogée en deux fragments posés sur des sépultures différentes. J'y vois le haut du couvercle d'un de ces sarcophage étroits vers les pieds qui existent dans l'hypogée. Quatre figures s'y détachent avec un très faible relief : les symboles de l'homme et de l'aigle avec les noms de MATHEVS et de IOHANNIS, puis deux bustes d'anges auprès desquels on lit : RAFAEL, RAGVEL. A la suite devaient se trouver les images de saint Marc et de saint Luc.

Nous avons déjà vu à Gémigny, dans le Loiret, le nom de trois anges, Raphaël, Raguel et Ariel, inscrits avec leur image sur un moule de patènes des temps mérovingiens[1]. Cet objet et la pierre de Poitiers

[1] N° 32.

nous apportent ainsi la double marque d'une superstition longtemps restée vivace chez nos pères. Comme l'a déclaré le concile de Rome tenu en 745 sous le pape Zacharie, l'Église ne reconnaît que trois anges : Michel, Raphaël, Gabriel; les autres noms ne désignent point des anges, mais des démons «non angelorum sed dæmonum nomina[1]». Dès la fin du ve siècle, un autre concile de Rome avait condamné l'usage des phylactères où se lisaient ces noms : «Phylacteria omnia quæ non angelorum, ut illi confingunt, sed dæmonum magis nominibus conscripta sunt[2]. »

Deux lignes d'inscriptions sont gravées au dessous des figures. La seconde, dont les lettres n'ont gardé que des traces de leur partie supérieure, est d'une lecture très difficile. On lit dans la première, dont le début et la fin manquent : ...DIMIS·SCI ACNANI·LARITI· VARIGATI·HELARII·MARTINII... Saint Aignan d'Orléans, le diacre saint Laurent, saint Hilaire, saint Martin, tels paraissent être ceux dont l'on peut reconnaître ici les noms et dont Mellebaude aura réuni les reliques. Il serait difficile de dire la forme du monument auquel appartenait la pierre où figure cette liste.

Les petites cavités carrées qui y sont semées avaient servi à recevoir des incrustations de verroteries imitant les pierres précieuses[3].

---

[1] *Vita S. Bonifatii, auctore Othlono*, lib. II, dans Mabillon, *Acta sanctorum Ord. Bened.*, pars II, p. 64.

[2] *Concil. Romanum*, I, a° 492 (Mansi, t. VIII, p. 151). Cf. *Concil. Laodicense*, a° 320, c. xxxv (Mansi, t. II, p. 569). Voir, pour la perpétuation de l'invocation superstitieuse d'anges non reconnus par l'Église, Eymericus, *Director. inquisit.*, Venet., 1607, p. 481; Martinus de Arles, *Tract. de superstit.* dans le *Flagellum hæretic.*, Francofurti, 1581. p. 401; *In Enchiridion manuale orationes devotæ Leonis papæ*, Anconæ, 1649, p. 24.

[3] Voir ci-dessus, p. 260.

254 A

Un autre débris de même sorte a été retrouvé en deux parties; l'une d'elles, au revers de laquelle on avait sculpté une croix en relief, fermait un sarcophage; la seconde servait de marche dans l'escalier. Au bas de cette dernière on lit le commencement d'une inscription :

Hic in nomeni $\overline{Dni}$ ces. . . . .

Quel pouvait être le mot commençant par les trois dernières lettres de cette ligne? Probablement la troisième personne du présent de *quiescere* souvent écrit sur les marbres avec la forme *cesquere*[1] et qui témoigne de la prononciation gutturale de la lettre C.[2]. Il s'agirait ici, dans ce cas, d'une tombe sur laquelle on aurait sculpté les images de plusieurs anges.

---

[1] Lupi, *Epitaphium Severæ martyris*, p. 126 : CESQVAT; Boldetti, p. 360 : CESQVE; p. 808, CESQVET, etc. — [2] Cf. ci-dessous n° 374.

255

Le R. P. de la Croix, p. 78, et pl. VII; — Mgr Barbier de Montaut, p. 28.

Une marche qui divise en deux parties l'intérieur de la chambre sépulcrale est ornée de dix rosaces autrefois munies de verroteries et que précède une croix de forme monogrammatique. Une autre croix latine reposant sur sa base a été ajoutée en surcharge sur la première; il n'en reste que le creux qui contenait les incrustations.

Au-dessus de la ligne des rosaces est une inscription mutilée où le R. P. de la Croix a déchiffré les mots suivants :

HOMO ✝ QVIS · GLORIA[TVR]?... O.SE... M[EM... RDE... IGNORAT

Dans cette phrase que Mgr Barbier de Montaut rapproche de plusieurs passages des livres saints, il s'agissait sans doute d'un précepte contre le vain orgueil; on le voit par la ligne suivante qui est gravée sous les rosaces :

✝ MELIVS · EST · ENIM · IN · MALEFACTIS · HVMELIS · CONFESSIO · QVAM · IN BONIS · SVPERVA · GLORIACIO ·

Ainsi que l'a fort bien reconnu le R. P. de la Croix, cette sentence se lit, rédigée comme il suit, dans le *Liber scintillarum* du moine Defensor qui l'attribue à saint Basile : « Melior enim est in malis factis pura confessio quam in bonis operibus superba gloriatio [1]. » Saint Bernard qui la répète de même, en l'attribuant à un certain sage,

---

[1] C. VIII, *De confessione* (Migne, *Patrologie latine*, t. LXXXVIII, col. 619).

quidam sapiens, en donne un texte plus conforme à celui du monument de Poitiers : «Melior est in malis factis humilis confessio quam in bonis factis superba gloriatio.[1]» Le *sapiens* dont parle saint Bernard ne serait-il autre que le grand évêque d'Hippone? Le fait est possible, car je rencontre la même maxime dans un recueil attribué à saint Prosper et intitulé *Liber sententiarum ex operibus S. Augustini delibatarum* [2].

256

SAINT-CYR-EN-TALMONDOIS.

B. Fillon, *Archives historiques du Poitou*, 1872, t. I, p. 297.

Inscription de type assez ancien, comme le montrent ses caractères

---

[1] *De septem donis Spiritus Sancti sermo*, édit. de 1690, vol. II, p. 759.

[2] C. CXVIII. Je n'ai pas retrouvé textuellement cet adage chez saint Augustin. Dans celui de ses traités auquel il est référé et qui vise la parabole du pharisien et du publicain, on lit à propos de ces deux personnages : «Ille superbus erat in bonis factis, ille humilis in malis factis. Videte fratres, placuit Deo magis humilitas in factis quam superbia in bonis factis. Sic odit Deus superbos» (*Enarr. in Ps.* XCIII, § 15). La forme de la maxime qui nous occupe paraît avoir fait fortune chez les anciens. Je la relève dans ces mots de Cassiodore : «Melius est enim in tam occultis causis confiteri ignorantiam quam periculosam assumere fortassis audaciam.» (*De anima*, c. VII.)

et la simplicité de sa formule. Elle a été tirée de terre par le soc de la charrue dans un champ de la villa romaine d'Anson, commune de Saint-Cyr-en-Talmondois (Vendée), que l'on nommait autrefois Aron. « La fondation de l'église de cette localité, écrit M. Fillon, est fort ancienne, car on y a découvert, il y a quelques années, parmi les débris de l'édifice reconstruit au xi⁰ siècle, un chapiteau mérovingien et des briques de la même époque provenant d'un bâtiment antérieur et qui avaient été employés comme simples matériaux de maçonnerie. »

257
BÉRUGES.

Mémoires de la Société des Antiquaires de l'Ouest, 2ᵉ série, t. VI, p. 497.

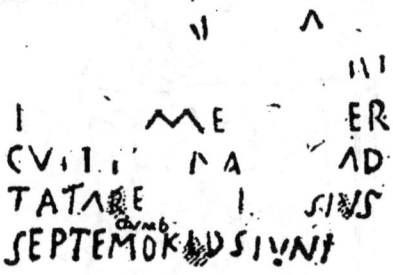

Des fouilles opérées à Béruges, près de Poitiers, sur l'emplacement d'une église romane, ont mis au jour un couvercle de sarcophage de pierre où l'on distingue quelques lettres d'une inscription très ruinée. Au-dessous de cette légende qui, d'après la forme des caractères, peut appartenir au vii⁰ siècle, sont gravées, entre des bandes d'ornements, deux colombes buvant dans un vase et l'image d'un aigle aux ailes déployées. J'ai déjà rencontré à Lyon, sur une tombe chrétienne, cette dernière figure très rarement reproduite[1]. C'est selon toute apparence

---

[1] *Inscriptions chrétiennes de la Gaule*, t. I, pl. XI, n° 45.

un symbole de la résurrection attendue, conformément à ce qu'enseignent les Pères dans leurs commentaires sur les mots du Psaume cii : « Renovabitur ut aquilæ juventus tua [1]. »

258
PERSAC.

R. de Lasteyrie, *Bull. archéol. du Comité des travaux historiques*, 1887, p. 6.

Le R. P. de la Croix a récemment communiqué au Comité des travaux historiques une note sur l'un des cimetières de la Vienne qu'il fouille avec tant de sagacité et de persévérance. C'est à Persac, canton de Lussac-le-Château, que se sont trouvées les pierres qu'il venait de découvrir. Là était une nécropole antique, d'une large étendue, que l'on supprima au commencement de ce siècle et dont les tombes furent enlevées. Plusieurs des vieux couvercles servirent à fermer les cercueils d'un nouveau cimetière; on les retourna pour cet usage et le savant religieux a reconnu, dans l'une de ces dalles, la pierre qui avait clos un sarcophage de l'époque mérovingienne. Son ornementation est des plus simples; elle se rencontre souvent dans le pays, à Antigny, à Saint-Pierre-de-Maillé [2]. Au-dessous d'un signe dont la valeur m'échappe et que présentent de même quelques tombes de

---

[1] S. Augustin, *Enarratio in Psalmos* LXVII et CII; S. Epiphan., *Ancorat.*, c. c.

[2] *Bulletin archéologique du Comité des travaux historiques*, 1886, p. 258 et suiv.

Civaux est gravé en gros caractères, suivant l'usage local, le nom du mort :

BAVDO
LEIFO

nom qui se lit, avec la forme *Baudeleifus*, dans le testament de saint Rémy[1]. J'hésite, comme l'a fait M. de Lasteyrie, à proposer une interprétation des lettres, en partie mutilées, qui sont inscrites au bas de la pierre.

259

SAVIGNÉ.

Le P. de la Croix, *Bull. archéol. du Comité des trav. histor.*, 1886, p. 288.

Près de Civray, dans cette région de l'Ouest qui nous a déjà fourni nombre d'inscriptions gravées en grosses lettres sur pierre, se trouve un fragment provenant sans doute de quelque couvercle de sarcophage. On y lit le nom *Domaredo*.

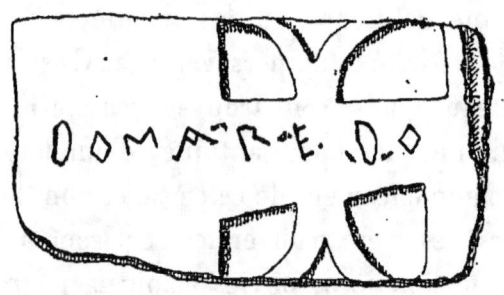

Ce débris, long d'environ 1 m. 50, est placé dans la margelle carrée d'un puits public sur la place de Savigné. Il a été tiré des fouilles de l'ancien cimetière. J'hésite, comme je l'ai déjà dit, à estimer l'âge de ces sortes de monuments qui peuvent appartenir au VIIe siècle.

On rencontre souvent, dans le Poitou, des pierres funéraires char-

---

[1] Pardessus, *Diplomata*, t. II, p. 81.

gées, comme celle-ci, de grossiers ornements. Le musée de Poitiers en possède un certain nombre.

ANTIGNY.

En 1884, la commune d'Antigny, canton de Saint-Savin (Vienne), a dû emprunter, pour l'établissement d'une route, plusieurs milliers de mètres cubes de terre à son ancien cimetière. Poussée à plus de deux mètres de profondeur, la fouille a mis au jour environ deux cents tombes à couvercles grossièrement ornementés et dont quelques-unes portent des inscriptions. Signalées à la presse locale par le R. P. de la Croix, ces épitaphes ont été, de sa part, l'objet de communications insérées dans le *Bulletin de la Société des Antiquaires de l'Ouest*, de notes présentées à la Société des Antiquaires de France et d'un intéressant mémoire adressé au Comité des travaux historiques[1]. Je transcris celles de ces légendes qui ont été sauvées de la destruction.

260

Bull. de la Soc. des Antiquaires de l'Ouest, t. III, 2° série, p. 455; — *Bul. de la Soc. des Antiquaires de France*, 1885, p. 210; — *Bull. archéol. du Comité des trav. histor.*, 1886, p. 262.

Épitaphe gravée sur le couvercle ornementé d'un sarcophage d'en-

---

[1] *Bulletin archéologique du Comité des travaux historiques*, 1886, p. 256 à 298. On trouvera dans ce recueil des bois représentant les sarcophages curieusement ornementés où se lisent les inscriptions. J'aurais voulu les reproduire; mais l'extrême réduction qu'y ont subie ces légendes m'a fait préférer d'autres copies.

fant. Le cercueil, dit le R. P. de la Croix, est creusé dans un libage ayant servi auparavant à quelque construction, comme le prouvent les trous de scellement qui s'y voient encore.

Le nom du jeune chrétien d'Antigny est d'une extrême rareté. Je ne le retrouve qu'une seule fois, et au féminin, donné à une sainte dont l'autel existe à Luray, localité du département de l'Indre [1]. Le précieux *Onomasticon* du R. P. de Vit n'en relève aucun exemple chez les païens. Porté par un fidèle, il peut indiquer que le défunt avait été appelé ainsi, suivant une coutume bien connue, en mémoire de quelque saint personnage [2], l'un de ceux qui, par esprit de haute pénitence, se condamnaient à vivre chargés de fers. Les écrivains ecclésiastiques en mentionnent un grand nombre. Je citerai notamment saint Sénoch, saint Jacques, saintes Marana et Cyra, saint Audoenus, évêque de Rouen, saint Platon, saint Théodore l'Archimandrite [3]. Se soumettre à cette sorte de torture, c'était accepter le sort des misérables auxquels l'Église l'imposait en expiation de quelque crime [4].

Pénitents volontaires ou contraints, tous n'avaient pas droit à un même respect. Saint Jérôme engage à se défier de ces *catenati* aux longs cheveux incultes, barbus comme des boucs et marchant les pieds nus [5]; un capitulaire condamne le vagabondage des prétendus pénitents qu'on voit errer nus, chargés de fers et cherchant à faire des dupes [6].

---

[1] Labbe, *Nova bibliotheca librorum manuscriptorum*, t. II, p. 666, et la table. « Fercincta aut Ferrocincta »; *Bulletin de la Société des Antiquaires de l'Ouest*, 1879, p. 494.

[2] S. Chrysost., *Homil. xxi in Genes.*, § 8, etc.

[3] Greg. Turon., *Vitæ Patrum*, c. xv, § 1; Rosweyde, *Vitæ Patrum*, p. 839 et 856; Bolland), *Vita S. Dadonis vel Audoeni episcopi*, § 23 (24 aug.); *Vita S. Platonis Hegumeni*, § 23 et 36 (4 april.); *Vita S. Theodori Siccotæ*, § 28 (22 april.).

[4] Greg. Turon., *De glor. confessorum*, c. lxxxvii; Mabillon, *Præfat. in II sæc. Benedict.*, § 72.

[5] *Epist. xxii*, ad Eustoch., § 28.

[6] Baluze, *Capitularia*, t. I, p. 239.

261

Bulletin de la Société des Antiquaires de l'Ouest, t. III, 2ᵉ série, p. 407; — Bulletin de la Société des Antiquaires de France, 1885, p. 216; — Bulletin archéologique du Comité des travaux historiques, 1886, p. 260.

+ MAGNEFR
VDE

262

Bulletin de la Société des Antiquaires de l'Ouest, vol. cit., p. 404; — Bulletin de la Société des Antiquaires de France, 1855, p. 216; — Bulletin archéologique du Comité des travaux historiques, 1886, p. 259.

+FWVIANEPETRA

263

Bulletin de la Société des Antiquaires de l'Ouest, vol. cit., p. 406; — Bulletin de la Société des Antiquaires de France, 1855, p. 216; — Bulletin archéologique du Comité des travaux historiques, 1886, p. 260.

+TAVRVSVIVATDEO
TAVRVPETRAM

264

Bulletin de la Société des Antiquaires de l'Ouest, t. III, 2ᵉ série, p. 357; — *Bulletin de la Société des Antiquaires de France*, 1884, p. 310; 1885, p. 88 et 210; — *Bulletin archéologique du Comité des travaux historiques*, 1886, p. 252.

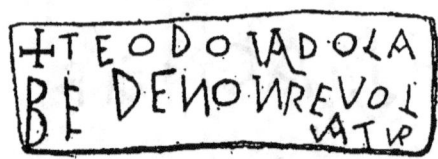

Formule nouvelle dans la série nombreuse de celles qu'on inscrivait sur les tombes pour tenter de les protéger contre la violation.

La réunion de ces trois dernières épitaphes semble faite pour mettre sous nos yeux une marque de l'inconstance des formes grammaticales qui caractérisait le langage de nos pères.

La première inscription porte le nom RVMVLIANE PETRA, c'est-à-dire « pierre sépulcrale de Rumuliana ».

Dans la seconde, la même formule, *Tauri petra*, est écrite TAVRV PETRAM.

A la troisième, les mots TEOVALDO LAPEDE NON REVOLVATVR me paraissent devoir être lus : *Teovaldi lapis non revolvatur*.

Que les accusatifs *petram* et *lapide* (pour *lapidem*) représentent ici des nominatifs, le fait me semble des plus probables, si je me reporte à une charte originale de Dagobert Iᵉʳ où nous lisons *nostram præceptio* pour *nostra præceptio*[1]; une même irrégularité se trouve dans les intitulés de plusieurs formules antiques et, pour n'en citer ici qu'un seul, dans celui qui, au lieu du mot *absolutio*, porte *absolutionem*[2]; je relève encore cette faute sur un marbre des catacombes romaines où FILIAS est écrit au lieu de *filiae*[3].

En ce qui touche les deux noms TAVRV, TEOVALDO, qui, malgré

---

[1] Tardif, *Archives de l'Empire, Monuments historiques*, p. 6.

[2] De Rozière, *Recueil général des formules usitées dans l'empire des Francs*, t. I, p. 114. Cf. p. 298 : *Rem ipsa* pour *res ipsa*, etc.

[3] Boldetti, *Osservazioni*, p. 807 : FILIAS IN PACE FECERVNT.

leurs désinences, me paraissent être au génitif, je rappellerai d'abord cinq de nos épitaphes qui présentent la même particularité. MEMBRI AVDOLENA, VRSINIANO SVBDIACONO OSSA, LINDIS FILIA VELANDV, FILII MAGNO, SERVVS IHM XPO, POST CONSS HORIO, y sont écrits pour *membra Audolenae, Ursiniani subdiaconi ossa, Lindis filia Velandi, filii Magni, servus Jesu Christi, post consulatum Honorii*[1]. C'est dans la même catégorie que je place l'inscription d'une coupe de verre : OFIKINA LAVRENTIV, inscription où je lis, d'après ces exemples et contrairement à ce qu'on a proposé, *offikina Laurentiu(s)* pour *officina Laurentii*[2].

J'ajoute à l'appui de ma lecture qu'à côté du nom de LAVRENTIV nous en trouvons un certain nombre dont, par un fait bien connu, l'S final du nominatif a été supprimé. Il en est ainsi pour ceux d'EP-POQV, EVTVCIV, IVCVNDV, ou avec le changement de l'V en O, pour INGOBERTO, LEONARDO, VALENTINIANO, BAVDOLEIFO, DOMAREDO[3], INGILDO[4] et pour quelques-uns de ceux que j'ai cités plus haut.

---

[1] *Inscript. chrét. de la Gaule*, nos 15, 293, 344, 378, et, dans ce volume, les nos 247, 277, 323. Vers le milieu du IXe siècle la forme nominative était gardée de même, alors qu'il eût fallu employer le génitif. Voir Marini, *I papiri diplomatici*, p. 153, 154, 155 : «Petrus filius quondam Lucianus, Petrus filio quondam Ursus, Petrus filius quondam Petrus, Leutarius filio Lupicinus, Anastasius filio quondam Leo.» Une épitaphe conservée au musée de Saintes, et que je crois du même temps, porte les mots DEPOSITIO RECEPTO pour *depositio Recepti*.

[2] Cette coupe a été trouvée par M. l'abbé Hamard, dans ses belles fouilles du Mont-de-Hermes. Mon savant confrère, M. Maximin Deloche, qui l'a publiée, y lit : *Vienna (de) officina Laurenti* (*Mémoires de l'Acad. des inscr.*, t. XXX, 2e partie, p. 365-367).

[3] *Inscr. chrét. de la Gaule*, nos 338, 355, 581 G, H, I, K, et ci-dessus, nos 258, 259, etc.

[4] Ci-dessous n° 429. Notons qu'ici, comme pour BAVDOLEIFO, il ne peut s'agir de noms de la troisième déclinaison. Ces vocables en effet se retrouvent ailleurs avec la forme régulière INGILDVS (ci-dessous n° 429) et *Baudoleifus* (n° 258).

265

Bulletin de la Société des Antiquaires de l'Ouest, 2ᵉ série, t. III, p. 459; — *Bulletin de la Société des Antiquaires de France*, 1885, p. 214; — *Bulletin archéologique du Comité des travaux historiques*, 1886, p. 258.

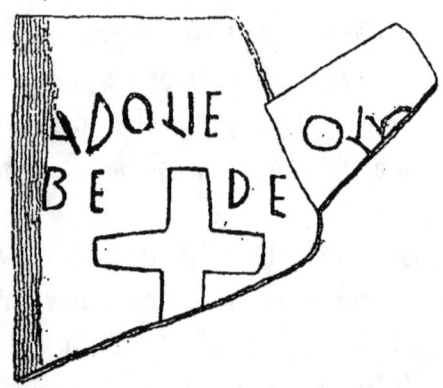

Inscription mutilée d'un couvercle de sarcophage. Les lettres ..BEDE représentent probablement le reste du mot LAPEDE de l'épitaphe précédente. Il y aurait ainsi là une nouvelle marque de la localisation des formules épigraphiques [1].

266

Bulletin de la Société des Antiquaires de l'Ouest, vol. cit., p. 455; — *Bulletin de la Société des Antiquaires de France*, 1885, p. 212; — *Bulletin archéologique du Comité des travaux historiques*, 1886, p. 263.

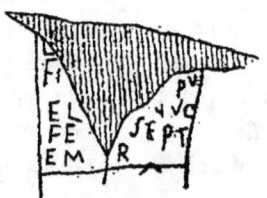

Épitaphe gravée sur le couvercle ornementé d'un sarcophage d'enfant. Il est difficile de tirer quelque chose de ce texte si mutilé. Après

---

[1] *Inscr. chrét. de la Gaule*, nᵒˢ 467 et 661.

le mot PVE{la, qui semble probable, peut-être faut-il y reconnaître le début d'une formule de date en usage sous les Mérovingiens et au début de l'âge suivant : *Quo*[d] *fe*[cit] *septem*[be]*r* [*dies*.....][1].

267

Bulletin de la Société des Antiquaires de l'Ouest, vol. cit., p. 458 ; — *Bulletin de la Société des Antiquaires de France*, 1885, p. 213 ; — De Rossi, *Bullettino di archeologia cristiana*, 1884-1885, p. 131 ; — *Bulletin archéologique du Comité des travaux historiques*, 1886, p. 252.

Inscription du couvercle d'un grand sarcophage donnant un fragment de nom propre : *Teovaldo* peut-être [2]. La signification de la figure gravée en tête est douteuse. Il ne paraît guère, selon l'observation de M. de Rossi, qu'au vi[e] ou au viie siècle, le trident ait été employé, ainsi qu'on le faisait aux premiers âges, comme une figure secrète de la croix [3]. Peut-être a-t-on voulu représenter ce dernier signe portant des cierges sur ses branches [4]. C'est ce qu'au vu de notre inscription, M. Prou, incline comme moi, à reconnaître sur un tiers de sou de style orléanais où figure la croix fichée sur un globe, et dont chaque branche est surmontée d'un trait vertical [5].

---

[1] Cf. ci-dessus, n° 238.
[2] Cf. n° 264.
[3] *Bullett.*, 1870, p. 12, 42-45 ; 1881, p. 18, 19.

[4] Cf. Bottari, *Roma sotterranea*, planche XLIX, etc.
[5] Monnaie mérovingienne du Cabinet de France, n° 915.

268

Bulletin de la Société des Antiquaires de l'Ouest, 2ᵉ série, t. III, p. 459;
Bulletin de la Société des Antiquaires de France, 1885, p. 214.

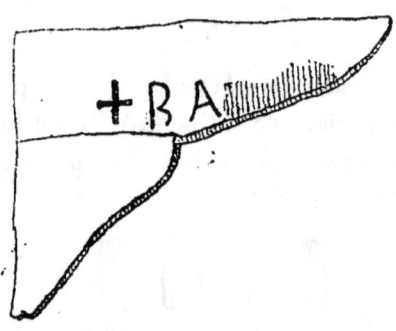

Fragment d'une inscription gravée sous le couvercle d'un grand sarcophage.

269

Bulletin archéologique du Comité des travaux historiques, 1886, p. 266.

La tranche d'un autre tombeau fermé par un couvercle richement décoré porte en *graffiti* trois noms difficiles à déchiffrer dont le R. P. de la Croix donne, dans la même notice, des copies très réduites. Le dernier de ces noms semble être *Atulfo*.

270

SAINT-PIERRE-LES-ÉGLISES.

Ledain, *Catalogue du musée des Antiquaires de l'Ouest*, p. 38; — Le R. P. de la Croix, *Bulletin archéologique du Comité des travaux historiques*, 1886, p. 273; *Monographie de l'hypogée martyrium de Poitiers*, p. 87.

Un fragment trouvé à Saint-Pierre-les-Églises, canton de Chauvigny (Vienne), par M. l'abbé Miton, et conservé au musée du Temple Saint-Jean à Poitiers, porte l'inscription suivante :

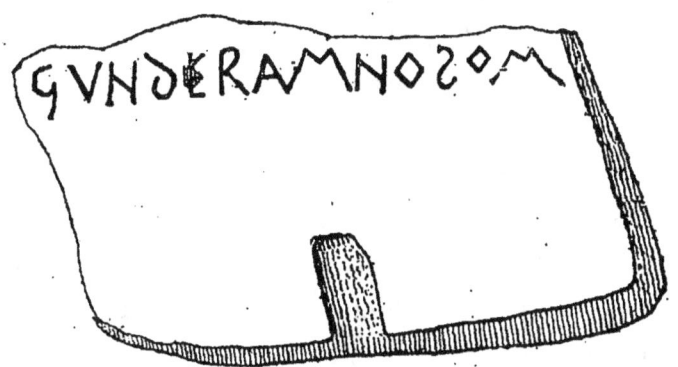

Je n'ai pu savoir dans quelles conditions a été rencontrée cette pierre.

Des épitaphes que j'ai citées plus haut[1] montrent que les mots GVNDERAMNO SOM pour *Gunderamni sum*[2] ont probablement désigné une sépulture.

[1] N° 125. — [2] Cf. n° 264.

271

ROM.

Ricard, *Bulletin de la Société des Antiquaires de l'Ouest*, 1882, p. 507, 508; — Palustre, *Bulletin monumental*, 1883, p. 193; — Berthelé, *Antiquités gallo-romaines et mérovingiennes trouvées à Rom en 1883*, p. 9.

Légende gravée en grosses lettres sur une pierre que l'on croit avoir été un couvercle de sarcophage. Elle a été trouvée à Rom, localité dont j'ai déjà publié deux inscriptions [1]. On y a rencontré un grand nombre des restes antiques, colonnes cannelées, vases de terre, de verre et surtout des tombeaux de pierre superposés [2]. L'épitaphe de *Bauthildis*, donnée par M. l'abbé Nigot au musée de Niort, me paraît appartenir au VIIe siècle.

272

Berthelé, *Antiquités gallo-romaines et mérovingiennes trouvées à Rom en 1883*, p. 9.

HIC DAVELDES ET DOMNOLENTVS

M. l'abbé Nigot a vu sur le couvercle d'un sarcophage, large de plus d'un mètre et contenant deux corps, cette inscription malheureuse-

---

[1] *Inscriptions chrétiennes de la Gaule*, n°s 577 et 578.

[2] Voir sur cette localité la note de M. Ricard, citée plus haut.

ment disparue. La pierre qui la portait a été, dit-il, divisée et employée dans les travaux de restauration faits à l'église de Rom.

273

Étude archéologique et religieuse à propos de la consécration de l'église de Rom (Poitiers, 1858); — Berthelé, *Antiquités gallo-romaines et mérovingiennes, trouvées à Rom en 1883*, p. 9.

Dans la petite brochure que j'indique d'après une note de M. Berthelé et que je n'ai pu me procurer[1], on annonce avoir trouvé, en pratiquant des fouilles à Rom, une pierre tumulaire de petite dimension sur laquelle était gravée une croix au milieu d'un cercle dentelé. Au-dessus se lisait cette inscription :

FAVSTE VIVAT IN DEO SEMPER

Entre les bras de la croix étaient tracés grossièrement, comme avec la pointe d'un couteau, les mots suivants :

VIVAT FAVSTINVS MAGISTER

Cette pierre, signalée par M. l'abbé Laillant, a disparu; je le regrette d'autant plus qu'il aurait été désirable de contrôler la lecture de la seconde inscription écrite, paraît-il, en *graffito*.

L'acclamation *Vivas in Deo, in Christo* figure sur plusieurs de nos monuments funéraires. Je la retrouve à Binson[2], à Mandoürel[3] et, dans la Seconde Aquitaine même, à Civaux[4] et à Antigny[5]. Elle est de même, comme on le sait, fréquemment gravée sur les bijoux, agrafes et anneaux[6], rattachant ainsi le chrétien au ciel dans la vie

---

[1] M. l'abbé Laillant, auquel elle est attribuée, me fait l'honneur de m'écrire qu'elle n'est pas de sa main et qu'il en ignore l'auteur.

[2] *Inscr. chrét. de la Gaule*, n° 336 c.

[3] N° 621 B.

[4] N° 576.

[5] Ci-dessus, n° 263.

[6] *Inscriptions chrétiennes de la Gaule*, t. I, p. 64 et 494; ci-dessus, n°ˢ 59 et 187.

comme dans la mort. « Nemo sibi vivit et nemo sibi moritur », écrit Leidrade, « si vivimus, Deo vivimus; si moriemur, Deo moriemur[1]. »

Un mot inséré par M. Berthelé, dans la brochure citée plus haut, m'apprend que l'épitaphe de *Gunmaredus*, conservée au musée de Nevers et que j'ai autrefois donnée sans indication de provenance[2], a été découverte à Rom.

274

SAINTES.

Bulletin de la Société des archives historiques de la Saintonge, 1880, p. 118; — De Tilly, *Recueil de la Commission des arts et monuments historiques de la Charente-Inférieure et Société d'archéologie de Saintes*, 1880, p. 151; — Audiat, *Bulletin monumental*, 1881, p. 287-295; — Le R. P. de la Croix, *Monographie de l'hypogée martyrium de Poitiers*, pl. XXVI.

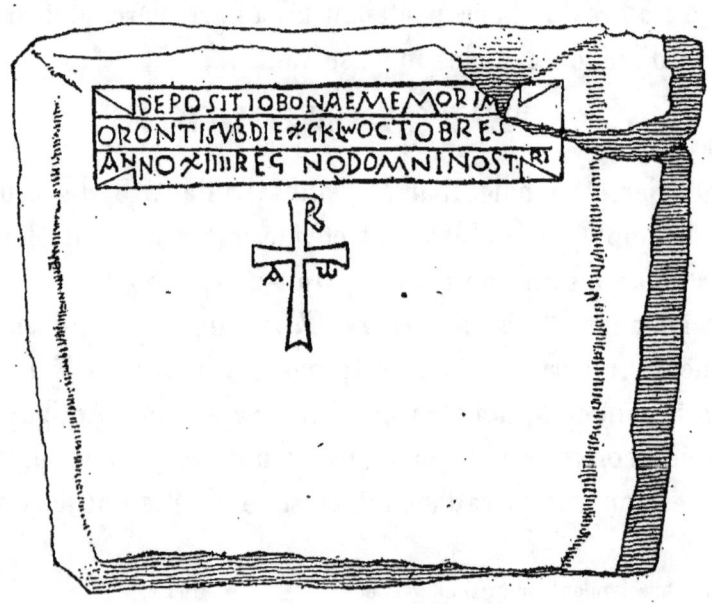

Derrière le cimetière actuel de Saintes, il y a vingt ans à peu près,

[1] *Epist. II*, dans Agobard, édit. de Baluze, t. II, p. 132.

[2] *Inscriptions chrétiennes de la Gaule* n° 577.

ont été exhumées plusieurs tombes, les unes avec des couvercles prismatiques, les autres fermées par une simple dalle : une nouvelle fouille pratiquée en 1880 a fait découvrir au même lieu, avec des ossements tombant en poussière, des restes d'un tissu d'or. Parmi d'autres débris se trouvait une pierre portant la légende que je viens de transcrire. Les recherches poussées plus loin ont mis au jour un pavé en moellons sous lequel étaient des cercueils sans épitaphes encastrés un par un dans des excavations du roc.

Ce cimetière était, sans doute, celui du monastère et de l'antique église Saint-Saloine, près desquels il se trouvait placé[1].

L'épitaphe d'Orontius, mort le 16 des calendes d'octobre[2], ne présenterait aucune difficulté si le principal de ses éléments de date demeurait aussi clair pour nous qu'il l'était au moment où fut placée la pierre. Le fidèle trépassa, y lisons-nous, «l'an quatorzième du règne de notre seigneur». De quel prince a-t-on voulu parler ici? La question est embarrassante, car il ne s'agit pas, selon toute apparence, de chercher qui a possédé pendant quatorze ans, au VI⁰ ou au VII⁰ siècle, le pays de Poitou. Bien qu'on ait cité d'autres modes de supputation[3], nos inscriptions tendent en effet à montrer que, même dans les provinces d'annexion postérieure, les années de règne des princes mérovingiens se comptaient à partir du jour de leur avènement au trône. Ainsi en est-il pour un marbre de Briord daté de la quarante-sixième année de Clotaire II qui ne régna que quinze ans sur la Bourgogne[4], pour une épitaphe de Narbonne[5] datée de l'an quatorzième de Léovigilde, c'est-à-dire de 592, bien que ce souverain ne possédât la Septimanie que depuis 572.

La haute compétence de mon confrère, M. Longnon, en ce qui touche les divisions politiques du sol de la Gaule mérovingienne le mettait

---

[1] Cf. *Gallia christiana*, t. II, p. 1055.

[2] J'ai à peine besoin de noter que le signe qui suit le chiffre X est l'*epismon vau* représentant le nombre VI. Voir pour ce signe et pour ses formes diverses, *Inscriptions chrétiennes de la Gaule*, n°ˢ 34 et 467.

[3] Pardessus, *Diplom.*, Proleg., p. 194.

[4] *Inscript. chrét. de la Gaule*, n° 375.

[5] *Ibid.*, n° 611. Cf. Dom Vaissète, *Histoire de Languedoc*, t. I, p. 677.

mieux que tout autre en mesure d'éclairer la question et je tiens de son obligeance une note que je m'empresse de reproduire :

« Je suis de plus en plus convaincu que les années de règne des rois mérovingiens doivent être comptées, dans les différentes cités, à partir de l'avènement de ces princes. On en trouve un exemple irrécusable dans l'inscription de Briord, n° 375 de votre recueil, laquelle est datée de la quarante-sixième année du règne de Clotaire et que vous pensez être Clotaire II, et avec toute raison, je crois. Or Clotaire II a régné quinze ans seulement (de 613 à 628) sur le royaume de Bourgogne. De même, dans la chronique bourguignonne de Frédégaire, les années du règne de Clotaire II ne sont pas comptées à partir de 613, mais de 584. Par conséquent le 16 des calendes d'octobre de la quatorzième année d'un règne ne peut ici se traduire que par le 16 septembre de la quatorzième année de Childebert Ier, de Gontran ou de Théodoric II, les autres souverains qui ont possédé Saintes au cours du vi^e siècle ou au commencement du viie siècle n'y ayant point dominé au cours de la quatorzième année de leur règne.

« Le 16 septembre de la quatorzième année de Childebert Ier correspond au 16 septembre 525, les années de ce prince comptant à partir de la mort de Clovis Ier (27 novembre 511).

« Le 16 septembre de la quatorzième année de Gontran représente le 16 septembre 575, puisque ce prince fut l'un des quatre successeurs de Clotaire Ier lequel mourut en 561, ce qui résulte de la date du second concile de Mâcon (4 des ides de novembre de la 24e année du règne de Gontran, qui correspond au 10 novembre 585 ; voir à ce sujet Le Cointe, *Annales eccles. Francorum*, anno 561).

« Il est moins facile de réduire à notre façon de compter le 16 septembre de la 14e année de Théodoric II. Est-ce 609 ou 610 ? Je pencherais volontiers pour la première de ces années, mais je n'affirme rien. Ce qui paraît probable, c'est que Childebert II, père de Théodoric II, mourut entre le 28 mars et le commencement de novembre 596. S'il est mort avant le 16 septembre, la 14e année de Théodoric II, dans l'espèce, se rapporterait à 609 : autrement, il s'agirait de 610.

« Je propose donc, comme date de l'inscription de Saintes, 525, 575 et 609 ou 610. Peut-être vous sera-t-il possible, par l'étude du monument, de rejeter une ou plusieurs de ces dates. Pour moi, il m'est impossible de serrer la question de plus près.

« *P. S.* Je ne me suis pas expliqué ci-dessus, au sujet des motifs qui me font placer la mort de Childebert II entre le 28 mars et le début de novembre 596. Les voici :

« La première de ces dates est fournie par Frédégaire, selon lequel Childebert II serait mort dans la quatrième année après la mort de Gontran, arrivée le 28 mars 593. La seconde me paraît résulter de l'inscription 474 de votre recueil, laquelle est datée de cette façon bizarre :
IDAS KALENDAS NOVEMBRAS ANNVM QVARTVM RENVM DOMINI NOTRI THEODORICI RIGES INDICCIVNE DVDECEMA.

« Comme vous l'avez remarqué, l'indiction ne correspond pas à la quatrième année de Théodoric II ; il faut donc admettre une erreur quelconque et il me semble que la plus facile à commettre est certainement celle qui consisterait à écrire *quartum* pour *quartum decimum*, car la quatorzième année de Théodoric II commençait certainement l'an 609, correspondant à l'indiction douzième. »

Les moyens communs d'appréciation qu'une inscription chrétienne d'une époque non certaine peut fournir à qui veut tenter d'en déterminer l'âge sont ici d'un faible secours, attendu la forme exceptionnelle que présente l'épitaphe de Saintes.

Si l'on voulait, en s'appuyant sur la formule initiale DEPOSITIO ORONTI, conclure rigoureusement pour la plus ancienne des dates proposées, on s'exposerait à faire fausse route. Le début par DEPOSITIO suivi d'un nom propre au génitif appartient surtout au IVe siècle. Ainsi le montrent nos inscriptions en même temps que celles de Rome[1].

---

[1] *Inscriptions chrétiennes de la Gaule*, n°ˢ 62 et 591 (années 334 et 405). De Rossi, *Inscript. christ. Rom.*, t. I, années 341, 343, 347, 373, 381, 383, 401, 415, 448. L'antiquité de la formule dont je parle est attestée par ce fait qu'une épitaphe débutant par les mots DEPOSITIO FESTI a été effacée pour faire place à une autre inscription datée d'un des post-consulats de Basile, c'est-à-dire postérieure à l'année 541.

A côté des enseignements souvent précieux qu'apportent les relevés de la statistique, il faut toutefois se souvenir d'une loi que j'ai eu l'occasion de signaler, celle de la localisation des formules épigraphiques [1]. Or une inscription probablement carlovingienne conservée au musée de Saintes et qui porte les mots DEPOSICIO RECEPTO (pour *Recepti* [2]) nous apprend que, dans la Seconde Aquitaine, cette façon de dire s'était maintenue, alors que, dans les autres régions, elle avait cessé d'être en usage. Nous ne pouvons donc en rien conclure, en ce qui touche l'ancienneté de l'épitaphe d'*Orontius*. L'expression laudative *bonae memoriae* ne nous apporte également rien d'utile, puisque nous la trouvons en Gaule depuis l'année 473 [3] jusqu'à la fin du VIIe siècle. Rien non plus de démonstratif au point de vue chronologique, dans la présence du monogramme du Christ, dans celle des lettres A W qui se montrent sur notre sol dès l'an 377 [4].

Quoi qu'il en soit, le style simple de l'épitaphe d'*Orontius*, la régularité relative des caractères me porte à estimer qu'elle ne doit pas être classée à une époque trop basse et qu'elle appartient au VIe siècle plutôt qu'au VIIe siècle.

275

Recueil de la Commission des arts et monuments historiques de la Charente-Inférieure,
2e série, t. I, p. 120.

Au milieu des débris exhumés dans le même cimetière, on a trouvé deux fragments d'une pierre plate portant les mots DEFVNCTVS EST et SEPTEMBRIS... Cette inscription, aujourd'hui disparue et dont je n'ai ni dessin ni estampage, a été attribuée au Ve siècle.

---

[1] *Inscriptions chrétiennes de la Gaule,* nos 467 et 601.
[2] Cf. ci-dessus n° 264.
[3] *Inscr. chrét. de la Gaule,* t. II, p. 605, note pour la page 152 du tome I.
[4] *Ibid.,* préface, p. XII, XIV, XXIV, XXV.

ANGOULÊME.

J'ai signalé, en publiant les vieux sarcophages chrétiens de notre pays, une belle tombe de pierre découverte à Angoulême, il y a environ quarante ans, parmi les débris provenant de l'antique église Saint-Ausone[1]. Au même lieu se sont trouvés, dans un cimetière qu'il importerait de fouiller, d'autres sarcophages à ornements qui, par malheur, n'ont pas été conservés, puis deux épitaphes et un vase à inscription dont je parlerai plus loin.

276

Bulletin de la Société archéologique et historique de la Charente, 4ᵉ série, t. III, p. 415; Lièvre, *Angoulême, histoire, institutions et monuments*, p. 16-18.

Inscription gravée sur un tombeau de pierre dont il ne reste plus qu'un fragment. Elle est conservée à l'évêché.

Avec l'antique acclamation *Vivas in Deo* si souvent reproduite en Gaule, on remarquera ici le nom d'*Alogia*, qui ne s'est encore rencontré que chez les chrétiens[2]. J'ai, dans un précédent travail, noté que nos pères, heureux de souffrir pour le Christ, semblent s'être fait gloire de prendre pour noms propres les mots injurieux que leur jetaient les païens. J'en ai réuni des preuves nombreuses parmi les-

---

[1] *Les sarcophages chrétiens de la Gaule*, p. 87.

[2] Marangoni, *Cose gentilesche*, p. 454, ALOGIA; Surius, 31 jul., *Alogius*; Concil. *Galliæ*, a° 549 (*Concil. Aurel. V*): *Alodius*, alias, *Alogius*; *Bulletin du Comité des travaux historiques*, 1889, p. 135 : MESA (*mensa*) ALOGIES.

quelles figurent les vocables *Alogius*, *Alogia*, qui rappellent l'accusation de folie dont on poursuivait les fidèles, leur ἀλογία, comme disait Julien l'Apostat[1].

277

Bulletin de la Société archéologique de la Charente, 1882, p. xxxv; — De Laurière, *Épitaphe chrétienne de Basilia;* — *Resoconto delle conferenze dei cultori di archeologia cristiana in Roma*, 1875-1887, p. 284; — De Rossi, *Bullettino di archeologia cristiana*, 1884-1885, p. 33.

J'ai copié au musée d'Angoulême cette épitaphe découverte en 1882; elle est gravée à la pointe sur un carreau de terre cuite posé verticalement dans un tombeau derrière la tête du squelette[2]. On y trouve les mots : *Depositio Basiliae, undecimo kalendas februarias, die solis, post consulatum Honorii sextum.* La chrétienne d'Angoulême est donc morte le 11 des calendes de février, un dimanche, l'an qui a suivi le sixième postconsulat de l'empereur Honorius. Ce postconsulat correspondant à l'année 404, c'est en 405 que Basilia a quitté ce monde. Une inscription de Sainte-Croix-du-Mont[3] et d'autres encore trouvées à

[1] *Inscriptions chrétiennes de la Gaule*, t. II, p. 66.
[2] Un certain nombre d'épitaphes ont été placées ainsi dans les tombes. (*Inscr. chrét. de la Gaule*, table, au mot *Épitaphes*.)
[3] *Ibid.*, n° 591.

Rome et à Milan portent la même indication chronologique, dans laquelle M. de Rossi fait remarquer l'absence du nom du consul Aristenète, collègue pour l'Orient d'Honorius [1].

Grégoire de Tours écrit que, de son temps, le vulgaire avait conservé l'habitude de nommer, comme nous le voyons ici, le dimanche jour du Soleil [2]. Si plusieurs inscriptions portent la désignation chrétienne DIES DOMINICA, ΗΜΕΡΑ ΚΥΡΙΑΚΗ [3], on en trouve, et en pareil nombre, où figurent les mots : DIES SOLIS, ΗΜΕΡΑ ΗΛΙΟΥ [4]; il en est de même dans dans des textes officiels [5] et plus anciennement dans les écrits des Pères de l'Église [6]. Les âges ont fait disparaître cette appellation des temps antiques. Seul, entre tous les jours de la semaine, le dimanche s'est affranchi du nom donné par les païens. Il en devait être ainsi pour une journée sanctifiée par le grand souvenir de la Résurrection et que les écrivains ecclésiastiques ont nommée la première et la reine des fêtes [7].

---

[1] *Inscript. christ. Rom.*, t. I, n° 528.

[2] «Ecce dies solis adest, sic enim barbaries vocitare diem dominicum consueta est.» (*Hist. Franc.*, III, xv.) Saint Augustin fait une même remarque au sujet du mercredi dont le nom antique a prévalu : «Quarta feria qui Mercurii dies dicitur a paganis et a multis christianis.» (*Enarr. in Psalm.*, xciii, § 3.)

[3] Torremuzza, *Siciliæ inscript.*, p. 265 : ΗΜΕΡΑ ΚΥΡΙΑΚΗ; Guasco, *Museo Capitol.*, t. III, p. 153 : DIE DOMINICA; Marini, *Lettera al sign. Garatoni*, p. 16 : DIE DOMINICA; Renier, *Inscriptions de l'Algérie*, n° 3431 : DIE DOMN; *Inscr. chrét. de la Gaule*, n° 248 : ΗΜΕΡΑ ΗΙ-Β; n° 597 : D DNICO.

[4] Torremuzza, *op. cit.*, p. 278 : ΗΜΕΡΑ ΗΛΙΟΥ; Marini, *op. cit.*, p. 21 : DIE SOLIS; p. 22 : DIE SOLIS; p. 31 : D· SOLIS; Cavedoni, *Cimeteri Chiusini*, p. 33 : DIAE SOLIS; p. 40 : D· D· SOLIS; *Resoconto delle conferenze di archeologia cristiana*, 1875-1887, p. 320 : SEXT· ID· OCTOB· D· S· ORA PRIMA.

[5] *Cod. Theodos.*, lib. II, tit. viii, c. 1; lib. VIII, tit. viii, c. 1 et 3, etc.

[6] S. Justin., *Apolog.*, § 67; Tertull., *Apologet.*, § 16, etc.

[7] S. Ignat., (*Epistolæ interpolatæ*) *Epist. ad Magnesios*, c. ix et la note de Cotelier. Fortunat nomme le dimanche *Dies resurrectionis* (*Vita S. Germani episcopi urbis Parisiansis*, c. lii).

278

De Rencogne, *Bulletin de la Société archéologique et historique de la Charente*, 1866, 4° série, t. III, p. 415, 416; t. IV, p. LIX, LX; — Lièvre, *Angoulême, histoire, institutions et monuments*, p. 16-18.

Non loin de la porte de l'église actuelle de Saint-Ausone, dans les tombeaux dont je viens de parler, ont été trouvés deux vases de terre grise, sur l'un desquels est légèrement gravée à la pointe l'acclamation :

LEA VIVAS

Rien ne nous fait connaître la croyance de la femme dont nous lisons ici le nom; le lieu où le vase a été découvert permet toutefois de penser que *Lea* était une chrétienne.

J'ai copié cette petite inscription chez madame de Rencogne, à laquelle appartient le vase.

279
SAINT-APRE.

Bulletin de la Société historique et archéologique du Périgord, 1878, p. 234.

Une lettre sans adresse, datée du 5 octobre 1833, et que l'on a bien voulu me communiquer, parle comme il suit d'une épitaphe trouvée à Saint-Apre, arrondissement de Ribérac (Dordogne) :

« En jetant les fondements d'une chapelle à côté de la vieille église de Saint-Apre, on a exhumé une foule de tombes en creuset, placées les unes sur les autres, qui paraissent remonter à une haute antiquité. Sur un de ces monuments on lit l'inscription suivante, que j'ai copiée figurativement :

```
RECESSIO BONE ME
MORIAE VIVIANI
CVM FECERIT OC
TOB DIES VII
AN XLIII
```

« Voici comment on l'a lue :

Recessio bonissimae Mariae Viviani cum fecerit octobre dies VII anno XLIII.

« Je vous serai infiniment obligé, Monsieur, si vous vouliez bien vous donner la peine de nous en faire une explication, car nous ne saurions nous en rapporter à ce que nous avons cru voir.

« Je suis avec respect votre dévoué serviteur,

« LAMY. »

Le début de cette inscription disparue ne présente aucune difficulté. On y lit : *Recessio bone memoriae Viviani cum fecerit october dies VII* [1].

---

[1]. Voir pour cette formule ci-dessus n° 238.

Les derniers mots, AN XLIII, peuvent s'interpréter de deux manières. Donnent-ils l'âge du défunt : *annorum xliii*, ou bien faut-il y voir, ainsi qu'en Auvergne, à Auch, à Peyrebert, à Saintes, la vague indication de l'année d'un règne (*anno xliii*)[1]? C'est ce dont je ne saurais décider.

280

PÉRIGUEUX.

Gruter, 1161, 5; — Baronius, *Annales*, a° 545, n° xviii; — Lebeuf, *Histoire de l'Académie des inscriptions*, t. XXIII, n° 207; — Blanchini, *Opuscula varia*, t. II, p. 54, 55; — Marini, dans Mai, *Scriptorum veterum nova collectio*, t. V, p. 69, n° 1; — Wlgrin de Taillefer, *Antiquités de Vésone*, t. II, p. 570 *bis* et 575; — Verneilh, *L'architecture byzantine en France*, p. 176.

Il existe à Périgueux, dans l'église Saint-Étienne, une table de pierre où se lit un cycle pascal. Ce monument, que Blanchini signale à tort comme disparu, a été vu autrefois par Scaliger et par Pierre Pithou, d'après lesquels Gruter en a publié une copie. Le point de départ du cycle concorde naturellement avec plusieurs périodes parmi lesquelles s'en trouve une qui commence en 547, et c'est à cette année que la plupart des éditeurs de l'inscription, Gruter, Baronius, Blanchini et le docte Marini lui-même en ont reporté la date.

Quelques personnes se sont montrées surprises de ne pas la trouver dans mon premier recueil. Elle ne pouvait y prendre place. La forme de ses caractères, et, sauf grande exception, les points superposés qui séparent les mots[2], ne sauraient être attribués au vi° siècle: Il en est de même de la façon de noter les jours : MARCIVS XXIIII, AP XII, AP IIII. C'est donc avec raison que le savant abbé Lebeuf a fixé à l'année 1163 la date initiale du cycle pascal de Périgueux.

---

[1] Voir n°⁸ 274, 290, 291, 293 et *Inscriptions chrétiennes de la Gaule*, n° 565. —
[2] *Id.*, t. I, p. 167.

281

LE FLEIX.

L'abbé Audierne, *Le Périgord illustré*, p. 558.

Le sol de la commune de Fleix, située dans l'arrondissement de Bergerac (Dordogne), recèle un grand nombre d'antiques débris. On y trouve des instruments de silex, des poteries gauloises, des tuiles et d'autres objets provenant de constructions romaines. Le lieu dit *la ville de Meille* a fourni un beau vase de bronze et plusieurs monnaies du Haut-Empire [1].

Une pierre, trouvée dans le voisinage, porte l'inscription suivante en tête de laquelle est gravé le monogramme et dont les deux premières lignes sont seules nettement lisibles :

La troisième ligne fort mutilée et dont la fin manque a été transcrite de trois façons diverses : SVMM DIE DEP ; SVMM DIE DEP ; SCMM DIE DEP[OSITVS] et lue *summo die depositus*.

On a vu ici l'épitaphe de l'évêque de Périgueux, Saffarius qui

---

[1] Voir, sur ce lieu-dit, le vicomte de Gourgues, *Dictionnaire topographique de la Dordogne*, p. 68, et l'abbé Audierne, *Le Périgord illustré*, p. 557, 558.

reçut, en 590, avec d'autres prélats de Bordeaux, d'Angoulême et de Poitiers, la difficile mission de faire rentrer dans le devoir les religieuses du monastère de Sainte-Radegonde[1].

L'examen d'un moulage qu'a bien voulu m'adresser le savant conservateur du musée de Périgueux, M. Galy, me donne sur la lecture de cette troisième ligne et sur la nature même du monument des doutes que je dois exposer.

Aux yeux de ceux qui l'ont vu avant moi, sa destination funéraire est uniquement établie par la lettre qui termine ce qui reste lisible à la fin de la troisième ligne; or cette lettre, mutilée sur la droite, n'est pas nécessairement un P, la courbure qui devait, en ce cas, relier entre elles ses deux barres horizontales ayant entièrement disparu. Ce peut être également un f et c'est pour ce dernier caractère que j'incline par les raisons que je vais dire.

En me transmettant le moulage, M. le docteur Galy m'a écrit qu'une barre transversale surmonte l'I de cette troisième ligne et que la lecture du mot DIE est dès lors sans doute inexacte. C'est là aussi mon sentiment. D'après les règles ordinaires de l'épigraphie chrétienne, DI est l'abréviation de *Dei*; l'E, attribué au mot *Die*, appartiendrait donc au suivant qui débute par EDEf, selon moi, plutôt que par EDEP. Un grand nombre d'inscriptions nous permet en effet de supposer ici l'existence du prétérit EDEf*icavit*.

EDIFICAVIT HANC DOMVM
AEDIFICAVIT OPVS
EDIFICABIT ISTAM ECCLESIAM
IN NOMINE IHV XPI... EDIFICATVS EST HANC CIVORIVS
EDIFICABIT TEMPLVM DNI SANCTI SALVATORIS
AEDIFICAS HOC IPSE DEO VENERABILE TEMPLVM

Telles sont les formules que nous offrent les marbres[1]. TEMPLVM,

---

[1] Gregor. Turon., *Hist. Francorum*, lib. IX, c. XLI.

[1] A. Mai, *Scriptorum veterum nova collectio*, t. V, p. 83, 136, 154, 183; Hübner, *Inscript. Hispan. christ.*, n° 259; *Inscript. chrét. de la Gaule*, n° 557, etc.

ECCLESIAM, AEDEM, DOMVM, voilà donc, si je ne me trompe, l'un des mots qui doivent précéder ici le génitif *Dei*. Or, si l'on veut bien remarquer que le D de ce mot est de forme onciale (d), on verra que la lettre du début, prise pour un S à cause de sa boucle inférieure, est un D du même alphabet. A bien la regarder, la seconde lettre, où l'on a vu un C, me paraît être un O, et les deux M qui suivent forment, par la juxtaposition étroite de leurs bases, l'V qui complète le mot DOMVM.

Je propose donc de lire ici DOMVM DI (*Dei*) EDEF*icavit* et je serais peut-être plus affirmatif si, au lieu d'un moulage, j'avais sous les yeux la pierre originale, car je crois voir après l'F la trace d'un I court et ne descendant pas jusqu'à la ligne inférieure, et de plus la courbe d'un C.

On me permettra de consigner ici de brèves observations qui, dans une mesure diverse, peuvent appuyer mon sentiment. Je noterai en passant que la pierre de Fleix est un bloc épais de 18 centimètres, tandis que, sauf de très rares exceptions, les épitaphes chrétiennes sont gravées sur des plaques minces. Le fait de l'ensevelissement de l'évêque dans une localité secondaire peut faire hésiter, alors qu'on sait avec quel soin les églises réunissaient d'ordinaire les tombes de ceux qui les avaient gouvernées[2]. C'était l'application d'une vieille coutume, si j'en crois un témoignage des temps mérovingiens, et relatif à notre pays même. Lorsque les Poitevins voulurent disputer aux Tourangeaux la possession du corps de saint Martin, ces derniers firent valoir que, d'après un antique usage, la ville où il avait été sacré devait posséder son tombeau : *Si mos antiquitus institutus servatur, in qua urbe ordinatus est habebit, Deo jubente, sepulcrum*[3]. La formule de début IN NOMINE... est particulièrement fréquente dans les inscriptions non funéraires, tandis que sur les épitaphes les exemples en sont peu nombreux. J'ajouterai que la pierre, taillée en forme de simple parallélogramme, n'a rien qui me semble justifier

---

[2] De Rossi, *Bullettino di archeologia cristiana*, 1864, p. 52; *Roma sotterranea*, t. II, p. 31; Socrat., *Hist. eccl.*, t. VII, p. 45, etc. — [3] Greg. Turon., *Hist. Franc.*, lib. I, c. XLIII.

le nom de cippe qui lui a été donné. Dépourvue de toute moulure, ouvrée seulement sur le devant et laissée brute sur ses faces supérieure et latérales, elle me paraît avoir été faite non pour figurer isolément mais pour être encastrée dans la paroi de l'édifice dont elle aurait, si je ne me trompe, désigné le fondateur.

Le monogramme ⨂ formé de l'I et du X réunis sans insertion du P est d'un usage fréquent en Gaule. Bien qu'on puisse se borner à n'y voir que la double initiale d'Ἰησοῦς Χριστὸς, il me faut toutefois noter que les anciens avaient coutume de figurer ainsi les astres[1]. Sur plusieurs sarcophages de la Provence l'étoile qui a guidé les Mages est représentée par la sorte de roue gravée en tête de notre inscription et qui contient ce signe, tandis que, sur une fresque des catacombes, le chrisme (⨂), entouré de même d'un cercle, remplace cette étoile dans la même scène[2]. Il y a donc lieu de croire qu'aux yeux des fidèles le monogramme, dégagé de la lettre P et réduit aux éléments IX entrelacés, rappelait, outre les noms du Christ, les épithètes φῶς, lumen, lux, illuminator, que lui donnent si souvent les anciens[3] et parmi eux Grégoire de Tours, compatriote et contemporain de Saffarius[4].

La pierre de Fleix, aujourd'hui conservée au musée de Périgueux, est le seul monument où figure le nom de ce dernier évêque qui ne nous est connu que par une mention de l'*Historia Francorum*.

---

[1] Garrucci, *Revue numismatique*, 1866, p. 89.

[2] *Inscr. chrét. de la Gaule*, n° 388.

[3] S. Iren., I, 9, 3; le Card. Pitra, *Spicil. Solesm.*, t. III, p. xv, 448, et la pierre gravée publiée par Renan, *Mission de Phénicie*, p. 216; S. Damas., *Carm.*, VI; Paul. Nol., *Epist.* xxiii, ad Severum; Burmann, *Anthologia*, t. II, p. 335; cf. Isaïe, lx, 19, etc.

[4] *Vitæ patrum*, c. xviii, *De Urso et Leobatio abbatibus*. Præfatio.

282

SAINT-VINCENT-DE-COSSE.

Bulletin de la Société archéologique du Périgord, 1884, p. 291.

La Société archéologique du Périgord a reçu de M. Louis Carvès communication de cette inscription trouvée par lui à Saint-Vincent-de-Cosse (Dordogne), en avril 1884, dans une sépulture renfermant, avec des ossements, une petite boucle de bronze; l'épitaphe, grossièrement gravée, était placée sur la face intérieure du couvercle du sarcophage. C'est là encore un de ces monuments que, faute d'indication précise, je classe, sous toute réserve, au VIIe siècle[1].

283

BORDEAUX.

Inscription d'une bague d'or de l'époque mérovingienne ayant appartenu à mon regretté confrère M. Dabadie. Elle a été trouvée, vers 1836, à proximité des ruines du cirque romain de Bordeaux que l'on nomme vulgairement « Palais Gallien ». Les fouilles d'où elle est sortie s'opéraient sur l'emplacement de la voie qui, probablement, entourait la façade extérieure de l'édifice.

---

[1] Voir ci-dessus, n° 229.

284

Sansas, *Le Progrès, Revue de Bordeaux*, 1865 ; — Peigné Delacour, *Supplément aux recherches sur le lieu de la bataille d'Attila en 451*; — Jullian, *Inscriptions de Bordeaux*, t. II, p. 307 ; — Mommsen, *Neues Archiv.*, t. XVI, p. 61.

Épitaphe gravée sur une tuile, comme celle de Pascasia également trouvée à Bordeaux et disposée de même [1]. Elle a été découverte en 1865, alors qu'on démolissait le mur de la ville, près de la place Saint-André. Les deux premières lignes sont inscrites dans un cercle figurant une couronne de feuillage qui encadrait sans doute le monogramme du Christ. On y lit les mots *vixit annos XXIII... mensis III dies.....* Plus bas, était gravée la date du décès : *v kalendas..... domino nostro Tu.....* Le prince nommé ici est sans doute Thurismond, qui mourut en 453. Attendu l'inconstance de l'orthographe aux temps barbares, il pourrait également s'agir de quelque autre souverain wisigoth dont le nom commencerait par la syllabe *Theo;* le nom de Théodose, en effet, est écrit *Thudosius* dans une épitaphe chrétienne [2].

---

[1] *Inscript. chrét. de la Gaule*, n° 583 A. — [2] THVDOSIO AVG ET RVMODORO CONSS (De Rossi, *Inscr. christ.*, t. I, n° 519, a° 403).

284 A

Le comte de Chasteigner, *Congrès archéologique de Périgueux*, 1858, p. 55;
Jullian, *Inscriptions romaines de Bordeaux*, t. II, p. 103.

J'ai, dans le second volume du recueil de nos inscriptions chrétiennes[1], mentionné, sur un renseignement sommaire, l'existence d'une bague d'or mérovingienne trouvée à Bordeaux et appartenant à M. de Chasteigner. Cet anneau m'est aujourd'hui connu par l'importante publication de M. Camille Jullian d'après lequel je le reproduis.

Sur la base du chaton où est gravé le monogramme du nom d'ASTER, on a inscrit ce même nom en relief et en toutes lettres, ainsi que saint Avit recommanda de le faire pour une bague qui lui était destinée[2]. Il est précédé du signe représentant le candélabre à sept branches, emblème bien connu de la foi judaïque, et ce type se détache encore sur les deux côtés de l'anneau qui touchent au chaton. Il s'agit donc ici d'une bague juive, car l'image du chandelier d'or que Titus victorieux enleva du temple de Jérusalem est répétée à l'infini sur les vieux monuments des israélites, sarcophages, épitaphes, vases et autres, objets usuels. Ajoutons que le nom d'ASTER, représentant celui

---

[1] Tome II, p. 50. — [2] *Epist.* LXXVIII, Apollinari episcopo.

d'Esther, se lit sur deux inscriptions juives de Naples et de Sétif[1].

Ce n'est pas la première fois que nous voyons les israélites inscrivant ainsi sur leurs anneaux le symbole de leur croyance; nous le trouvons avec la palme et le *schofar* sur plusieurs chatons de bagues dont l'un porte, en même temps, le nom caractéristique de IVDA[2]; il y tient ainsi la place que les chrétiens donnaient au monogramme du Christ[3].

Dans une lettre récente, M. Salomon Reinach a rappelé que, parmi les types sans nombre où les Pères voyaient une figure du Sauveur, se trouve le chandelier à sept branches et il s'est demandé si parfois il ne pouvait pas être dès lors tenu pour un emblème chrétien[4]. Je ne connais point de monument qui en puisse apporter la preuve et je ne saurais, comme le propose le jeune et laborieux savant, la trouver dans le sujet empreint sur une lampe antique de terre cuite découverte à Carthage par le savant Père Delattre. On y voit le Christ nimbé, tenant une longue croix gemmée et foulant aux pieds le serpent au-dessous duquel est immédiatement placée l'image renversée du chandelier juif[5]. Cette représentation me paraît symboliser la ruine de la Synagogue terrassée par l'Église « sub pedibus versata », comme le dit un vieux texte[6], et le sujet n'a rien d'inattendu sur la terre d'Afrique où Tertullien, saint Cyprien, Commodien, saint Augustin multiplièrent leurs attaques contre le judaïsme. Quant à la réunion du serpent et du

---

[1] *Corpus inscript. latin.*, t. VIII, n° 8499 et t. X, n° 1971.

[2] Garrucci, *Storia dell'arte cristiana*, t. VI, pl. 291, n°ˢ 2, 3, 7, 8, 15; *Corpus inscript. latin.*, t. X, p. 937, n°ˢ 8059, 484.

[3] Un symbole religieux se voit de même sur une bague publiée par le P. Garrucci qui croit y voir un signe chrétien (*Storia dell' arte crist.*, pl. 477, n° 49). C'est l'image de la déesse carthaginoise Tanit qui se retrouve sur un bandeau de bronze publié par M. Berger (*Gazette archéologique*, 1879, pl. XXI).

[4] Salomon Reinach, *Revue des études juives*, t. XIX, p. 104.

[5] Une phototypie très réduite de cette lampe a été publiée par mon savant confrère, M. de Vogüé, en 1889 dans la planche VIII du tome Iᵉʳ de la *Revue archéologique*.

[6] *De altercatione Ecclesiæ et Synagogæ dialogus* : « Ecclesia dixit : Ecce sub pedibus meis purpurata quondam Regina versaris. » (Dans l'appendice des *OEuvres de saint Augustin*, t. VIII, p. 1131 de l'édition de Migne.)

candélabre biblique, elle me rappelle la pensée exprimée dans les vers suivants où un poète du vi⁰ siècle assimile la Synagogue à un serpent que foulent aux pieds les disciples du Christ :

> Judaea venenum
> Semper ab ore vomit, crudelior aspide surda;
> Perfidiae coluber Synagogae sibilat antro.
> Discipulis Salvator ait : Calcabitis angues,
> Purior obsequiis ut sit coelestibus actus [1].

285

GIRONDE.

Longpérier, *Bulletin de la Société des antiquaires de France*, 1863, p. 193,

Des fouilles opérées, en 1863, dans le cimetière de Sainte-Pétronille, à Gironde, près de la Réole, ont fait trouver plusieurs tombeaux de pierre dont l'un contenait deux lames d'épée à un seul tranchant, une boucle de ceinturon, une plaque d'ivoire gravée, deux autres en argent ornementées de même et terminées par une tête de cheval, et enfin une bague d'or portant le nom de GVLFETRVD. Ce bijou, d'époque mérovingienne, appartient à M. le baron Pichon.

---

[1] Arator, *De Actibus Apostolorum*, lib. I, vers 733-737.

286, 287, 288
LE TOURON.

Allmer, *Revue épigraphique du midi de la France*, t. I, n° 179; — Magin et Tholin, *Trois diplômes d'honneur du IV͏ᵉ siècle* (*Revue archéologique*, 1881, t. I, p. 81, et *Recueil des travaux de la Société d'agriculture, sciences et arts d'Agen*, 1881, p. 386); — Bladé, *Épigraphie antique de la Gascogne*, p. 145; — Vaudin, *Antiquités de la France monumentale et historique de la nation des Sénones*, p. 6, 7.

C'est dans l'arrondissement de Villeneuve-sur-Lot, près du bourg de Monségur, au lieu dit *le Touron*, qu'ont été déterrées les trois tables de bronze dont je donne la copie; elles étaient posées à plat sur un lit de ciment qui paraît avoir été l'aire d'une grande habitation. Tout autour se trouvaient des tuiles à rebord, un reste de serrure en bronze, des débris de vases de terre et de verre irisé. De petites masses de verre et de bronze agglomérées par la fusion, des amas de terre noircie montraient que les constructions avaient été ruinées par le feu.

En tête de chacune des trois plaques est gravé au pointillé le monogramme du Christ accosté des lettres AW. Le premier des bronzes est dédié à un personnage du rang des clarissimes, Claudius Lupicinus, consulaire de la Grande Sénonie[1], pour ses mérites éclatants, par la *Civitas Senonum* dont il est le patron. La deuxième tablette lui est consacrée par la *Civitas Autissiodurensium;* un distique la termine où il est dit que la province, heureuse sous l'administration du vertueux magistrat[2], lui consacre ce faible hommage, alors qu'elle voudrait lui élever des statues. La légende de la troisième plaque a été dictée par les *Aureliani* dont les âmes débordaient, disaient-ils, de reconnaissance. Elle était sans doute jointe à quelque présent, quelque œuvre d'art qui a disparu. C'est là ce que désignent les deux mots HOC OPVS par lesquels commençait le second vers resté en suspens; ainsi débutent, en

---

[1] C'est la première fois que nous voyons cette province qualifiée *Maxima*. — [2] FELIX PROVINCIA PER TI (pour *te*).

effet, plusieurs inscriptions accompagnant des *donaria*[1]. Nous pos-

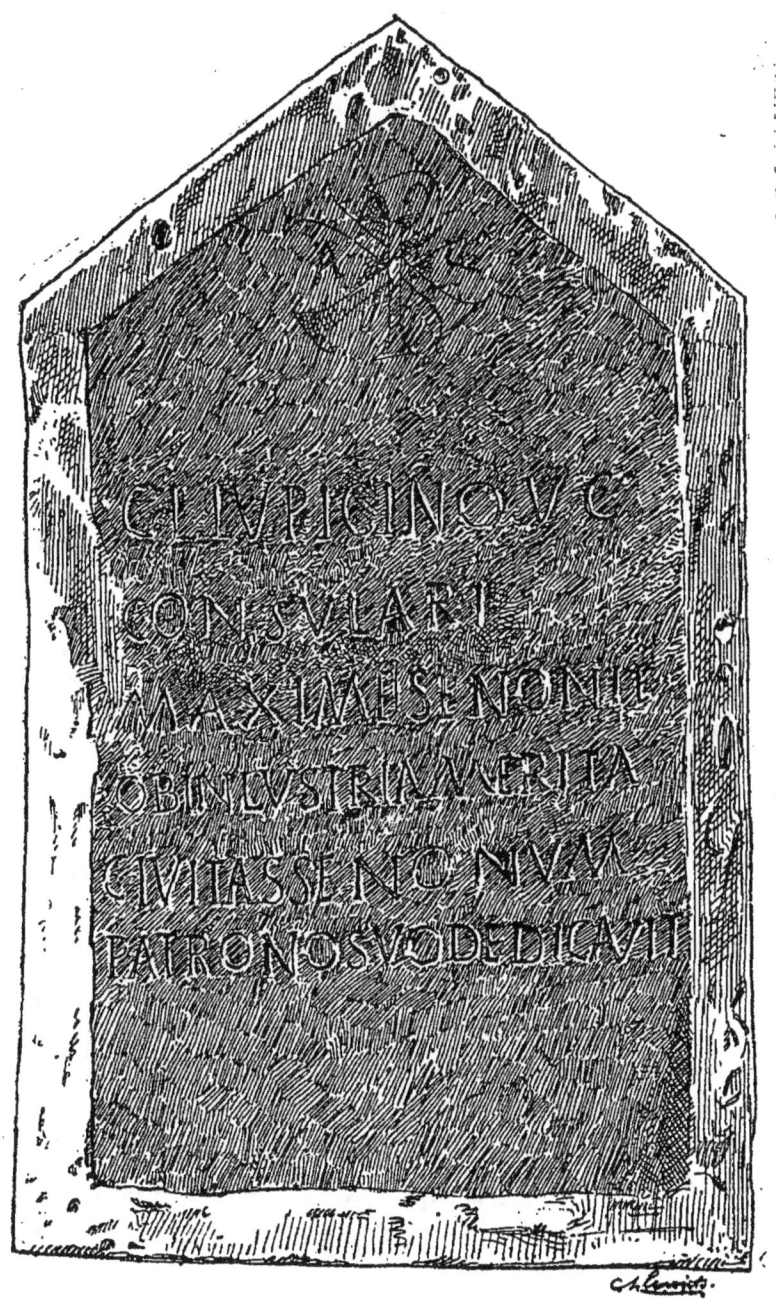

[1] Marini, dans Mai, *Scriptorum veterum nova collectio*, t. V, p. 121, 2; 186, 1; 207, 2; cf. 198, 2.

sédons un certain nombre de monuments épigraphiques dédiés ainsi par des provinciaux à de grands personnages qu'ils choisissaient pour

leurs patrons, afin de s'assurer une protection auprès du gouvernement central. On consignait sur le marbre, sur l'airain, une expression plus ou moins sincère d'affection et de reconnaissance[1]. Les statues que la *Civitas Autissiodurensium* s'excuse de ne pas offrir, en

même temps que la table de bronze, accompagnaient souvent cet

[1] Gazzera, *Memorie della reale Accademia delle scienze di Torino*, 1830, t. XXXV, p. 2 et suiv., *Di un decreto di patronato*.

hommage plus modeste; un cippe, trouvé en Campanie, porte ce reste de dédicace :

```
............IVVABERIT
HVIC·VNIVERSVS·POPVLVS
AQVINATIVM·TABVLAM
AENEAM·PATRONATVS·TRA
DITAM·SED·ET·STATVAM
PERPETVABILEM·CVM·PIC
TVRAM·SIMILITVDINIS
EIVS·IN·HOC·LOCO·AD PEREN
NEM·TESTIMONIVM·CENSVER
CONSTITVENDAM⁽¹⁾.
```

Je rappellerai de même ici ce passage d'un traité où saint Augustin, s'adressant à un ami tombé dans l'infortune, parle des vains honneurs décernés aux puissants par la foule : « Si municipalis tabulae te non solum civium sed etiam vicinorum patronum aere signarent, collocarentur statuae, influerent honores... [2]. »

Une lame de bronze conservée au musée de Naples constate, par son inscription, qu'en l'année 395 le titre de patron de *Genusia* a été conféré à un personnage nommé Fl. Successus Honoratus; il y est dit en outre qu'en exécution d'une délibération officielle cette tablette serait placée APVT ODENATES (penatos) DOMVS HVIVS [3]. Une mention semblable se lit sur un autre bronze où figure le nom de Silius Julianus choisi comme patron, en 190, par le *Collegium fabrum et centonariorum Regiensium* [4]. Possesseur, au même titre, des tables retrouvées au Touron, Claudius Lupicinus les avait emportées, après l'expiration de ses fonctions, dans sa maison de la Seconde Aquitaine.

En commentant ces monuments MM. Magen et Tholin proposent

---

[1] Mommsen, *Corpus inscr. latin.*, t. X, n° 5426.

[2] *Contra Academicos*, lib. I, c. 1, § 2.

[3] *Corp. inscr. lat.*, t. IX, p. 259.

[4] Orelli, 4133 : TABVLAMQVE·AEREAM·CVM INSCRIPTIONE·HVIVS|DECRETI·IN·DOMO·EIVS PONI·CENSVERVNT.

d'identifier Claudius Lupicinus avec un personnage du même nom que mentionne Ammien Marcellin. Il est difficile d'arriver sur ce point à la certitude. Tout ce que l'on peut affirmer, c'est que les inscriptions du Touron appartiennent au IVe siècle. Elles sont, en Gaule, des premières où figurent les lettres symboliques A W qui ne s'y montrent pas, avec une date certaine, avant l'année 377 [1]. La deuxième de nos tablettes présente, dans le mot FELIX de la quatrième ligne, l'F en forme d'E dont j'ai réuni ailleurs plusieurs types épigraphiques [2].

Ces trois bronzes ont été acquis par le musée d'Agen.

---

[1] *Inscriptions chrétiennes de la Gaule*, n° 369.

[2] *Revue archéologique*, 1881, t. II, p. 239.

NOVEMPOPULANIE.

289
AUCH.

J. de Laurière, *Bulletin monumental*, 1881, p. 885; — L'abbé Cazauran, *Épigraphie gallo-romaine du Gers*, et *Bulletin épigraphique de la Gaule*, 1882, p. 28 et pl. II; — Lavergne, *Revue de Gascogne*, 1883, p. 10; — Allmer, *Revue épigraphique du midi de la France*, t. I, p. 279; — Bladé, *Épigraphie antique de la Gascogne*, p. 51.

C'est dans le mur de sa maison que M. de Commarque, propriétaire à Auch, a trouvé cette inscription encastrée avec un reste d'épitaphe païenne que publie en même temps M. l'abbé Cazauron. Ces deux marbres avaient été signalés depuis longtemps, car Séguier s'en occupa dans une lettre inédite adressée à M. d'Orbesson, qui lui en avait communiqué des copies. Je transcris ici cette pièce conservée à la bibliothèque de l'Institut de France :

A Nîmes, ce 24 juillet 1860.

« Monsieur,
« Je vous suis extrêmement redevable de la bonté que vous avez eue de me communiquer les inscriptions chrétiennes que vous avez vues

à Auch chez M. l'abbé d'Aignan. Je n'en connoissois aucune de cette espèce qu'on eût trouvée dans cette ville. Le caractère qu'elles portent est très conforme à quantité d'autres qu'on a découvertes ailleurs. Il y a cependant quelques sigles qui semblent être topiques, comme dans celle de FACVNDI, l'IN. pour INcidi et FA pour Filia. C'est ainsi que je lis cette inscription :

>FACVNDI supple *memoriae*
>
>IVSSIT·IN id est *incidi*
>
>CVPITA FA id est *filia*.

« Je lis à la seconde *Iussit fieri* SIBI *et*, qu'il faut suppléer Caio Filio ou tel autre nom qui peut commencer par cette lettre PATRI.

« Pour la troisième il n'y a pour moi que le mot FELIX d'intelligible; ce qui suit est en énigme [1].

« La quatrième me paraît devoir se lire ainsi :

>HIC ☧ ADquiescunt INNOCENTEM
>
>ET PEREGRINVM VRSICINVM

pour *Innocens et Peregrinus Ursicinus*. Lorsque la langue latine cessa d'être en usage dans le moyen âge, il est très fréquent de trouver sur les monuments et surtout sur ceux des chrétiens des solécismes et des mots barbares.

« Le monogramme du nom de Jésus-Chrit avec le mot SERVS pour SERVVS *Christi* est une preuve convaincante de christianisme, mais il est singulier d'y trouver ce mot *servus* au-dessous du monogramme.

« Si tous les gens de lettres avaient autant de soin que vous de recueillir les précieux monuments de l'antiquité, il s'en conserverait un plus grand nombre dont on regrette la perte.

« M. Moynier a été bien sensible aux marques de votre souvenir et il m'a chargé de vous offrir la continuation de ses respects. Recevez

---

[1] Cette inscription que Séguier considère à tort comme chrétienne a été publiée par M. l'abbé Cazauran (*Bulletin épigraphique de la Gaule*, t. II, p. 28). Il s'agit d'après ce dernier, non d'épitaphes distinctes, mais de fragments d'un seul et même marbre.

les miens et soyez bien persuadé qu'on ne peut être plus que je ne le suis,

« Monsieur,

« Votre très humble et très obéissant serviteur,
« Séguier. »

C'est se hasarder fort que de prétendre apporter l'explication de l'épitaphe si singulièrement rédigée qui fait l'objet de cette note. On a pensé, en se fondant sur une inscription de la Gaule où les mots MEMBRA AD DVOS FRATRES sont manifestement écrits pour *membra duorum fratrum*[1], que HIC AD INNOCENTEM peut avoir été mis ici pour *hic innocentis* (*locus*). Je n'ai pas à y contredire, et si je propose une autre interprétation, c'est sans prétendre la fournir meilleure. Je noterai donc ici, sous toute réserve, que souvent, chez les anciens, la préposition *ad* suivie d'un accusatif s'est employée pour désigner un lieu; c'est ainsi que, d'après Ammien Marcellin, celui où furent ensevelis des malheureux injustement mis à mort par Valentinien, fut appelé *Ad innocentes*[2]. La formule insolite *Hic ad innocentem*... peut donc équivaloir aux mots *tumulus innocentis*.....

Le jeune Ursicinus était un de ces *peregrini* que nomment souvent les textes chrétiens et dont j'ai déjà eu l'occasion de parler[3].

Le groupe ☧ SERVS qui se détache dans un cadre ovale au milieu de l'inscription paraît pouvoir être lu : *Christi servus*, les graveurs ayant souvent supprimé le second des deux V qui se rencontrent[4].

---

[1] *Inscr. chrét. de la Gaule*, n° 378.

[2] « Quorum memoriam colentes nunc usque christiani, locum ubi sepulti sunt *Ad innocentes*, adpellant » (lib. XXVII, c. VII). Cf. Rufus *De Regionibus*, VI : « Ad gallinas albas »; *Acta SS. Cantii, Cantiani et Cantianillæ*, § 3 : « Loco ubi dicitur Ad aquas gradatus » (Bolland., 31 maii.); *Passio S. Gersonis*, § 14 : « Et ipse locus Ad Martyres ab incolis acceptum servat vocabulum » (Bolland., 10 oct.).

[3] *Inscr. chrét. de la Gaule*, n° 656.

[4] Gruter, 126, PERPETVS; 589, 8, DAVS; 755, 8, FLAVS, etc.

290, 291

Lavergne, *Revue de Gascogne*, 1881, p. 260.

La bibliothèque du grand séminaire d'Auch possède, dans ses archives, deux manuscrits inédits d'un ouvrage latin intitulé *Descriptio Vasconiæ*, écrit par un jésuite, le Père Mongaillard, et que M. l'abbé Cazauran a signalé à M. Lavergne. En y parlant de deux sarcophages de pierre autrefois placés près de l'autel dans l'église de Saint-Orens d'Auch et de l'opinion d'après laquelle ces sépulcres auraient renfermé des reliques de la Vierge et d'anciens évêques d'Eauze, le Père Mongaillard dit que le fait ne saurait être admis : « La raison, ajoute-t-il, en est dans ce que ces tombeaux paraissent avoir été la sépulture d'un mari et de sa femme dont voici les épitaphes :

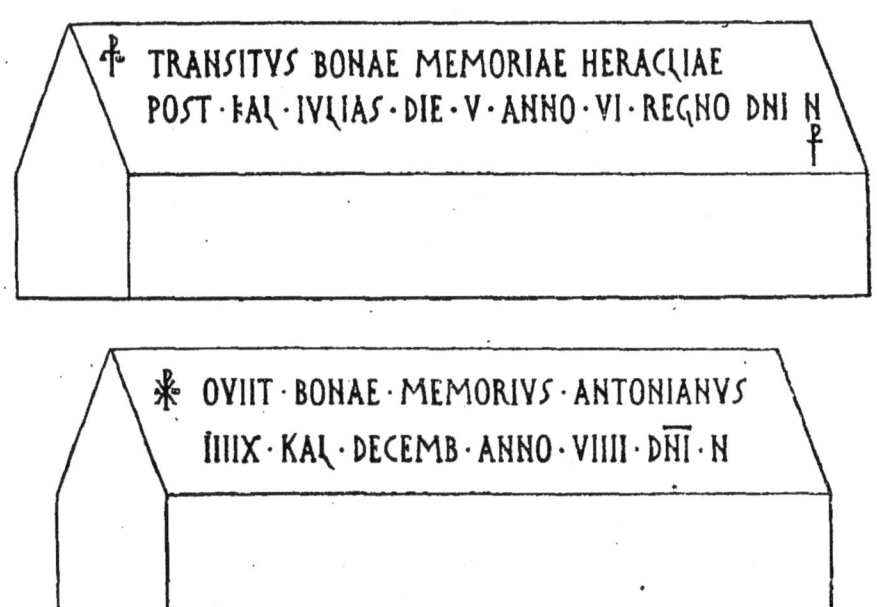

L'abbé d'Aignan du Sendat, nommé dans la lettre de Séguier à M. d'Orbessan[1], s'est beaucoup servi des recherches du Père Mont-

Ci-dessus, p. 315.

gaillard pour rédiger quatre gros in-4° conservés à la bibliothèque d'Auch, sous les n°s 83 à 86 et intitulés *Mémoires pour servir à l'histoire ecclésiastique du diocèse d'Auch.* A la fin de son premier volume, dans des feuilles supplémentaires, il reproduit, sans en donner le dessin, les deux épitaphes ci-dessus, et ses copies ne diffèrent de celles du Père Montgaillard que par le mot *domini* qu'il transcrit en toutes lettres. En marge se lit cette note : « Deux tombeaux, vraisemblablement celui d'un mari et de sa femme qui étaient au côté gauche de l'autel de Saint-Orens à Auch. » A la page 1278 de son quatrième volume, l'abbé d'Aignan du Sendat reproduit ainsi, mais cette fois en lettres courantes, l'épitaphe d'Antonianus :

☧ Oviit bonæ memorius Antonianus
decimo tertio calendas decembris
anno 9 regno dom. n. Tirée de dessus
une pierre au milieu du cimetière.

Rien de moins certain que les noms de ceux qui possédèrent le pays d'Auch au vi° siècle, date probable des inscriptions disparues que je viens de transcrire [1]. C'eût donc été pour notre histoire chose intéressante que de savoir qui régnait, alors que moururent *Antonianus* et *Heraclia;* ici malheureusement, et comme trop souvent ailleurs, on s'est borné à noter que leur décès a eu lieu « l'an sixième, l'an neuvième du règne de notre seigneur ».

Je ne vois à relever, dans nos deux textes, que des détails d'une valeur assez mince : la formule inscrite du début de ces épitaphes, la présence du singulier adjectif *bonæmemorius* qui ne se trouve qu'en Gaule et sur un marbre du nord de l'Espagne [2]. Bien que classique, l'indication de la date par les mots POST KAL·IVLIAS·DIE·V est exceptionnelle. Je la relève dans ce texte du Digeste : « Post calendas

---

[1] Voir Longnon, *Géographie de la Gaule au vi° siècle,* p. 606.

[2] *Inscriptions chrétiennes de la Gaule,* n° 551.

januarias die tertio pro sa lute Principis vota suscipiuntur » [1] et plus tard sur un marbre chrétien des Catacombes romaines [2].

292

De Saulcy, *Comptes rendus de l'Académie des inscriptions*, 1869, p. 172, et *Revue de l'Instruction publique*, 7 octobre 1869, p. 436; — J. Larocque, *ibid.*; — Clermont-Ganneau, *ibid.*, 17 février 1870, p. 738; — L'abbé Canéto, *Bulletin de la Société des Antiquaires de France*, 1870, p. 146, 147, et *Monuments lapidaires du Ier siècle de notre ère au XIVe*, p. 16 (Auch, 1875); — Th. Reinach, *Revue des études juives*, 1889, p. 219.

L'inscription juive dont je reproduis le fac-similé provient des fouilles d'Auch; elle appartient au musée de Saint-Germain-en-Laye.

A l'extrémité de la première ligne manque la lettre finale du mot *sancto* écrit en abrégé SCT[°]. Au bas, figurent la palme, le chandelier à sept branches, le *schofar* et le mot *Schalom* (*pax*) écrit en lettres hébraïques. Notre regretté confrère, M. de Saulcy qui, le premier, a fait connaître ce monument, a verbalement proposé de lire ce qui suit :

> *In Dei nomine sancto*
> *Peleser qui hic Ben Nid*
> *depositus est cum ipso. locoli*
> *invidiosi! Crepen dedit*
> *donum; Jona fecit.*

Un autre érudit, M. Larocque, ne reconnaissant qu'un simple trait

---

[1] *De verborum significatione*, l. 233 (lib. V, tit. XVI). Voir, pour la controverse engagée sur cette forme de date, Baluze, *Notæ ad Lactantium*, p. 115 de l'édition de 1692.

[2] Boldetti, *Osservazioni sopra i cimiteri, de' ss. martiri ed antichi cristiani di Roma*, p. 407 : DISCESSIT · DE SECVLO ······ POST TERTIV · K · IVNIAS.

séparatif et non pas un ↳ dans la barre qui précède, à la troisième ligne, les cinq lettres OCOLI, a présenté cette autre lecture :

> *In Dei nomine sancto*
> *feliciter. . . . .*
> *depositus est . . . . . oculi*
> *invidiosi crepent! Dedicatum*
> *donum Jona fecet.*

Une troisième transcription a été donnée par M. l'abbé Canéto :

> *In Dei nomine sancto*
> *Pelester qui hic Ben-nid*
> *Deus esto cum ipso! o cœli*
> *invidiosi. Crepen dedit*
> *donum Jona fecit.*

avec cette version :

« Au saint nom de Dieu! Pelester qui est ici, fils de Nid, que Dieu soit avec lui! Ô cieux jaloux! Crepen a fait don. Jonas a gravé. »

A ces lectures viennent se joindre le déchiffrement et la traduction proposés par M. Th. Reinach :

> *In Dei nomine scto (sancto)*
> *pelester (feliciter?) qui ic (hic) Bennid*
> *Ds (Deus) esto c(u)m ipso, ocoli (oculi)*
> *invidiosi crepent dedit*
> *donum, Jona fecet (fecit).*
>
> *Au saint nom de Dieu*
> *heureusement (repose celui) qui est ici Bennid*
> *(Dieu soit avec lui. Que les yeux*
> *envieux crèvent) a fait*
> *don. Jonas a gravé.*
>   *Paix.*

Je hasarderai à mon tour quelques mots au sujet de cette inscription.

Après la première ligne sur laquelle tout le monde est naturellement d'accord, je proposerai de lire le nom de *Peleger* (pour *Pereger*[1]) traduction latine du vocable juif *Gerson*[2], comme veut bien me l'apprendre M. Halévy, et dont le Ϟ se retrouve plusieurs fois avec la même forme[3].

Je n'ose proposer, pour la fin de la ligne, une transcription qui, bien que justifiable par les voies méthodiques, ne me paraît pas assez claire.

Viennent ensuite, non point, comme l'a cru M. Larocque, les mots *depositus est cum ipso*, mais *Deus esto cum ipso*, après lesquels il lit avec raison l'acclamation *ocoli invidiosi crepen!* c'est-à-dire *oculi invidiosi crepent!* On peut noter, à l'appui de cette leçon, que souvent, sur les marbres, le T final de certains mots disparaît, comme il aurait fait ici pour *crepent*[4].

Ce qui reste de l'inscription ne me paraît pas avoir été compris jusqu'à cette heure. On a vu, dans les dernières lettres de la quatrième ligne, le mot *dedit* ou *dedicatum*. Il y a là, je crois, une erreur, et c'est sur ce point que j'appellerai l'attention.

La fin de cette ligne présente, si je ne me trompe, une formule dont l'existence peut s'établir par de nombreux exemples : *de Dei donum* (pour *dono*)[5] *Jona fecit*, formule équivalente aux mots *de suo fecit*. C'est l'expression de la pensée de l'homme reconnaissant et proclamant que tous ses biens sont un don du Très-Haut. Ainsi que je l'ai noté ailleurs, elle est d'origine biblique et nous la retrouvons dans le texte d'une inscription juive de l'île d'Égine reproduisant ces mots des Para-

---

[1] Voir pour ce changement de l'Ϟ en R, qui a pris place dans l'italien, *Inscriptions chrétiennes de la Gaule*, n° 656 : FԼ·MAVRI-CIVS INNOCENS CIVES GALԼVS PELEGRINVS.

[2] *Inscriptions chrétiennes de la Gaule*, t. II, 478, pour ces sortes de dissimulations des noms hébraïques.

[3] Voir ci-dessus p. 80, 81. Le même caractère se remarque au ix° siècle dans un manuscrit de Quedlinbourg (Delisle, *Mémoires sur l'École calligraphique de Tours*,

pl. III. *Mémoires de l'Académie des inscriptions*, t. XXXII, 1ʳᵉ partie). Il reparaît plus tard encore.

[4] Reinesius, *Inscript. ant.*, XX, 82, et Passionei, *Iscriz. antiche*, 63, 17 : FE-CERVN, etc.

[5] C'était là, comme on le sait, une erreur des plus communes aux bas temps et dans laquelle Grégoire de Tours s'accuse de tomber, confondant, dit-il, l'ablatif et l'accusatif (*De gloria confessorum*, præfatio).

lipomènes : « Cuncta quæ in cœlo sunt et in terra tua sunt... Tua sunt omnia et quæ de manu tua accepimus dedimus tibi »[1]. Les chrétiens aussi l'ont employée et, à chaque page, les recueils de l'épigraphie grecque ou latine nous en offrent des exemples. DE DONIS, EX DONIS DEDIT, OFFRIT, FECIT y lisons-nous, en même temps que les mots ΤΑ ϹΑ ΕΚ ΤΩΝ ϹΩΝ ΠΡΟϹΦΕΡΟΜΕΝ[2] empruntés, comme les précédents, au langage de la liturgie[3].

La formule de l'inscription d'Auch reparaît avec la même faute : *de donum* pour *de dono Dei*, dans la légende d'une mosaïque de Grado que Bertoli a reproduite en fac-similé :

```
LAVRENTIVS VC
PALATINVS VO
TVM CVM SVIS
SOLVIT ET DE DO
NVM DEI FECE
RVNT IN PACE
```
[4]

En résumé, je proposerai de lire, avec un point de doute pour la fin de la seconde ligne :

In Dei nomine sancto. Peleger..... Deus esto cum ipso.
Oculi invidiosi crepent! De Dei dono Jona fecit.

Que signifie cette inscription d'un type absolument exceptionnel? Est-elle funéraire ainsi qu'on l'a pensé et comme pourrait porter à le croire la présence du mot *schalom* (*pax*) qui termine d'ordinaire les épitaphes juives? Si le nom de *Peleger* écrit à la deuxième ligne est celui

---

[1] I, v, 14 et 16; *Corpus inscriptionum græcarum*, n° 9894.

[2] Mabillon, *Museum italicum*, p. 213; Marini, dans Mai, *Scriptorum veterum nova collectio*, t. V, p. 80, n° 2; Fontanini, *Disco votivo*, p. 17 et suiv.; De Rossi, *Roma sotterr. cristiana*, t. I, p. 300, etc. Dans une notice intéressante, M. Prou signale sur une monnaie d'argent du vi° siècle, la formule DONO DI (*Revue numismatique*, 1891, p. 40).

[3] Renaudot, *Liturg. orient.*, t. I, p. 156: Coì Κύριε ὁ θεὸς ἡμῶν, τὰ σὰ ἐκ τῶν σῶν προσθήκαμεν.

[4] *Le antichità d'Aquileja*, p. 347.

d'un défunt, je m'explique mal l'acclamation qui l'accompagne *Deus esto cum ipso*; ce ne sont pas les morts, mais les vivants que l'on recommande à la garde de Dieu. Ajoutons que, sauf une seule exception, la formule *de Dei dono fecit* ne s'est encore rencontrée que sur des monuments dédicatoires[1]. Peut-être s'agit-il ici de quelque offrande faite au Seigneur par *Jonas* en faveur de *Peleger*, «pro salute», comme l'on disait alors[2].

L'imprécation *oculi invidiosi crepent!* mérite doublement d'être notée. Son dernier mot se retrouve dans ces formules de deux inscriptions grecques: Ο ΦΘΟΝΩΝ ΡΑΓΗΤΩ[3], ΠΑΤΑΞΙ [Ο] ΒΑ[Σ]ΚΑΝΟΣ[4], et c'est par l'expression *invidia* que Pline, Catulle, Macrobe désignent l'instinct méchant des jeteurs de sort, hommes au regard malfaisant contre lesquels on s'armait de phylactères[5]. Il paraît donc s'agir ici d'une malédiction lancée contre le mauvais œil, cet effroi des anciens[6], et que quelques Israélites redoutent encore, comme le faisaient leurs pères[7].

Au point de vue paléographique, notre monument n'est pas sans

---

[1] Je ne sais encore qu'un seul exemple d'un analogue de cette formule figurant sur une tombe:

M · ATERI FLORENTI ET IVLI
AE VALERIAE VIVI FECI
MVS DE DATA DEI

(*Notizie degli scavi*, 1877, p. 31).

[2] Cf. De Rossi, *Bullettino*, 1882, p. 146:
ΥΠΕΡ CΩΤΗΡΙΑC ΜΑΡΙΑC.

[3] Waddington, *Inscriptions grecques et latines de la Syrie*, n° 2415.

[4] Bas-relief trouvé à Beyrouth et portant cette inscription au-dessus d'un phallus. Je dois à M. Clermont-Ganneau la connaissance de ce monument.

[5] Plin., *Hist. nat.*, XXVIII, 7: «Fascinus imperatorum quoque, non solum infantium, custos ..... currus triumphales sub his pendens defendit medicus invidiæ»; Macrob., *Saturn.*, I, 6: «Nam sicut prætexta magistratuum, ita bulla gestamen erat triumphantium quam in triumpho præ se gerebant, inclusis in eam remediis quæ crederent adversus invidiam valentissima»; Catull., V, 12: «Ne quis malus invidere possis»; Cf. VII, 11, 12: «Quæ nec pernumerare curiosi possint nec mala fascinare lingua» et les notes sur ce passage.

[6] Voir Jahn, *Über den Aberglauben der Bœsen Bliks* (*Berichte der K. Sächs. Gesellschaft*, 1855, p. 28-79). Aux monuments relevés dans ce savant mémoire, se joignent le bas-relief de Beyrouth dont je viens de parler et un phylactère de terre cuite publié par Fr. Lenormant dans la *Gazette archéologique*, 1879, p. 140.

[7] Le Talmud, *Traité des Berakhôth*, IX, 1 (Traduction de M. Schwab, p. 456); M. Schuhl, *Sentences et proverbes du Talmud et de la Midrasch*, p. 470; L'abbé Girard, *Revue des sociétés savantes des départements*, 1872, p. 142.

intérêt. J'y ai signalé un G d'une forme exceptionnelle. L'O affectant celle d'un 8 non fermé par le haut est fréquent dans l'écriture cursive du VIIe et du VIIIe siècles[(1)]; il se montre ici, pour la première fois, que je sache, sur un monument épigraphique. Je n'ai encore relevé dans aucun texte un f semblable à celui du mot FECET.

Avec les inscriptions qui précèdent, le sol de la ville d'Auch nous a donné plusieurs sarcophages chrétiens décorés de sculptures dont j'ai parlé ailleurs[(2)]. Un dessin grossier d'une de ces tombes, dont nous ne possédons plus qu'un fragment, existe dans des papiers de Peiresc nouvellement acquis par la Bibliothèque nationale[(3)].

293

PEYREBERT.

Lavergne, *Revue de Gascogne*, 1883, p. 14;
Allmer, *Revue épigraphique du midi de la France*, 1883, p. 395.

Marbre découvert, il y a environ vingt ans, dans une vigne du ha-

---

[(1)] Delisle, *Authentiques de reliques de l'époque mérovingienne* (*Mélanges d'histoire et d'archéologie publiés par l'École française de Rome*, 1884, pl. 1.)

[(2)] *Les sarcop. chrét. de la Gaule*, p. 97.

[(3)] Voir, à ce sujet, ma note insérée dans le *Bulletin du Comité des travaux historiques*, section d'archéologie, 1889, p. 33.

meau de Peyrebert, situé à 1 kilomètre d'Ornézan (arrondissement d'Auch). M. Lartet, professeur à la Faculté des sciences de Toulouse, a retrouvé cette dalle chez un cultivateur qui avait déterré au même lieu des tombes et des débris romains. D'après ce dernier, la lettre initiale du nom, aujourd'hui disparue, aurait été un B. Le nom de *Brittula* est rare; je n'ai rencontré d'analogue que dans celui de *Brictula* inscrit au 21 octobre dans l'*appendix* du Martyrologe d'Adon.

Notre légende, quoi qu'il en puisse sembler par sa formule finale, *anno tertio regni domini nostri*, est complète par le bas. Nous n'en avons déjà que trop souvent rencontré où l'on s'est borné ainsi à dater par les années du règne d'un souverain que l'on ne nomme pas[1]. Cela est en particulier regrettable pour le pays d'Auch à l'égard duquel tant de données historiques nous manquent aux temps mérovingiens.

294

EAUSE.

Piette, *Bulletin de la Société des Antiquaires de France*, 1881, p. 84; — Héron de Villefosse, *ibid.*, p. 274; — Lavergne, *Revue de Gascogne*, 1881, p. 154; 1883, p. 11.

Inscription trouvée par M. Piette dans les ruines de l'antique Elusa et donnée au musée de Saint-Germain-en-Laye. Entière lors de sa découverte, elle a été brisée par les ouvriers et quelques-uns de ses fragments ont disparu, enfouis dans les remblais du chemin de fer.

Le principal intérêt de ce monument est dans la mention du nom d'une cité et d'un saint gaulois.

La restitution du texte est difficile. On y voit clairement qu'un personnage nommé *Quietus*, curateur de la cité des *Elusates*, avait fait un vœu au martyr *Lupercus*, *Lupercius* ou *Luperculus*. Le vœu certainement

---

[1] Voir n°ˢ 290, 291, 274 et 309.

accompli, comme le constate l'inscription, semble l'avoir été par une femme étrangère (*peregrina*) appelée *Nonnita*.

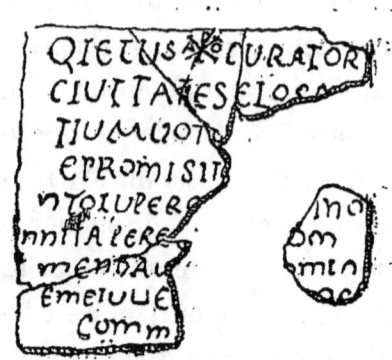

Ce fait probable a conduit mon illustre confrère, M. de Rossi, à penser que les lettres NTO, par lesquelles commence la cinquième ligne, nous représentent la fin du mot *testame*NTO, et que *Quietus* avait chargé *Nonnita* de remplir sa promesse.

On sait peu de choses sur saint Lupère, martyrisé à Elusa, et l'absence de renseignements certains donne un prix particulier à l'inscription qui le mentionne. Ce chrétien, dont les Actes, donnés sous toutes réserves, sont des moins authentiques [1], aurait été mis à mort par Datianus, gouverneur, sous Dioclétien, de la province Tarragonaise et de l'Aquitaine méridionale. Le nom de ce magistrat, célèbre pour ses cruautés, comme le fut son collègue Anulinus [2], se lit à chaque instant dans les sermons de saint Augustin [3], dans les vers de Prudence [4] et dans l'histoire des martyrs. Partout on l'y maudit pour ses fureurs: *cunctis pestilentior Datianus, præses sceleratissimus*, telles sont les invectives dont le chargent les fidèles. Saint Vincent d'Abula et saint Vincent le diacre, sainte Eulalie, saint Juste et saint Pastour, sainte Foi et saint Caprais ont péri par ses ordres [5]; dans la vieille église d'Agen,

---

[1] Bolland., 28 jun., t. V, p. 351, *Acta minus proba*.

[2] *Les Actes des martyrs*, supplément aux *Acta sincera*, p. 25, 26.

[3] *Sermones* 274 § 4 et 277 § 6, et dans l'*Appendix* n° 288.

[4] *Peristephan.*, hymn. V, v. 40.

[5] *Passio S. Vincentii levitæ* (Ruinart,

dédiée à ce dernier martyr, un chapiteau à inscriptions, où figure Datianus présidant au supplice des chrétiens, montre combien resta vivace le souvenir de leur persécuteur[1].

On lira avec intérêt, à propos du titre de *Curator civitatis* qui figure dans notre petit texte, la notice consacrée par M. de Rossi aux charges municipales exercées par des fidèle du IVe siècle au VIe siècle[2].

Je n'ai pas souvenir d'avoir vu l'Ш du groupe ΛШ remplacé, comme il l'est ici, par un O[3].

On rencontre rarement des inscriptions offrant, comme celle d'Eause, des lettres onciales[4]. Le P dont la haste se recourbe au bas et vers la droite est de forme exceptionnelle; je la retrouve, au musée du Vatican, dans la curieuse épitaphe de *Pupus Torquatianus* et dans une autre que Marini a également publiée[5].

295

EAUNES.

Reuue archéologique du midi de la France, 1866, p. 8.

J'ai reçu de MM. de Bonnefoy et Bruno Dusan des estampages de cette épitaphe trouvée dans un vivier du domaine de Farjac, commune

Acta sincera, p. 366). *Acta S. Eulaliæ*, § 2; *Acta martyrii octo dec. martyrum*, § 2; *Acta SS. Justi, Pastoris*, § 1; *Passio SS. Fidei, Caprasii*, § 2; *Acta SS. Vincentii, Sabinæ*, § 1 (Bolland., 12 feb.; 16 april.; 6 aug.; 20 et 27 oct.). La prétendue inscription d'Espagne où figure le nom de Datianus est avec raison rejetée comme fausse par M. Hübner (*Inscriptiones Hispaniæ latinæ*, n° 17*).

[1] L'abbé Barrère, *Histoire religieuse et monumentale du diocèse d'Agen*, t. II, pl. III, fig. 3, et t. I, p. 231.

[2] *Bullettino*, 1828, p. 28.

[3] Un second Λ en tient la place dans une épitaphe de Revel Tourdan (*Inscriptions chrétiennes de la Gaule*, n° 467) et sur une attache de plomb qui fermait un sarcophage d'Arles (*Études sur les sarcophages chrétiens d'Arles*, p. 23).

[4] L'une des plus intéressantes à ce point de vue est, comme on le sait, l'épitaphe métrique trouvée en 1883, par M. Letaille près de Makter, en Tunisie (*Comptes rendus de l'Académie des inscriptions*, 1884, p. 64).

[5] *Arvali*, planches des pages 49 et 263.

d'Eaunes, dans la Haute-Garonne. M. Figuères, qui l'a découverte, pense qu'elle doit provenir d'une église ou chapelle depuis longtemps ruinée dont les fondations ont été reconnues dans le voisinage.

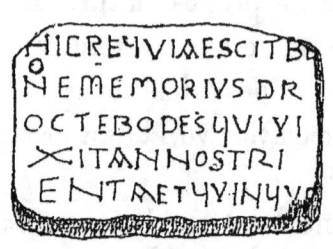

On a écrit indifféremment sur d'autres marbres des temps mérovingiens *bonememorius* et *benememorius* [1]; le graveur de notre inscription paraît avoir hésité entre ces deux orthographes. Remarquons ici la forme onciale de l'M, celle du Q et celle de l'V qui, à la troisième ligne, présente l'aspect d'un Y. Je cherche en vain à trouver dans cette réunion de caractères exceptionnels des éléments de date pour notre monument qui, bien que gravé avec soin, appartient au vi^e siècle, si ce n'est au viie. La lettre Q se voit tracée de même au temps de Dioclétien [2]; l'V sur un marbre appartenant à la première moitié du ive siècle [3]; l'M se montre ainsi à Rome sur une vieille inscription des catacombes [4].

Une épitaphe chrétienne de Besançon nous a déjà donné, comme celle d'Eaunes, la forme TRIENTA pour *triginta* [5], conduisant, par l'oblitération du G, aux mots *trente* et *trenta* du français et de l'italien.

---

[1] *Inscr. chrét. de la Gaule*, n° 59.
[2] *Memorie romane*, t. I, p. 29 (pl. III).
[3] Biscari, *Discorso accademico sopra un' antica iscrizione*, p. xiv.
[4] Marini, *Arvali*, p. 362; voir aussi De Vogüé, *Syrie centrale*, p. 85.
[5] *Inscriptions chrétiennes de la Gaule*, n° 679.

296
VALCABRÈRE.

J. de Laurière, *Nouvelle inscription chrétienne de l'église de Valcabrère* (*Bulletin monumental*, 1887) — *Bulletin de la société des Antiquaires de France*, 1887, p. 292.

On doit à M. de Laurière la connaissance de ce fragment encastré dans l'église de Valcabrère et qui avait échappé jusqu'à présent à l'attention des visiteurs de ce monument presque entièrement construit avec des débris antiques. Ainsi que l'a proposé mon savant confrère, il faut, je crois, lire iN Pace au début de la deuxième ligne. Placé, comme il l'est, après la date de la mort (XV Kalendas MaRtias), le nom VA(ERI peut être celui du consul de l'an 521 déjà signalé dans deux inscriptions[1]. Ce serait, en ce cas, sur notre sol, la troisième épitaphe datée portant la mention initiale *Depositio* que nous avons déjà rencontrée en 334 et en 405[2]. Elle se trouve plus tardivement encore sur une pierre du musée de Saintes[3].

---

[1] De Rossi, *Inscriptiones christianæ urbis Romæ*, t. I, p. 441; ci-dessous l'inscription n° 301.

[2] *Inscr. chrét. de la Gaule*, n°s 62 et 491.

[3] *Guide des visiteurs du Musée de Saintes*, p. 4, n° 15.

297

De Francette d'Agos, *Monographie de la basilique de Saint-Just*, p. 40; — Barry, *Inscriptions inédites des Pyrénées*, p. 38; — Ramé, *Revue des Sociétés savantes*, 1875, p. 593; — De Rossi, *Basilica di Santo Stefano rotondo, etc.*, p. 23; — De Laurière, *Compte rendu du congrès tenu à Toulouse en 1874*, p. 78 et *Nouvelle inscription chrétienne à l'église de Valcabrère* (*Bulletin monumental*, 1887).

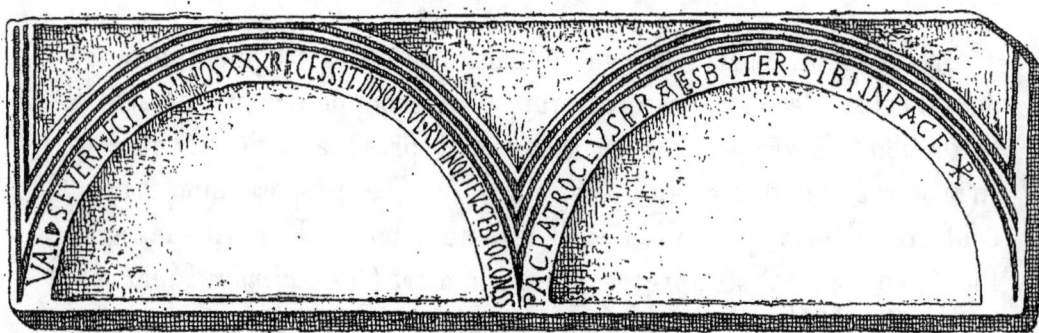

Un renseignement inexact m'a fait noter autrefois comme perdu le marbre de *Valeria Severa* et du prêtre *Patroclus*[1]. Il existe et, à mon grand regret, je n'ai pu l'aller voir. Je me bornerai donc à donner, d'après un estampage, la partie écrite en l'encadrant dans le dessin publié par Dumège: « Ce morceau, dit mon regretté confrère, M. Ramé, est exposé à toutes les intempéries, dans un coin du cimetière de Saint-Just; il se distingue autant par sa forme que par sa dimension (1 m. 70 cent. de longueur sur 0,35 cent de hauteur). Les deux épitaphes sont gravées sur le cintre d'arcades en saillie; le champ évidé avait reçu une décoration en applique, peut-être une mosaïque, mais dont il ne reste plus de trace. » Nous avons déjà vu, sur notre sol, des épitaphes ainsi ornées d'incrustations[2]. Ce dernier détail et la dimension insolite du marbre montrent que notre inscription provient d'un monument important.

[1] *Inscript. chrét. de la Gaule*, t. II, n° 596. — [2] Ci-dessus, p. 260.

La double épitaphe qui porte la date de 347 est, en Gaule, la plus ancienne de celles où figure le monogramme Constantinien ☧. C'est aussi, que je sache, la première qui présente l'O étroit et long, formé de deux arcs de cercles se coupant à angles très aigus.

---

297 A

LE PROTET.

L'abbé Douais, *Bulletin de la Société archéologique du midi de la France*, 1890, p. 63 ;
Le Capitaine Espérandieu, *Revue de l'art chrétien*, 1890, p. 318.

HIC IACET LITOVIR
C VISSIT ANVS..E
CESIT DIE KAS...E
CEMBRIS

Hic jacet Litovir c(ui) vissit anus... decesit die kalendas decembris.

Plaque de marbre encastrée dans le mur d'une maison particulière, au Protet (Haute-Garonne). La formule initiale *Hic jacet* ne se lit pas, sur nos marbres datés, après l'année 449[1]. Comme le montre une photographie incomplète que j'ai sous les yeux, les caractères de l'épitaphe sont réguliers et d'époque ancienne.

[1] *Inscriptions chrétiennes de la Gaule*, n° 667 et préface, p. VIII.

PREMIÈRE NARBONNAISE.

298

VILLENEUVE-LEZ-AVIGNON.

Analecta Alsatica, Manuscrits de la Bibliothèque nationale, fonds latin, n° 11902, f° 153, ex historia ms. Andreæ Valladerii, abbatis S. Arnulfi, et n° 12726, f° 25; — Germer Durand, *Découvertes archéologiques faites à Nimes et dans le Gard pendant l'année 1869* (Mémoires de l'Académie du Gard, 1869-1870, p. 2); — De Guilhermy, *Revue des Sociétés savantes*, 1870, t. II, p. 56; — L'abbé Albanès, *Même recueil*, 1875, t. I, p. 158; — De Rossi, *Inscriptiones urbis Romæ christianæ*, t. II, p. 264; — Hirschfeld, *Corpus inscriptionum latinarum*, t. XII, n° 1045.

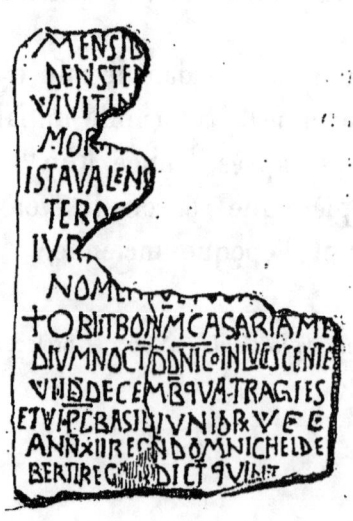

M. Coulondres, maire de Villeneuve-lez-Avignon, a retrouvé, en 1868, ces deux fragments d'une inscription perdue que j'avais dû donner autrefois d'après d'anciennes copies[1]. Importante au point de vue de la paléographie, cette découverte laissait toujours incomplet un texte dont la mutilation remonte peut-être à plusieurs siècles. Les recherches de M. l'abbé Albanès me semblent devoir nous le rendre en entier.

Les *Animadversiones* qui précèdent le tome II de la *Gallia christiana*, et où figurent des additions au texte du premier volume, donnent la note suivante restée inaperçue pour les très nombreux éditeurs de l'épitaphe de Casaria :

« Col. 179 in Valente. Monuit me D. Jac. Boyer legendum *Casaria*, non *Cæsaria*, vocaturque vulgo *Sainte Casaire*. Idem ad me misit integrum S. Cæsarie epitaphium, quale legitur apud S. Andream. »

Suit le début de l'épitaphe que je transcrirai non d'après la *Gallia christiana*, mais, comme l'a fait l'abbé Albanès, d'après Dom Polycarpe de la Rivière dont j'aurai à parler plus loin :

> Condita Cæsariæ[1] sunt hoc pia membra sepulchro
> Cui probitas virtus facies mens nomen origo
> Connubiumque fuit simili splendore refulgens
> Et dulcis proles cujus post[2] fata superstes
> Se totam voyens caro cum conjuge Christo
> Jejunans orans mendicis lauta[3] ministrans
> Has solas censebat opes mercedis opimæ
> Quas illis sacrisque dabat de divite censu
> Templis. Unde satis meritis felicibus aucta
> Lustris jam denis et quatuor insuper annis[4]

Tel est le texte nouvellement remis sous les yeux du lecteur par le savant chanoine de Marseille et dont les lignes suivantes, repro-

---

[1] *Inscriptions chrétiennes de la Gaule*, t. II, p. 417. Les indications bibliographiques inscrites en tête de cette notice s'ajoutent à celles de mon premier recueil.

[1] *Gallia christiana*, Casariæ.
[2] *Gall. christ.*, Post cujus.
[3] *Gall. christ.*, læta.
[4] Ce vers manque dans la *Gall. christ.*

duites seules depuis longues années, forment le complément naturel :

```
MENSIBVS ET GEMINIS CONCLV
    DENS TEMPORA VITAE
VIVIT IN AETERNVM NVLLVM
    MORITVRA PER AEVVM
ISTA VALENS FIERI FLETV MANAN
    TE ROGAVIT
IVRA SACERDOTII SERVANS
    NOMENQVE IVGALIS
† OBIIT BONE M̄ CASARIA ME
DIVM NOCT D̄ DN̄ICO INLVCISCENTE
VI·ĪD·DECEMB̄ QVATRAGIES
ET VI·P C BASILI IVNIOR V·C·C·
AN̄N XII REGN̄ DOMNI CHELDE
BERTI REḠI INDICT QVINTA
```

Dans une note adressée au Comité des travaux historiques, M. l'abbé André de Vaucluse, a refusé d'admettre le supplément signalé par le chanoine Albanès[1]. A son estime, comme dans la pensée de M. Augustin Canron, intervenu plus tard dans le débat[2], les vers transmis à la *Gallia christiana* sont l'œuvre d'un faussaire. Jacques Boyer, qui ne dit point d'où il les a tirés, a dû les emprunter à Dom Polycarpe de la Rivière, chartreux à l'existence mystérieuse et qu'on soupçonne d'avoir donné plus d'un document apocryphe. Ce religieux l'aurait retrouvé, si on l'en croit, dans un très ancien manuscrit de l'abbaye de Saint-André[3], fait impossible à contrôler, les manuscrits de l'abbaye et ses archives étant perdus. L'on doit encore remarquer que Vailhen, Nou-

---

[1] *Revue des Soc. sav.*, 1875, t. II, p. 289.
[2] *Ibid.*, 1876, t. I, p. 293.
[3] «Nos vero minime mutilum et lacerum, sed plane sanum et sine vulnere integrum, velut illud nacti sumus vetutissimis membranis Sanctandreani cœnobii, exhibemus» *Avenion. Eccl. Annales*, t. I, p. 357, (Bibliothèque de Carpentras, ms n° 503).

guier, Fantoni, Ménard et Dom Chantelou, l'auteur de l'histoire manuscrite de l'abbaye de Saint-André, n'ont pas fait mention du supplément; que dans le texte de Dom Polycarpe, le nom de la défunte est écrit *Cæsaria*, tandis que le marbre original porte CASARIA; que Ménard déclare l'inscription complète telle qu'on l'a publiée, rien n'ayant, d'après l'état du marbre, pu précéder les mots MENSIBVS ET GEMINIS[1]; qu'enfin, d'après une ancienne tradition, sainte Casaria était vénérée comme restée vierge dans le mariage.

Tels sont les points sur lesquels on a insisté.

Il n'est toutefois pas certain que Boyer n'ait point vu le manuscrit cité et qu'il se soit borné à copier Dom Polycarpe, avec la transcription duquel il ne se montre pas toujours d'accord. J'ajoute que le début aujourd'hui suspect a été enregistré par Boyer, Durup de Sainte-Marthe, l'abbé de Massilian[2], et par Fornery qui l'accepte comme ruinant la légende relative à la virginité de sainte Casaire[3].

On ne saurait donc écarter tout d'abord, et sans l'avoir examiné, le texte donné par un homme qui, suivant l'expression de M. de Mazaugues, acquéreur de ses manuscrits : «a mêlé à des faits peu sûrs des recherches très curieuses»[4]. Ménard se trompe en écrivant que le marbre nous donne le commencement de l'inscription de Villeneuve et que rien n'a jamais précédé les mots MENSIBVS ET GEMINIS. Au point de vue du sens matériel, cette assertion est inadmissible, une pièce débutant par les mots «..... et deux mois» ne saurait être tenue pour complète et la forme des débris retrouvés par M. Coulondres

---

[1] Lettre à M. Bouquier, du 28 mars 1864 (Bibliothèque d'Aix).

[2] Recueil manuscrit, t. VI, f° 123 et t. XIV f° 35.(Musée Calvet).

[3] *Histoire du Comtat Venaissin*, t. II, p. 61, Bibliothèque de Carpentras, manuscrit n° 530, et f° 31, 32 de la copie existante au musée Calvet : «Tout le monde convient aujourd'hui que sainte Casarie a été l'épouse de Valens. On avait cru jusqu'ici qu'ils avaient vécu dans une parfaite continence, mais il paraît, par l'épitaphe de cette sainte, qu'on a aujourd'hui toute entière, qu'elle aurait eu un enfant dans les premières années de son mariage avec Valens; mais qu'après l'avoir perdu jeune, ces deux époux avaient pris la résolution de vivre désormais comme frère et sœur.»

[4] Lettre du 28 août 1717, dans les manuscrits de Calvet.

montre suffisamment que le marbre est coupé au-dessus de ces mots. C'est ce que nous affirment en même temps l'abbé de Massilian [1], Claret; correspondant de Baronius [2], Columbi [3] et de plus deux notes de manuscrits venant de l'abbaye de Saint-Germain, où nous lisons : *Marmori inscriptum est epitaphium cujus superior pars deest. — Deest initium* [4]. L'inscription a donc été très probablement gravée sur deux plaques séparées dont nous ne possédons que la seconde [5].

Je suis peu touché de la difficulté résultant du nom *Cæsaria* inscrit dans le texte nouveau tandis que le marbre original nous donne la mauvaise orthographe CASARIA [6]; il y a pu avoir sur ce point quelque erreur de transcription, et d'ailleurs il faut remarquer qu'à l'époque mérovingienne on trouve les noms propres orthographiés diversement dans une même pièce [7].

Quant à la tradition d'après laquelle la défunte serait restée vierge dans le mariage, tradition que contredit le début en nous la montrant mère, je n'en éprouve pas d'embarras. Bien des légendes sans fondement se sont attachées à nos inscriptions, comme à nos tombes chrétiennes [8] et, si la tradition est heurtée, l'application des règles canoniques est sauve. Rien de plus fréquent que de voir, en ces temps anciens, les prêtres mariés et pères de famille; leur paternité était toutefois antérieure à leur élévation à la prêtrise, la règle exigeant que l'on

---

[1] « Deest versus in quo anni vitæ Cæsariæ indicabantur. » (Manuscrits, t. XIV, f° 35, musée Calvet. — Je dois cette indication à l'obligeance de M. Deloye).

[2] Baronius, *Annales*, t. X, p. 448.

[3] *De rebus gestis Vasionensium episcoporum*, p. 12.

[4] Bibliothèque nationale, fonds latin, n° 11902, f° 153, et n° 12762 f° 25. Tel était aussi le sentiment de M. de Guilhermy, qui a fait précéder par des points la partie depuis longtemps connue de notre inscription (*Revue des Sociétés savantes*, 1870, p. 56).

[5] Cf. l'inscription donnée par M. de Rossi, *Roma sotterranea*, t. III, p. 194 et les observations faites au sujet de cette pièce par M. l'abbé Duchesne (*Revue du monde catholique*, nouvelle série, t. XXXII, p. 326).

[6] J'ai indiqué ailleurs, d'après les marbres et les manuscrits, des exemples de cette orthographe (*Inscriptions chrétiennes de la Gaule*, t. II, p. 420).

[7] Pardessus, *Diplomata*, t. I, p. 197: Bertrannus; p. 215: Bertichramnus; t. II, p. 9: Teudilanæ; p. 10: Theodilanæ.

[8] *Inscr. chrét. de la Gaule*, préface, p. cxxx, et n°° 545, 609, etc. *Les sarcophages chrétiens de la Gaule*, introduction, p. xiv, et ci-dessus, p. 317.

se séparât charnellement de sa femme en entrant dans les ordres[1]. C'est là ce qu'ont fait, comme tant d'autres, les époux de Villeneuve-lez-Avignon.

Les objections tirées du style de la partie contestée ne me convainquent pas, je l'avoue, et je crois plutôt y reconnaître des détails rassurants. L'accumulation des mots :

Cui probitas, virtus, facies, mens, nomen origo[2]

l'éloge de la beauté[3], de la noblesse de Casaria[4], la mention de ses dons aux églises[5], l'idée que les richesses employées en bonnes œuvres sont les seules profitables[6], offrent autant de traits en rapport complet avec l'âge auquel ce texte nous reporte.

---

[1] Hieron., *Adv. Vigilant.* : «Quid facient Orientis ecclesiæ, quid Ægypti et Sedis Apostolicæ, quæ aut virgines clericos accipiunt, aut continentes; aut si uxorem habuerint, mariti esse desistunt»? Sirmond, *Notæ ad Sidon.*, p. 61, etc.

[2] Cette particularité est fréquente dans les poésies de l'espèce :

Ambo pares animo, voto, spe, moribus, actu,
Certantesque sibi mente, decore, fide.
(Fortunat, IV, 26, v. 44, 45.)

EXORNANS PROAVOS MENTE PVDORE FIDE
(Marini, *Giornale de' letterati di Pisa*, t. VI, p. 26.)

SANGVIS HONOR GENIVS PROBITAS CONSTANTIA VIRTVS
(Ennodius, *Epist.*, V, 7.)

CORPORE MENTE ANIMO PARITER DE NOMINE FELIX
(S. Damas., *Carm.*, XV.)

CORPORE MENTE ANIMO PARITER QVOQVE NOMINE MAGNE
(Marini, dans Mai, *Scriptorum veter. nova collectio.* t. V, p. 34.)

.....pIETAS PRVDENTIA VVLTVS
.....honOR PROBITASQ· PVDORQ
(*Inscriptions chrétiennes de la Gaule*, n° 457 B.)

Un grand nombre de vers de basse époque sont formés d'épithètes accumulées :
MANSVETVS PATIENS MITIS VENERABILIS APTVS, etc.
(*Inscriptions chrétiennes de la Gaule*, n° 25.)

[3] *Inscriptions chrétiennes de la Gaule*, n° 397 et préface p. xcvi; ci-dessous, p. 359.

[4] *Inscript. chrét. de la Gaule*, n°⁵ 217, 373 A, 429, 462, 543, et préface, p. xcix.

[5] *Ibid.*, n°⁵ 217, 637.

[6] *Ibid.*, n°⁵ 218, 585, 587, 633.

On y a reconnu et signalé « un latin plus pur, plus renaissance, » que dans la partie conservée. La distinction m'échappe, et dans la forme comme dans la pensée, j'incline plutôt à reconnaître le type vulgaire et maussade de la *nænia* mérovingienne. Une latinité pure s'accommoderait d'ailleurs assez mal de la faute de quantité *vōvens* pour *vŏvens* que nous donne le cinquième vers.

Une note récemment publiée par M. Julien Havet sur *Les découvertes de Jérôme Viguier* nous a fait voir avec quelle habileté on fabriquait, au XVIIe siècle, des pastiches de documents antiques[1]. Rien ne saurait mieux que cette étude, appeler une juste défiance sur l'authenticité de certains textes dont les originaux ont disparu. Toutefois et jusqu'à production d'arguments décisifs, il serait, je crois, hasardeux d'écarter les vers rendus suspects par le nom de Dom Polycarpe, mais qui ne me semblent présenter par eux-mêmes aucune marque de supposition.

299

NIMES.

Germer Durand, *Mémoires de l'Académie du Gard*, 1865-1866, p. 153; — Allmer, *Revue épigraphique du midi de la France*, t. I, p. 252; — Hirschfeld, *Corpus inscriptionum latinarum*, t. XII, n° 4057.

J'ai copié à Nimes ce fragment découvert, en 1866, dans une

---

[1] *Questions mérovingiennes* (*Bibliothèque de l'École des chartes*, t. XLVI, p. 205).

maison située à l'angle de la place du Châtelet et de la rue du Bât-d'Argent. Il ne porte que le milieu d'une épitaphe dont la restitution est difficile.

Les mots INTER SE de la deuxième ligne donnent lieu de penser que le monument marquait la tombe de deux époux. On le voit par cette inscription tirée des Catacombes romaines :

```
CEPASVS GEMINE MERENTI QVE VICXIT
ANIS CONTINVIS XXI DECESSIT VII·IDVS IVNIAS·
ET FECERVNT INTER SE ANNVS IIII
       MENSIS·VII
```
[1]

A la deuxième ligne, on peut lire *fid*ENTES, *cred*ENTES, ou quelque mot semblable [2].

L'épitaphe suivante, comprise dans mon premier recueil [3], nous offre une formule analogue à celle que portait le marbre de Nîmes :

```
IN XPI NOMENE IN HVC LOCo quiescunt
IN PACE FIDELIS FAMVlus Dei Ampeliu
S ET SINGENIA QVI VIXERunt in conju-
GALI ADFECTV ET CARITAte
ANNIS CIRCITER LX AVT A.....
INVS IN PACE DOMINICA Perman-
SERVNT QVORVM VITA TALIS fuit ut lin-
QVENS CONIVX MARITVM XX Annos
EXCEDENS IN CASTITATE PERPEtua
PERDVRARET
```

---

[1] Marangoni, *Acta S. Victorini*, p. 112.
[2] *Rome souterraine*, trad. par Allard, p. 82 : FECIT YPOGEVM SIBI ET SVIS FIDENTIBVS IN DOMINO; Roller, *Catacombes*, t. I, p. 216 : ΕΝ ΘΕΩ ΚΑΙ ΧΡΙϹΤΩ ΠΙϹΤΕΥϹΑϹ; Gudius, *Antiquæ inscriptiones*, p. 367, n° 8 : IN CHRISTVM CREDENS.
[3] *Inscr. chrét. de la Gaule*, n° 391.

Comme ceux que nomme ce texte, les deux chrétiens de Nimes ont donné l'exemple de l'amour conjugal, de la charité [1], de la chasteté. Je ne saurais dire s'il s'agit également ici de cette continence dans le mariage, honorée, aux premiers siècles chrétiens, comme un sacrifice qui aurait sa récompense.

La Préface de mes *Inscriptions chrétiennes de la Gaule* contient, en ce qui touche la ville de Nimes, une observation sur laquelle je dois revenir [2] : « La civilisation romaine fut, ai-je dit, l'un des meilleurs agents de la propagation évangélique. Aussi, les cités où abondent les inscriptions des gentils sont de même les plus riches en marbres chrétiens. Pour ne parler que de la Gaule, nos grands centres épigraphiques, Trèves, Lyon, Vienne, Arles, Narbonne, montrent les monuments des fidèles succédant à ceux des idolâtres. C'est la condition normale. Nimes, au contraire, si largement dotée en inscriptions des temps païens, ne possède pas d'épitaphes chrétiennes. Où faut-il en chercher la cause ? L'élégante cité aurait-elle opposé, comme nous le voyons pour quelques autres, une vive résistance à l'introduction de la foi nouvelle [3] ? J'incline à le croire, car l'absence des marbres des fidèles me paraît devoir être là, ainsi qu'ailleurs, le résultat d'une cause historique ».

La découverte du fragment unique dont je viens de parler ne modifie point mon sentiment. Si la ville de Nimes s'était trouvée dans des conditions semblables à celles des cités que je viens de nommer, ce serait par séries que les inscriptions chrétiennes auraient dû s'y montrer avec celles des païens. Il n'en est pas ainsi et ce point demeure à mes yeux digne de remarque. Une particularité qu'on me permettra de rappeler, entre plusieurs autres, concorde avec ce fait matériel, c'est le martyre de saint Baudèle, chrétien étranger à Nimes, qui y périt, après le triomphe de l'Église, massacré par les idolâtres. Là donc et de même qu'en Afrique, au temps de saint Augustin, ces

---

[1] C[*haritat*]E (fin de la quatrième ligne et début de la cinquième).

[2] P. LVIII.

[3] Aux localités que j'ai indiquées en note joindre la ville de Gaza, encore païenne en l'an 361, et qui fut un foyer de réaction contre le christianisme (Theodoret., *Hist. eccles.*, l. III, c. VII).

derniers demeuraient nombreux et redoutables, sinon maîtres de la contrée[1].

A défaut d'inscriptions, Nimes possède des sarcophages chrétiens sculptés. Je le sais, mais comme je l'ai dit ailleurs, rien ne nous montre qu'ils lui appartiennent[2]. Il ne faut pas oublier que souvent, pendant le cours du moyen âge, ces monuments fort recherchés ont été importés de loin pour recevoir les restes de personnages saints ou puissants, et j'incline à penser que les tombes de Nimes sont venues d'autres pays. Il en est là de deux sortes et qui présentent, les uns le type du sud-est de notre sol, les autre celui du sud-ouest, tirés, selon toute apparence, les premiers d'Arles, les seconds de l'Aquitaine. J'estime, d'ailleurs, peu probable que Nimes ait possédé, comme Arles, un de ces ateliers qui, après avoir produit pour les gentils, ait pu sculpter des tombes chrétiennes. Cette industrie, selon toute apparence, n'y était pas exercée aux siècles du Haut-Empire, car aucun sarcophage païen à ornements n'a encore été rencontré parmi les marbres si nombreux que l'on a exhumés dans cette ville.

---

[1] *Epist.*, L, Suffectanis; *Epist.* XCI, § 8, Nectario. Cf. *Sermo LXII*.

[2] *Les sarcophages chrétiens de la Gaule*, p. 108.

300

BELLEGARDE.

Deloye, *Congrès archéologiques de la France*, Séances tenues à Avignon en 1882, p. 372; — Hirschfeld, *Corpus inscriptionum latinarum*, t. XII, n° 4084.

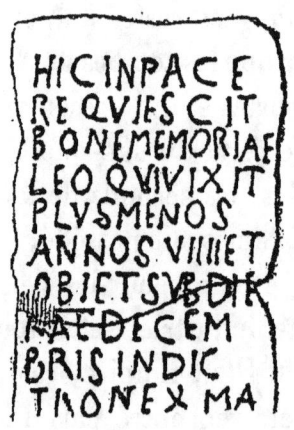

Épitaphe du vi[e] siècle acquise par le musée Calvet; elle a été trouvée à Bellegarde, localité voisine de Beaucaire. Son type est des plus communs et j'y relèverai seulement la façon dont le graveur a exprimé ici le chiffre *decima*. Pour ne parler que des inscriptions, je n'en ai encore rencontré d'exemples que sur des monuments de la Gaule[1].

---

[1] *Inscriptions chrétiennes de la Gaule*, n° 1 : x°; n° 25, xxxiii°; n° 586 a : vi°, v°; ci-dessus, n° 164 : xmo.

301

Deloye, *Congrès archéologiques de la France*, p. 375 ;
Hirschfeld, *Corpus inscriptionum latinarum*, t. XII, n° 4803.

Débris trouvé au même lieu et également acquis par le musée Calvet.

Tenter la restitution complète d'une légende si mutilée paraîtrait chose hasardeuse ; mon savant confrère, M. Deloye, a toutefois pu rencontrer juste en proposant de reconnaître ici, aux lignes 3, 4 et 5, malgré une transcription barbare, les mots *sanctorum, martyrum, agaunensium*. En admettant avec lui que la ligature A/ qui termine la deuxième ligne représente un A et un N, début d'*anniversario*, les probabilités s'accroissent par la présence du mot (OC)TOBRES, le martyre de saint Maurice et de ses compagnons se fêtant le 22 septembre qui correspond au onzième jour des calendes d'octobre.

On rencontre deux fois dans les fastes, en 432 et en 521, le nom de Valerius qui sert de date à cette inscription. La grossièreté de sa gravure me porte à l'attribuer à l'époque la plus récente.

302
TOULOUSE.

Barry, *Note sur une inscription inédite récemment trouvée à Toulouse* (*Revue de l'Académie de Toulouse*, 1857); — Ramé, *Revue des sociétés savantes*, 6ᵉ série, t. I, p. 595; — Hirschfeld, *Corpus inscriptionum latinarum*, t. XII, n° 5400.

Ce fragment, que je reproduis d'après un estampage de M. Ramé, a été trouvé, en 1856, rue du Tour, à quatre mètres de profondeur, sous la tête d'un squelette. Les deux premières lettres sont incertaines; peut-être y faut-il voir l'R et l'A du mot *trasivi* pour *transivit*. L'X de *vixit* a été sommairement indiqué par une barre transversale coupant un B gravé par erreur. J'ai à peine besoin de noter que *requiebit* est écrit ici pour *requievit*, comme *qui* pour *quæ* et *paci* pour *pace*. La formule *in pace dominica* s'est déjà rencontrée à Toulouse [1]. Je ne saurais dire ce que signifie le signe en forme de C placé à la gauche de la croix. Inscrit à droite du monogramme sur des marbres grecs de la Sicile [2]

---

[1] *Inscriptions chrétiennes de la Gaule*, n° 602; cf. n° 601. — [2] Ferrara, *Storia di Catana*, p. 365, 368, 369; *Inscr. chrét. de la Gaule*, préface, p. xxxviii.

et sur une pierre gravée⁽¹⁾, il représente la dernière lettre du nom du Christ.

L'épitaphe d'*Ermeneldis* n'est pas antérieure à la fin du vɪᵉ siècle.

303

Bruno Dusan, *Revue archéologique du Midi de la France*, 1866, p. 84; — Ramé, *Revue des sociétés savantes*, 6ᵉ série, t. I, p. 595; — Hirschfeld, *Corpus inscriptionum latinarum*, t. XII, n° 5402.

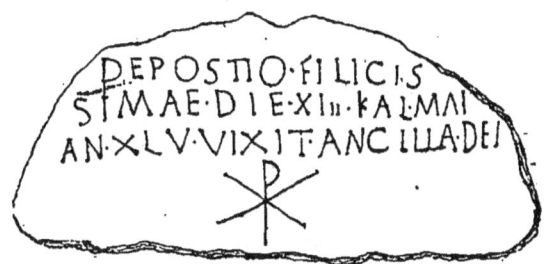

Au vieux cimetière de Saint-Sauveur, dans le lieu que Catel désigne sous le nom de Terre-Cavade, on a retrouvé des restes antiques : substructions, colonnes, chapiteaux, débris de statue, vases de terre rouge et grise, sarcophages de pierre contenant encore des squelettes, et enfin plusieurs inscriptions chrétiennes. Là, comme si souvent ailleurs, ces marbres ont été brisés par les ouvriers, et M. Bruno Dusan n'en a pu copier que quelques fragments portant, l'un deux lettres (SV) et l'autre trois (IOM); sur un dernier se voit une étoile à six rayons dans une couronne de laurier. C'est aussi de ce lieu qu'est sorti, il y a déjà quelques années, m'a dit le même savant, un reste d'épitaphe publié dans mon premier recueil⁽²⁾ et dont l'ancien conservateur du musée n'avait pas noté la provenance.

Le seul morceau que l'on ait pu garder entier parmi ceux qu'a

---

⁽¹⁾ Perret, *Catacombes*, t. VI, pl. XVI, n° 8.

⁽²⁾ *Inscriptions chrétiennes de la Gaule*, n° 606.

donnés le vieux cimetière est l'épitaphe de *Felicissima* gravée sur une dalle cintrée par le haut qui semble, d'après sa forme, avoir été encastrée dans la façade d'une tombe. La chrétienne, morte le 13 des calendes de mai, est qualifiée *ancilla Dei*. C'était donc, selon toute apparence, une religieuse [1], et l'on peut dès lors se demander si le chiffre de 45 ans noté sur le marbre marque son âge, ou seulement, suivant la pieuse coutume que nous révèlent les monuments épigraphiques, le temps qu'elle a passé au service du Seigneur [2].

On n'a pas encore trouvé, en Gaule, après l'an 405, d'épitaphe à date certaine débutant par le mot *depositio* [3]; je ne crois pas dès lors notre inscription postérieure au ve siècle.

304

Bruno Dusan, *Revue archéologique du Midi de la France*, 1866, p. 84 ;
Hirschfeld, *Corpus inscriptionum latinarum*, t. XII, n° 5410.

Fragment sorti des mêmes fouilles ; l'épitaphe se terminait par l'indication de celui qui avait fait ensevelir le mort, c'est-à-dire par une formule telle que la suivante : *pater filio car*ISSIMO PO*suit*. Les monuments chrétiens retrouvés jusqu'à cette heure sur le sol de la Gaule ne nous ont pas donné, au delà de 470, de mention de cette nature [4]. Notre marbre n'est donc pas, selon toute apparence, postérieur au ve siècle.

---

[1] Voir ci-dessus, p. 138, et Du Cange, *hoc verbo*.

[2] *Inscriptions chrétiennes de la Gaule*, préface, page LXXVIII ; *Les Sarcophages chrétiens de la Gaule*, planche LVI.

[3] *Inscriptions chrétiennes de la Gaule*, préface, p. IX, X.

[4] *Ibid.*, p. XVII à XXI.

Sous l'inscription est le monogramme ☧ inscrit dans une couronne sommairement indiquée, dont deux colombes tiennent les lemnisques flottants. Deux étoiles se voient au-dessus d'elles; si ces étoiles ne sont pas ici purement ornementales, elles peuvent, comme ailleurs, symboliser le ciel où brille le signe du Christ[1].

305

MASASSY.

Noguier, *Bulletin de la Société archéologique de Béziers*, 1878, p. 315 et *La colonie romaine de Béziers*, p. 77; — Allmer, *Revue épigraphique du Midi de la France*, 1879, n° 123.

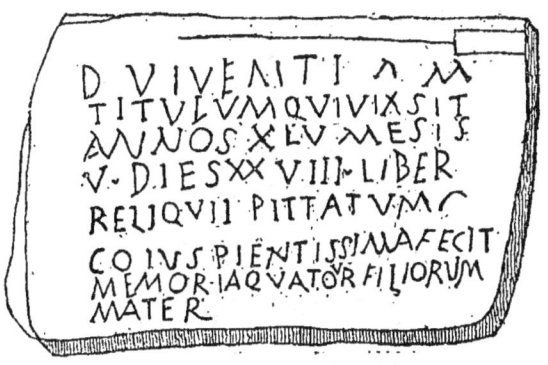

Epitaphe gravée au revers d'un fragment d'inscription romaine dont voici la copie :

```
L·TERENTIO·I............
PORTITO·FIL·AGEN........
XXVII·DECVRIONI·C.......
CLAVD·LVTEVA·Q·II·VIR·D
L·TERENTIO·PO...........
```

[1] *Les sarcophages chrétiens de la Gaule*, p. 142. La tête du Bon Pasteur symbolisant le Christ est entourée d'étoiles sur une lampe autrefois publiée par Bartoli et à laquelle M. de Rossi a consacré une notice spéciale. (*Bullettino*, 1870, p. 85.)

*44.

Ce marbre, dont je reproduis la première face d'après la copie de M. Noguier, a été trouvé au domaine de Masassy, près de Béziers ; il était encastré dans les murs d'une maison de campagne abandonnée.

On a pensé que l'inscription de Viventius pouvait être chrétienne, et je ne vois à cela rien d'impossible, bien que la présence des sigles DM et celle de l'*ascia* qui suit le nom propre puissent apporter des contre-indications sérieuses.

D'autres considérations me font hésiter à l'exclure de ce recueil, où je ne l'admets d'ailleurs que sous toutes réserves : l'emploi fait par le graveur d'un débris d'épitaphe païenne, la forme des caractères qui accuse une époque basse[1], enfin le contexte même de l'inscription. Viventius, y lisons-nous, a, par son testament, c'est là le sens du mot *reliquit*[2], donné la liberté à un esclave. Par deux fois déjà, sur des marbres exhumés dans notre pays, j'ai relevé des mentions de cette sorte. Le premier marquait une tombe sur laquelle on lit :

HIC RELIQVIT
LEVERTO PVERO
NOMINE MANNONE
PRO REDEMTIONEM
ANIMAE SVAE

Haec reliquit libertum puerum nomine Mannonem pro redemptione animae suae.

---

[1] J'appellerai principalement l'attention sur la lettre E de la première ligne : sa haste dépassant les membres horizontaux, ne se montre que de la fin du v° siècle au milieu du vii° siècle. (*Inscriptions chrétiennes de la Gaule*, préface, p. xxiv.)

[2] Minervini, *Bullettino Napoletano*, 1844, p. 83 : HOC SEPVLCR·FRE-QVENTENT A ME QVI SVNT LI-BERI *Cum* VNIVERSOS QVOS RE-LINQVAM VEL MAMVMITTI VO-LAM ; cf. *Cod. Just.* L. vii, tit. ii, l. 14 : «Directas libertates græcis verbis liceat in testamentis relinquere»; l. 15 : «Si quis condito testamento vel sine testamento moriens, libertates reliquerit....»

La seconde épitaphe porte les mots :

RELIQVIT LIVERTVS ID EST
SCVPILIONE
GERONTIVM
BALDAREDVM
LEVVERA
OROVELDA ILDELONE

Reliquit libertos id est : Scupilionem, Gerontium, etc.

Je n'oublie certes pas que les païens affranchissaient par testament et que le Digeste contient un titre relatif à cette matière [1]; mais, je le répète, la ressemblance de notre inscription avec celles dont je viens de parler me laisse sur son caractère un doute que j'ai dû soumettre au lecteur.

La mention finale *quatuor filiorum mater*, témoigne de la haute estime que les anciens professaient pour la fécondité [2]. En racontant les miracles de saint Hilarion, saint Jérôme parle d'une femme que son mari tenait en mépris parce qu'elle ne lui avait pas donné d'enfants [3]; dans les éloges qu'il adresse ailleurs à sainte Paula, figurent les paroles « fœcunditate ac pudicitia probata [4]. » L'hommage rendu sur une tombe aux vertus d'une femme africaine se complète par le mot FECVNDAE [5]. Nombreuses sont, dans les épitaphes, les mentions de cette sorte : païens et chrétiens y inscrivent les formules : TRIVM LIBEROR [6], FILIOS PROCREAVIT VII [7], SEPTEM CIRCVMDATA NATIS [8], SVPERSTITIBVS · TRIBVS LIBERIS · TOTIDEMQ · NEPOTIB [9]; GENVIT FILIOS III ET FI-

---

[1] L. xl, tit. iv : « De manumissis testamento ».

[2] Heineccius, *Ant. rom.*, l. i, tit. xxii, § 6; Gruter, 1081, 1.

[3] C. iv : « Mulier quædam Eleutheropolitana cernens despectui se haberi a viro ob sterilitatem.... »

[4] *Epitaphium Paulae (Epist.* cviii), § 4.

[5] De Villefosse, *Archives des missions scientifiques*, 3ᵉ série, t. II, p. 475.

[6] Orelli, 2674.

[7] Passionei, *Iscrizioni antiche*, cl. viii, n° 19.

[8] Burmann, *Anthologia*, t. II, p. 231.

[9] Visconti, *Cento iscrizioni Ostiensi*, p. 13.

350 INSCRIPTIONS CHRÉTIENNES.

ЦΑS II⁽¹⁾; DVODECIM FILIORVM MATER ⁽²⁾; EX QVA HABEO NATOS ⁽³⁾; ΜΗΤΗΡ ΠΑΙΔΙΩΝ Δ ⁽⁴⁾.

306

TRUILHAS.

Joh. Pastritius, *Patenae argenteae mysticæ quæ utpote Divi Petri Chrysologi colitur descriptio et explicatio*, p. 66, 67 (Romae, 1706, in-4°); — l'abbé Mortala, *Bulletin de la Commission archéologique de Narbonne*, t. I, p. 541; — Lebègue, *Épigraphie de Narbonne*, n° 1289; — Hirschfeld, *Corpus inscriptionum latinarum*, t. XII, n° 4312 ⁽⁵⁾.

Cette inscription, depuis longtemps perdue, et que j'avais publiée d'après la copie donnée dans le *Nouveau traité de diplomatique*, a été

⁽¹⁾ Maffei, *Museum Veronense*, p. 464, n° 6.

⁽²⁾ Boldetti, *Osservazioni*, p. 429.

⁽³⁾ Carrara, *Ausgrabungen von Salona*, p. 24.

⁽⁴⁾ Leemans, *Animadversiones in Musaei Lugd. Bat. inscriptiones*, p. 29. Voir encore entre autres les inscriptions données par Marini, *Iscrizioni delle ville e de' palazzi Albani*, p. 194.

⁽⁵⁾ Les indications bibliographiques inscrites en tête de cette note s'ajoutent à celles que j'avais données dans mon premier recueil, n° 611.

récemment retrouvée; la pierre, posée à rebours, servait de pont sur un fossé du domaine de Truilhas. Une inondation l'a déplacée en 1875, et l'on s'est aperçu alors que la face postérieure était gravée. Au bas de l'épitaphe antique, il en a été inscrit une autre, qui date du xviiie siècle, celle d'un ancien seigneur du Treilhas, nommé Claude Fournas de la Brosse. Un descendant de la famille, M. le baron de Fournas, possède ce monument aujourd'hui conservé au château de Pouzols, près de Ginestas.

VILLESÈQUE.

Les trois marbres suivants se trouvaient dans une petite chapelle romane, à quelques pas du château de Gléon, commune de Villesèque, canton de Durban (Aude), et près de Mandourel, localité qui a déjà fourni plusieurs épitaphes antiques. Ils appartiennent au Musée de Narbonne.

307

Bulletin de la Société des Antiquaires de France, 1866, p. 124; — Barry, *Journal de Toulouse*, 22 février 1867, et *Académie des sciences, inscriptions et belles-lettres de Toulouse*, 1867, p. 443; — Lebègue, *Épigraphie de Narbonne*, n° 1280; — Hirschfeld, *Corpus inscriptionum latinarum*, t. XII, n° 5349 et *additamenta*, p. 856.

La première de ces inscriptions est brisée par le milieu et fort mutilée. C'est une légende dédicatoire métrique de rédaction confuse, comme nous en voyons si souvent aux ve et vie siècles. La copie de

M. Tournal, l'estampage qu'il a bien voulu m'adresser, et la transcription faite sur place par M. Barry me semblent permettre de lire sur le marbre :

    † CRIMINIBus MVLTIS OBR..... ECCA..IS ALVMNVS
    CONDIDIT HEC DNO Cum CONIVGE TEMPLA DIVSVIRVS
    VVILIESINDA SIBI SEMPER ..... ERENTE FIDELE
    QVI VOTVM SOCII fieri?[1] iNSTANTER ADEGIT
    QVOD VOLVIT VOLVERE SEd defVIT VNA DVORVM
    MENS ET IN ETERNO LOCAVeruNT ATRIA XPO·

Ainsi donc, un chrétien a, pour racheter ses péchés, élevé un sanctuaire au Seigneur, et sa femme *Wiliesinda* s'est associée à cette œuvre.

Le nom écrit ici *Diusvirus* est peut-être celui de *Theutswar*. On retrouvera des altérations analogues dans les vocables *Diotswind, Diudolf, Irmindiu, Widiu, Thietdiv*, et pour la seconde dans *Erleverius, Freioverus, Leubovera*[2].

Ainsi que je le rappellerai plus loin, la présence de la croix inscrite au début de la première ligne tend à montrer que notre légende est postérieure à la première moitié du ve siècle. La forme des lettres n'a rien qui ne confirme cette attribution.

---

[1] Pour le mot *votum*, pris dans le sens d'offrande faite à la divinité, voir Marini, dans Mai, *Scriptorum veterum nova collectio*, t. V, p. 19, n° 4; ΒΟΤΟΥΜ ΟΠΤΟΥΛΗ; Pétrone, *Satyricon*, 89 : Stipant graves equi recessus danai, et in voto latent. Cf. *Cod. Theod.* VII, xxiv, De oblatione votorum.

[2] Voir Förstemann, *Altdeutsches Namenbuch*, p. 1156, 1190, 1193, 1258.

308, 309

Bulletin de la Société des Antiquaires de France, 1866, p. 124; — Barry, Journal de Toulouse, 22 février 1867; — Ramé, Revue des Sociétés savantes, 6ᵉ série, t. I, p. 507; — Lebègue, Épigraphie de Narbonne, nᵒˢ 1281, 1282; — Hirschfeld, Corpus inscriptionum latinarum, t. XII, n° 5347.

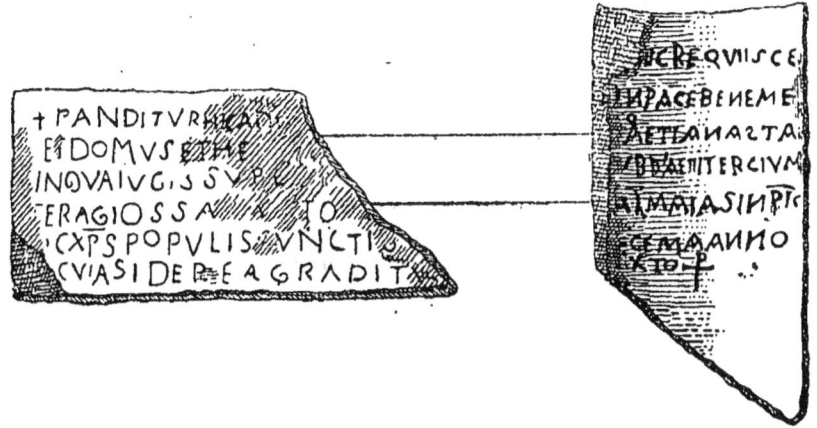

Débris portant sur chaque face une inscription. Comme le montre son début, la première, qui était métrique, se lisait sur la porte d'un sanctuaire.

Ce texte est d'une époque assez basse, si l'on en juge par la présence de la croix gravée en tête de la première ligne. De tous nos symboles chrétiens antiques, la croix est, en effet, celui qui fut employé le dernier. Les fidèles des anciens âges prirent d'abord comme marque distinctive les signes secrets, l'ancre, le poisson; et, quand l'Église fut triomphante, le monogramme formé du X et du P entrelacés; puis le chiffre que donne le P coupé par une ligne transversale. La croix ne se montra qu'ensuite, et c'est plus tard encore que nous la trouvons inscrite au début de la première ligne des légendes lapidaires monumentales. En Gaule, et dans ces conditions, elle paraît pour la première fois le 29 décembre 445 [1]. Les monuments de Rome

---

[1] Inscriptions chrétiennes de la Gaule, préface, p. XIII.

assignent la même époque à ce mode d'emploi du grand symbole chrétien [1].

Cela posé, je dois noter que la mutilation de l'inscription monumentale de Villesèque remonte à un âge ancien, comme l'atteste l'épitaphe qui, par un fait dont je ne sais pas d'autre exemple [2], et sans qu'on ait pris soin d'équarrir et de dresser le marbre [3], a été gravée à son revers. Ce dernier texte est daté vaguement de la sixième année d'un règne qui n'est point indiqué. On y lit :

> HIC REQVIISCE
> iN PACE BENEME
> m?... AE TIANASTA
> sVB DIAE III TERCIVM
> kAL MAIAS INDIC
> dECEMA ANNO
> seXTO ☧

Hic requiesce in pace bene memoriae Tianasta (ou *benememoria Etianasta*) *sub diae III tercium* [4] *kal. maias indictione decema anno sexto* ☧.

Dans le nombre des princes visigoths qui régnèrent sur la contrée, il en est deux seulement auxquels l'on puisse songer ici : Euric, monté sur le trône en 466, et qui, le 29 avril 472, quand s'écoulait la dixième indiction, pouvait être parvenu à l'an vi de son règne [5] ; Reccarède, qui, le 29 avril 592, dixième indiction, datait peut-être aussi de l'an sixième de son gouvernement [6].

---

[1] Marini, dans Mai, *Scriptorum veterum nova collectio*, t. V, p. 136, n° 2.

[2] Parmi les marbres opistographiques chrétiens, je n'ai encore trouvé, si je ne me trompe, que des épitaphes gravées au revers d'autres épitaphes.

[3] La face sur laquelle on a gravé l'inscription funéraire est légèrement concave.

[4] Nous avons déjà rencontré des nombres ainsi exprimés à la fois en chiffres et en toutes lettres. *Inscriptions chrétiennes de la Gaule*, n° 679; Boldetti, *Osservazioni*, p. 433; de Rossi, *Bullettino*, 1827, p. 105.

[5] Dom Vaissète, *Hist. de Languedoc*, t. I, p. 656 et 661.

[6] *Ibid.*, t. I, p. 677.

On sait toutefois combien est mal déterminée la chronologie visigothique. Nous ignorons le jour de l'avènement des deux princes que je viens de citer, et il est regrettable qu'ici le nom du souverain ne soit pas exprimé. En ce qui touche Euric, nous n'avons point de données précises; pour Reccarède, nous savons bien, par le troisième concile de Tolède, qu'au 8 mai 592 (dixième indiction), il était parvenu à la septième année de son règne[1], mais rien n'établit que neuf jours auparavant, le 29 avril, date de notre légende, il fût déjà dans la même période. Il ne saurait donc être permis de l'écarter, et nous demeurons indécis pour l'épitaphe de Villesèque, entre le nom d'Euric et celui de Reccarède, c'est-à-dire entre les années 472 et 592. La présence dans notre inscription du monogramme cruciforme ☧ qui, sur nos marbres antérieurs au VIIIe siècle, figure pour la dernière fois en 540, et disparaît en même temps à Rome[2], porterait, dans une certaine mesure, à se prononcer pour l'époque la plus reculée. Un autre détail y peut conduire encore : c'est le fait même de la destruction de la légende sacrée, c'est l'emploi à un usage vulgaire d'un reste qui, selon les idées des premiers siècles chrétiens, devait, semble-t-il, être vénérable[3].

Il est, en effet, dans l'histoire de la Wisigothie, un temps où le sol fut jonché de débris de sanctuaires. Sous le règne d'Euric, prince arien, qui semblait plutôt, selon le mot de Sidoine Apollinaire, chef de sa secte que roi de sa nation, l'Église catholique fut dans le deuil. Des évêques étaient violemment arrachés alors de leurs sièges[4]. Sidoine écrivait à Basile : «Bordeaux, Périgueux, Rhodez, Limoges, Gabale, Eauze, Bazas, Comminges, Auch et d'autres villes en plus grand nombre, dont les évêques sont morts, n'en ont point reçu de nou-

---

[1] L'en-tête de ce concile nous apprend que, le 8 mai 589, Reccarède datait de la quatrième année de son règne.

[2] *Inscriptions chrétiennes de la Gaule*, préface, p. XIV.

[3] *Pœnitentiale Theodori*, l. II, § 3 : «Ligna ecclesiae non debent ad aliud opus jungi, nisi ad ecclesiam aliam... in laicata opera non debent procedere» (Wasserschleben, *Die Bussordnungen*, p. 201); cf. p. 146 et 346, *Pœnitentiale Theodori, Capitula Dacheriana*, c. XVII et *Pœnitentiale Pseudo Egberti*, additamenta, § 16.

[4] Sid. Apoll., *Epist.*, VII, 5.

veaux. Les vides du clergé inférieur ne peuvent être remplis en leur absence, et le désastre spirituel s'étend au loin. Dans les diocèses et les paroisses, tout périt. Les toits des églises s'effondrent, les portes sont arrachées de leurs gonds, l'entrée des basiliques est obstruée de ronces et d'épines. O malheur, les troupeaux couchent dans les porches entrouverts et broutent l'herbe qui croît autour des autels. Ce ne sont pas seulement les églises des campagnes qu'affligent l'abandon et le délaissement; les réunions des fidèles deviennent rares dans les sanctuaires des villes [1]. » Ainsi parle le grand évêque, et devant notre marbre, brisé presque aussitôt que mis en place, ramassé comme un vil débris pour recevoir une vulgaire épitaphe je ne puis me défendre de songer au tableau que trace Sidoine de la dévastation des églises catholiques, et de penser que ce fragment a pu être tiré des ruines que l'intolérance des ariens accumula, au ve siècle, dans le sud-ouest de la Gaule.

Les futures découvertes de l'épigraphie viendront nous apprendre sans doute de quels jours se dataient les années des règnes d'Euric et de Reccarède, éclairer la question que j'indique, et jeter, en même temps, quelque lumière sur une page obscure de notre histoire.

---

[1] Sid. Apoll. *loc. cit.* Je dois, pour ne rien oublier, noter ici qu'au début du règne de Reccarède, en 587, suivant l'*Histoire de Languedoc* (t. I, p. 308), Narbonne vit un soulèvement des ariens contre le roi nouvellement converti, et qu'un grand nombre de catholiques furent massacrés alors. On pourrait donc penser que la destruction de notre légende date de cette époque. Mais, dans le texte de Paul d'Emerita, qui raconte le fait avec le plus de détails (*Liber de vita et miraculis Patrum Emeritensium*, c. XIX, éd. de 1638, p. 65), rien n'indique que les sanctuaires aient souffert, dans cette sédition, de dommages semblables à ceux dont parle Sidoine Apollinaire.

310
NARBONNE.

Lebègue, *Épigraphie de Narbonne*, n° 1298 ;
Hirschfeld, *Corpus inscriptionum latinarum*, t. XII, n° 5348.

Fragment conservé au musée de Narbonne.

Hic requiescit in pace bonae memorie Ann..... qui vixit plus menus annus III obiit..... sub die XVI kalendas augustas.

311

Guilhermy; *Revue des Soc. sav.*, 4ᵉ série, t. III, p. 207; — Tournal, *Ibid.*, t. IV, p. 481; — Ramé, *Ibid.*, 6ᵉ série, t. I, p. 594; — Lebègue, *Ann. de la Fac. des lettres de Bordeaux*, 1882 p. 206, et *Épigr. de Narbonne*, n° 1276; — Hirschfeld, *Corpus inscr. lat.*, t. XII, n° 5350, avec indication d'une copie dans un manuscrit de Garrigues appartenant au duc de Devonshire. — Thiers, *Bulletin de la Commission archéologique de l'arrondissement de Narbonne*, 1890, p. 44.

```
VIXDVMTRANSCVRSISELYSIVMINGREDERIS       ANGELICAELEGIS
TERROSAVIXFVERATIERSPICAEETPAMPINVSEXQVO HIC      OCSVPERI
TRADITAGREGORIOFESTAIACESTVMVLO          SI     DOSANCTA
ANNIVOTASIMVLHEHEVQVAMPARVAFVERVNT       FESTADECVSNOS
HEVQVAMVITABREVISQVAMBREVECONIVGIVM      SIMIHIVITAPROB
AETASSOLAMINORNAMCETERAMAXIMAFESTAE      ATTVSANCTARVMM
ADFECTVSPIETASFORMAPVDICITIA             SACRATAQVAEC
```

Marbre du musée de Narbonne, autrefois signalé, puis perdu.

C'est en 1865 que M. Tournal l'a retrouvé brisé, comme on le voit, sur la droite, dans une maison, où il servait de support à une caisse d'oranger. Un épigraphiste narbonnais, Rainouard, en avait relevé l'inscription vers 1539, alors que les quatorze vers restant d'une plus longue épitaphe étaient encore complets. Une copie de son manuscrit, qui a appartenu à Burmann, existe maintenant à Leyde. C'est dans ce recueil que M. Lebègue a pris le texte reproduit dans sa notice.[1] Bien que fautive et intervertissant l'ordre dans lequel se présentent les vers, la transcription de Rainouard a son intérêt, car elle permet de compléter ainsi ce que nous possédons de l'épitaphe :

> . . . .
> Vix dum transcursis Elysium ingrederis,
> Ter rosa vix fuerat, ter spicae et pampinus ex quo
> Tradita Gregorio Festa jaces tumulo.
> Anni vota simul heheu quam parva fuerunt !
> Heu quam vita brevis, quam breve conjugium !
> Aetas sola minor nam cetera maxima Festae :
> Adfectus, pietas, forma, pudicitia.
> . . . .
> Angelicae legis docta dicata Deo
> Hic jacet hoc superis placitum est, huc ibimus et nos,
> Sit modo sancta fides, sit pia credulitas.
> Festa, decus nostrum, certe veniemus in unum
> Si mihi vita proba, si tibi cura mei est,
> At tu, sanctarum moderator summe animarum,
> Fac rata quae cupimus, fac cita quae volumus.

Moins embarrassée dans son allure et d'un style moins barbare que ne le sont communément les poésies épigraphiques, l'inscription funé-

---

[1] . . . .
Angelicae legis docta dicata deo
Hic. . . . . oc supibis placitum est huc ibimus et nos
Si modo sancta fides sit pia credulitas
Festa decur nostrum certe veniemus in unum
Si mihi vita proba si tibi cura mei est
At tu sanctorum moderator pie animorum
Fac rata quæ cupimus fac cita quae volumus.

Vix dum transcursis elisium ingrederis
He rosa vix fuerat ne spice et pampinus ex quo
Tradita gregorio festa . . . . . tumulo
Anni vota simul heheu quam parva fuerunt
Heu quam vita brevis quam breve conjugium
Utar sola minor nam . . . . . maxima festae
Adfertur pietas forma pudicitia.

raire de *Festa* me semble appartenir au commencement du ve siècle. Comme les pièces similaires de ce temps, elle présente des façons de dire qui nous montrent dans son auteur un homme nourri de la littérature païenne. Bien que nous rencontrions souvent ailleurs des expressions semblables, le mot *superi*, la mention des Champs-Élysées où est reçue la morte nous étonnent toujours dans un texte chrétien[1].

L'accumulation des termes élogieux que contient le septième vers

Adfectus, pietas, forma, pudicitia

est un trait commun dans ces sortes de *naeniae* funèbres.

J'ai parlé longuement ailleurs du prestige que la beauté physique exerçait sur nos pères, et j'ai rappelé le grand nombre d'épitaphes où les anciens louaient les morts d'avoir possédé ce « présent divin [2] ». Il était à leurs yeux, si on peut le dire, comme l'enseigne, le signe extérieur de toutes les perfections morales, et c'est à ce titre qu'il est rappelé ici en même temps que les vertus de la jeune chrétienne.

Le mot *credulitas* qui termine le dixième vers de l'épitaphe appellera un moment mon attention. C'est à côté de l'Erreur que, dans le palais de la Renommée, Ovide place la Crédulité[3], cette faiblesse de l'âme que devaient tant reprocher les gentils aux chrétiens qui voulaient la foi sans examen[4]. « Toute votre science, leur disait l'empereur Julien, est contenue dans un seul mot : « croyez »[5], et longtemps avant lui Minutius Félix avait montré un infidèle accusant les enfants du Christ d'abuser de la crédulité des simples[5]. Sans perdre leur acception première, les mots *credulus*, *credulitas* devaient, avec le christianisme, admettre un autre sens et désigner une haute vertu, celle de la Foi profonde. *Credula* est le nom d'une martyre d'Afrique dont parle

---

[1] *Inscr. chrét. de la Gaule*, préf., p. xci.

[2] *Notes sur quelques actes des martyrs* (*Mélanges de l'École française de Rome*, 1885, p. 103) et ci-dessus, p. 337.

[3] *Metamorph.*, l. xii, v. 59.

[4] Origen., *Contra Celsum*, lib. i, c. ii. Μὴ ἐξέταζε, ἀλλὰ πίστευσον.

[5] Gregorius Naz., *Invectiva prior in Julianum*, éd. de 1630, t. I, p. 97 : οὐδὲν ὑπὲρ τὸ πιστεύον τῆς ὑμετέρας ἐστὶ σοφίας.

[5] *Octavius*, c. viii : « Qui de ultima faece collectis imperitioribus et mulieribus credulis sexus sui facilitate labentibus, plebem profanae conjurationis instituunt. »

saint Cyprien[1], et l'on aurait, à coup-sûr, étonné les persécuteurs en leur disant, comme nous le voyons écrit dans l'antique concile d'Elvire, que tel grand coupable pouvait racheter sa faute « si ad credulitatem venerit[2] ».

Nous voyons souvent sur les tombes l'image réelle ou symbolique du fidèle, représenté debout, les bras en croix, dans l'attitude de la prière[3]. C'est pour les survivants, et non pour lui, que le défunt implore le Seigneur; tel est le secours que l'époux demande ici à la morte, dans l'espoir de lui être réuni, et en l'adjurant au nom de son affection :

Si tibi cura mei est.

Très nombreuses sont les épitaphes où les chrétiens se recommandent de la sorte aux souvenirs de ceux qu'ils ont perdus[4].

L'inscription de *Festa* est, je le répète, moins barbare que ne le sont communément les poésies épigraphiques. Ajoutons que l'auteur savait exactement la quantité du nom de *Gregorius*, dont Fortunat fait la première syllabe brève, se trompant, ainsi que Prudence et d'autres encore, sur les noms d'origine grecque[5].

---

[1] *Epist. xxxii, Celerino*, § 2. Cf. *Inscr. chrét. de la Gaule*, t. II, p. 66.

[2] Can. XLIV.

[3] *Les sarcophages chrétiens de la Gaule*, able, aux mots *Orant* et *Orante*.

[4] *Inscriptions chrétiennes de la Gaule*, n° 562; Mone, *Messen*, p. 22, etc.

[5] *Inscriptions chrétiennes de la Gaule*, n°ˢ 2, 186, 194, 195; cf. n° 242; Prudent., éd. Arevalo, p. 116; Weil, *Accentuation latine*, p. 239; Miller, *Manuel. Philæ carmina*, praefat. p. xv.

312

Ramé, *Revue des Sociétés savantes*, 6ᵉ série, t. I, p. 596; — Lebègue, *Épigraphie de Narbonne*, n° 1274; — Hirschfeld, *Corpus inscriptionum latinarum*, t. XII, n° 5339.

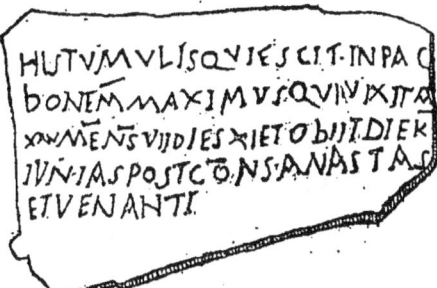

Marbre du musée de Narbonne provenant de la démolition de la partie nord des remparts en un point appelé *Das Moulinassés*. Je le reproduis d'après un estampage que m'ont adressé mon regretté confrère M. Egger et M. Brun.

C'est par erreur que l'on a lu, au commencement de la deuxième ligne, DONENA au lieu de BONEM abréviation de la formule *bonae memoriae* ou de l'adjectif *bonememorius* qui se rencontre souvent en Gaule[1].

Je ne me rappelle pas avoir encore rencontré sur un marbre le pluriel *his tumulis*.

J'ai fait remarquer ailleurs qu'à en juger par les monuments alors connus, les épitaphes appartenant au règne d'Amalaric (507-531) se dataient par les noms des consuls[2]. Le marbre de *Maximus* étant du 1ᵉʳ juin 508, on en a conclu qu'il en avait été de même pendant la durée de l'usurpation de Gésalic qui s'empara de Narbonne dès l'an 507 et ne mourut qu'en 511. Avant de se prononcer sur ce point, qui peut avoir son importance, il conviendrait de savoir à quelle date précise Gésalic a perdu Narbonne qui, d'après l'opinion de Dom Vaissète, lui aurait été enlevée par Gondebaud dès le milieu de l'an 508[3].

[1] Voir ci-dessus, n°ˢ 107, 291, 295. La lettre initiale que l'on a prise pour un D est un B qui se retrouve avec la même forme dans le mot OBIIT de la troisième ligne.
[2] *Inscr. chr. de la Gaule*, préf., LXV-LXVII.
[3] *Histoire de Languedoc*, t. I, p. 664.

362 INSCRIPTIONS CHRÉTIENNES.

Ici, comme sur d'autres marbres, le titre de *Dominus noster* n'est pas joint au nom de l'empereur consul [1].

313

Bibl. nat., ms. latin, n° 8952, fol. 111;
Hirschfeld, *Corpus inscriptionum latinarum*, n° 5355.

```
HIC QVIESCIT BO
NE·M·SECVNDINA·
·QVAE·VIXIT·P(M
AÑÑ·LXX·OBIIT D
XII·K·MAR·
```

A la note tirée des papiers de Peiresc, où se lit cette inscription aujourd'hui disparue, est jointe la mention suivante : « Chez Monsr Renoardi, archidiacre de Rhasès ». L'N et l'E de BONE sont conjugués.

314

Tournal, *Catalogue du musée de Narbonne*, 1864, n° 536.

    † Walli..m... uxori
    † sue Siniofreda † quiunce....

Je tiens de l'obligeance de M. Berthomieu un estampage de ce reste d'inscription gravée sur la tranche d'un fragment de tombeau orné

---

[1] Voir ci-dessus, n°^s 242 et 276.

d'entrelacs mérovingiens et portant à sa face latérale une colombe becquetant des fruits.

Le nom de *Seniofred* se trouve dans un document espagnol du xe siècle [1].

315

Tournal, *Catalogue du musée de Narbonne*, 1864, p. 101, n° 123.

On voit au musée de Narbonne un fragment de couvercle de sarcophage dont le type se retrouve au musée d'Arles [2]. Au milieu, un cartouche sans inscription, sur les côtés deux bustes de personnages tenant le *volumen* et dont l'un a la *lœna* des clarissimes. Chacun de ces trois motifs est accosté de deux génies ailés. C'est un ouvrage du ive siècle ou du commencement du ve.

Sur la partie plate du couvercle était gravée une inscription métrique disposée en deux colonnes. La seule ligne qui en subsiste est brisée dans le sens de la longueur et ne conserve plus que les sommets de quelques lettres. Le premier vers semble avoir été terminé par le mot ANNIS avant lequel on lisait peut-être SIAGRI; le second laisse encore deviner une fin d'hexamètre : . . . . . VIRO SANCTOS VENERATA PARENTES. Ce serait donc le reste de l'épitaphe d'une femme. Cette femme était-elle chrétienne? Je ne le puis dire, et la preuve du contraire résulterait, si un pareil signe pouvait être tenu comme absolu, de la présence des sigles D M qui surmontent l'inscription [3].

Une épitaphe qui se trouve à Orange et que j'ai autrefois publiée se lit sur le couvercle d'un sarcophage auquel elle est postérieure [4]. Il n'en est pas ainsi pour notre marbre. Le type de la sculpture et celui de l'écriture s'accordent trop bien ici pour qu'on ne les croie pas exécutés en même temps et pour la même personne, chrétienne ou

---

[1] Geronimo Çurita, *Anales de la Corona de Aragon*, t. I, fol. 14, col. 1.
[2] *Études sur les sarcophages chrétiens de la ville d'Arles*, planches XIV et XV.
[3] *Inscr. chrét. de la Gaule*, n° 361.
[4] *Ibid.*, n° 503.

non, mais vivant à une époque où les monuments de la foi nouvelle l'emportent en nombre sur ceux du vieux culte.

316

Ramé, *Revue des Sociétés savantes*, 6ᵉ série, t. I, p. 597; — Lebègue, *Epigraphie de Narbonne*, n° 1297; — Hirschfeld, *Corpus inscriptionum latinarum*, t. XII, n° 5357.

Hic requiescit in pace..... inus qui vixit annos.....

Marbre du musée de Narbonne. On l'a trouvé en démolissant le bastion de la poudrière dans le mur duquel il avait été employé, au xvɪᵉ siècle, lors de la construction des remparts. Les lettres sont d'une dimension peu ordinaire, car elles mesurent huit centimètres de hauteur. Comme ceux d'une inscription chrétienne de Lyon[1], ces caractères sont remplis d'un mastic fort tenace dont la couleur les rendait sans doute plus apparents[2].

Je dois un dessin de ce marbre à l'obligeance de M. Berthomieu.

[1] *Inscr. chrét. de la Gaule*, n° 29 A.
[2] Plin., *Hist. nat.*, l. XXXIII, c. xl, § 5 : «Minium clariores litteras vel in auro, in marmore etiam in sepulcris facit.»

317

Hirschfeld, *Corpus inscriptionum latinarum*, t. XII, n° 5356.

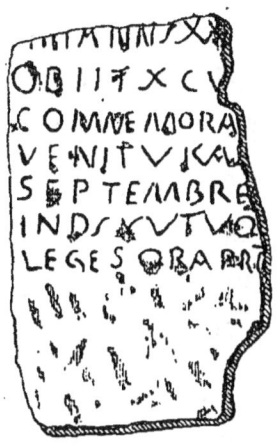

Inscription trouvée en septembre 1885 dans le parc de Saint-Crescent, près de Narbonne. Elle a été donnée au musée par M. Coural. Son texte, incomplet par le haut et sur la droite, se comprend facilement, sauf en ce qui touche le chiffre qui suit le mot *obiit*. J'y lis :

..... (qui) *vixit annos* xx... *obiit* x *cujus commemoratio venit* v *kalendas septembres indictione* xv. *Tu* q(ui) *legis ora pro* (eo).

Nous avons déjà vu mentionner comme ici, dans une épitaphe de Lyon, le jour de la commémoration d'un fidèle [1].

Une femme, gauloise sans doute, fit autrefois un long voyage pour venir célébrer celle de son mari, mort dans le nord de l'Italie ; c'est ce

---

[1] Gruter, *Corpus inscriptionum*, 1062, 1; Muratori, *Novus thesaurus veterum inscriptionum*, 1972, 17; Lupi, *Epitaphium Severae martyris*, p. 167; Cardinali, *Iscrizioni veliterne*, p. 214; Hübner, *Inscriptiones Hispaniae christianae*, n°* 229, 283, etc.

que nous apprend un fragment d'épitaphe trouvé dans l'église de Saint-Florian, près de Marostica [1] :

```
QVI Vixit ANnos
PLVS MINVS XL MA
RTINA CARA CONIVX QVae
VENIT DE GALLIA PER MAN
SIONES L VT COMMEMO
RARET MEMORIAM DVlcis
siMI MARITI
bene QVESCAS DVLCissime
mi mariTE [2]
```

La demande de prières qui termine l'inscription de Narbonne se lit fréquemment sur les monuments épigraphiques [3].

318

Lebègue, *Épigraphie de Narbonne*, n° 1298 ;
Hirschfeld, *Corpus inscriptionum latinarum*, t. XII, n° 5348.

```
IN pACE BOne me-
MORIE ANN. . . . . .
VIXIT PLVS IE. . .
ANNVS III Obiit
SVB DI·XV·Kal augu-
STAS
```

Inscription trouvée en démolissant le bastion de Saint-Félix.

---

[1] A 21 kil. nord de Vicence.
[2] Mabillon, *Iter italicum*, p. 206; *Corpus inscript. lat.*, t. V, n° 2108, etc.

[3] *Inscriptions chrétiennes de la Gaule*, n° 41 : HIC COMMEMORA..... SANTA IN ECLESIA LVGDVNENSI A I.D CALENDAS AV.

319

Lebègue, *Épigraphie de Narbonne*, n° 1299 ;
Hirschfeld, *Corpus inscriptionum latinarum*, n° 5359.

```
. . . . . . . . . . . . . . .
. . . . . XXX OB . . . . .
. . . . . MBREƩ
```

Vixit annis XXX OB*iit sub die* . . . *kal ? nove ?* MBREƩ.

Fragment conservé au musée de Narbonne et provenant sans doute d'une épitaphe chrétienne. Je n'en possède pas d'estampage.

M. Lebègue a publié, sous le n° 1278, une épitaphe sur brique trouvée, dit-on, en mars 1783, sur la route de Courson, et aujourd'hui perdue. Je n'ai qu'une très médiocre confiance dans l'authenticité de l'inscription, où auraient figuré ces trois lignes :

```
IXΘΥϚ
MAXIMA
ϟϕϡ XIV
```

320

Le débris que je reproduis ici, d'après un estampage de M. Berthomieu, a été retrouvé en 1876 au milieu de décombres dans les fondations d'une maison du quartier Saint-Just. C'est ce qui reste d'une inscription vue et copiée autrefois par Guillaume et Gérôme Lafont, d'après lesquels je l'avais reproduite, le marbre étant alors perdu [1]. J'en donne ci-dessus un nouveau dessin, qui montre le peu d'exactitude de celui des premiers éditeurs.

Voici, en combinant ce qui nous reste avec la première leçon, ce petit texte, plus facile à transcrire qu'à expliquer :

```
. . . . . . . . . . . . . . . . . CERINA . . . . . . . . . . . . . . . . . .
. . . . . . . . . . . . ven ? ERATA LIMINA PO . . . . . . . . . . . .
. . . . . . . . . . . . . . . I VT MEREAR POSIVA REGNA TV . . .
obiit die . . . . . . . . DECEMB · INDICT · IIII ANN V
regni gloriosissimi DI NI ATHANAGILDI REGIS
```

Il s'agit ici de l'épitaphe métrique d'un chrétien, probablement enseveli dans un sanctuaire (*venerata limina*) et qui souhaite de trouver place au royaume des cieux.

J'ai déjà parlé de la date de ce marbre, où se lit le nom du roi Athanagilde.

321

Manuscrit de Guillaume Lafont, *Les antiquitez de Narbonne, contenant les inscriptions, tombeaux et épitaphes romaines qui se trouvent en divers endroits de la dite ville*, fol. 81 ; — Hirschfeld, *Corpus inscriptionum latinarum*, n° 5358.

```
        B     ONSIS
              CM
        PRID  NON
        T     E
```

La copie de ce fragment disparu est accompagnée de la note sui-

---

[1] *Inscriptions chrétiennes de la Gaule*, n° 620.

vante : « Servait de coussinet au jambage de l'arceau que M. Martin Fauce fit refaire en 1826; la pierre fut retaillée. »

Je ne lis clairement ici que la mention *pridie nonas*..... indiquant la date d'un décès.

322

C'est à l'époque wisigothique que me paraît appartenir ce débris d'une inscription monumentale, si j'en juge d'après les dimensions des lettres et par celles de la pierre large de 78 centimètres, épaisse de plus d'un mètre. M. Berthomieu, qui a bien voulu me le communiquer, n'a pu savoir d'où il provient.

323

MANDOUREL.

Tournal, *Catalogue du musée de Narbonne*, édit. de 1864, p. 44;
Lebègue, *Épigraphie de Narbonne*, n° 1279.

Inscription tracée légèrement et en caractères très barbares. Elle vient de Mandourel, près de Durban, département de l'Aude, où a déjà été trouvée une épitaphe chrétienne de la même époque[1]. La

---

[1] *Inscriptions chrétiennes de la Gaule*, n° 621 B.

pierre dont je donne le dessin ne m'est connue que par un estampage dû à l'obligeance de M. Berthomieu.

A Deo onorem amen Trasemudus pbrs(presbyter) r Thod

J'hésite à croire qu'il s'agisse ici, comme on l'a pensé, d'un monument funéraire. *A* me parait être écrit pour *ad*, comme dans ces mots d'un testament de la fin du viie siècle dont l'original est conservé aux Archives nationales : « A sæpe dictas basilicas delegavi per hunc testamentum meum »[1]. L'équivalent de la formule *ad Dei honorem*, que je crois retrouver sur notre pierre, se lit au début de six inscriptions dédicatoires :

AD HONOREM DEI HANC COLVMNAM FECERVNT NEGOTIATORES etc.[2]
AD HONORE BEATI IOH BAPTA etc.[3]   AD HONOREM S · SIMPLICI etc.[4]

---

[1] Tardif, *Archives de l'Empire, Monuments historiques*, p. 22. Cf. Du Cange, v° *A*, S *A* pour *Ad*.

[2] Gori, *Inscriptiones antiquæ quæ in Etruriæ urbibus extant*, t. III, p. 367.

[3] Marini, dans Mai, *Script. vet. ampl. collectio*, t. V, p. 101, n° 1.

[4] *Ibid.*, p. 153, n° 3.

AD HONORE DI ET SCI ZENONIS etc.[1] AD HONOREM DNI NOSTRI IHV XPI, etc.[2] AD HONORE DNI IHV XPI, etc.[3]

En proposant de lire le mot *Dei* où le graveur a écrit *Deo*, je n'étonnerai aucun de ceux qui savent toute l'irrégularité des déclinaisons à l'époque mérovingienne. Mon savant confrère M. d'Arbois de Jubainville a réuni un très grand nombre de textes où le nominatif, avec changement de l'Y en O et chute de l'S final, figure ainsi au lieu du génitif[4], et j'en ai pour ma part déjà cité de nombreux exemples[5].

Quant à la forme d'interversion *ad Dei honorem* pour *ad honorem Dei*, il est à peine besoin de noter que les exemples en sont fréquents[6]; elle se trouve, et de même avec *Deo* pour *Dei*, dans les mots *Pro Deo amur* par lesquels débute le célèbre serment de Louis le Germanique.

Une étoile à cinq rayons est gravée entre les mots DEO et ONOReM. Ce signe, sans doute purement ornemental, se retrouve sur une épitaphe juive de Tortose que j'ai autrefois publiée[7].

En tête de l'inscription est une large croix pattée.

La cinquième ligne R THOD paraît donner le mot *regnante* suivi des premières lettres du nom d'un prince wisigoth. Nous avons déjà vu, dans le pays même, des légendes dédicatoires datées[8].

Sur la tranche gauche de la pierre sont gravés quelques caractères d'une autre forme que ceux de l'inscription de la face; ils semblent pouvoir être lus ARIV.

---

[1] Marini, dans Mai, *Script. vet. ampl. collectio*, t. V, p. 166, n° 1.
[2] *Ibid.*, p. 184, n° 2.
[3] *Ibid.*, p. 185, n° 3.
[4] *La déclinaison latine en Gaule à l'époque mérovingienne*, p. 40.
[5] Voir ci-dessus, n°ˢ 228 et 264.
[6] *Inscriptions chrétiennes de la Gaule*, n° 375 : IN XPI NO, pour *in Christi nomine*; n° 412 A : IN DI N, pour *in Dei nomine*; n° 621 B : IN XPI NE pour *in Christi nomine*, etc.
[7] *Revue archéologique*, juillet 1860.
[8] *Inscript. chrét. de la Gaule*, n°ˢ 609, 618; cf. Marini, *vol. cit.*, p. 101, n° 1; 184, n° 2; 185, n° 3.

324
MAGUELONE.

L'abbé Boucassert, *Histoire du siège épiscopal de Maguelone et de Montpellier* (1876), p. 7.

J'ai déjà eu l'occasion de signaler, dès 1873, cette épitaphe, trouvée à Maguelone par M. Fabrège, et qui me paraît offrir un intérêt particulier.

Si le lieu de la découverte n'était constaté, nul épigraphiste ne la pourrait croire d'origine provinciale tant elle est, par la simplicité de son texte, la forme de ses caractères, par la figure de l'agneau qui l'accompagne, semblable aux marbres des catacombes. Je ne pense pas qu'elle puisse être postérieure au IIIe siècle et je la range parmi les inscriptions qui témoignent le plus nettement de l'antiquité du christianisme dans le sud de la Gaule.

La provenance originaire de ce monument est inconnue. Au XVIe et au XVIIe siècle, les chanoines de Maguelone, m'écrit M. Fabrège, recueillirent, pour orner leur abside, tous les débris de marbre qu'ils purent trouver dans l'île; la dalle funéraire de *Vera* avait été retournée, comme on l'avait fait pour les fragments sculptés, et employée ainsi dans le dallage de l'église où on l'a découverte.

SECONDE NARBONNAISE.

325

MOUTIERS.

Ducis, *Revue savoisienne*, 1885, p. 100; — Mowat, *Bulletin épigraphique*, t. V, p. 148; Hirschfeld, *Corpus inscriptionum latinarum*, n° 5720.

ASEC
tranSIET KLENdis
...... S VICIES POS
consulATO BASILI IVnioris
INDICXIONE X

Fragment d'inscription trouvé au haut de la ville de Moutiers. La vingtième année après le consulat de *Basilius junior* correspond à l'an 561. L'indiction dixième ayant commencé le 1ᵉʳ septembre de cette année, il y a pu avoir, au début de la troisième ligne, *septembriS*, *novembriS* ou *decembriS*.

326

TOURETTES.

Garrucci, *Storia dell' arte cristiana*, t. VI, p. 33 et pl. 427, n° 7.

Un monument chrétien découvert aux Tourettes, hameau dépendant de la ville d'Apt, m'est connu seulement par un dessin, par des renseignements du savant M. Deloye, conservateur du musée Calvet,

374 INSCRIPTIONS CHRÉTIENNES.

et aussi par une gravure qu'a publiée le R. P. Garrucci. C'est un marbre à moulures dont le plan supérieur, formant table, est légèrement concave. La face antérieure porte l'inscription :

Νιψάμενος προσεύχου.

Entre les deux mots se trouve un cercle dans lequel a figuré le monogramme ☧ accosté de l'A et de l'Ѡ. Ce chiffre disparu, mais dont la marque demeure reconnaissable, était sans doute en bronze, comme me semblent le montrer les trous percés dans le marbre, et qui devaient servir à l'y fixer.

Sous l'Є de ΠΡΟCЄΥΧΟΥ est une petite cavité incisée en ligne droite; trois autres en forme de losange se voient sous le premier O du même mot; d'autres semblables sont semées sur la partie supérieure du marbre ainsi que sur ses côtés. Ces cavités, aujourd'hui vides, avaient probablement été remplies par des verroteries de couleur, comme sur des pierres découverte à Poitiers [1].

L'inscription ΝΙΨΑΜЄΝΟC ΠΡΟCЄΥΧΟΥ, « Fais ta prière après t'être lavé », montre que notre marbre faisait partie d'une de ces fontaines ou vasques placées à l'entrée des lieux saints pour que l'on s'y lavât les mains et le visage avant de se mettre en prière. C'était là un usage commun aux peuples de l'antiquité; juifs [2] et païens [3] le pratiquaient, ainsi que le firent les fidèles. Un très savant prêtre, Jean-Baptiste

---

[1] Ci-dessus, p. 260. — [2] *Prophetia Isaiae*, I, 16; cf. Justin. *Apolog.* I, § 61, 62. — [3] Marini, *Arvali*, p. 272.

Thiers, a réuni des textes nombreux mentionnant les bassins où les chrétiens venaient se purifier[1]. Une de ces fontaines jaillissantes est représentée dans une belle mosaïque de Ravenne[2] et une inscription célèbre, cent fois citée pour sa forme singulière, rappelle qu'aussi bien que le corps, l'âme doit être lavée de ses souillures[3]. C'est la redite d'une vieille pensée : « Quæ ratio est, écrit Tertullien, manibus quidem ablutis, spiritu vero sordente, orationem obire[4]? » Saint Chrysostome parle de même : « Bien des gens, le soir, après avoir commis des fautes pendant tout le jour, se lavent, dit-il, puis viennent hardiment à l'église et lèvent leurs mains pour prier. Les prières ne sauraient être pures, alors que l'âme ne l'est point.[5] » Et ailleurs, avec cette claire ingéniosité qui caractérise sa parole, il nous montre d'un mot, à l'entrée des sanctuaires, les pauvres, pressés en foule à côté des eaux purifiantes : « Nos pères les y ont admis, afin que la vue de la misère provoque la pitié de ceux qui franchissent le seuil sacré. De même que les fontaines doivent se trouver devant les temples pour que l'homme en prière puisse lever vers Dieu des mains sans tache, ainsi les pauvres y ont été placés pour que nous puissions purifier nos âmes par la charité avant d'adorer l'Éternel[6] ».

D'après la forme de ses caractères, l'inscription des Tourettes ne me paraît pas être antérieure à la fin du VIe siècle.

---

[1] *Dissertation sur les porches des églises*, p. 37.

[2] Garrucci, *Storia dell' arte cristiana*, pl. CCLXIV.

[3] Gruter, 1047, 3.

[4] *De oratione*, c. XIII.

[5] *In Epist.* II *ad Timoth. Homil.* VI, § 4.

[6] *De verbis Apostoli* : « Habentes eumdem spiritum » (III, § 11).

327

ANTIBES.

Blanc, *Épigraphie antique des Alpes-Maritimes*, t. II, p. 291.

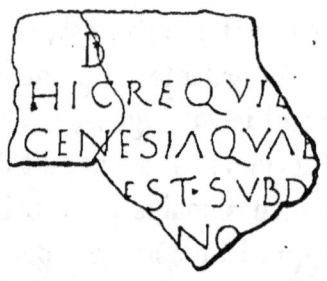

Fragment appartenant à M. le colonel Gazan, qui a bien voulu m'en adresser un estampage; il a été trouvé dans les déblais du chemin de fer, à Notre-Dame-d'Entrevignes, près d'Antibes. Ainsi que je l'ai dit ailleurs, en traitant de la localisation des formules épigraphiques, l'entête B M (*bonae memoriae*) caractérise les marbres chrétiens de la contrée et ceux du nord de l'Italie [1].

Le souvenir de saint Genès, si célèbre dans la Provence [2], n'a peut-être pas été sans influence sur le choix du nom donné à la chrétienne d'Antibes.

328

F. Brun, *Inscriptions anciennes retrouvées ou inédites*, p. 10 et planches fig. 3 (extrait du 11e volume des *Annales de la Société des lettres, sciences et arts des Alpes-Maritimes*; — Lieutaud, *La province artistique et pittoresque*, 1883, p. 149, d'après le colonel Gazan.

Marbre opistographique trouvé à Antibes au quartier du Cap. C'est par erreur qu'on l'a présenté comme bilingue; les épitaphes gravées

---

[1] *Inscriptions chrétiennes de la Gaule*, t. II, p. 154 et 485.

[2] *Études sur les sarcophages d'Arles*, p. 34.

sur les deux faces sont évidemment en langue latine. D'après la forme de ses caractères, celle que j'ai transcrite la première me paraît être antérieure à l'autre.

Hic requiescit in pace ..... RIA · *Quae vixit plus minus* ANNos .....
deposita est SVB *Die* V ..... *kalendas august?* AS INdictione? .....
*Hic requiescit in pace bonae mem*ORIae ..... NIA *quae vixit an*NOS .....
*deposita est sub di*E *kalendas?* NOvembrES *indictione* ... *de*CIMA.

329

AIX.

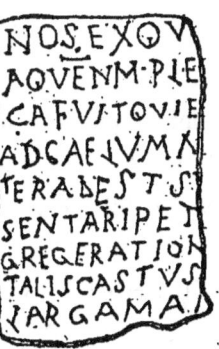

J'ai reçu de M. Alfred d'Aubergue un estampage de cette inscription, découverte à Aix en 1869, près des anciens bains romains, à l'angle des rues de la Sabaterie et de la Glacière. Elle était enfouie à une profondeur de plus de trois mètres, et se trouvait sur l'ancien sol couvert de cendres et de débris de poteries antiques. A la gauche des caractères est une bordure ornementée, large de 0 m. 11, dont l'estampage ne m'a pas donné l'empreinte.

Mutilée comme elle l'est à cette heure, l'épitaphe d'Aix semble peu faite pour appeler l'attention et peut-être cependant, a-t-elle marqué la tombe de quelque personnage historique.

Le seul point certain est qu'il s'agit ici d'un homme dont on vante la chasteté[1] et à la charité duquel on rend hommage, comme me paraît en témoigner la dernière ligne LARGA MA....., si je la rapproche de ces vers, écrits à la louange de deux martyrs :

> Divitias proprias Christi præcepta secuti
> Pauperibus *larga* distribuere *manu*[2].

C'est au ciel que le chrétien a dû recevoir le prix de ses bonnes œuvres[3], et le début de la sixième ligne ,.....SENTARI, reste probable du mot *praesentari*, semble nous laisser entrevoir que, dans la pensée du survivant, un bienheureux l'a « présenté », introduit au séjour du bonheur éternel[4].

On m'excusera de m'engager plus loin encore dans le champ des conjectures. Le mot GREGE de la septième ligne me paraît désigner ici la foule des fidèles, ainsi que dans ces vers épigraphiques écrits par Fortunat :

> Triginta et geminos pie rexit ovile per annos
> Et grege de Christi gaudia pastor habet.
>
> Te pastore gregi reddita plaudit ovis[5].

Ces paroles ont été inscrites sur les tombes de deux de nos évêques, Grégoire de Langres, Chronopius de Périgueux. Le mot *grex* se lit à

---

[1] Ligne 8.
[2] Marini, dans Mai, *Scriptorum veterum nova collectio*, t. V, p. 441, n° 3.
[3] Ligne 4 : AD CAELVM.
[4] *Études sur les sarcophages chrétiens de la ville d'Arles*, p. 8; *Les sarcophages chrétiens de la Gaule*; p. 72, 99; *Revue archéologique*, juillet 1877, p. 357; cf. Garrucci, *Storia dell' arte cristiana*, t. II, p. 116 et pl. c.
[5] Fortunat., IV, 2 et 8; cf. *Inscriptions chrétiennes de la Gaule*, n°s 2 et 582.

chaque instant dans d'autres pièces de même nature[1], et je me demande si cette expression n'indique pas ici qu'il s'agit également de quelque pasteur des peuples.

Une particularité que je signalerai, sans vouloir y insister plus qu'il ne convient, peut mener à la même conclusion. Il est un certain nombre d'inscriptions dans lesquelles, en marquant l'âge du défunt, on fait deux parts distinctes des années de sa vie. Pour les prêtres, les religieux, on compte séparément le temps passé dans le siècle et celui qui a été donné au service du Seigneur[2]. Ainsi en est-il dans l'épitaphe d'un évêque de Numidie, où nous lisons :

☧

HIC IN PA
CE REQVI
ESCIT SAN
CTE MEMO
RE PALLADI
VS EPISC·VI
XIT ANNIS LII
EX QVIBVS
VIXIT IN EPIS
ANNIS XII [3]

Cet exemple nous permettrait-il de chercher à compléter la première ligne :

NOS EX QV

et d'y lire : *vixit annos sexage*NOS EX QV*ibus vixit in episcopatu annos*.....? Je ne saurais à coup sûr l'affirmer, bien que la mention

---

[1] Fortunat., III, 14, 15, 19, 24, 29; IV, 3, 4, 6; V, 9, 12.
[2] *Inscr. chrét. de la Gaule*, préf., p. LXXVIII.
[3] *Notices et mémoires de la Société archéologique de Constantine*, t. XIV, pl. XII, n° 2.

des *Aquenses* nommés à la seconde ligne [1] me porte à penser que notre marbre doit avoir marqué la sépulture d'un personnage ayant exercé chez ses concitoyens quelque fonction importante.

330

NOTRE-DAME-DE-SPÉLUQUE.

Je dois à l'obligeante amitié du savant chanoine Albanès communication d'une copie du fragment suivant, conservé dans le jardin de la chapelle de Notre-Dame-de-Spéluque, près de Montfort (Var) :

```
        hic REQVIESC
        it in pACE SCE
        memoRIE DOMS
        .....IVS PRB
        qui vixit..ANN
        os.......:VIII
        ..........IE
```

Ce marbre, dont je ne possède ni dessin ni estampage, est large de 0 m. 42 et haut de 0 m. 45. L'inscription me semble, d'après son style, devoir prendre place parmi celles qui m'occupent. Sa formule initiale se rencontre en Gaule dès l'année 469 [2]. Quant aux mots *sanctae memoriae*, nous les retrouvons dans plusieurs textes antiques : les lettres de saint Jérôme [3], un concile de l'an 449 [4]. Je les relève aussi dans quelques épitaphes : celle de *Galla*, que rapporte Grégoire de Tours [5], celles du prêtre *Eripius*, qui mourut en 519 [6] et du diacre *Santolus*, datée du vingt et unième post-consulat de Basile [7].

---

[1] AQVEN*sium*.

[2] *Inscriptions chrétiennes de la Gaule*, préface, p. IX.

[3] *Epist.*, XLVIII, § 18 (Ad Pammachium).

[4] *Conciliae Gallia*, p. 506.

[5] *Glor. confess.*, XXXV. Cf. *Inscriptions chrétiennes de la Gaule*, n° 558.

[6] *Ibid.*, n° 419.

[7] Ci-dessus, n° 131.

SECONDE NARBONNAISE.

Si notre marbre appartient en effet aux premiers siècles chrétiens, il conviendra d'y remarquer la qualification de *Dominus* précédant le nom mutilé du prêtre dont il marquait la tombe.

331

LA GAYOLE.

Garrucci, *Città cattolica*, 1878, p. 210 (série 10, t. VIII); — l'abbé Duchesne, *Bulletin critique*, 15 septembre 1886, p. 355; — l'abbé Albanès, *Deux inscriptions métriques trouvées à la Gayole*; — Hirschfeld, *Corpus inscriptionum latinarum*, t. XII, n° 5750.

✝ *Insegnem genetum, cruces munimene septum,*
Insontem, nulla peccati sorde fucatum,
(The)udosium parvum, quem pura mente parentes
Optabant sacro fontes baptesmate tingui,
(Im)proba mors rapuit. Set summi rector olimpi
(Pra)estabet requiem membris ubi nobele signum
(In)fixum est cruces, Christique vocavetor eres [1].

En même temps qu'il retrouvait le beau sarcophage chrétien de la

---

[1] *Christique vocabitur heres* (cf. Rom., VIII, 17).

Gayole, connu seulement jusqu'alors par une note de Peiresc[1], M. le chanoine Albanès m'a signalé, dans le même lieu, l'inscription que je viens de transcrire. Elle était plantée debout dans un ruisseau rapide, et l'eau qui la couvrait en grande partie ne permettait ni de l'estamper ni de la lire. Enlevée par les soins du savant ecclésiastique, elle a été portée au séminaire de Brignoles, où je l'ai copiée.

Une intéressante controverse s'est engagée sur l'interprétation à donner à cette épitaphe. On s'est demandé si l'espoir de voir l'enfant sauvé sans le baptême n'accusait pas chez ses parents une insuffisance d'orthodoxie; si le mot *parvus* désigne ou non un catéchumène au berceau, comme l'enfant de quarante jours dont il est parlé dans la *Vie de saint Amand*[2]; si le jeune Théodose comptait déjà au moment de sa mort quelques années, en d'autres termes s'il a pu concevoir, avec ses parents, ce désir du baptême, qui supplée à sa privation[3].

Il ne m'appartient à aucun titre d'émettre un avis dans une question relative aux matières théologiques, et je ne puis ici que m'abstenir. En ce qui touche l'espoir exprimé par les parents du jeune Théodose, je me bornerai à rappeller qu'un canon attribué par plusieurs au concile de Carthage contre les Pélagiens porte les mots suivants : « Si quis dixerit ideo dixisse Dominum : *In domo Patris mei mansiones multae sunt* etc., ut intelligatur, in regno coelorum erit aliquis medius, aut ullus alicub locus, ubi beate vivant parvuli, qui sine baptismo ex hac vita migrarunt, sine quo in regnorum coelorum, quod est vita aeterna, intrare non possunt : Anathema sit. Nam cum Dominus dicat : *Nisi quis renatus fuerit ex aqua et Spiritu Sancto, non intrabit in regnum coelorum,* qui catholicus dubitet participem diaboli fore eum qui cohaeres non meruit esse Christi ?[4] »

---

[1] *Les Sarcophages chrétiens de la Gaule*, p. 157.

[2] Baudemundus, *Vita S. Amandi*, c. IV, § 42 (Bolland., t. I, feb. p. 865).

[3] S. Ambros., *De obitu Valent.*, § 51.

[4] Ce canon qu'a publié Quesnel dans son *Codex canonum Ecclesiae romanae* (S. Leonis opera, t. II, p. 75), et qui n'est rappelé qu'en note par Mansi au concile de 418 (*Concil.*, t. IV, p. 504), se trouve mentionné dans un traité de saint Augustin (*De origine animae*, l. II, c. XII, § 17), et aussi par Photius (*Biblioth.* cod. LIII).

Ce qu'admettent comme certain tous ceux qui se sont occupés de l'épitaphe, c'est que la mention répétée du signe de la croix fait sur le corps de l'enfant se rapporte aux cérémonies qui précèdent le baptême.

J'ai rappelé plus haut deux textes qui nous disent la hâte d'un père et d'une aïeule courant à l'église pour demander que deux enfants en grave péril reçussent le sacrement régénérateur[1]. Moins empressés ou moins heureux, les parents du jeune Théodose ont été prévenus par le trépas, et la légende placée par eux sur la tombe de l'innocent n'a pu dire que leur confiance dans la miséricorde divine, dans la vertu protectrice de la croix.

La perte des enfants morts sans baptême laissait, dans les cœurs, une impression particulièrement funeste. Quel était le sort de ces innocents? Demeuraient-ils dans un état moyen entre la damnation et la béatitude? Nul ne pouvait l'affirmer, et, pour des esprits sans culture, une telle inquiétude devait s'exaspérer plus tard jusqu'à se traduire par une croyance sauvage. Au xie siècle, et plus tôt sans doute, quoique la preuve ne s'en trouve qu'alors, quelques superstitieux imaginaient que ces enfants devenaient des démons redoutables. C'est ainsi que, dans un Pénitentiel célèbre, le *Corrector Burchardi*, je relève, parmi tant d'autres interrogations étranges, cette question que pouvait poser le confesseur : « Fecisti quod quaedam mulieres facere solent, instinctu diaboli, cum aliquis infans sine baptismo mortuus fuerit, tollunt cadaver parvuli et ponunt in aliquo secreto loco, et palo corpusculum ejus transfigunt, dicentes, si sic non fecissent, quod infantulus surgeret et multos ledere posset? Si fecisti, aut consensisti, aut credidisti, ii annos debes penitere[2]. »

Après ce qu'en dit excellemment M. le chanoine Albanès, je n'ai point à revenir sur la forme de l'épitaphe de la Gayole, sur son orthographe barbare, sur la singularité de l'expression *rector olympi*, qui rappelle tant d'autres termes mythologiques familiers aux poètes

---

[1] Ci-dessus, n° 37.
[2] C. cxlvi (Wasserschleben, *Die Bussordnungen der abendländischen Kirche*, p. 662. Cf. le § 147).

de l'épigraphie chrétienne [1]. J'ajouterai seulement que, comme l'a fait Arator dans son poème *De actibus Apostolorum* [2], l'auteur de l'inscription, en écrivant les mots *summi rector olympi*, s'est souvenu des hémistiches de Virgile :

> Superi regnator olympi (*Æn.*, II, 779);
> Summi regnator olympi (*ibid.*, VII, 558);
> Magni regnator olympi (*ibid.*, X, 437).

Le savant ecclésiastique rattache avec toute probabilité à la famille d'Ennodius, qui fut aussi enseveli à la Gayole, le jeune Théodose, rejeton d'une race illustre, ainsi que l'atteste le premier vers de l'épitaphe.

J'ai décrit ailleurs le lieu d'où est sorti notre marbre, et j'ai dit que des fouilles opérées sur cette place seraient probablement fructueuses [3]. J'en ai pour garants les découvertes dès à présent acquises, les débris épars sur le sol ou encastrés dans les murailles de la vieille chapelle, transformée en grange, qui fut le lieu de sépulture et le sanctuaire d'une famille illustre. J'ajoute que les monuments déjà signalés sont faits pour appeler l'attention, non seulement par leur valeur propre, mais par la diversité des temps auxquels ils appartiennent. Le sarcophage de la Gayole est, jusqu'à cette heure, le plus antique de ceux qu'aient laissés les premiers chrétiens. L'épitaphe qu'il reçut, alors qu'on y plaça un autre corps, ne saurait être antérieure à la fin du VIe siècle, et c'est au Ve siècle que me paraissent devoir être attribuées celles d'Ennodius et du jeune Théodose.

---

[1] *Inscriptions chrétiennes de la Gaule*, préface, p. XCI.

[2] L. I, v. 37 et 346.

[3] *Les sarcophages chrétiens de la Gaule*, p. 159.

ALPES MARITIMES.

332
SAINT-DONAT.

A Saint-Donat, commune de Montfort (Basses-Alpes), est une colline au sommet de laquelle on remarque une excavation large de 22 à 30 mètres sur 10 mètres de profondeur. Au fond de cette cavité sont des ruines appartenant peut-être à une église fortifiée. M. l'abbé Andrieu, à un rapport duquel j'emprunte ces détails, nous apprend que des fouilles entreprises sous sa direction par la Société scientifique et littéraire du département des Basses-Alpes ont mis au jour les restes d'un édifice probablement carolingien. Au milieu des débris s'est trouvé le petit fragment d'inscription chrétienne dont je donne le dessin, et qui me paraît appartenir à la fin du ve siècle. C'est le reste d'une épitaphe où se lisait la formule banale : *Hic in p*ACE REquiesCIT BO*nae me*mORIAE . . . . . *S* QV*i vixit annos*.

333

PÉRUIS.

Allmer, *Revue épigraphique du Midi de la France*, n° 350;
Hirschfeld, *Corpus inscriptionum latinarum*, t. XII, n° 5755.

Le fragment qui suit a été trouvé, en 1869, à Péruis (Basses-Alpes), en préparant les fondations d'une maison, au quartier de Sous-Vière, au bord de la route de Forcalquier à Sisteron. Je n'en ai ni dessin ni estampage, et la copie que je reproduis a été communiquée à mon savant ami, M. Allmer, par M. Lieutaud, ancien bibliothécaire à Marseille :

     † HIC REQIescit in pace
     BONE MEMoriae... qui vi
     XIT ANVS Plus minus...
     SI QIVS CV..........
       VOLVErit........
     LI ANATEMA........
     TAQAMSIM.........

Cette inscription, dont la partie de droite a disparu, est difficile à compléter dans son ensemble. Les mots VOLVErit et ANATEMA montrent clairement que, comme un certain nombre d'épitaphes que j'ai citées dans mon premier recueil[1], elle contenait une imprécation contre l'impie qui oserait violer la tombe, soit pour y chercher des trésors, soit pour y déposer un autre cadavre. SI QVIS ISTA SEPVLTVRA... APERIRE VOLVERIT...[2] SI QVIS ALIVD CORPVS SVPERPOSVERIT...[3] HABEAT ANATEMA...[4], telles sont les formules courantes. Le début de la quatrième ligne : SI QIVS CV... rappelle les mots SI QVIS CVM

---

[1] *Inscriptions chrétiennes de la Gaule*, t. I, p. 290-293.
[2] De Rossi, *Bullettino*, 1864, p. 15.
[3] Gruter, 803, 6.
[4] Muratori, 1955, 2.

SVIS... que nous lisons sur une inscription de même nature, malheureusement très en désordre[1]. Je noterai de plus, sous toutes réserves, que le mot *cupa*, synonyme de *vas*, que nous avons vu plus haut[2], a parfois désigné une tombe[3]. Peut-être l'épitaphe de Péruis a-t-elle donc porté la formule SI QIVS (*quis*) CVpam *hanc aperire* VOLVERIT.

334

CIMIEZ.

Brun, *Annales de la Société des lettres, sciences et arts des Alpes-Maritimes*, t. II, p. 110 et pl. B, fig. 1.

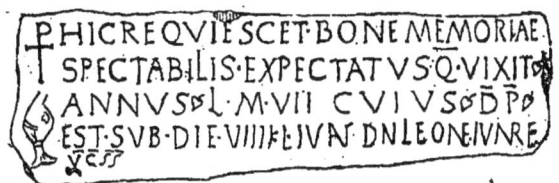

L'inscription funéraire d'*Expectatus*, depuis longtemps perdue lorsque j'ai publié le premier recueil de nos marbres chrétiens[4], a été depuis retrouvée. «L'épitaphe, dit M. Brun, est gravée sur un morceau de marbre portant au revers trois moulures.» J'en reproduis, d'après un estampage, un fac-similé qui rectifie la lecture autrefois éditée par Gioffredo. Elle doit être transcrite comme il suit :

† *Hic requiescet bone memoriae spectabilis Expectatus qui vixit annus* L *menses* VII *cujus depositio est sub die* VIII *kalendas junias, domino nostro Leone juniore viro clarissimo, consule.*

C'est au IVe, au Ve siècle, époque où furent renversés les monuments païens, que l'on rencontre en Gaule, ai-je dit ailleurs, des épi-

---

[1] Albert Dumont, *Revue archéologique*, 1872, t. I, p. 123.
[2] N° 185.
[3] Orelli, n° 4550; Du Cange, v^{is} *Cupa* et *Cuba*; Doni, *Inscr.*, XI, 6; De Rossi, *Roma sotterranea*, t. III, p. 417, 418.
[4] *Inscriptions chrétiennes de la Gaule*, n° 631.

taphes gravées sur des marbres provenant d'anciens édifices[1]. Celle d'*Expectatus*, qui porte la date de 474, confirme mon observation.

335
CIMIEZ.

Marbre placé dans les marches du jardin du cloître. J'en dois un estampage à l'obligeance de M. Tarbé. Les quelques mots gravés sur ce fragment montrent que l'inscription était métrique. D'après la forme des caractères, elle était probablement du ve siècle et chrétienne.

[1] *Inscriptions chrétiennes de la Gaule*, préface, p. xxix.

LOCALITÉS INCONNUES.

336

Je trouve dans un des recueils manuscrits laissés par Peiresc[1], et parmi des monuments de la Provence, cette inscription du ve ou du vi{e} siècle, donnée sans aucune note :

```
HIC IN PAC........
PLVS MINVS A....
CVM FILIOS SV....
OCTOBRE IRA......
RANIMIS DIS......
LVCIS ⊗ FIDAI.....
SERICORDIA D̄.....
```

Une grande part de la légende manque sur la droite, car la restitution de la première ligne, si courte qu'on la suppose, comporte tout au moins les mots : *Hic in pace requiescit N..... qui vixit....* L'épitaphe marquait le tombeau d'une mère ou d'un père enseveli avec ses enfants ; elle se terminait par un appel à la miséricorde divine.

[1] Bibl. nat., fonds latin, n° 8958, f. 261.

337

J'ai vu au musée de Saint-Germain-en-Laye une cuiller d'argent donnée par M. de Saulcy qui la tenait d'un abbé de Contréxeville. On ne sait rien de certain sur sa provenance, et je ne puis affirmer qu'elle ait appartenu à un chrétien. Je n'ai pas voulu toutefois écarter de mon recueil cet objet, qui date évidemment du ve ou du vi^e siècle. Dans la partie concave de la cuiller, est gravée l'acclamation VICTVRE ⳩ VIVAS. On possède un certain nombre de ces cuillers à inscriptions, dont la forme est très caractéristique. Nous en avons vu plus haut une qui a été trouvée à Sasbach [1]. Une autre sur laquelle on lit NAEVI VIVAS a fait partie de la collection du baron Davillier [2], et j'en ai publié autrefois, en signalant des pièces de même nature, une troisième, qui provient des environs de Libourne [3].

---

[1] N° 79.

[2] Elle a été mentionnée par mon confrère M. Héron de Villefosse (*Bulletin de la Société des Antiquaires de France*, 1885, p. 84).

[3] *Inscript. chrét. de la Gaule*, n° 586.

SUPPLÉMENT.

PREMIÈRE BELGIQUE.

C'est à l'heure où était imprimée la plus grande partie de ce volume que j'ai reçu du savant M. Kraus un recueil d'ensemble réunissant les inscriptions chrétiennes de la région rhénane. Je reproduirai à mon tour ceux des monuments de l'espèce dont je dois la connaissance à la publication nouvelle, me bornant à renvoyer, pour leurs fac-similés, aux planches héliotypiques qui accompagnent ce bel ouvrage.

338

TRÈVES.

Hausen, *Beiträge zur Geschichte der einzelnen Pfarreien des Stadtcapitels Trier*, p. 169; — Bärsch, *Der Moselstrom von Metz bis Coblenz*, p. 83; — Kraus, *Die Altchristlichen Inschriften der Rheinlande*, n° 87 et pl. X, n° 18.

HIC BENE QVIESCET IN PACE
AMELIVS QVI VIXIT AN
NOS XXXIIII ET MENSIS III
DIES XV RVTA FILIO
CARISSIMO TITVLVM POSVIT

Marbre trouvé à Saint-Mathias et conservé au musée de Trèves.

A la gauche du vase est un arbre, symbole de la résurrection [1].

Porphyre nous apprend, dans la Vie de Platon, qu'un disciple de ce maître changea son nom d'*Amelius* dont la signification lui était déplaisante [2]. Ἀμέλεια veut dire, en effet, ainsi qu'on le sait, « négligence »; et si les chrétiens, chez lequel le nom d'*Amelius* est assez fréquent, l'envisagèrent, comme le philosophe, au point de vue de l'étymologie, peut-être y a-t-il lieu de l'inscrire à côté de celui de *Neglecta* et de le joindre ainsi aux documents nombreux [3] qui nous montrent, chez les anciens fidèles, un absolu mépris de la parure et même des soins du corps [4].

339

Trierische Landzeitung, 17 nov. 1880; — Kraus, n° 103, et pl. XII, n° 5.

HIC REQVIISCIT MARCu
S Q VISXIT ANVS XXV
PVSENA TITVLVM Posu
IT IN DIE FATI SVI

Marbre blanc venant du cimetière de Saint-Mathias en 1880 et conservé dans l'église.

L'expression IN DIE FATI SVI me semble empruntée à la phraséologie païenne [5]. On en trouve toutefois l'équivalent dans ces mots de trois épitaphes chrétiennes de Rome dont l'une est datée de l'an 388 : FATVM FECIT PRID·IDVS·MART; III IDVS MAIAS FATVM FECIT; FECIT TATV (pour *fatum*) IIII IDVS OCTOBRIS [6].

---

[1] *Inscriptions chrétiennes de la Gaule*, n° 286 et t. II, p. 606.
[2] Porphyrius, *De vita Plotini*, § 7.
[3] Voir ci-dessus, n° 178.
[4] *Inscriptions chrétiennes de la Gaule*, préface, p. xcvii, xcxviii.
[5] Cf. Fabretti, *Inscriptionum antiquarum quæ in œdibus paternis asservantur explicatio*, p. 87, 88; Marini, *Atti e monumenti de' fratelli Arvali*, p. 555.
[6] Vettori, *Dissertatio philologica*, planche et p. 7.

340

Hettner, *Westdeutschland Zeitschr. Korrespondenzbl.*, 1ᵉʳ nov. 1882;
Kraus, n° 104 et pl. VIII, n° 4.

```
............IT IN
..........ROIECTVS
.....VIXIT ANS XXIII
.....LVM POSVIT PA
.....R  ET  MATER
.....ACE
```

Hic requiescit in pace Projectus qui vixit annos XXIII.
Titulum posuit pater et mater in pace.

Fragment trouvé à Saint-Matthias, dans le cimetière de Saint-Eucher situé au nord et à l'est de l'église[1].

Comme les six marbres qui vont suivre, il appartient au musée de Trèves.

341

Bone, *Trierische Zeitung*, 1877, n° 16; — Hettner, *Jahrbücher von Alterthumsk. in Rheinl.*, fasc. LXI, p. 87; — Diel, *Die S. Matthiaskirche*, p. 180; — Kraus, n° 105 et pl. IX, n° 7.

EVTICIANVS IN PACE
FIDELIS

Marbre tiré, comme le suivant, du cimetière Saint-Matthias.

---

[1] Voir, au sujet de cet antique cimetière, les *Jahrbücher von Alterthumsk. in Rheini.* t. XII, p. 71, et surtout Wilmowsky, *Das Cœmeterium S. Eucharii*.

342

Trierische Zeitung, 7 mai 1881; — Hettner, *Westd. Zeitschr. Korrespondenzbl.*, I, 270; — Diel, *Die S. Matthiaskirche*, p. 181; — Kraus, n° 106 pl. X, n° 13, et *Addenda*, p. 4.

IC·QVIESCET·VITA
LIS·ELEARIVS·CODO
RACOFILVS·ET·VITA
LIANVS·ET·CODORA
INOCENTIS·QVIE·IN·PACE

Inscription de formule confuse, découverte en 1881.

343

Hettner, *Westd. Zeitschr. Korrespondenzbl.*, 1ᵉʳ nov. 1882; Kraus, n° 107, pl. X, n° 4, et *Addenda*, p. 4.

...VRSECVt......
IO? ATA IACEt.....
.....ORE DEI·LEONTIus
et ADELFIA POSVERVNT

Fragment trouvé, comme les suivants, dans le cimetière de Saint-Eucher.

Je ne saurais dire comment s'agençaient avec le texte les mots *amore Dei*[1] qui paraissent avoir été gravés sur le marbre.

[1] Ci-dessus, n° 6.

344

Hettner, *Westd. Zeitschr. Korrespondenzbl.*, 1ᵉʳ nov. 1882;
Kraus, n° 108, et pl. X, n° 12.

Hic in PACE QVIESCVNT
tres? DVLCISSIMI FRAT*res*
IOVINIANVS INNO*c*
*e*NTIVS ET DEDAMIVS
ITVS ET▨▨ VRBANA PA*tr*
ES TITVLVM POSVIRV*nt*

345

Hettner, *Westd. Zeitschr. Korrespondenzbl.*, 1ᵉʳ nov. 1882;
Kraus, n° 109, et pl. X, n° 5.

Hic QVIESCIT
S...TA IN PACE
quæ VIXIT AN V M II
dies XV MATE*r*
titulum posuit

346

Hettner, *Westd. Zeitschr. Korrespondenzbl.*, 1ᵉʳ nov. 1882;
Kraus, n° 110, et pl. X, n° 15.

hic QVIESCIT IN PACE
...VOCATVS CVI VIXIT
*plu*S MENVS ANNOS
...XV FRANCOLA COIVX
...A TETVLVM POSVIT

347

Kraus, n° 111, et pl. XII, n° 2.

HIC BENE QVIESCET
IOVINA QVAE VIXIT
ANNOS X... ET·M·X·D·V
VIAT*or* CONIVGI

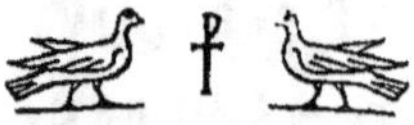

DVLCISS*imæ*
*titu*LVM *posuit*

348

Idem, n° 112, et pl. IIX, n° 6.

.....XO IN.....
.....A PO

349

Idem, n° 113, et pl. XII, n° 4.

..... *Hic* IACET QVAE VIXIT
*m*ENSES IIII·ET
dies ... B*on?*OSVS CON
*jux ei*VS ET FILII SVI
.......ET LEPIDVS
... *obseq*VENTISSIMAE
*titulum posue*RVNT

350

Kraus, n° 114.

*pat*ER TITV**L**O PO*suit*?

351

Idem, n° 115.

IA
MA
NTS
RIM
AM
V

352

Hettner, *Korrespondenzbl. d. Westd. Zeitschr.*, V, n° 52;
Kirsch, *Röm. Quartalschrift*, t. I, p. 285; — Kraus, n° 116, et pl. XV, n° 3.

HIC BENE PAVSANT SCOTTO
QVI VIXIT ANNOS LXV COIVX D
VLCIS·SIMA POSVIT TITVL
VM PRO CARITATEM
SCOTTE PAX TI
CV·M SIT

Inscription en beaux caractères.

Nous avons déjà vu les mots *pax tecum* sur nos marbres les plus antiques[1], puis au vi[e] siècle et probablement au viie [2]. L'épitaphe de Trèves nous en apporte un exemple qui appartient au ve. La présence de cette formule ne peut donc fournir, en Gaule, un moyen d'estimer l'âge des inscriptions sans date.

Sous le n° 117, M. Kraus enregistre 128 fragments trouvés dans le cimetière de Saint-Eucher et conservés à la sacristie de l'église Saint-Matthias. Un grand nombre de ces débris, que le savant auteur reproduit dans ses planches XIII et XIV, ne donnent que des lettres isolées dont on ne peut rien tirer. Quelques-uns portent des mots ou des signes chrétiens. Notons les formules *i*N PACe (n° 36), HIC IACET, HIC PAVSAT, HIC QVIESCIT (n°s 65, 67, 100); un personnage en prière et une colombe (n° 38); une autre avec un arbre (n° 45); des monogrammes du Christ (n°s 39, 40, 41, 47, 54); de nombreuses traces d'images de colombes (n°s 42, 43, 44, 45, 46, 48 à 53, 55, 56, 57).

Je transcris ici les moins insignifiants de ces débris :

353

Kraus, n° 117, 37.

VSQ
P(VS MEN*us*
FILI DV(CISS
*posue*RVNT

---

[1] *Inscriptions chrétiennes de la Gaule*, n°s 497, 499, 519, 520, 522, 533, 541.

[2] Ci-dessus, n° 157; *Inscriptions chrétiennes de la Gaule*, n° 329 A.

354
Kraus, n° 117, 58.

DE CIVIT
ITOCAE

355
Idem, n° 117, 59.

..... anN I ET MESIS.....
.......TIGRIS INFAns
.......ECESSIT PATres
titulum posuERVNT

356
Idem, n° 117, 65.

HIE PAVsat
GENESIus?
QI Vixit...

357
Idem, n° 117, 67.

HIC Iacet
EVTƆIA
RITNVS
IƆIT

358

Kraus, n° 117, 100.

C·QVIEScit in pa
CE ELBEC

359

Idem, n° 117, 124.

SIOI
NICETIA
SVPREMVM
....M...

360

Westd. Zeitschr. Korrespondenzbl., VIII, n° 28; — Bucheler, *ibid.*, n° 51; — Ihm, *Röm. Spieltafeln* (*Bonner Stud.*), Stuttg. 1890, 223); — Cagnat, *Revue archéol.*, 1889, t. XII, p. 285; — Kraus, n° 118 et pl. XII, n°ˢ 1 et 3.

MEMORIO CONIVGI
DVLCISSIMO QVI
VIXIT ANNIS XXXVII
FESTA POSVIT ☧
IN PACE

Inscription découverte, avec les suivantes, dans le cimetière de Saint-Eucher et déposée de même à la sacristie de l'église de Saint-Matthias. Comme tant d'autres trouvées aux catacombes romaines[1], elle

---

[1] Lupi, *Epitaphium Severæ*, pl. IX et p. 57; De Rossi, *Roma sotterranea cristiana*, t. III, p. 350, 369, 374, 376, 383, 389, 391.

se lit sur le fragment de l'une de ces *tabulae lusoriae* qui sortaient, ainsi que les épitaphes, de l'atelier du lapicide.

La *tabula* brisée porte les mots suivants, qui rappellent à la fois et les élans d'orgueil d'un grand peuple accoutumé à vaincre et cette passion du jeu, qui devait, aux jours de l'invasion, rester ardente chez les gens de Trèves au milieu d'effroyables désastres [1] :

VIRTVS   IMPERI
HOSTES   VINCTI
LVDANT   ROMANI

361

Sous le n° 119 (1-23), M. Kraus enregistre des débris portant quelques caractères sans suite qui proviennent tous sans doute d'inscriptions chrétiennes. Sur l'un d'entre eux est une croix, sur l'autre l'image mutilée d'une colombe.

362

Diel, *Die S. Matthiaskirche*, 181, 81; — Kraus, n° 120 et pl. VIII, n° 5.

```
. . . . . . . . . . . VRA QVE
vixit annos . . . V ET ME
nses . . . . . . . CONIV
gi . . . . . . . . . E .
. . . . . . . . . T
```

Ce fragment et les neuf qui vont suivre ont été trouvés à Saint-Matthias. Les six premiers sont au musée de Trèves.

---

[1] «Simul omnia, luxus, potationes, perditiones; cuncta omnes pariter agebant, ludebant, ebriabantur, enectabantur.» (Salvian., *De gubernatione Dei*, VI, 13.)

363

Schoemann, *Jahresbericht der Gesellschaft für nützliche Forschungen zu Trier*, 1869, 62;
Diel, *Die S. Matthiaskirche*, 178, 30; — Kraus, n° 122 et pl. IX, n° 26.

*Hic quiesci?*T VRSICINVS QVI
*vixit ann*OS VI ET MENSIS II ET
dies . . . *pat?*ER DOLIES
titulum POSVIT

Dolies est écrit ici pour *doliens* [1]. Nous retrouverons plus loin l'expression *dolens* [2] fréquente sur les épitaphes de Rome [3] que rappellent si souvent celles de Trèves.

364

Hettner, *Westdeutschland Zeitschrift Korrespondenzbl.*, IV, 218;
Kraus, n° 124 et pl. X, n° 1.

DAMASIVS NVM
HIC BENE QVI
ESCET IN P̄

Damasius numerarius hic bene quiescet in pace.

Le défunt me paraît avoir été l'un de ces nombreux fonctionnaires que l'occupation romaine avait réunis à Trèves.

---

[1] Cf. *Inscr. chrét. de la Gaule*, n° 241.
[2] Ci-après, n° 378.
[3] Bosio, *Roma sott.*, p. 153; Boldetti, *Osservazioni*, p. 370, 373, 380, etc.

365

Hettner, *Jahrbücher von Alterthumsk. in Rheinl.*, fasc. LXIX, p. 22;
Diel, *Die S. Matthiaskirche*, p. 181; — Kraus, n° 126 et pl. VIII, n° 8.

Hic jacet? in PACE GAV
. . . . *vi*XIT · AN · LV
. . . . . *conj*VX · TITV
lum posuit

366

Hettner, *Jahrbücher von Alterthumsk. in Rhein.*, fasc. LXIX, p. 22;
Diel, *Die S. Matthiaskirche*, p. 181; — Kraus, n° 127 et pl. X. n° 3.

HIC M? . . . . .
DENTIA *Quæ vixit annos*
XXVII SIC . . . .
SVI TI*tulum po?*
SV . . . . .

Devant la colombe est gravé un olivier.

367

Hettner, *Westd. Zeitschr.*, IV, 218; — Kraus, n° 128.

HIC QVIESCIT IN PA
CE:QVI VIXIT AN VIII
EMEN▰ CVI VINARDVS
PATER ET LVPERCA M*a*
TE*r* TETOLVM POSVE*runt*

La lecture du commencement de la troisième ligne où figurait probablement le nom du défunt est incertaine. Les mots *cui Vinardus pater et Luperca mater titulum posuerunt* me semblent permettre de voir la même formule dans une inscription de Trèves aujourd'hui perdue et d'y lire : *cui Ursulus et Maurus et Hetlea titulum posuerunt*[1].

368

Kraus, n° 129.

HIC QVIESCIT IN PA
CE PRIECTVS QVI VI
XIT AN XVI VINDE
MIOLA MATER TETO
LVM POSVIT

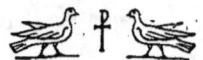

Marbre blanc venant de Saint-Matthias ainsi que les trois suivants. Au revers sont des cannelures. *Priectus* est écrit ici pour *Præjectus*.

369

Idem, n° 130.

.....*quie*SCET IN PACE
.......*n*EOFITA QVAE
.. ..PARENTES

titulum posuerunt

Voir pour le mot *neophyta*, ci-dessus, n° 242.

---

[1] *Inscr. chr. de la Gaule*, n° 231. L'ancienne transcription, probablement fautive, porte SVIVRSVLVS, etc. La formule que je propose de restituer ici se trouve sur plusieurs marbres de Trèves (*Ibid.*, n°ˢ 224, 261, 269, 292).

370

Kraus, n° 131, d'après une copie du D' Hettner.

HIC IACET IN P
ACE DAFINIS Q
VI VIXIT ANN
oS .XXVI Dies
ISII

Dafinis est sans doute mis ici pour *Dafnis*. Cette insertion d'une voyelle est un fait connu. Aux exemples réunis par M. Seelman [1] on peut ajouter entre autres les mots OPITVMA [2], TEMPVLVM [3], VBERITAS, LIBERITAS [4] et DOMESITICVS que nous avons vu sur un marbre de Trèves [5].

371

Idem, n° 248.

.....SI......
...CARISSIM...
♰

Fragment de marbre rouge trouvé en 1864.

---

[1] *Die Aussprache des Lateins*, p. 251.
[2] Wilmanns, *Exempla inscript. latin.*, n° 555.
[3] *Corpus inscriptionum latinarum*, t. X, n° 1578; *Inscriptions chrétiennes de la Gaule*, n° 542 A.
[4] Marini, *Arvali*, p. 616.
[5] Ci-dessus, n° 38.

372

Schoemann, *Jahresbericht der Gesellschaft für nützliche Forschungen zu Trier*, 1865-1868, p. 62; — Kraus, n° 158 et pl. VII, n° 8.

```
..IC POSITA EST CLARISSIMA FEMINA
..VAE MERVIT MISERANTE DEO VT FVNVS
NESCIRET NATAE QVAE MOX IN PACE SE
... CONCESSVM EST SOLAMEN EII
.....VE POTVIT C.....
..........R........
```

Hic posita est clarissima femina quae meruit, miserante Deo, ut funus nesciret natae. Quae mox in pace sequi concessum est solamen ei ... ue potuit ...

Dalle de marbre blanc trouvée près de l'église de Saint-Maximin et appartenant comme les suivantes au musée de Trèves.

La femme dont elle couvrait les restes était de famille sénatoriale, comme le montre la qualification *clarissima*. Son épitaphe, l'une des plus touchantes qu'aient laissées les anciens, sort du type banal des légendes rédigées sur des formulaires. Elle nous apprend que, par la miséricorde de Dieu, une mère est morte sans avoir su que sa fille l'avait précédée dans la tombe.

Comme on le voit parfois sur d'autres marbres, les F de *femina* et de *funus* ont la forme de l'E [1].

373

Hettner, *Westd. Zeitschr.*, VIII, 275; — Kraus, n° 159.

```
.....LARIS
.....S PATER TItul
VM POsuit
```

---

[1] Cf. *Comptes rendus de l'Académie des inscriptions*, 1881, p. 244-247.

374

Hettner, *Trierische Landeszeitung.*, 21 juillet 1888; — *Trier. Zeitung*, 24 août 1888;
Korrespondenzbl. d. Westd. Zeitsch., VII, n° 118; — *Anzeiger d. German. Mus.*, 1888,
117; — Kirsch, *Röm. Quartalschr. f. christl. Alterthumsk.*, 1889, p. 304; — Kraus,
n° 160 et pl. XVII, n° 1.

```
ШΔΕ ΚΙΤΑΙ ΕΝ ☧
ΟΥΡCΙΚΙΝΟC ΑΝΑΤΟ
ΛΙΚΟC ΕΖΗCΕΝ ΔΕ
ΜΙΚΡШ ΠΛΙШ ΕΤΗ
ΚΘ · QVI · VIXIT · AN · XVIIII
```

Ὧδε κεῖται ἐν Χριστῷ Οὐρσικῖνος Ἀνατολικός. Ἔζησεν δὲ μικρῷ πλείῳ ἔτη κθ'.
Qui vixit annos XVIIII.

Dalle de marbre blanc.

On trouve souvent, comme ici, le monogramme du Christ représentant son nom [1].

L'indication de la patrie, rare dans les épitaphes latines des chrétiens, se rencontre souvent, ainsi que je l'ai dit ailleurs, dans leurs inscriptions de langue grecque [2]. Plusieurs de ces dernières sont terminées, comme celle d'Ursicinus, par une légende latine [3].

Il y a ici défaut de concordance entre le chiffre rond XVIIII et la mention μικρῷ πλείῳ ἔτη κθ' qui veut dire : « un peu plus de vingt-neuf ans ».

Le chrétien de Trèves était peut-être, comme l'*Azizos Agrippa* mort dans la même ville, un de ces nombreux orientaux, vulgairement appelés syriens qui venaient en occident, le plus souvent pour y faire la banque ou le commerce [4].

La substitution du κ grec au *c* latin dans le nom d'*Ursicinus* n'est point un fait isolé. Dans quelque partie de la Gaule qu'elles aient été

---

[1] Boldetti, p. 345, 373, 463, 486, 547, etc.

[2] *Inscr. chrét. de la Gaule*, n° 57.

[3] Marini, *Arvali*, p. 613 A, 734; De Rossi, *Inscript.*, t. I, p. 102 (n° 367); *Inscr. chrét. de la Gaule*, n° 613.

[4] *Ibid.*, n° 225 et 613 A. S. Hieron., *Ep.* cxxx, 7 : « Negotiatoribus et avidissimis

gravées, au nord comme au midi, depuis les plus anciennes jusqu'à la fin du VII° siècle, nos inscriptions chrétiennes nous montrent le c conservant, suivant l'usage antique [1], sa prononciation gutturale devant l'e et l'i non suivis d'une voyelle [2]. C'est ainsi que nous y trouvons CHINXIT pour *cinxit*, PVLCER, ARCEPRB pour *pulcher, archipresbyter*, SVMACI pour *Symmachi*, IN PAFE et, par trois fois, IN PACAE [3]. De tous nos monuments, un seul apporterait une exception ; c'est une épitaphe d'Arles, gravée vers le début du VI° siècle et sur laquelle on lit très nettement REQVIESET pour *requiescit* [4], forme qui, au premier abord, semble fournir une marque de l'adoucissement du c devant l'i non suivi d'une voyelle. Bien que le fait ne soit pas sans exemples, il ne peut toutefois s'agir ici que d'une lettre omise par une de ces erreurs si fréquentes sur les marbres [5] ; quelques lignes plus bas, en effet, le c paraît avec le son guttural dans le nom du consul, *Symmachi* écrit SVMACI. Telle était aux premiers siècles chrétiens, dans les conditions dont j'ai parlé, la manière courante de prononcer cette lettre. Quand on veut, en effet, examiner de près les exemples épigraphiques produits en sens contraire [6], on en voit disparaître le plus grand nombre. C'est ainsi que

---

mortalium Syris». «In qua palude, écrit Sidoine Apollinaire à propos de Ravenne, indesinenter rerum omnium lege perversa, fœnerantur clerici, Syri psallunt.» (Lib. I, *Epist.* VIII). Cf. Eumen., *Paneg. pro restaurandis scholis*, c. x : «Syrus mercator»; Greg. Turon., *Hist. Franc.* VII, 31 : «Eufronius negotiator syrus»; x, 26 : «Eusebius quidam negotiator, genere syrus»; *Vita S. Genovefæ*; c. VI, § 26 (Bolland., 3 jan. t. I, p. 140.)

[1] Quintilien, I, VII.

[2] Cf. *Inscript. chrét. de la Gaule*, n° 17 (a° 602), NEGVCIATORIS, STACIO, ORACIONEM. L's qui s'emploie comme le c dans les mêmes conditions témoigne également du son doux de cette dernière lettre. (*Ibid.*, n° 18 : IN OBSERVASIONE; n° 438 A : IDVS MARSIAS.)

[3] *Inscript. chrét. de la Gaule*, n°˚ 91,

344, 414, 624, 697 et, dans le présent volume, n°˚ 169, 224 A et 375; cf. n° 387.

[4] Ci-dessus, n° 169.

[5] Voici un relevé sommaire de mots incomplets que présentent les inscriptions : Bosio, p. 401 : CRIPINA (*Crispina*); Boldetti, p. 410 : CONGI, VIT, QXIT (*conjugi, vixit, quæ vixit*); Marangoni, *Acta S. Victor.*, p. 460 : IN PAE (*in pace*); Marini, *Arvali*, p. 171 : CONRDIA (*Concordia*); Orelli, n° 4670 : FERVNT (*fecerunt*); Fea, *Frammenti di fasti consulari*, p. 90 : BRGNIA (*Virginia*); Perret, *Catacombes*, pl. L, n° 26 : VXSR, REDET, DEBRAS (*uxsor, reddedet, decembras*); ci-dessus, n° 226 : ILIAS (*Julias*), etc.

[6] Voir Schuchardt, *De Vocalismus des vulgar Lateins*, t. I, p. 163; Seelmann, *Die Aussprache des Lateins*, p. 348.

la copie figurée d'une épitaphe aujourd'hui disparue, celle de saint Cloud, substitue SCEPTRVM au mot *septrum* qu'on avait transcrit par erreur[1]. Il en est de même pour REQVIESIT, DVLSISSIMO, CIRIAM, CETAES, pour d'autres mots également cités d'après des inscriptions inexactement lues[2]. Il ne m'appartient pas d'examiner les textes étrangers à ceux dont je poursuis l'étude. Je noterai toutefois qu'une pièce d'or mérovingienne du Cabinet de France, mal figurée dans la *Notice des monnaies de la collection Rousseau*[3], ne porte pas, comme on l'a dit, FESET[4] mais bien FECET; j'ajoute que dans l'original d'un diplôme de Clotaire III[5], conservé aux Archives nationales, le papyrus, détérioré en cet endroit, paraît plutôt donner *requiescet* que *requiesset*.

375

Hettner, *Westd. Zeitschr.*; VIII, 275; — Kraus, n° 161 et pl. XVII, n° 1.

Hic jacet IN PACAE FAV*stina?*
fiDELIS QVI VIXI*t annos*
mensIS X PRO MERITO...
.....S VIR EIVS
TIT*ulum*
posuit † IN (?)

[1] Voir ci-après, p. 459.
[2] Les marbres auxquels on s'est référé pour ces quatre derniers mots avaient été mal déchiffrés. Ils ne portent ni *requiesit*, ni *dulsissimo*, ni *ciriam* pour *Syriam*, mais bien REQVIESCIT (Cf. *Corpus inscr. lat.*, t. X, n° 2792), DVLCISSIMO (*Ibid.*, t. V, pars. 1, n° 945), MACERIAM (*Ibid.*, t. VIII, n° 1039). CETAES n'est point, comme on l'a supposé, écrit pour *Zetaes*, *Diaetaes*; c'est un mot dont le sens exact n'est pas connu (*Ibid.*, t. V, n° 2787). Un travail que prépare mon savant confrère, M. Gaston Paris, ajoutera à ces premiers redressements..
[3] Pl. I, n° 90.
[4] Engel et Serrure, *Traité de numismatique du moyen âge*, p. 72, 92 et 115.
[5] Pardessus, *Diplomata*, t. I, p. 107.

Fragment de marbre blanc.

Nous avons déjà vu, dans la Première Belgique, sur une tombe de pierre moins antique que celles de Trèves, la représentation de la morte en prière [1].

376

Hettner, *Westd. Zeitschr.*, VIII, 275; — Kraus, n° 162 et pl. XVII, n° 3.

   HIC PA*usat*....
   CIBIS DE......
   QVI VIX*it*....
   AMICIIS......

Débris de marbre blanc.

Je n'ai pas encore rencontré sur les marbres païens le début *Hic pausat*. Si cette formule a, comme il le semble, été gravée dans notre inscription, elle me paraît permettre de la classer parmi les monuments chrétiens où figure si souvent le mot *pausare* [2].

377

Kraus, n° 189.

   N III ET DIES XI
   OLA PATRIS P
    ☙

..... *vixit ann. III et dies XI* .... *et* ..... *ola patres posuerunt*

Fragment de marbre blanc trouvé à Saint-Paulin.

---

[1] Ci-dessus, n° 44. — [2] Boldetti, p. 399; *Inscript. chrét. de la Gaule*, n°s 230, 265, 511, 514; ci-dessus, n°s 352, 356, 405.

378

Sous le n° 191, M. Kraus publie douze fragments d'inscriptions également tirés du cimetière de Saint-Paulin. Dans ce nombre figurent les restes d'une *tabula lusoria* dont le revers avait sans doute porté une épitaphe chrétienne [1]. On y voit, l'un au-dessus de l'autre, ces deux mots formés de six lettres suivant l'usage commun :

LVDERE
ET DARE

Les autres débris proviennent de marbres chrétiens sur l'un desquels on lit :

ʃABINus?
PATer?

Quatre de ces épitaphes étaient ornées de colombes dont l'une becquetait des raisins.

379

Kraus, n° 192.

VRʃIO VIVAʃ IN Deo

Grande pièce de marbre blanc conservée dans la crypte de l'église de Saint-Paulin.

380

Idem, n° 193.

HIC IACET IʃA
QVI VIXIT IN PACEN ʃEDI
LIʃ
ANNOʃ P M XXX FORTIO COIVX
eiVʃ DOLENʃ TITVLVM POʃVIT
☧

[1] Cf. n° 360.

Marbre trouvé en 1890 près de Saint-Paulin. Il appartient à un particulier.

Sous le n° 194, 1-13, M. Kraus a donné plusieurs fragments trouvés de 1873 à 1884 dans les thermes romains, à Sainte-Barbe. J'en transcris les moins insignifiants :

381

TINVS M
ONST
V

382

HIC IACEt
VIXIT ANI

Au revers d'une inscription païenne.

383

HIC QVi*escit in pa*
CE ESE........

384

IN PACE
*con*IVX *titu*
*lu*M POSV*i*
T

Sur l'un de ces débris, qui ne porte plus qu'une seule lettre, sont gravés un vase et un rameau.

385

Kraus, n° 254, 4.

Dans le même lieu a été découvert ce fragment de marbre au bas duquel était représenté un agneau et peut-être aussi une colombe :

.... SV

...... N T

386

Wiltheim, *Luciliburgensia*, p. 120 ; — Kraus, n° 195.

Dans un manuscrit demeuré inédit jusqu'en 1842, le Père Wiltheim dit qu'en 1637 on a découvert, au jardin des Jésuites, de nombreuses pièces d'argenterie de fabrication païenne. Avec elles se trouvaient deux petits bassins d'argent en partie dorés. Sur le bord de ces derniers étaient gravées quatre têtes de saints, accompagnées des inscriptions PETRVS PAVLVS IVSTVS HERMES. A l'intérieur, une tête radiée que Wiltheim croit être celle du Christ[1].

387, 388

Kraus, n° 196.

Sous des décombres, autour des sarcophages de la basilique de

[1] «Caput radiatum», écrit Wiltheim. Peut-être ne s'agissait-il là que d'une tête nimbée. Je noterai toutefois que sur un verre publié par le P. Garrucci (*Arte cristiana*, t. III, pl. CLXXI, n° 3, et p. 118) figure un buste radié dans lequel le savant religieux croit reconnaître celui du Christ.

Saint-Laurent, on a trouvé ces deux inscriptions dont la première était couverte de mortier :

........REQIVSQV [1]

.... DI XII FLORET

....X TETVLVM

posuit IN PACE

HIC QVIESCIT IN PA

CE LEO QVAE VI

XIT ANNOS IIII ET

MENS I ET VI *dies?*

C'est par une exception bien rare, ainsi que je le dirai plus loin, que le féminin *quæ* est écrit, comme ici, pour le masculin *qui*[2].

389

Kraus, n° 197, 1-20.

Sous le n° 197, M. Kraus enregistre comme trouvés au même lieu vingt fragments minuscules d'inscriptions dont quelques-uns sont marqués d'une croix; ces marbres appartiennent au musée de Trèves.

---

[1] *Requiesquit* pour *requiescit*. Voir Lupi, *Epitaph. Severæ*, p. 126, CESQVAT; Boldetti, *Osservazioni*, p. 360 et 808, CESQVE, CESQVET. Cf. pour cette forme, ci-dessus, n° 374.

[2] Voir n° 417, et ci-dessus n° 216.

390

Becker, *Annalen des Vereins für Nassauische Alterthumskunde*, t. VII, p. 58 ; Haug, *Die römischen Denksteine in Manheim*, p. 63 ; — Kraus, n° 202 et pl. XVIII, n° 1.

> HIC lacet *in pace*
> INA PVE*lla quæ? vixit*
> AN XII D X . . . *Vic?*
> TORINA *mater titul*
> VM POS

Pierre venant probablement de Trèves et conservée au musée de Manheim. Il en est de même de la suivante.

391

Becker, *ibid.*, p. 60 ; — Kraus, n° 203.

> TITOLV
> HVGDVL
> FVS VI
> X

Pour *Titulus Hugdulfi*[1] *vixit?*

392

Lersch, *Centralmuseum*, fasc. III, n° 75 ; — Steiner, *Inscr. Danubii et Rheni*, n° 1784, et *Altchristl. Inschriften*, n° 34 ; — Kraus, n° 205.

> . . . . . M HIC IN PAC*e*
> . . . . . ANNOS PL*us minus*

Fragment d'origine inconnue.

---

[1] Cf. ci-dessus, n° 264.

393

Kraus, n° 222 et pl. VIII, n° 27.

PRITI......
CISSIM.....
BATTIS.....

Marbre à encadrement, peut-être chrétien; il appartient, comme les suivants, au musée de Trèves.

394

Hettner, *Westd. Zeitschr.*, IV, p. 218; — Kraus, n° 225.

HACI▨I
ITS LAC
NIS ET S
mATER ET P
aT

Débris sur lequel sont gravés un rameau et une colombe.

395

Kraus, n° 227, et pl. VIII, 3.

..............S
.............IER
..........ATIVS
..........XXIIII
......N·I·MEN X
.....II NON NOVEB
    NOVIMB

Fragment de marbre rougeâtre, trouvé dans le jardin des hospice réunis à Trèves.

396

Kraus, n° 228.

.....*in pa*CE QVIES*cit*
......*inf*ANS FIDEL*is*
................IN

Marbre blanc de provenance inconnue.

397

Idem, n° 229.

H*i*C QVIESC*it*
AVORELO
VMADSV
MDEO
CTCI
MFI

Fragment trouvé en 1888.

La troisième ligne donnait peut-être les mots *ad supera*, témoignant de la croyance à l'admission immédiate du défunt dans le ciel. C'est ainsi que nous lisons sur d'autres tombes ces formules analogues :

HINC DIGRESSVS ABIIT SVPERIS IVNGENDVS IN ASTRA
CAETIBVS .....
REGNA SVPERNA TENET
AD CAELESTIA REGNA TRANSIVIT [1]

---

[1] Gruter, 1169, 3; *Inscriptions chrétiennes de la Gaule*, n°ˢ 25 et 353. Cf. n° 594.

398

Schoemann, *Jahresb. d. Gesellsch. für nützl. Forsch.*, 1872, p. 112;
Kraus, n° 230 et pl. VII, n° 1.

*vixi*T AN XV *menses*.....
dies XXII TITVLVM PO*sue*r
VNT PATRIS IN PACE

Marbre blanc.

Nous avons déjà vu à Trèves le mot *patres* pour *parentes*[1].

399

Kraus, n° 231 et pl. X, n° 19.

IHE
CI
ORTA
ARVA
GEMMAS
MENTE DE
LVSTRAT
OD
ICT
RIA

On ignore la provenance de ce débris et celle des marbres qui vont suivre.

---

[1] *Inscriptions chrétiennes de la Gaule*, n°ˢ 244, 246, 250, 258, 272, etc.

400

Kraus, n° 232, et pl. X, n° 21.

........CE

....

401

Idem, n° 233, et pl. X, n° 26.

Hic in PACE QVIESCIT

Fragment de marbre à encadrement.

402

Idem, n° 237.

.....TIAET........
.....SITIN?.......
.....MEN.........
.....SIVS........

403

Idem, n° 238.

........NIVS QVI
vixit ann XVIII IN PA
*ce paren*T..S TITV
*lum posue*RVNT

404

Kraus, n° 240.

.....CE NO
......ONAB
......RIAE

405

Idem, n° 241.

.....paVSANTI.....
.....coNIVGI......   HIC·PAVsat
....requlEVIT.....   RO·MV·I
C

Marbre opistographique, probablement chrétien des deux faces [1].

406

Idem, n° 242.

CRESC.....
MOC......
PR........

Fragment de marbre blanc arrondi sur les côtés.

---

[1] Ci-dessus, n° 376.

407

Kraus, n° 243.

.....LA DV.....
.....*f*IDE*l*Is.....
.....VNITA?.....
........TV......

408

Idem, n° 247.

HIC PAVSA*t* .... *qui vi*
XIT AN P*l*(*us minus* ..... *ti*
TV*l*VM *Posuerunt?*
PA*tres?*.........

Marbre trouvé à Trèves, en 1871, dans un passage souterrain, près du lieu dit : «les Bains romains».

409

Schneemann, *Das röm. Trier und seine Umgegend*, p. 53 et 87; — Kraus, n° 249.

F*l*ORENTINA

Nom inscrit sur un marbre découvert, en 1852, dans une cave de la Pfützstrasse, avec quelques objets antiques.

410
Kraus, n° 252.

Bulle d'argent trouvée en 1886 dans la Gilberstrasse. Dans l'intérieur un petit débris provenant peut-être de reliques.

---

411 à 415
Idem, n° 254, 1-61.

Sous le n° 254, M. Kraus donne une série de très petits fragments conservés au musée de Trèves et provenant des divers cimetières de la ville. Je reproduis ici les moins insignifiants :

.... II SS ·
*titulu*M POSVIT

.... CVND
vixit · AN · XVI
.... TA MATER

.... TITV*lum posuit*
annos II M V
*pate?*R TITV*lum posuit*

.... LEON......
.... IT......

HIC *jacet?*
ELV

Sur quelques-uns de ces débris étaient gravées des colombes.

416

Hettner, dans Kraus, *Addenda*, p. 6.

    HIC IA*cet*.. .. *q*
    VI VIXI*t*...... *titu*
    LVM POsu......
    TER S..........

Marbre blanc. Au musée de Trèves.

417

LAMPADEN.

Schoemann, *Jahresbericht der Gesellschaft für nützliche Forschungen zu Trier*, 1872, 112; Diel, *Die Matthiaskirche*, 178, 31; — Kraus, n° 74, Cf. *Addenda*, p. 5.

    IC QVIESCE ....
    E VIXIT ANNVM......
    XL FILIO............
    IMO PATRES........
    ....NT........

Hic quiescet in pace ..... que vixit annum (minus dies?) XL *filio dulciss? imo patres titulum posuerunt*

Le pronom féminin *quæ*, si souvent écrit *que*, est parfois, on le sait, remplacé sur les marbres par la forme masculine *qui*, laquelle a prévalu pour les deux genres dans notre langue; mais la réciproque est peu ordinaire, car il est rare de voir l'*i* prosodiquement long se transformant en *e*. Si la lettre initiale de la deuxième ligne a été, comme il semble, la dernière du mot *que*, le fait serait exceptionnel, l'épitaphe de Lampaden étant consacrée à un homme [1].

[1] Voir nos 216 et 358

418
WASSERBILLIG.
Kraus, n° 72 et pl. XVII, n° 7.

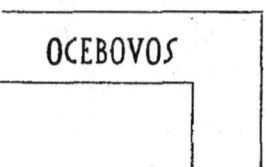

Inscrit en tête d'un débris de *transenna* de pierre conservé au musée de Trèves. M. Kraus a reconnu dans cette légende mutilée les mots du livre des Rois : *Docebo vos viam bonam et rectam* [1]. On sait que des passages tirés des textes saints étaient souvent ainsi gravés dans les églises [2].

419
NENNIG.
Wilmowski, *Archäologische Funde in Trier und Umgegend*, p. 42 ; — Ladner, *Jahresb. d. Gesellsch. für nützl. Forsch.*, 1878, 54 ; — Kraus, n° 69.

OƎDNISAVIV

Au musée de Trèves.

Carreau de terre cuite trouvé près de Nennig (cercle de Saarbourg) et timbré de l'acclamation VIVAS IN DEO si fréquemment inscrite sur des objets à l'usage des chrétiens [3].

Une brique découverte à Rome dans les fouilles de l'Esquilin et que je possède porte les mots :

† IN NOMI
NE DEI

Inscrites sur des matériaux de construction, ces pieuses formules recommandaient à la protection divine les demeures et les habitants : DOMVM DOMINVMQVE, comme le dit une épitaphe de Vaison [4].

---

[1] I, xii, 23.
[2] Voir ma préface.
[3] Cf. ci-dessus, n°s 26, 50, etc.
[4] *Inscript. chrét. de la Gaule*, n° 492.

420
METZ.

Kraus, *Die altchristlichen Inschriften der Rheinlande*, n° 67.

titulum p?OSVerunt?

Au musée de Metz. Fragment de marbre d'origine inconnue.

SECONDE BELGIQUE.

421

HERMES.

En poursuivant ses belles fouilles du mont d'Hermes[1], M. l'abbé Hamard a trouvé dans une tombe une bague d'argent dont le chaton porte ce monogramme où l'on peut lire un nom tel que celui de *Maria*.

Sur le jonc divisé en cinq facettes sont inscrits les mots VI||VA|| S||IN||DEO. Je dois au savant ecclésiastique la communication du monogramme de cet anneau qui a été acquis par feu M. Samuel Savage Lewis, bibliothécaire de l'Université de Cambridge.

422

L'ÉCHELLE-SAINT-AURIN.

Mon savant confrère, M. Michel Hardy, a bien voulu me communiquer une copie de l'épitaphe suivante trouvée par M. Darly dans les

---

[1] Voir ci-dessus, n°s 51 et 52.

fouilles d'un cimetière mérovingien à l'Échelle-Saint-Aurin, près de Roye, département de la Somme :

```
LEVBORICVS
HIC REQVIIS
CIT IN PACE
VIXIT ANN
VS·VIII
† † †
```

Cette inscription, qui se lit sur un fragment de la face d'un sarcophage, n'est plus en France. Elle appartient maintenant à Sir John Evans qui l'a emportée en Angleterre. Les caractères, me dit M. Hardy, sont gravés assez profondément ; ils présentent, dans le fond, des stries transversales régulièrement espacées, produites à l'aide d'un ciseau très étroit.

PREMIÈRE GERMANIE.

423
ANDERNACH.

Kraus, *Die Altchristlichen Inscriften der Rheinlande*, n° 275.

```
ESCENT PRESVL
ERINCVLXVE
NE MERVIT SCO
RVM ESSE CON
...P...Q OFFICI
        VI
```

Pierre trouvée en 1881 à Martinsberg, près d'Andernach, dans la propriété de M. Schumacher, et maintenant conservée à Remagen, chez M. Martinengo.

C'est avec raison que M. Kraus lit à la troisième et à la quatrième lignes : *meruit sanctorum esse consors*. La preuve en est, pour moi, dans ces antiques prières : « Suscipe, Sancta Trinitas, hanc oblationem quam tibi offero pro anima famuli tui N., ut per hoc salutare sacrificium purgata sanctorum tuorum consortio coadunari mereatur[1]. » « Propitiare, Domine, supplicationibus nostris pro anima et spiritus famuli tui, ut eam sanctorum tuorum consortio sociare digneris[2]. » Il y a là une

---

[1] Dom Martene, *De antiquis Ecclesiæ ritibus*, t. I, p. 510. — [2] Muratori, *Liturgia romana*, t. II, p. 220.

nouvelle marque des rapports que présentent entre elles les formules épigraphiques et les prières de l'Église[1].

424

COBERN.

Ausm' Weerth, *Jahrbücher des Vereins von Alterthumsfreunden im Rheinlande*, fasc. LXIX, p. 59, et pl. VII, n° 6; — Kraus, n° 263.

Des fouilles faites en 1879 à Cobern, près de Coblentz, ont mis au jour vingt-deux sarcophages de pierre à couvercles plats, arrondis ou taillés en forme de toit. Sur l'une de ces tombes, assez régulièrement orientées, était une plaque de marbre mutilée sur la droite dont M. Ausm' Weerth a donné le dessin. Autour d'un cercle contenant une étoile à huit rayons sont gravés ces mots :

SIT AVTEM DESIDERVM N. . . . .[2]

Un double cercle les encadre, au-dessus duquel on lit . . . . . ICET.

Il me paraît difficile de tirer quelque chose de ces paroles, le mot AVTEM indiquant qu'elles contiennent une phrase dont le commencement fait défaut. S'agirait-il là d'une sentence rappelant, comme l'ont fait tant de Pères et comme le répétait sainte Paule, après le grand apôtre, que le chrétien doit désirer la mort[3]? Ces mots reproduiraient-ils, ainsi que la légende inscrite sur le seuil de l'hypogée de Poitiers[4], quelque texte connu? D'où venait ce débris gisant sur le couvercle d'une tombe? Ce sont là de petits problèmes que j'abandonne à de plus avisés.

[1] *Inscriptions chrétiennes de la Gaule*, n°ˢ 392, 473, et préface, p. CVII.
[2] M. Ausm'Weerth propose avec toute probabilité de lire ici *nostrum*.
[3] S. Hieron. *Epist.*, CVIII, § 1; S. Ambros., *Expos. Evang. sec. Lucam*, Lib. VII, § 36 : «Mors desideranda sapientibus».
[4] N° 255.

Sur un second fragment trouvé au même lieu, on a lu :

ADICTO.....
MARI......

425

GERING.

Krauss, n° 258 et pl. IV, n° 5.

CARETATE DEFFVS.....
QVI VIXIT ANNOS.....

Fragment trouvé, en 1888, dans l'autel de la chapelle de Gering. Il couvrait un vase de reliques placé dans le *sepulcrum* de la table sainte et portait le sceau d'Égilbert, évêque de Trèves, de 1079 à 1101.

A la première ligne, le savant M. Kraus propose de lire CARETATE DEI FV(sca?) La photographie qu'il nous présente et dont je reproduis ici les deux premières lignes me paraît donner CARETATE DEFFVS..., c'est-à-dire, par substitution de l'*e* à l'*i*, *caritate diffusa*[1].

Je m'autorise ici d'une inscription du sixième siècle où figurent ces formules laudatives : VOLONTATE DIFFuSA CHARITATE LARGISSIMA[2].

---

[1] Cf. Marangoni, *Acta S. Victorini*, p. 68 : FARECCEME; Boldetti, *Osservazioni*, p. 430: BENEMERENTESSEME, etc. — [2] *Inscriptions chrétiennes de la Gaule*, n° 406.

Bien que, dans les épitaphes de Trèves, *charitas* soit synonyme d'*amor* et veuille dire « affection de famille [1] », peut-être notre marbre apporte-t-il, avec celui que je viens de citer, un exemple antique de *charitas* signifiant libéralité envers les pauvres. Je serais porté à le croire si, d'après les relevés connus, une telle acception ne paraissait être de beaucoup plus moderne. Notons, toutefois, que la présence de l'épithète *largus* qui, dans tant d'inscriptions, se rattache à l'idée de charité, pourrait conduire à la même conclusion [2]. Je rappellerai de plus, à ce propos, deux épitaphes célébrant la charité des défunts et où le mot *profusa* me paraît être un équivalent du *diffusa* de notre inscription : IN PAVPERO MESEROQVE PROFVSA [3], IN ELEMOSINIS PROFVSA [4].

Sous les deux lignes que je viens de transcrire, on en retrouve cinq autres en caractères plus petits et fort effacés où M. Kraus a déchiffré ce qui suit :

    FILIOLVS SVOS QVEM EXCO(?)
    LABACRO F
    CENTTEIV(?)
    IDIVNEI(?)
    L   EI(?)

Ces lignes, qui mentionnent un baptême, doivent-elles être rattachées aux précédentes? Cela me semble douteux, et peut-être s'agit-il ici, comme on le voit à Rome, d'une dalle ayant reçu successivement deux épitaphes dont l'une a été mal effacée [5]. Les dimensions d'une

---

[1] *Inscriptions chrétiennes de la Gaule*, nos 233, 289, 309; cf. nos 261, 313 et ci-dessus, n° 34.

[2] Gruter, 1176, 13 : PAVPERIBVS LARGVS; A. Mai, *Scriptorum veterum nova collectio*, t. V, p. 441 : DIVITIAS... PAVPERIBVS LARGA DISTRIBVERE MANV; Sid. Apoll. Éd. de Sirmond, p. 80 des notes : LARGVS PAVPERIBVS; Chorier, *Recherche sur les antiquités de Vienne*, p. 322 : LARGVS PAVPERIBVS; *Inscr. chrét. de la Gaule*, n° 586 : TACITVS LARGITOR EGENTVM.

[3] *Inscriptions chrétiennes de la Gaule*, n° 708.

[4] Ci-dessus, n° 133.

[5] De Rossi, *Inscript.*, t. I, n° 937.

colombe, gravée au bas du marbre et qui paraît superposée aux lignes du petit texte, répondent à celles des lettres des deux premières.

La forme des E indique une époque postérieure à la fin du ve siècle [1].

426
GIMBACH.

Müntz, *Annalen des Vereins für Nassauische Alterthumskunde*, t. XIII, p. 195; Kraus, n° 58 et pl. VI, n° 5.

```
† IN VETE
TOLO REQVI
ESCIT BENE
MEMORIA R
OTELDIS R
ODOBER
TO QVI VI
T IN PACE
ANNVS X
XV
```

In (hunc) tetolo requiescit benememoria Roteldis Rodoberto qui vixit in pace annus xxv.

L'adjectif *benememoria* pour *bonememoria* se rencontre souvent sur les marbres chrétiens de la Gaule.

Roteldis Rodoberto est mis ici pour *Roteldis filia* ou *uxor Rodoberti* [2].

---

[1] *Inscript. chrét. de la Gaule*, préface, p. xxiv.

[2] Cf. S. Hieron. *Epist.* cvii, ad Lætam, § 13 : «Paula Toxotii»; Marini, *Gli atti e monumenti de' fratelli Arvali*, p. 164, 176, 183; Renan, *Les Évangiles*, p. 539. En ce qui touche *Rodoberto* mis ici pour *Rodoberti*, voir nos 264 et 430.

427

WIESBADEN.

Kekulé, *Annalen des Vereins für Nassauische Alterthumskunde*, t. X, p. 364;
Becker, *ibid.*, t. XIII, p. 182; — Kraus, n° 49, et pl. VI, n° 7.

HIC QVIESCI........
ES·XIII ET MES.....

Pierre trouvée en 1869 et déposée au musée de Wiesbaden, comme les quatre épitaphes suivantes.
Au bas sont gravées quelques lettres d'une inscription plus grande.

428

Von Cohausen, *Correspondenzbl. d. Ges. Vereins*, 1873, XXI, 48;
Becker, *Annalen des Vereins für Nassauische Alterthumskunde*, XIII, 181, n° 2;
Kraus, n° 50 et pl. VI, n° 8.

*Hi*C QVIES
*ci*T IN PACE
RVNAQVI

Pierre trouvée dans une chambre souterraine avec des tombes, un vase de terre noire, une épée de fer et les deux inscriptions qui vont suivre.

429

Von Cohausen, *Correspondenzbl.*, 1873, 48; — Becker, *Nass. Ann.*, XIII, 181, n° 4; Kraus, n° 41 et pl. VI, n° 4.

> HIC QVIES   CI
> T IN PACE QALAQI
> QVI VIXSET AN X

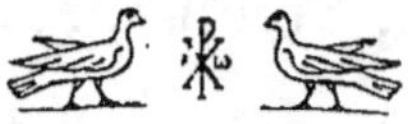

C'est, comme on le voit souvent, un défaut de la pierre qui a fait séparer par le graveur les deux syllabes du mot QVIESCIT [1].

430

Von Cohausen, *Correspondenzbl.*, 1873, 48; — Becker, *Nass. Ann.*, t. XIII, p. 181; Kraus, n° 52 et pl. VI, n° 6.

> HIC QVIES
> CIT IN PACE
> INGILDO

Ingildo représente ici le nominatif *Ingildus* avec suppression de l's final et changement de l'*u* en *o* [2]. La forme classique *Ingildus* se lit sur une épitaphe d'Aoste [3].

---

[1] Cf. ci-dessus, n° 67.
[2] Cf. n° 264.
[3] *Inscriptions chrétiennes de la Gaule*, n° 393.

431

Von Cohausen, *Nass. Ann.*, XVII, 143; — Kraus, n° 53, et pl. VI, n° 3.

> HIC IACET
> IN PACE VOT
> RILO AN L
> ☧

Pierre trouvée en 1880.

M. Kraus voit avec raison, dans les trois dernières lettres, les mots *annorum quinquaginta*[1].

---

432 à 435

MAYENCE.

Kraus, n° 40, et pl. IV, n°ˢ 1, 2, 3, 4.

Quatre fragments de pierre à encadrements grossiers. Le dernier ne présente que des traces de caractères difficiles à saisir. On retrouve, sur les autres, ces restes de lettres :

IN HVN	BENE
TILVT	VOMV
MVRE	VST

IT IN PACE

---

[1] Cf. *Inscriptions chrétiennes de la Gaule*, n° 210, etc.

436

NEUMAGEN.

Kraus, n° 257.

HIC Requiescit . . . . .
VINIAN . . . *qui vixit*
ANNOS . . . . *titulum*
POSVI . . . .
SOROR . . . .

Marbre blanc trouvé en 1884 et conservé au musée de Trèves.

SECONDE GERMANIE.

437

COLOGNE.

Düntzer, *Jahrbücher, des Vereins von Alterthumsfreunden im Rheinlande*, fasc. XLVII, XLVIII, p. 119, et *Vertz. d. röm. Alterth. d. Mus. Wallraf-Richarts*, n° 225 *a*; — Kraus, n° 292; — J. Klinkenberg, *Die römisch-christlichen Grabinschriften Kölns*, p. 13.

```
HiC IACIT FVGILO QVAE
VIXIT ANNOS XV FIDE
LIS IN PACE RECCSSIT
              ☩
```

Dalle de granit, haute de 0 m. 29, large de 0 m. 46; son épaisseur est de 0 m. 27, ce qui est rare pour les épitaphes chrétiennes, gravées ordinairement sur des plaques minces. Cette pierre, qui appartient au musée Wallraf-Richartz, a été trouvée, en 1868, à Saint-Géréon, en faisant les fondations de la nouvelle bibliothèque du gymnase catholique.

438

J. Klinkerberg, *Die römisch-christlichen Grabinschriften Kölns*, p. 14.

```
HIC IACET
VERESE
MVS IN
NOCES FV
NERE CAP
TVS QVI V
IXIT AN
NOS XX
IIII ☧
```

Pierre découverte, il y a quelques années, au cloître de Saint-Géréon et déposée dans la crypte de l'église.

On y remarquera la transcription du nom de *Verissimus* et la chute d'un *quasiversus* introduite au milieu d'un texte en prose, comme dans une autre épitaphe de Cologne [1].

Plusieurs fois déjà dans ce recueil connue, dans celui dont il forme la suite, nous avons vu la consonne *n* omise dans certains mots où d'autres lettres l'encadrent. A côté de l'adjectif INNOCES que donne notre inscription, je citerai les noms MASVETVS, TRASEMVDVS, les mots DOLIES [2] et MESIS pour *menses* [3].

Ces particularités orthographiques témoignent de ce qu'était, pour les anciens, dans les conditions dont je parle, le son de l'*n*; son très adouci quand il ne s'effaçait pas entièrement pour l'oreille. C'était ainsi que Cicéron «lenitatis causa», dit Velius Longus, prononçait *foresia, megalesia, hortesia*, sans faire entendre l'*n* que comportaient ces

---

[1] Ci-dessus, n° 86 : LEONTIVS INNOCENS FVNERE CAPTVS, et ma préface, p. xxii. — [2] Ci-dessus, n°ˢ 175, 323, 363. — [3] *Inscr. chrét. de la Gaule*, n°ˢ 234, 284, 295, 459, 505.

mots⁽¹⁾. Les textes des bas temps, les formes des langues néo-latines, nous montrent l'articulation de l'*n* continuant à s'atténuer, parfois même jusqu'à disparaître. Certains monuments de l'épigraphie semblent, toutefois, accuser une restriction à cette tendance. Quand les inscriptions chrétiennes apparaissent, alors que l'effacement de l'*n* médial s'affirme nettement, une exception se montre : le titre du consul, dont le nom sert de date, cesse subitement d'y être représenté par les lettres traditionnelles COS; on leur substitue la syllabe CON ou CONS où reparaît l'*n* supprimé depuis tant d'années⁽²⁾. Dans l'importante série de nos épitaphes chrétiennes à dates consulaires, c'est-à-dire durant le cours de trois siècles environ, il n'est, en effet, qu'un seul marbre qui présente avec toute certitude l'abréviation COS⁽³⁾; les autres donnent uniformément soit le mot CONSVLE *in extenso*, soit son début sans en retrancher l'*n*. Il y a là, devant la tendance marquée à effacer cette lettre, une singularité philologique dont la cause ne m'apparaît pas clairement.

439

Lersch, *Centralmuseum*, fasc. 1, n° 97; — Steiner, *Altchr. Inschriften*, fasc. 11, n° 95; Kraus, n° 291; — *Klinkenberg*, op. cit., p. 16.

† PRESBITER
DELPINSAMOI
HAN   IN

⁽¹⁾ *De orthographia* (Édition de Keil, t. VII, p. 79). De nombreux savants ont parlé de cet effacement de l'*n* médial (Voir Lupi, *Epitaphium Severæ*, p. 108; Hagenbuch, *Epistolæ epigraphicæ*, p. 569 et suivantes; Seelmann, *Die Aussprache der Latein*, p. 283, etc.)

⁽²⁾ *Corpus inscr. lat.*, t. 1, *Inscr. lat. antiquiss.*, n° 197, etc.; Quintilien, I, vii, 29 : «Columna et consules exempta *n* littera legimus».

⁽³⁾ *Inscr. chrét. de la Gaule*, n° 369 : DN·GRATIANO·AVG·IIII:ET MER·COS. Deux autres inscriptions, l'une datée de 522, la seconde postérieure à 541 (n°ˢ 469 et 493) peuvent avoir porté COSS et COS; mais ces épitaphes

GREGIISEX
BVSARCAM
AESENEX
NES
BNATEIONIS
✝ BETOEI ✝

Deux fragments que M. Lersch a vus encastrés dans le porche de l'église de Saint-Géréon. Je les donne ici sous toutes réserves, ne sachant à quel temps ils peuvent appartenir. Peut-être le nom de *Delphinus* se lisait-il à la seconde ligne.

440

BONN.

Wolters, *Jahrbücher*, fasc. LXIX, p. 48 et pl. VII, n° 5; — Kraus, n° 282.

· Hic paYSAT ℔ SP
qui viXIT ANnos

Je reproduis à nouveau ce débris déjà enregistré sous le n° 22. Dans le signe qui précède les lettres SP de la première ligne, j'avais proposé de voir deux lettres liées, ℔, abréviation du gentilice *Flavius* figurant comme prénom [1]. Le dessin que M. Kraus donne du groupe dont il s'agit me paraît justifier mon sentiment.

sont perdues et nous n'en avons que des copies dont rien ne garantit l'exactitude. M. de Rossi s'est occupé des formes COS et CONS au point de vue du classement chronologique (*Inscriptiones christianæ urbis Romæ sæculo septimo antiquiores*, t. Iᵉʳ, p. XXI, XXII).

[1] Cf. ci-dessus, n° 35.

GRANDE SÉQUANAISE.

441
AVENCHES.

Mémoires de l'Acad. des inscriptions, 1ʳᵉ série, t. XXXIV, p. 146; — *Cartulaire de Notre-Dame-de-Lausanne* (*Mémoires et documents publiés par la Société pour l'histoire de la Suisse romande*, t. VI, p. 31); — Monod, *Études critiques sur les sources de l'histoire mérovingienne*, p. 150.

Un texte qui m'avait échappé doit, je pense, être joint à la série de nos premières inscriptions chrétiennes; c'est l'épitaphe métrique de Marius, évêque d'Avenches, mort en 596. Je la trouve dans le cartulaire de l'église de Lausanne rédigé, en 1235, par Conon d'Estavayer, grand prévôt du chapitre de la cathédrale, après un incendie où disparurent beaucoup de titres originaux. Pour former son recueil, l'auteur a compulsé les documents échappés au désastre et les anciennes chroniques, sans négliger les traditions orales.

Voici cette pièce qu'il nous a seul gardée dans une copie peu correcte en plusieurs points :

MORS INFESTA RVENS QVAMVIS EX LEGE PARENTIS
   MORIBVS INSTRVCTIS NVLLA NOCERE POTEST
HOC ERGO MARII TVMVLANTVR MEMBRA SEPVLCRO
   SVMMI PONTIFICIS CVI FVIT ALMA FIDES
CLERICVS OFFICIO PRIMEVIS TONSVS AB ANNIS
   MILICIA EXACTA DVX GREGIS EGIT OVES
NOBILITAS GENERIS RADIANS ET ORIGO REFVLGENS
   DE FRVCTV MERITI NOBILIORA TENET
ECCLESIE ORNATVS VASIS FABRICANDO SACRATIS
   ET MANIBVS PROPRIIS PREDIA IVSTA COLENS

IVSTICIE CVLTOR CIVIVM FIDISSIMA VIRTVS
　NORMA SACERDOTVM PONTIFICVMQVE DECVS
CVRA PROPINQVORVM IVSTO BONVS ARBITER ACTV
　PROMPTVS IN OBSEQVIIS CORPORE CASTO DEI
HVMANIS DAPIBVS FIXO MODERAMINE FVLTVS
　PASCENDO INOPES SE BENE PAVIT OPE
IEIVNANDO CIBANS ALIOS SIBI PARCVS EDENDO
　HORREA COMPOSVIT QVOMODO PASTOR ABIT
PERVIGIL IN STVDIIS DOMINI EXORANDO FIDELIS
　NVNC HABET INDE REQVIEM VNDE CARO FESSA FVIT
QVEM PIETATE PATREM DVLCEDINIS ARMA TVENTEM
　AMISSIS TERRIS CREDIMVS ESSE POLIS

Le caractère épigraphique de cette pièce me paraît ressortir de son texte même.

A côté de la formule précise que nous lisons au troisième vers :

HOC ERGO MARII TVMVLANTVR MEMBRA SEPVLCRO

j'y relève, en effet, plus d'une mention particulière aux épitaphes métriques des âges mérovingiens. On proclame ici, et en des termes que nous trouvons souvent dans ces dernières, l'impuissance de la mort sur les justes[1]; on y dit la noblesse du défunt, moins éclatante que ses vertus[2]; les fonctions qu'il a, dès ses premières années, remplies dans une église dont il devait être le chef[3]; la libéralité avec

---

[1] Vers 1 et 2 : MORS.... MORIBVS INSTRVCTIS NVLLA NOCERE POTEST. Cf. Gruter, 1175, 1 : LOETI NIL IVRA NOCEBVNT; 1176, 2 : NIL TIBI MORS NOCVIT; *Inser. chrét. de la Gaule*, n° 205 : VIR CVI DVRA NIHIL NOCVERVNT FATA SEPVLCRI.

[2] *Ibid.*, n° 26.

[3] Vers 5 : CLERICVS OFFICIO PRIMEVIS TONSVS AB ANNIS. Cf. *Inscr. chrét. de la Gaule*, n° 509 : QVI TENERIS PRIMVM MINISTRVM FVLSIT AB ANNIS; De Rossi, *Bull.*, 1883, p. 15-17, et S. Paulin de Nole, *Natale* IV, v. 108 : «Primis lector servivit in annis».

laquelle il l'a dotée de vases sacrés; sa haute sagesse dans l'administration de la justice[1]; les privations qu'il s'imposait pour nourrir les pauvres[2]; on y affirme la confiance en son admission au séjour des bienheureux[3].

Je ne m'explique pas l'épithète *justa* inscrite au dixième vers et qui n'y figure peut-être que par quelque faute de copiste; mais le sens des autres mots : *manibus propriis predia colens* me paraît clair, si je les rapproche de ce passage où Grégoire de Tours parle de saint Nizier, évêque de Lyon : « Aetate quoque tricenaria presbyterii honore praeditus, semper *manibus propriis* operabatur cum famulis ut Apostoli praecepta impleret dicentis : « Laborate manibus ut habeatis unde « tribuere possitis necessitatem patientibus »[4]. Comme saint Nizier, un autre de nos pontifes, saint Hilaire d'Arles travaillait de ses mains pour secourir les pauvres, et c'était dans la culture des champs que sa charité trouvait des ressources;

RVSTICA QVINETIAM PRO XPO MVNIA SVMENS

dit son épitaphe[5]. Ainsi avait fait, si je ne me trompe, *manibus propriis*, le célèbre évêque d'Avenches.

---

[1] *Inscr. chrét. de la Gaule*, n°ˢ 26 et 643.

[2] Vers 16, 17 : IEIVNANDO CIBANS ALIOS SIBI PARCVS EDENDO. Cf. Gruter, 1167, 7 : PRODIGA PAVPERIBVS NAM SIBI PARCA NIMIS; Chorier, *Recherche sur les antiquités de la ville de Vienne*, p. 322 : LARGVS PAVPERIBVS PARCVS SIBI; *Inscr. chrét. de la Gaule*, t. II, p. 182 : PRODIGA PAVPERIBVS PARCA MODESTA SIBI, et ci-dessus, n° 118. Ajoutons qu'au seizième vers, le rapprochement cherché des mots INOPES et OPE n'a rien que de conforme au goût des âges mérovingiens.

[3] Vers 22 : AMISSIS TERRIS CREDIMVS ESSE POLIS. Cf. Nicolai, *Della basilica di S. Paolo*, p. 141 : QVEM TENET ANGELICVS COETVS IN ARCE POLI; *Inscr. chrét. de la Gaule*, n° 321 c : MONSTRAS QVIPPE TIBI IVRA PATERE POLI; n° 34 : OB QVOD PRAERVTILVM DETINET IPSE POLVM; n° 592 : MVNERE MARTYRII QVI COLIT ASTRA POLI; n° 636 : FELIX POST TVMVLOS POSSIDET IPSE POLOS.

[4] *Vitæ Patrum*, c. VIII, § 1; cf., § 2.

[5] *Inscript. chrét. de la Gaule*, n° 516; cf. Gennadius, *De scriptoribus ecclesiasticis*, c. LXIX.

VIENNOISE.

442
VIENNE.

....
BONE MEMO
RIAE GALLA
rELIGIOSA

Comme le suivant, ce débris a été trouvé en mars 1891, dans la démolition d'un mur sous le vieux porche de l'abbaye de Saint-Pierre. C'est la troisième fois que nous voyons à Vienne le nom d'une religieuse [1].

443

....
ET DIEB·XXIII.....
OBIIT PRID·K......
IS ⚹ P̄C̄.........

...et diebus xxiii... obiit pridie kalendarum (septembr?)is post consulatum...

Débris découvert avec le précédent.

---

[1] *Inscriptions chrétiennes de la Gaule*, n°⁸ 435, 699; cf. ci-dessus, n° 121.

444

.T IN PACE..........
.VI VIXIT ANNO......
.IES VIII RESVR......
.VM DIES DNI AD.....

Hic requiescit in pace..... qui vixit annos... dies VIII, *resurrecturus cum dies Domini advenerit.*

Fragment découvert dans le sous-sol d'une maison située cours Romestang; cette maison, comme celles qui l'avoisinent, est bâtie, sur le terrain de l'ancien cimetière Saint-Gervais traversé lorsque l'on construisit la voie du chemin de fer, et d'où sont sorties tant d'inscriptions chrétiennes[1].

La formule finale de notre marbre se retrouve dans une épitaphe de Saint-Romain-en-Galle et dans deux autres exhumées à Vienne[2]. Cette mention de l'attente de la résurrection est des plus fréquentes dans la contrée[3].

Comme ceux qui précèdent, ce débris, m'a été obligeamment communiqué par le zélé conservateur du musée de Vienne, M. Cornillon.

---

[1] *Inscriptions chrétiennes de la Gaule*, n° 403 A.

[2] *Ibid.*, n° 398 : SVRRecturus DIE CAELO CVM VENERIT AVCTOR; n° 401 : SVRRICTVRA CVM *dies* DNI ADVENERIT; n° 415 : ANACTA.... EN TH HMEPA XPICTOY ECXAMENOY.

[3] *Ibid.*, n°ˢ 392, 414, 418, 427, 436, 439, 446, 452, 464, 465, 466, 467, 468, 470 c.

PREMIÈRE NARBONNAISE.

445
CÉLEYRAN.

Tournal, *Catalogue du musée de Narbonne*, 1864, p. 64; — F. P. Thiers, *Bulletin de la Commission archéologique de Narbonne*, 1891, p. 389-400.

Sanctorum martyrum reliquiae hic sunt Cassiani, Marcelli, Martini, dedicatum anno secundo dedicatum (?) *ab Hilario presbytero et donat basilicae sanctorum, id est Saturnini et Marcelli, domum ad caput pontis pro luminaria sanctorum.*

Inscription d'un gros bloc de marbre blanc provenant du château de Céleyran, près de Salles-d'Aude, au nord-est de Narbonne. Dans la face postérieure est creusée une cavité ronde, large de 27 centimètres sur 16 centimètres de profondeur et entourée de quatre trous de scellement.

L'intéressante notice de M. Thiers rattache aux temps anciens ce monument que l'on avait jusqu'à présent classé à une époque voisine du xiie siècle. Les raisons invoquées par l'auteur, et qui me semblent des mieux fondées, sont tirées de la paléographie. M. Thiers s'appuie sur la forme des caractères, sur celle d'un signe d'abréviation sorte de Z couché et allongé qui se retrouve, en 456, dans l'inscription gravée sur l'autel de l'église de Minerve et sur un autre marbre d'une époque voisine [1].

D'après sa légende, notre monument, dont les similaires se rencontrent plusieurs fois en Espagne [2], contenait probablement dans la cavité du revers les reliques de trois martyrs. Ce que sont ces personnages, M. Thiers me paraît l'avoir exactement reconnu. Sous le règne de Dioclétien, un groupe de chrétiens d'Afrique, dont les Actes très précieux sont venus jusqu'à nous, comprend les noms des saints Saturnin, Cassien et Martin [3]. Au même temps, et dans la même contrée, a péri pour le Christ un autre fidèle appelé Cassien qui fut décapité avec saint Marcel [4]. Les noms inscrits sur le marbre de Céleyran sont donc, selon toute apparence, ceux de quatre martyrs africains.

Un prêtre nommé Hilarius a dédié le monument et donné à la basilique placée sous le vocable des saints Saturnin et Marcel une maison située *ad caput pontis*, maison dont les revenus devront servir à l'entretien du luminaire de cette église. La date de la dédicace est indiquée d'une façon aujourd'hui devenue énigmatique. Le fait a eu lieu, est-il dit, *anno secundo*.

---

[1] *Inscript. chrét. de la Gaule*, pl. 82, n° 500, et ci-dessus, n° 293.

[2] Hübner, *Inscr. Hispaniæ christianæ*, n°s 57, 85, 88, 89, 111, 126, 140, 175.

[3] *Acta sincera*, édit. de 1713, p. 383 : *Acta ss. Saturnini, Dativi et aliorum*.

[4] *Ibid.*, p. 304, *Passio s. Cassiani Tingitani martyris*.

Pour expliquer cette formule, M. Thiers joint au texte principal les lettres qui restent de trois lignes gravées comme en surcharge à gauche de la croix; il y lit *ex aNNIS suIS* et les réunissant aux mots *anno secundo* il voit ici l'indication de l'année qui suivit celle où Hilarius fut élevé à la prêtrise. Je ne suis en mesure ni d'appuyer ni de contredire cette conjecture. Notons toutefois que, comme dans d'autres inscriptions de la contrée, les mots *anno secundo* peuvent se rapporter à une année de règne [1].

Le testament d'Erminétrude, morte vers l'an 700, le *Liber Pontificalis* et le Polyptyque d'Irminon mentionnent un legs, des fondations, des dons faits pour le luminaire des églises et des tombes des saints : « Mumolane cum omni peculiare suo ingenuam esse præcipio; luminaria tantum in ecclesia Bonisiaca ministrare stodeat. » — « Ipsum alodum contulit (sanctus) Germanus ad luminaria ecclesiæ sanctæ crucis sanctique Stephani Vincentii levitæ et martyris [2]. — (Sanctus Gregorius II) dimisit ad luminaria beati Petri apostoli solidos mille [3]. » Ainsi est-il dit dans ces textes et si, comme je le pense, notre inscription leur est de beaucoup antérieure, elle présenterait l'une des plus anciennes mentions de ces sortes d'œuvres pies.

C'est pour la première fois que nous voyons ainsi rappeler sur un de nos marbres des luminaires dont l'histoire demanderait tout un livre. Dans ces lampes pleines d'huile parfumée [4] que sanctifiait le voisinage des tombes saintes, nos pères venaient puiser pieusement quelques gouttes, reliques vénérées à l'égal des plus précieuses et remède assuré contre les maux. Nous possédons, et en grand nombre, des ampoules de terre cuite ou de métal couvertes d'inscriptions et de figures qui reçurent de ces *eulogies*. Il en est à Monza, on en trouve en Égypte, en Asie Mineure, car l'usage d'emporter de l'huile prise

---

[1] *Inscriptions chrétiennes de la Gaule*, n° 612 : SVB DIE I KALENDAS ACVSTAS ANNO XXI; ci-dessus, n° 309 : sVB DIAE III TERCIVM kAL MAIAS INDIC dECEMA ANNO seXTO.

[2] Pardessus, *Diplomata*, t. II, p. 255,

Polyptychum Irminonis abbatis, Ed. Guérard, t. I, p. 117, cf. p. 31, 110, 116, 129.

[3] *Liber pontificalis*, Ed. Duchesne, p. 410, cf. p. 355, 432.

[4] *S. Paulini Nolani Poema XIV*, v. 100.

devant les tombeaux des saints fut autrefois commun aux fidèles de toutes les contrées [1].

Le signe gravé au bas de la partie gauche de notre légende, et qui semble représenter une ancre [2], me cause quelque embarras. Si ce n'est dans une épitaphe d'Afrique où l'on incline à la reconnaître [3], l'ancre ne figure en effet que sur des monuments chrétiens des plus anciens âges [4]; je ne l'ai encore trouvée en Gaule que sur des marbres dont la haute antiquité n'est pas douteuse [5]. Peut-être en est-il, toutefois, de ce symbole comme de celui du poisson reproduit dans notre pays longtemps après qu'à Rome on avait cessé de le représenter [6]. Ce serait là une nouvelle marque du retard des usages de la province sur ceux de la métropole.

Il me reste à noter ici ce que M. Thiers nous apprend sur la localité d'où provient notre inscription. D'après un diplôme daté de l'an 856, le nom de Saint-Saturnin-en-Licie, désignait le territoire auquel appartient Céleyran [7]. Là se trouvait aussi, vers le début du xve siècle, une chapelle dédiée à saint Cassien et une église placée sous le vocable de saint Marcel. Ces noms, inscrits avec celui de saint Martin, sur le marbre du prêtre Hilarius, paraissent être également ceux des martyrs africains dont nous possédons les Actes.

---

[1] Voir mon mémoire intitulé *Note sur une fiole à inscriptions portant l'image de saint Ménas*. (*Revue archéologique*, mai 1878.)

[2] La forme donnée aux branches de l'ancre n'est pas meilleure sur quelques marbres romains. (Marangoni, *Acta S. Victorini*, p. 111; Martigny, *Dictionnaire des antiquités chrétiennes*, 2e édit., p. 40; Roller, *Catacombes*, pl. X, n° 23.)

[3] *Recueil des notices et mémoires de la Société archéologique de Constantine*, 1876-1877, p. 358. Voir de plus une épitaphe chrétienne d'Égypte qui me paraît avoir été attribuée à une époque beaucoup trop haute (*Revue archéologique*, juillet 1887, p. 121).

[4] De Rossi, *De christianis monumentis IXΘYN exhibentibus*.

[5] *Inscriptions chrétiennes de la Gaule*, n°[s] 533, 548 A, 551 B.

[6] *Ibid.*, n° 261 et ci-dessus, n°[s] 136 et 334. Voir, au sujet de cette persistance, *Inscr. chrétiennes de la Gaule*, préface, p. xv.

[7] *Gallia christiana*, t. VI, Instrumenta, p. 6 et 7.

CORRECTIONS ET ADDITION

AU PRÉSENT VOLUME.

P. 84. L'inscription de Fontaines que j'ai donnée d'après une photographie imparfaite doit être transcrite comme il suit :

   ....MINO DEO NOSTRO

   ...CASTA IN DO

   ...RIO

P. 111, n° 92. C'est par une erreur matérielle que le graveur a supprimé sur l'un des vases découverts à Avenches le second Z du mot ZEZES. Ce vase doit être reproduit comme il suit :

P. 265, note 5, *ajouter* : Si, comme je suis porté à le croire, l'étrange formule inscrite sur la pierre de Poïtiers était un phylactère, il a pu en être autant de la figure de saint Siméon contenue dans le même hypogée (n° 252). L'*Historia religiosa* de Théodoret nous apprend, en effet, qu'à Rome les artisans attribuaient une vertu préservatrice à l'image de ce saint, également fort vénéré en Gaule, et la plaçaient comme une amulette à l'entrée de leurs ateliers (c. xxvi). A celles qui devaient protéger les tombes, je dois joindre le talisman égyptien gravé sur une épitaphe latine trouvée à Auzia en Algérie; (*Revue archéologique*, 1863, t. I, p. 293), ainsi que veut bien me l'apprendre mon savant confrère M. Maspéro, il était destiné à défendre, dans ce monde et dans l'autre, celui qui en était armé.

ADDITIONS ET CORRECTIONS

AU

RECUEIL DES INSCRIPTIONS CHRÉTIENNES

DE LA GAULE

ÉDITÉ EN 1856 ET EN 1865.

PRÉFACE, page XII, ligne 2, *au lieu de* : 491, *lire* : 487 (n° 481 A).

— page XII, ligne 5 et suivantes, *rétablir comme il suit les premiers mots de la phrase* : Le Poisson et l'Ancre figurent sur nos marbres et, bien que nous y trouvions la première de ces marques en 474, etc.

— page XIV, ligne 6, à la troisième colonne, *au lieu de* : de 377 à 493, *lire* : de 347 à 493.

— page XXIII, ligne 4, *lire* : le troisième et le quatrième âges.

— page XXXI, ligne 7, *après* : 441, *ajouter* : 491.

— page CXVI, ligne 12, *au lieu de* : du cas, *lire* : des cas.

Tome I, pages 4 et 5. En examinant le second volume des *Inscriptions romaines de Bordeaux*, récemment publiées par M. Jullian, l'un de mes savants confrères a reproché au jeune auteur d'avoir tenu pour des inscriptions et joint dès lors à son recueil certaines pièces métriques de Fortunat : deux épitaphes d'évêques et une légende de la basilique de saint Martin. «Elles ne se trouvent plus, dit-il, sur les monuments et il est même assez douteux qu'elles y aient jamais été gravées. Il me paraît d'une saine critique de les laisser dans les œuvres de l'auteur et de ne pas en grossir inutilement les recueils épigraphiques.» (*Journal des savants*, 1890, p. 174.)

Je porte, pour ma part, en cette affaire, une grosse part de responsabilité, ayant le premier, il y a plus de trente ans, introduit dans un recueil d'épigraphie plusieurs des compositions en vers dues au célèbre évêque de Poitiers. Que j'aie eu, que j'aie à le regretter, je ne saurais le dire, car d'autres sont également depuis entrés dans cette voie nouvelle : M. Jullian auquel on le reproche, et M. de Rossi qui écrivait l'an dernier : « Fortunat doit être compté au premier rang parmi les auteurs d'inscriptions chrétiennes [1]. » L'un des juges les plus difficiles, le regretté Jules Quicherat, estime que, selon mon sentiment, l'une des pièces métriques de ce poète était l'inscription même d'une église de Paris, celle de Sainte-Croix [2]. Après ces deux savants vient encore M. Kraus qui, dans ses *Altchristlichen Inschriften der Rheinlande* récemment publiées, enregistre parmi les inscriptions de Mayence deux petites poésies de Fortunat intitulées : *De baptisterio Magantiæ* et *De basilica S. Georgi*, pièces débutant par ces deux hexamètres qui, aux yeux des épigraphistes, suffisent à en démontrer le caractère :

« Ardua sacrati baptismatis aula coruscat. »
« Martyris egregii pollens micat aula Georgi. »

C'est là ce que j'ai voulu établir en montrant ailleurs des débuts de même forme dans des légendes murales exécutées en mosaïque ou gravées sur le marbre dans les vieux temples de l'Italie. On me permettra de les reproduire ici, en en augmentant le nombre :

AVLA DEI CLARIS RADIAT SPECIOSA METALLIS·

† ISTA DOMVS PRIDEM FVERAT CONFRACTA RVINIS
NVNC RVTILAT IVGITER VARIIS DECORATA METALLIS·

HAEC DOMVS AMPLA MICAT VARIIS FABRICATA METALLIS·

INCLYTA PRAEFVLGENT SANCTORVM LIMINA TEMPLI·

---

[1] *Inscriptiones christianæ urbis Romæ*, t. II, pars I, p. XLIX.

[2] *Critique des deux plus anciennes chartes de l'église de Saint-Germain-des-Prés.* (*Bibliothèque de l'École des chartes*, 1865, p. 550.)

EMICAT ALMA FORIS RVTILOQVE DECORE VENVSTA

ARCA METALLORVM GEMMIS QVAE COMPTA CORVSCAT·

MARMORIBVS SCVLPTIS DOMVS HAEC MICAT VNDIQVE PVLCHRIS·

PVLCHRA PATRIS· SPLENDET BAPTISTAE MENSA IOHANNIS·

VIRGINIS AVLA MICAT VARIIS FABRICATA METALLIS·

VIRGINIS IN VARIIS RADIAT DOMVS ALTA FIGVRIS·

EMICAT AVLA PIA E VARIIS DECORATA METALLIS· [1]

J'ai dit, en rappelant ces vers, qu'avec des inscriptions d'églises, Fortunat a composé des épitaphes métriques. Aux preuves que j'en ai rapportées [2] s'en ajoutent plusieurs autres tirées du texte même de ces pièces dont je me bornerai à rappeler quelques-unes. Je les relève dans ces formules qui ne me paraissent guère laisser place au doute :

« Hoc recubant tumulo venerandi membra Leonti. »

« Hoc jacet in tumulo venerandus Hilarius actu. »

« Celsus in hoc humili tumulo jacet Atticus ille. »

« Qui cupis hoc tumulo cognoscere lector humatum »

« Condita sunt tumulo Juliani membra sub isto [3]. »

Que l'on ne retrouve plus les monuments sur lesquels les petits poëmes de Fortunat ont été gravés, peints ou exécutés en mosaïque, je ne saurais m'en étonner, car les invasions des barbares, les guerres religieuses, les révolutions ont couvert notre sol de ruines. Que sont

---

[1] Mai, *Scriptor. vet. nova collectio*, t. V, p. 93, n° 3 et p. 137 n° 1; Cavedoni, *Aimone canonico*, p. 2; De Rossi, *Inscriptiones christianæ urbis Romæ sæculo septimo antiquiores*, t. II, pars 1, p. 151, 152, 156, 353, 438, 439, 440.

[2] Mon travail intitulé *L'Épigraphie chrétienne en Gaule et dans l'Afrique romaine*, p. 69.

[3] Fortunat, *Miscell.*, lib. IV, carm. x, v. 5; carm. xii, v. 7; carm. xvi, v. 5; carm. xviii, v. 5; carm. xxiii, v. 1. Voir de plus carm. i, v. 5; v, 5; vii, 9; xi, 2; xiii, 3; xix, 30; xx, 1; xxii, 1 et 11; xxiv, 5; xxviii, 6, et appendix, VIII, 1.

devenus, en effet, les marbres où s'inscrivirent les épitaphes composées par Sidoine Apollinaire? Que sont devenues, disais-je ailleurs, les pièces métriques écrites par Constance et Secundinus pour une basilique de Lyon, les épitaphes de saint Césaire, de saint Just, de Syagrius et de tant d'autres, la légende épigraphique où se lisait l'histoire de saint Élie étreignant un païen venu pour violer sa tombe, celles de tous les saints lieux que visitait la piété de nos pères [1]? La disparition des vieux sanctuaires de Tours nous doit-elle faire rejeter l'importante série des inscriptions qui les décoraient [2]?

A mes yeux, et bien que la preuve matérielle n'en existe que pour une de ses pièces peinte dans un *atrium* d'Autun [3], Fortunat a écrit de nombreuses poésies épigraphiques, comme l'ont fait saint Jérôme, Sidoine, Ennodius au sujet desquels le doute n'est pas possible [4] et comme devaient le faire plus tard, à l'imitation de ces prédécesseurs, tant de poètes de l'âge carolingien [5].

N° 16 (t. I, p. 40, ligne 10). Les titres honorifiques de *vir prætorius*, *vir consularis* étaient parfois accordés par l'empereur à des personnages qui n'avaient exercé ni le consulat, ni la préture [6].

N° 45 (p. 97). La partie manuscrite de l'exemplaire interfolié du livre de Spon que j'ai eu la bonne fortune de découvrir en 1853, a été, sur mon indication, reproduite *in extenso* par mon regretté confrère, M. Léon Renier et par M. Montfalcon, dans un volume imprimé en 1858 [7].

---

[1] *Inscriptions chrétiennes de la Gaule*, préface, p. cxxviii.
[2] *Ibid.*, n°° 165 à 194.
[3] Lib. I, Ep. 6 : «Hoc opere parieti conscripto, pro me ostiario pictura servet vestibulum.»
[4] *L'Épigraphie chrétienne en Gaule et dans l'Afrique romaine*, p. 69.
[5] De Rossi, *Inscr.*, t. II, p. xlviii et s.

[6] Marini, *Gli atti e monumenti de' Fratelli Arvali*, p. 727, 794, 800. Cf. S. Gregor. magn., *Regest. epist.*, II, 53, ad Honoratum diaconum.
[7] *Recherches sur les antiquités et curiosités de la ville de Lyon*, par Jacob Spon, nouvelle édition augmentée de notes, par Léon Renier, et d'une étude sur Spon, par Montfalcon. Lyon, 1858, in-8°.

N° 48 (p. 104, ligne 6). Pour l'expression GERMANITAS FRATRIS ATQVE SORORIS, cf. Ruricius. *Epist.*, l. I, n° 13 : «Recepi apices germanitatis tuæ»; l. II, n° 4 : «Diruptum est, fratres carissimi, vinculum germanitatis nostræ». Une inscription que j'ai relevée à la catacombe de Prétextat porte les mots : HOC TVMVLO CONTINETVR RELIGIOSA GERMANITAS CASSIORVM.

N° 50 (p. 108, ligne 4). On pourrait lire aussi BONORVM EXEMPLVM. Cf. Pontius, *Vita et passio S. Cypriani*, § xix : «Cyprianus qui bonorum omnium fuerat exemplum.»

N° 57 (p. 125, notes, col. 1). Retrancher des exemples cités : CASSIAE L F., DVLCITA L F. Ces sigles signifient *laudabilis femina*.

N° 91 (p. 181). M. l'abbé Duchesne a, le premier, signalé la forme métrique de l'inscription du Ham[1]. D'après les recherches de M. Krusch, ce monument, curieux à plus d'un point de vue, appartient à l'année 681 ou 682[2].

N° 180 (p. 240). Le vers autrefois inscrit sur la tombe de saint Martin :

CONFESSOR MERITIS MARTYR CRVCE APOSTOLVS ACTV

rappelle ce passage de la *Missa S. Martini episcopi* contenu dans le Sacramentarium gallicanum : «Hic vir quem adnumerandum Apostolis, martyribus adgregandum proxima ita in rem tempora protulerunt. Dubium enim non est ut sit martyr in cœlo qui fuit confessor in sæculo[3].»

Telle était également la pensée exprimée par Sulpice Sévère dans sa lettre au diacre Aurélien sur la mort de saint Martin : «Gloria martyris non carebit quia voto et virtute et potuit esse et voluit...

---

[1] *Bulletin de la Société des Antiquaires de France*, 1886, p. 286. — [2] *Forschungen zur deutschen Geschichte*, 1882, p. 488. — [3] Muratori, *Liturgia romana*, t. II, p. 891.

Implevit sine cruore martyrium, nam quas ille pro spe æternitatis humanorum dolorum non pertulit passiones? Fame, vigiliis, nuditate, jejuniis, opprobiis invidorum, insectationibus improborum, cura pro infirmitantibus, sollicitudine pro periclitantibus [1]. "

Accepter noblement ces sacrifices et ces misères, ne reposer, comme saint Martin, que sur un lit de cendres, *lectus pœnalis*, suivant le mot d'un ancien [2], c'était être *martyr cruce*, c'était porter sa croix. « Crux Domini, écrit saint Maxime de Turin, non illa tantum dicitur quæ passionis tempore ligni affixione construitur, sed et illa quæ totius vitæ curriculo cunctarum disciplinarum virtutibus cooptatur; de qua mihi videtur Salvator dicere : « Qui vult venire post me, tollat crucem « suam et sequatur me... » Tota igitur vita christiani hominis, si secundum Evangelium vivat, crux est atque martyrium [3]. "

C'est avec le même sens que figure le mot *crux* dans ces vers composés pour la tombe de saint Just, évêque de Lyon, et rappelant les fatigues, les austérités de sa vie :

MEMBRA BEATA SATIS QVAE SEMPER DEDITA CHRISTO
PER VARIOS SEMET CRVCE CONFIXERE LABORES [4]

Je viens de parler du lit de cendres où dormait saint Martin, lieu vénéré que marquait une inscription en vers [5] et où venaient prier les pèlerins; à l'exemple de notre grand apôtre, c'est sur un lit semblable, que le pécheur, écrit Durand de Mende, doit être couché pour attendre la mort [6].

N° 201 (p. 274). Les nombreux *graffiti* auxquels je compare ceux de Montmartre ont été publiés en fac-similé par M. de Rossi, dans la planche XX du deuxième volume de sa *Roma sotterranea cristiana*.

---

[1] Sulp. Sever. éd. De Prato, t. I, p. 47.
[2] *Vita S. Radegundis*, l. II, § 8. (Mabillon, *Acta sanct. ord. Bened.*, t. I, p. 328).
[3] *Homilia* LXXXII, De sanctis martyribus.
[4] *Inscr. chrét. de la Gaule*, n° 27.
[5] *Ibid.*, n° 169.
[6] *Rationale*, De officio mortuorum, VII, XXXIII, § 35.

N° 204 (p. 284). Ainsi que l'a montré M. de Lasteyrie, le nom de la défunte est Chrotrudis, et son épitaphe n'est pas antérieure à la renaissance carolingienne [1].

N° 209 (p. 300). Depuis la publication de mon premier recueil, j'ai trouvé dans les papiers de Bouhier, cette copie presque figurée de l'épitaphe de Saint-Cloud :

```
† ARTVB; HVNC TVMVLV CLHODOALDVS CONSECRAT ALMIS
      EDITVS EX REGVM STEMMATE PERSPICVO
  QVI VETITVS REGNI SCEPTRVM RETINERE CADVCI
      BASILICAM STVDVIT HANC FABRICARE DEO
  AECLESIAEQVE DEDIT MATRICIS IVRE TENENDAM
      VRBIS PONTEFICI · · · VQVE FORET PARISII [2]
```

L'exactitude de cette transcription se montre par plus d'un trait : la place qu'occupent les pentamètres, gravés en retraite suivant l'usage antique [3], le soin avec lequel ont été reproduites les lettres *c* et *g* qui étaient de forme carrée, l'indication en pointillé de celles des lettres qui étaient ruinées sur la pierre : le *c* et l'*l* de *Chlodoaldus*, l'*m* de *regum*, le *c* de *sceptrum* et le second *u* de *studuit*. En ce qui touche le mot *sceptrum*, le fait a son importance. La plupart des copies nous le montraient écrit sans la lettre *c* et l'on avait vu, dans son absence, une preuve de l'assibilation ancienne de cette consonne dont le son se serait confondu avec celui de l's. Il convient donc de retrancher cet exemple de ceux que l'on avait produits pour établir que, dès les premiers siècles de notre ère, la prononciation du *c* tendait à s'adoucir [4].

N° 210 A (p. 302). Voir pour le sarcophage de Saint-Piat mon recueil intitulé : *Sarcophages chrétiens de la Gaule*, p. 8.

---

[1] *Inscriptions de la France*, t. V, p. 333. — [2] Bibliothèque nationale, ms. du fonds français, n° 20871, fol. 45 recto. — [3] Cf. ci-dessus, n° 17. — [4] Cf. n° 374.

N° 212 (p. 309). L'épitaphe de saint Corneille dont je n'avais eu sous les yeux qu'une gravure défectueuse porte les mots :

CORNELIVS·MARTYR·
EP· (1)

N° 215 (p. 312, ligne 7). Les mots *de coberturio* désignent probablement le drap qui recouvrait le corps du saint alors qu'il fut porté en terre. J'en crois trouver la preuve dans un texte qui nous apprend comment un débris de cette espèce a pu être recueilli, conservé comme une relique. L'historien de la vie de saint Hilaire d'Arles dit avec quelle ardeur les fidèles, venus en foule aux funérailles du grand évêque, se précipitaient pour toucher ses restes et pour emporter quelques fragments de son drap mortuaire : « Dum singuli capiunt fimbriam decerpere, corpusque contingere, sancti Basilii, tunc presbyteri nunc pontificis summi, invenit industria ut maximam partem coopertorii utraque manu discerptam, quo corpus ejus tegebatur, arriperet et longius recedens dividendo populis erogaret. Dum percipiendi studio lætificat eos tanto munere, paululum retrahuntur a sepulchro (2). »

N° 226 (p. 331). J'ai, en suivant une opinion ancienne, trop facilement attribué à l'influence du christianisme certaines façons de dire familières à Sénèque et qu'on pourrait croire écrites par la main d'un fidèle. En répétant que l'âme n'est pour le corps que l'hôtesse d'un moment, le philosophe exprime une pensée courante de son temps parmi les sages et que l'on retrouve chez Cicéron (3). C'est ce qu'a fort bien fait ressortir M. Boissier (4). Quant à la question des rapports qu'ont pu avoir entre eux saint Paul et Sénèque, je ne puis mieux faire que de renvoyer aux intéressantes observations de M. de Rossi

---

(1) De Rossi, *Roma sott.*, t. I, pl. IV.
(2) *Vita sancti Hilarii episcopi Arelatensis*, auctore Honorato episcopo Massiliensi,
§ 30. (Bollandus, *Acta sanctorum*, 5 maii.)
(3) *De senectute*, XXIII.
(4) *Revue des Deux Mondes*, juin 1886.

sur une épitaphe découverte à Ostie et où sont mentionnés deux personnages portant à la fois le *gentilitium* Annæus, qui est celui du philosophe, et les noms des apôtres Pierre et Paul [1].

N° 248 (p. 354). Ainsi qu'il a bien voulu me l'écrire, le regretté Cavedoni voyait, et avec toute raison, dans le mot ΙЄΡΟΚШΜΗΤΗ, l'ethnique d'Ἱερακώμη [2]. C'est ce qu'a fait justement observer aussi M. Salomon Reinach [3].

N° 308 (p. 413). Une constitution datée de l'an 376 parle de l'enseignement du grec à Trèves [4].

N° 336 (p. 446). Voir pour le sarcophage de saint Nicaise, *Sarcophages chrétiens de la Gaule*, p. 17. Trois fragments de cette belle tombe ont été récemment retrouvés à Reims [5].

N° 354 (p. 471). Cf. pour l'usage de la formule *sociata martyribus*, Ado, *Martyrol.*, 7 oct. : « Virgo Julia, quæ sub Marciano præside martyrium consummavit, sociata martyribus sepulta quiescit. » De Magistris, *Acta martyrum ad Ostia tiberina*, p. LXV : « Concordius presbyter noctu levavit corpus (Sabiniani) de puteo et sociavit beatæ Auræ ». Greg. Turon., *Hist. Franc.*, I, XL : « Magistri tumulo (Justus) sociatur »; De Rossi, *Inscript.*, t. II, pars I, p. 214 : INDIGNVM SANXIT SE SOCIARI PIIS.

Lorsque j'ai proposé de voir dans le mot *martyres* la désignation d'un groupe de chrétiens célèbre à Cologne, celui de saint Géréon et de ses compagnons d'armes, j'ignorais l'existence d'un texte que j'ai donné plus tard, la belle inscription dédicatoire dans laquelle Clematius

---

[1] *Bullettino*, 1867, p. 6.
[2] Cf. Liv. XXXVIII, 2; Plin. V, 33; Steph. h. v.; Ptol. VI, 7, 36.
[3] *Revue archéologique*, 1885, t. II, p. 92.
[4] C. 11. De medicis ac professoribus (*Cod. Theod.*, L. XIII, tit. III).
[5] L. Demaison, *Fragments d'un sarcophage chrétien conservés au musée de Reims*. (Reims, 1887.)

nomme les Vierges vénérées dans cette ville [1]. La haute ancienneté de notre marbre montre qu'au moins dès le début du ve siècle, leur culte était en grand honneur dans la contrée et qu'elles aussi pourraient dès lors avoir été désignées par le seul titre de *martyres*. Remarquons toutefois que la défunte dont nous possédons l'épitaphe a été déposée auprès des saints, tandis que l'inscription de Clematius mentionne l'interdiction expresse d'ensevelir auprès des Vierges martyres.

N° 374 (t. II, p. 7, ligne 3) *au lieu de* : affranchis par la mort, *lire* : affranchis par le mort.

N° 386 (p. 23). Les inscriptions païennes et chrétiennes présentent souvent des génitifs semblables au PAVPERORVM de l'épitaphe de Wiliaric. C'est ainsi que nous y lisons PARENTORVM, MENSORVM, PONTIFICORVM, VERSORVM, OMNIORVM, MARTYRORVM. Dire ainsi, comme le faisait le vulgaire, n'était pas autant qu'on peut le croire, offenser la langue; c'était, de même que bien souvent pour notre langage populaire, « parler vieux » plutôt que parler mal, car ces formes ou leurs analogues se retrouvent dans les plus anciens auteurs latins. J'ai dit ailleurs à ce sujet quelques mots auxquels on me permettra de me référer [2].

N° 438 (p. III, ligne 23) *au lieu de* : ve siècle, *lire* : vi[e] siècle.

N° 458 T (p. 136). VICIT AVARITIAM. Le même éloge est donné dans les vers suivants à saint Félix par saint Paulin de Nole :

> Nunc aliam confessoris cognoscite palmam :
> Vicit avaritiam [3].

N° 467 (p. 160, ligne 4) *au lieu de* : au même temps, *lire* : en même temps.

N° 467 (p. 151 et suiv.). Cf. pour une épitaphe de Rome portant

---

[1]. N° 679 B. — [2] *L'Épigraphie chrétienne en Gaule et dans l'Afrique romaine*, p. 80. — [3] *Poema XVI*, nat. V, v. 255, 256.

une formule particulière à celles du nord de l'Italie, *L'épigraphie chrétienne en Gaule et dans l'Afrique romaine*, p. 50.

N° 476 (p. 178). L'équivalent de la formule vague (*anno*) *tanto* se retrouve dans cette épitaphe qu'un ancien écrivit pour sa propre tombe : Σίμιλις μὲν ἐνταῦθα κεῖται, βιοὺς μὲν ἔτη τοσά, ζήσας δὲ ἔτη ἑπτά [1], et sur ce fragment d'inscription trouvé aux catacombes de Rome :

.....ANNOS TOT..... [2].

N° 492 (p. 220, note 1) *au lieu de* : civitates, *lire* : civitate.

N° 503 (p. 236, ligne 7) *lire* : n°ˢ 402, 403, 404, 405, 407.

N° 542 A (p. 277). En indiquant comme provenant de Berre l'image de la Vierge, j'avais sous les yeux cette note d'un carnet de voyage où l'antiquaire Spon écrivait en 1674 à propos de ce monument : «Présentement en l'église de Saint-Estienne, terroir de Berre. Celuy qui l'envoyoit à M. de Peiresc croioit que c'étoit en sicilien ancien, mais ie trouve que cest en latin corrompu... Il y a dessous une image en bosse de sainte Marie Magdeleine [3].» La mention d'une «image en bosse» montre que Spon n'avait pas vu le monument qui porte une figure gravée et non sculptée; son correspondant s'était sans doute trompé sur le lieu où se trouvait le marbre, car Peiresc, mort en 1637, en mentionne l'existence dans la crypte où nous le voyons encore, c'est-à-dire «dans la chapelle soubsterraine de Saint-Maximin [4]».

Pour les inscriptions n°ˢ 485 (p. 211), 503 (p. 236), 509 (p. 241) et 528 (p. 266), voir p. 164, 169, 178 et 192 du présent volume.

---

[1] Dio Cass. LXIX, 115.

[2] De Rossi, *Roma sotterranea cristiana*, t. III, p. 224. M. Cagnat a récemment consacré une note intéressante aux manuels professionnels des graveurs d'inscriptions romaines. (*Revue de philologie*, 1889, p. 50-65.)

[3] Bibl. nat., ms. lat. 10810, fol. 70 v°.

[4] Bibl. nat., ms. lat. 8958, fol. 330. Cf. *Les sarcophages chrétiens de la Gaule*, p. 148.

N° 546 (p. 302). Un sarcophage de Saint-Maximin représentant la résurrection de Tabithe nous montre qu'aux funérailles, quand fut sculpté ce monument, l'orgue accompagnait les chants des fidèles [1].

N° 548 A (p. 305). Voir, pour la justification de la lecture QVI VIM igniS PASSI SVNT, une note de mon travail intitulé *L'épigraphie chrétienne en Gaule et dans l'Afrique romaine* [2].

N° 551 A (p. 308). Lire au début de l'épitaphe : *Bono requie avia (habeat) in die futura marita mea Menate*. La transcription des trois derniers mots m'est suggérée par M. l'abbé Albanès.

N° 551 B (p. 311). Plusieurs copies manuscrites et imprimées de l'inscription d'Aubagne ont échappé à mes premières recherches. Celle que Spon a publiées « ex Peireskii schediis » donne à la première ligne cette transcription qui est la meilleure : Q·VETINIO·EVNOETO [3].

Pour les n°s 596 (p. 416) et 597 (p. 417), voir p. 330 et 332 du présent volume.

N° 609 (p. 449). Depuis la publication des proscynèmes que portent les autels de Minerve, du Ham et de Saint-Féliu-d'Amont, d'autres signatures de visiteurs ont été relevées sur de vieux monuments chrétiens de notre sol. Telles sont les belles colonnes de l'église de Bielle (Basses-Pyrénées) dont M. Raymond a reproduit les nombreux *graffiti* [4]. Tels sont encore et l'autel provenant de l'église de Vouneuil-sous-Biard (Vienne) et les fragments trouvés, dans le même département, à Saint-Savin [5]. Ajoutons que non loin de nos frontières, une autre

---

[1] *Les sarcophages chrétiens de la Gaule*, p. 153.

[2] P. 11.

[3] *Miscellanea eruditæ antiquitatis*, p. 12. Cf. Jullian, *Bulletin épigraphique*, 1885, p. 283.

[4] *Mémoires de la Société des Antiquaires de France*, t. XXXV, p. 35.

[5] Barbier de Montault, *Bulletin de la Société des Antiquaires de l'Ouest*, 1880, p. 26, et communication faite au Comité des travaux historiques, le 12 janvier 1880.

AU RECUEIL ÉDITÉ EN 1856 ET EN 1865.

table sainte également couverte de signatures, existe à Tarasa, près de Barcelone [1].

Pour les n°s 611 (p. 456) et 620 (p. 474), voir p. 350 et 367 du présent volume.

N° 623 (p. 487). Une note conservée dans les papiers de Peiresc [2] donne sous cette autre forme l'épitaphe d'Adjutor dont quelques détails m'avaient paru singuliers :

```
              ☦
HIC·IN·PACE QVIESCET
ADIVTOR QVI POST
ACCEPTAM PAENITEN
TIAM·MIGRAVIT·AD DNM
AN·LXV·MENS·VII·DIES·XV
DEPOSITVS SD VIIII·KALS
IANVAR·ANASTASIO VC
       ❦ CONSVLE ❦
```

S'agirait-il là d'une transcription faite d'après le marbre original dont celui d'Aix ne donnerait qu'une copie?

Pour le n° 631 (p. 500), voir p. 387 du présent volume.

N° 679 (p. 572). D'après des renseignements fournis par les Archives du Doubs, l'épitaphe du diacre *Auxilius* a été découverte, en 1711, aux Planches, près d'Arbois (Jura), au bas des rochers de la Châtelaine, dans un lieu où se voient les restes d'un cloître [3].

---

[1] Hübner, *Inscriptiones Hispaniæ christianæ*, n° 190. — [2] Bibl. nat., ms. lat., n° 8958 fol. 298. — [3] *Bulletin de la Société des Antiquaires de France*, 1873, p. 140, 141.

N° 682 (p. 577). Un fac-similé de l'inscription que j'ai donnée sous toutes réserves a été relevé par M. Quicherat dans les registres de l'ancienne Académie de Besançon [1] : ce petit texte avait été fort mal transcrit par ses éditeurs dont le dernier est M. Édouard Clerc [2]. Il est de l'époque carolingienne, et, sauf un nom de lecture incertaine, il porte clairement :

    + IN HOC TVMVLO
     QVIESCIT
    · · · · · PECCAT

N° 708 (p. 596). C'est au 21 mai que l'épitaphe de Cypriana fixe la date du martyre de saint Baudèle tué, comme le disent ses Actes, dans une fête païenne [3]. M. Germer Durand pense que cette fête était celle qu'indiquent en ce jour même les calendriers antiques [4]. Longtemps après le triomphe de la foi d'autres violences furent ainsi commises par les païens lorsque venaient ces cérémonies. Sans parler ici des donatistes qui s'y jetaient pour insulter les idolâtres et chercher volontairement ce qu'ils croyaient être le martyre [5], je rappellerai les furieuses attaques subies par les chrétiens dans une fête célébrée à Calame [6], la mort de saint Sisinnius et de ses compagnons tués à l'occasion de *Ambarvalia* auxquels on voulait les forcer à prendre part [7].

N° 608 (notes, ligne 4) *lire* : arcosolia.

N° 629 (p. 497). Voir pour le sarcophage de la Gayolle, retrouvé par M. le chanoine Albanès, *Sarcophages chrétiens de la Gaule*, p. 157.

---

[1] *Bulletin de la Société des Antiquaires de France*, 1873, p. 140, 141.

[2] *Essai sur l'histoire de la Franche-Comté*, 2ᵉ édit., t. I, p. 172.

[3] Bolland., 20 mai, *Acta S. Baudelii*, § 5; Tillemont, *Hist. eccles.*, t. IV, p. 141.

[4] *Mémoires de l'Académie du Gard*, 1865-1866, p. 157. Cf. *Corpus inscriptionum latinarum*, Inscriptiones antiquissimæ, p. 305 et 394.

[5] S. August. *Contra Gaudentium*, I, xxviii; *Epist.* CLXXXV, ad Bonifatium, c. III, § 12.

[6] S. August. *Epist.* XCI, Nectario, § 8.

[7] Ruinart, *Acta sincera*, p. 609-615. Cf. Tillemont, *Hist. eccles.*, t. X, p. 543, et Henzen, *Acta fratrum Arvalium*, p. 47.

TABLE DES MENTIONS CHRONOLOGIQUES.

Années.	
347............	RVFINO ET EVSEBIO CONSS (n° 297).
405............	POST CONSS HORIO VI (n° 277).
453?............	DOM·N·TV (n° 284).
466............	LEONE TER CONS (n° 242).
467............	P̄C III LEONIS (n° 134).
472 ou 592.......	INDIC..... ECEMA ANNO .....XTO (n° 309).
474............	D N LEONE IVNRE V̄ C̄SS (n° 334).
485?............	SYMMACHO V̄C CON (n° 105).
485 ou plutôt 508....	POST CONSOLATVM VERI VENANTI C̄S̄S̄ C (n° 157).
487 ou 525.......	INDIX̄ VII ETERVM P̄S SVMACI VC C̄L (n° 169).
490, 493, 539 ou 540.	S P̄C̄S ...N V̄C ...NE TE... (n° 194).
491 ou 520.......	P̄C .....TI C̄ŌNS .....ONE XIIII (n° 160).
495............	VIATORE V̄C C̄ŌNS (n° 186).
503............	VOLOSIANO V CS (n° 140).
Après 503 ou 534....	.....NI IVN V C̄C̄ (n° 117).
Après 504........	.....ONE XII .....POS.....CITTE..... (n° 95).
508............	POST C̄ŌNS·ANASTAS... ET VENANTI (n° 312).
508?............	POS COSOLATVM·VERI VENANTI·C̄S̄S̄ C (n° 157).
514............	SENATO .....N̄D̄C VIII (n° 147).
516............	POST CNS ANTEMI ET FLORENTI VV C̄C̄ (n° 126).
516............	P..... LORENTI ET ANTIMI V.... L CONS (n° 135).
517............	.....APITO V C C (n° 100).
521?............	...VALERI... (n°ˢ 296 et 301).
523?............	MAXIMO V̄ C̄ CONS (n° 145).
524?............	YPILIONE·VC·CONSOLE (n° 106).
525............	PROBO IVNIORE V̄C C̄ŌNL INDICCIONE III (n° 162).

TABLE DES MENTIONS CHRONOLOGIQUES.

Années.	
525, 575, 609 ou 610.	ANNO XIIII REGNO DOMNI NOSTRI (n° 274).
527.	MAFVSIO VERO OARISSEM CCC (n° 133).
529.	INDICTIONE S..PTIMA POS CONSOLATVM ITRVM MAVR..I (n° 180).
530.	INDICTIONE NONA LAMPADIO ET ORESTE $\overline{VR}$ $\overline{C}$ $\overline{CONS}$ (n° 164).
530.	INDICIONE VIII POS $\overline{COL}$ DECITI IVNIORES $\overline{V}$ $\overline{C}$ (n° 182).
530.	ANNO VIIII DECEMO REGNO DI NOSTRI THODORICI RE (n° 226).
531.	POST $\overline{CON}$ LAM..... ORESTES $\overline{VV}$ $\overline{CON}$ (n° 184).
534?	.....YNIORE (n° 141).
536 ou 537.	.....LINI $\overline{VC}$ INDIC XV (n° 128).
538.	...OHANNE V·$\overline{C}$·$\overline{C}$·$\overline{IND}$·SECVNDA (n° 152).
Après 541.	....BASILI V C C (n° 110).
Après 541.	.....SIL $\overline{VCC}$ $\overline{INDIC}$ XIIII (n° 120 A).
543, 546, 591 ou 603.	INDICCIONE VIIII $\overline{DNI}$ $\overline{THDTRI}$ (n° 238).
544 ou 545.	.....XIONE OCTAVA..... HANNIS·V·CC (n° 142).
545?	V·$\overline{P}$·$\overline{C}$ IV..... (n° 15).
548 ou 621.	Anno *xxxvii regni odmi Chlotarii regis* (n° 232).
551, 561, 581 ou 596.	.....SIL $\overline{VCC}$ $\overline{INDIC}$·XIIII (n° 120 A).
552?	.....I VIRI CLARISSIMI CONSOLIS IND... (n° 6).
554.	TREDECIES P C .....CONS INDI..... TER..... (n° 168).
555.	.....DIC IIII DNI .....A.....DI REGI (n° 234).
559?	INDICT IIII $\overline{ANN}$ V.....IANAGILDI REGIS (n° 320).
561.	VICIES POS.....ATO BASILII IV..... INDICXIONE X (n° 325).
563.	VICIES ET BIS $\overline{PST}$ $\overline{CONSLTO}$ BASILI VIRI $\overline{CCS}$ $\overline{IN}$ XIII (n° 131).
564.	V..... QVATER POST $\overline{CONS}$ IVSTINI INDIC TERTIA DECIMA (n° 5).
565.	XXV PC IVSTI INDICT XIII (n° 101).
582.	INDICTIONE XV ANNO XIIII REGNO DOMNI NOSTRI LEOVILDI REGIS (n° 306).
Vers 616 ou 660.	$\overline{INDIC}$·III·AN·GII·$\overline{RIG}$·$\overline{DOM}$·$\overline{NOST}$·CLOTTARI REGIS (n° 107).
622?	LXXXII $\overline{PC}$..... (n° 16).
631.	RIGNV DOM... NOSTRI DAGVBERTI REGES IND QVARTA (n° 136).
636.	RIGNO DMI DAGO .....GIS (n° 230).

TABLE DES NOMS PROPRES[1].

	Numéros.		Numéros.
Abacuc	45	Babbo	35
Abbo	34	Badardus	220
Acnanus	254	Basilia	3, 277
Adalh...arus	76	Basilianus	210
Adelfia	343	Βασσιανή	104
Adelfin	95	Bauderisima	2
Agnericus	125	Baudiricus	53
Ainrisus?	90	Baudoleifo	258
Alberga	73	Bauthildis	271
Aldunus	241	Bellatur	166
Allovira	223	Benenata	167, 211
Alogia	276	Bennin (Peleger qui et)?	292
Amelius	338	Berancio	67
Andreas	79	Berteildis	49
Ansebertus	47	Bertichildis	74
Antodonius	158	Blandola	175
Antonina	162	Bricciofrida	143
Antonianus	291	Brittula	293
Antoninus	163		
Aprilis	164	Cæsarius	190
Arbacia	147	Calumniosa	105
Ariel	32	Casaria	298
Armentarius	67	Cassianus	445
Artula	44	Casta?	61
Asclepiodotus	172	Cesarius	231
Asclipius	182	Chrodobertus	68
Asellus	165	Claudia	126, 282
Aster	284 A	Cl. Lupicinus	286
Atulfo?	269	Codora	342
Aur(elius)	172	Constantiola	134
Avorelo	397	Cypriana	212

[1] Les noms d'anges, de saints ou de personnages de l'Écriture sont en petites majuscules.

Dafnis	370	Faustus	273
DAGNIHIL (pour Daniel)	93	Felician....)	170
Daidius	93	Ferrocinctus	260
Dalmatius	106	Festa	311, 360
Damasius	364	Filicissima	303
DANIEL	45	Φλ. Γεσσίκας	60
Daveldes	272	Floren....)	58
Dedamius	344	Florentina	409
Delphinus?	439	Floret....)	387
Deodatus	64	Fl. Sp....)	446
DESIDERIUS	243	Fortio	380
Diusvirus?	307	Francola	346
Dodolenus	228	Fugilo	437
Domaredo	259		
Dommia	19	Galla	442
Domnolentus	272	Gaud?entia	42
Domolina	283	Gau(dentius)?	37
Doñobertus	239	Genesia	327
Droc(berta?)	5	Genesius	356
Droctebodes	295	GERBASIUS	20
Dructacharius	77	Geronsia	103
Dulcetia	226	Gerontius	35
		Γεσσίκας	60
Elbec....)	358	Goimodus	227
Elearius	342	Gregorius	311
Eleuthera	40	Gulfretrud	285
Elia...)	213	Gunderamno	270
Emellio	232	Gundis	24
Emilius	130	Gundoberthus	59
EMMANUEL	94 A, 251		
Epymene	157	Hanhavaldus	38
Ermeneldes	302	Hariulfus	38
Euha...ria	67	HELARIUS	254
Eulogios	169	Heraclia	290
Εὐλόχιος	450	HERMES	386
Eutcia....)	357	Hilarius	445
Euticianus	36, 341	Hugdulfus	391
Eva	84		
Exoperios	214	Ingildo	430
Expectatus	324	Innocentia	29
		Innocentius	344
Faustinus	273	IOB	83

TABLE DES NOMS PROPRES.

Iohannes.	254
Iohannula.	171
Ionas.	292
Iovina.	347
Iovinianus.	344
Ippolitus.	83
Isa.	380
Ismaimalla.	244
Isp....?	127
Iulia Victoria.	172
Iustina.	213
Ivstvs.	386
Κασσιανός.	104
Κάστωρ.	215
Laritius.	254
Launone?.	260
Laurentius.	173
Lazara.	216
Lea.	278
Leo.	300, 388
Leodenus.	50
Leonidius.	174
Leo...s.	306
Leontius.	86, 343
Lepidus.	65, 349
Leubatena.	140
Leuninus.	63
Levanius.	135
Libefridus.	69
Litovir.	297 A
Lunidia.	221
Lupa.	234
Lupa(n)dus.	63
Luperca.	367
Lupercus.	294
Lupicinus (Claudius).	286
Lupus.	33
Madaia.	30
Magnefrude.	261
Ma(n)suetus.	175
Marcellus.	445
Marcus.	339
M. Aurelius Asclepiodotus.	172
Maria.	224, 421?
Marius.	441
Marsolia.	176
Mart...a.	177
Martinianus.	39
Martinus.	213
Martinus.	254, 445
Mattheus.	254
Mauricius.	66
Maurolenus.	107
Maximus.	312
Mellebaudis.	246
Memorius.	360
Meroflidis.	222
Municelna.	81
Muntana.	66
Neglicta.	178
Nestor.	256
Nicetia.	359
Nonnita?.	294
Nonnus.	70
Orontius.	274
Ούρσικίνος.	374
Paci.....).	65
Pac. Patroclus.	297
Patricius.	108
Paulina.	75
Paulinus.	75
Paulus.	82, 182, 386
Paulus.	180, 242
Pelagia.	181
Peleger qui et Bennin?.	292
Peregrinus.	108 A
Petrus.	82, 85, 182, 386
Petrus.	182

Polychronius	31	Siniofreda	314
Priectus	368	Sofronius	186
Procula	183	Stefanus	161
Projectus	340	Στερκορία	60
PROTASIUS	20	Sustus	83
Pusena	339	SYMION	252
Qalaqi	429	Taurinus	7
Quietus	294	Taurus	263
		Tecla Segella	187
Radelindis	78	Teodovaldo	264
Radog...s	52	Theudosius	331
RAFAEL	32, 254	Tigris	355
RAGUEL	32, 254	Trasemudus	323
Ratoaldus	22		
Regnoveus	57	Οὑρσικῖνος	374
Reudolfu	89	Ursicinus	289, 363
Rodoberto	426	Ursina	25
Rogatus	109	Ursinianus	25
Romanus	110	Ursio	379
Roteldis	426	Ursolus	96
Rumuliane	110	Ursona?	28
Runaqui	428		
Rusticus	54	Valeria Severa	297
Ruta	338	Valerius	296
		Vera	324
Sabin	41, 378	Veresimus	438
SACERDOS	6	Vetranus	151
Santolus	131	Viator	347
SAFFARIUS	281	Victoria	172
SATURNINUS	445	Victurus	337
Scotto	352	Vinardus	367
Secolasia	184	Vindemiola	368
Secundina	313	Vitalianus	342
Segella	187	Viventius	305
Severa	123, 297	Vivianus	279
Severinus	296	Vocatus	346
Siggecondis	225	Votrilo	430
Siggeflidis	244		
Silvia	111	Walli....)	314
Silvina	185	Wiliesinda	307

TABLE DES MATIÈRES[1].

A pour *ad*, n° 323.
Abbas, n° 246.
Abréviation marquée par le signe ~, n° 115.
Acclamation *Amen*, n°ˢ 76? 80, 323.
— Ζήσαις, *Zeses*, n°ˢ 43, 44 A, cf. 48, 91, 150.
— *Heu*, n° 77.
— *Manus vincat*, n° 39.
— *Pax tecum*, n°ˢ 157, 172, 352.
— *Pie zezes*, n°ˢ 43, 48, 48 A, 91.
— *Valeat qui fecit*, n° 51.
— *Vincat*, n° 39.
— *Vivas*, n°ˢ 56, 278, 337.
— *Vivas cum tuis*, n° 48 A.
— *Vivas in æterno*, p. XXII et n° 44 A.
— *Vivas in Deo*, n°ˢ 43, 48, 91, 273, 276, 379, 419.
— *Vivas tuis*, n° 31.
— *Vivat*, n° 273.
— *Vivat Deo*, n°ˢ 50, 59, 187.
— *Vivat in Deo*, n° 26.
— *Vivat qui fecit*, n° 51.
Accumulations d'éloges, n° 298, 311.
Accusatif faisant fonction d'ablatif, n° 292.
— faisant fonction de nominatif, n° 264.
Achille protégeant les murs d'Athènes, n° 20.
Adam et Ève représentés, n° 45.

Adolescens (Enfant de quatre ans qualifié), n° 106.
Affranchie chrétienne, n° 104.
Affranchissement par testament, n° 305.
Âge auquel appartiennent la plupart de nos inscriptions chrétiennes, p. III.
— des prêtres et religieux non noté sur les tombes, n° 329, cf. n° 303.
— des symboles gravés sur nos inscriptions, p. II.
Agere annos..., n° 297.
Agneau figuré sur une tombe, n° 324.
Agrafes à inscriptions, n°ˢ 22, 51, 57, 93.
Aigle représenté sur une tombe, n° 257.
— symbolisant saint Jean l'Évangéliste, n° 254.
Albæ, n° 112.
Alpha et omega, n°ˢ 248, 249.
Amelius, nom propre, n° 338.
Anathema, n°ˢ 247, 333.
Ancilla Dei, n° 303.
Ancre (Symbole de l'), p. 449.
Anges non reconnus par l'Église, p. XVI et n°ˢ 32, 254.
— représentés, n°ˢ 32, 45, 254, 254 A.
Anneau à double chaton, n° 187.
— d'or légué à une église, n° 23.
Anneaux à inscriptions, n°ˢ 19, 20 A, 20 B,

---

[1] Les chiffres romains indiquent les pages de la préface; les numéros indiquent les notices.

TABLE DES MATIÈRES.

23, 24, 50, 55, 56, 57, 59, 90, 125, 149, 187, 239, 283, 284 A, 285.
Anneaux à monogrammes, n°° 49, 241, 284 A.
Années du règne comptées, dans les pays conquis, à dater de l'avènement du prince, n° 274.
—— du règne indiquées sans mentionner le nom du prince, n°° 274, 290, 291, 293, 309.
Ante kalendas, n° 70.
Antiquités chrétiennes de Paris, n° 27.
Ἀπὸ κώμης, n° 104.
Aquenses, n° 329.
Archipresbyter, n° 222 A.
Arbres figurés sur les tombes, n° 42.
Argenterie mérovingienne, n° 125.
Ariel (L'ange), n° 32.
Ariens persécuteurs, n° 308.
Ascia, n° 30.
Astutus, n° 102.
Auctor vitae, n° 130.
Aureliani, n° 288.
Autissiodorensis civitas, n° 287.
ΛΟ pour ΛШ, n° 294.
ΛШ sur des bronzes du IVᵉ siècle, n°° 286, 287, 288.

Baptême, n°° 169, 425.
Basilique de Saint-Gervais à Paris, n° 23.
—— des saints Pierre et Paul à Arles, n° 182.
Bassin d'argent avec inscriptions et figures, n° 386.
Beatus, n°° 64, 86.
Beauté des défunts vantée, n°° 298, 311.
Benedicta, n° 62.
Bijoux à inscriptions funéraires, p. XXII.
B. M. en tête des épitaphes, n° 327.
Bonememorius, Benememorius, n°° 107, 184, 291, 295, 426.

Bulle d'argent avec le monogramme du Christ, n° 410.
Burgundionum gentis, n° 38.

C, sa prononciation, p. XIX et n° 374.
Calliculæ sur les vêtements, n° 48.
Calumniosa, nom propre, n° 105.
Caritas, n°° 34 et 425.
Carreau de terre cuite avec inscription, n° 419.
Catenati, n° 260.
Cercueil creusé dans une borne milliaire, n° 227.
—— de saint Paulin de Trèves, enveloppé de tissus précieux, n° 39.
—— formé de deux moitiés d'amphores, n° 215.
Cethegus, consul, n° 95.
Champs Élysées, n° 311.
Chandelier à sept branches, n°° 284 A, 292.
Charité, n°° 74, 133, 198, 329, 425.
Chasteté, n°° 299, 329.
Cheval courant vers une palme, n° 203.
Chrétien mort *in albis,* n° 112.
—— préparant sa sépulture, n° 174.
Chrétienne gauloise ensevelie en Syrie, n° 60.
Christ (Le) foulant aux pieds le candélabre à sept branches, n° 284 A.
—— représenté, n°° 32, 39, 48, 83, 284 A.
Christianisme à Nîmes, n° 299.
Ciel représenté, n°° 44 A, 51.
Cimetière antique à Marseille, n° 215.
—— de Saint-Martin-de-Brives, n° 220.
Cippe funéraire chrétien, n° 214.
Civitas Autissiodurensium, n° 287.
—— *Elusatium,* n° 294.
—— *Senonum,* n° 286.
Clinici, n° 242.
Colombe becquetant des raisins, n° 278.
Colombes buvant dans un vase, n°° 234, 257.
Commémoration des morts, n° 317.

TABLE DES MATIÈRES.

Confusion des cas, nᵒˢ 247, 264.
Constantin le tyran, n° 121 A.
Consularis Maximæ Senoniæ, n° 286.
Continence dans le mariage, nᵒˢ 298, 299,
Coupe de verre à figures sur fond d'or. n° 87.
Coupes de verre gravé, nᵒˢ 43, 48.
—— et bijoux à inscriptions funéraires, p. XXII.
Crainte de la divinité, n° 6.
Credulitas, n° 311.
Croix dans les inscriptions, p. II et n° 308.
—— effacée, n° 220,
—— illuminée? n° 267.
—— repousse le démon, n° 1.
—— (Signe de la), n° 331.
Cuillers d'argent à inscriptions, nᵒˢ 79, 337.
Culte superstitieux des anges, p. XVI et n° 254.
Curator civitatis Elusatium, n° 294.
Cycle pascal, n° 280.

D oncial, n° 226.
Daniel entre les lions représenté, nᵒˢ 45, 93, 94.
Date de la mort laissée en blanc, n° 174.
Dates par le quantième du mois, nᵒˢ 242, 280.
—— royales, nᵒˢ 107, 136, 226, 230, 231, 232, 234, 236, 237, 238, 274, 284, 290, 291, 293, 309.
Décès sans baptême, n° 331.
Decima écrit XMA, n° 300.
Decimo écrit XMO, n° 164.
Dedicatio, nᵒˢ 245, 281, 292.
Défaut de confiance dans les héritiers, n° 174.
Défauts de la pierre obligeant le graveur à couper les mots, n° 67.
Défunt (Le) admis avec les saints, n° 423.
Démon tourmentant les morts dans la tombe, n° 1.

Démon répandant les épidémies, n° 1.
Depositio, nᵒˢ 296, 303.
Diaconus, nᵒˢ 64, 100? 130, 232.
Dies sabato, n° 2.
Dies sanctorum, n° 167.
Dies solis, n° 277.
Dieux désertant les villes, n° 20.
—— protecteurs des villes, n° 20.
Données paléographiques, leur incertitude, n° 295
Dons aux églises, nᵒˢ 298, 441, 456.
Dulcis anima, n° 158.

E, sa place dans les monogrammes mérovingiens, n° 49.
Églises fondées, nᵒˢ 281, 307.
EIC pour *hic*, n° 109.
Élection par le suffrage populaire, n° 167 A.
Ἐλευθέρα, n° 104.
Élision de l's final, p. XVIII et n° 243.
Elusatium civitas, n° 294.
Emmanuel, nᵒˢ 90 A, 251.
Enfants morts sans baptême, n° 331.
Ensevelissement dans un sanctuaire, n° 320.
—— près des saints, n° 185.
Eo pour *heu?* n° 311.
Épitaphe chrétienne gravée sur un bloc, n° 120 A.
—— de saint Loup, évêque de Troyes, n° 33.
—— gravée sous le couvercle d'un sarcophage, n° 282.
—— gravée sur un marbre non équarri, nᵒˢ 162, 181.
—— trouvée sous la tête d'un squelette. nᵒˢ 30 et 302.
Épitaphes chrétiennes rarement gravées sur des cippes, n° 281.
—— collectives, nᵒˢ 111, 213, 272, 297, 336.
Épithètes accumulées, n° 298.
E pour *i*, nᵒˢ 89, 216, 331, etc.

Étoiles, n°ˢ 44 A, 304.
Eu pour eo, n° 331.
Évangélisation grecque en Gaule, p. v.
Évangélistes représentés, n° 254.
Évêques, n°ˢ 6, 243, 281, 441.
—— ensevelis dans leurs villes, n° 28.
Ève représentée, n°ˢ 45, 83.
Expressions mythologiques, n°ˢ 311, 331.

f en forme d'E, n° 287.
Famula Dei, n°ˢ 5, 126, 143, 147, 225.
Famulus Dei, n°ˢ 67, 120 F (?)
Faux traits des inscriptions masqués avec du ciment, n° 184.
Fécondité estimée par les anciens, n° 305.
Fidelis, n°ˢ 36, 52, 437.
Fidens in Deo, n° 299.
Fides, foi chrétienne, n° 63.
—— foi conjugale, n° 188.
Filiation rarement indiquée dans les inscriptions chrétiennes, n° 21.
Flavius employé comme prénom, n°ˢ 35, 60, 88.
Fondations d'églises, n°ˢ 281, 307.
Fontaines à la porte des églises, n° 326.
Formes antiques conservées dans le langage vulgaire, p. 46₂.
Formulaires épigraphiques, p. XXII et n° 233.
Formule *ad sanctum martyrum*, n° 185.
—— *ad supera*, n° 397.
—— *anima dulcis*, n° 158.
—— *anno tanto*, p. 461.
—— ἀπὸ κώμης, n° 104.
—— *beatissimus*, n° 64.
—— *beatus*, n° 86.
—— *benedicta*, n° 62.
—— *de donis Dei*, n°ˢ 243, 292.
—— *depositio*, n°ˢ 223, 274, 277.
—— *die sanctorum*, n° 167.
—— *ego*, n° 247.
—— *fecerunt inter se annos*, n° 299.
—— *fecit*, n°ˢ 30, 54, 90, 239, 292.

Formule *gerere annos*, n° 232.
—— *hic iacet*, n°ˢ 116, 211, 216, 297 A.
—— *hic pausat*, n°ˢ 376, 440.
—— *in æternum*, p. XXII et n°ˢ 44 A, 157.
—— *in albis*, n° 112.
—— *in amore Dei*, n° 343.
—— *in annis*, n° 244.
—— *in Christi nomine*, n° 281.
—— *in Dei nomine*, n°ˢ 80, 126, 247, 253, 292.
—— *in die fati sui*, n° 339.
—— *in fide probatus*, n° 63.
—— *in nomine Domini*, n° 254 A.
—— *in pace dominica*, n° 242.
—— liturgique funéraire dans une épitaphe, n° 242.
—— *nomine*, n°ˢ 73, 89, 127.
—— *notavi*, n° 224.
—— *obiit*, n° 166.
—— *pausat*, n°ˢ 88, 151, 376.
—— *peccatrix*, n° 40.
—— *portare annos*, n°ˢ 66, 224, 226.
—— *præcessit in pace*, n° 242.
—— *propter caritatem*, n° 34.
—— *qui et*, n° 292.
—— *qui legis*, n°ˢ 230, 317.
—— *reliquit*, n° 305.
—— *requiescat anima*, n° 97.
—— *sanctæ memoriæ*, n° 330.
—— *sum*, n°ˢ 125, 270.
—— *titulum posuit*, n° 35.
—— *valeat qui fecit*, n° 51.
—— *vixit in pace*, n° 5.
Formules cabalistiques, n° 250.
—— dédicatoires, n°ˢ 39, 243, 245, 281, 292.
—— d'humilité, n°ˢ 40, 247.
—— diverses indiquant l'âge, n°ˢ 39, 243, 245, 281, 292.
—— locales, n°ˢ 34, 47, 226, 265, 327.
—— protectrices des tombes, n°ˢ 247, 264, 333.

TABLE DES MATIÈRES.

Formules *quo fecit, ubi fecit, cum fecerit*, nᵒˢ 238, 245, 279.
Fortunat, ses poésies épigraphiques, p. xxiii.

Ϛ pour *i*, nᵒ 180.
Ϛ, ses formes diverses, nᵒ 192.
Gerere lustra..., nᵒ 232.
Germanitas, nᵒ 48.

Habacuc représenté, nᵒ 45.
Hic non suivi d'un verbe, au début d'une épitaphe, nᵒˢ 272. cf. nᵒ 289.
Hosties dans les tombes, nᵒ 1.
Hypogée de Poitiers, p. 250.

I inséré, nᵒ 370.
I pour *e*, nᵒˢ 287, 370, 331, etc.
Idoles enchaînées dans les temples, nᵒ 20.
IHM (*Jesum*), nᵒ 247.
Image de Daniel entre les lions peut-être considérée comme un phylactère, nᵒ 93.
In Dei nomine sancto, nᵒ 292.
Indiction notée après le consulat, nᵒˢ 120 A, 128, 147, 160, 162, 194.
—— avant le consulat, nᵒˢ 95, 142, 164, 169, 180, 182.
—— avant la date royale, nᵒˢ 238, 309.
Indignus, nᵒ 247.
Infantia, nᵒ 107.
Influence païenne, p. xiii.
In pace dominica, nᵒ 242.
Inscription encastrée dans le couvercle d'une tombe, nᵒ 225.
—— en lettres superposées, nᵒ 20.
—— gravée sur deux dalles séparées, nᵒ 298.
—— juive, nᵒˢ 284 A, 292.
—— surchargée, nᵒ 211.
Inscriptions consacrées à un consulaire par ses administrés, nᵒˢ 286, 287, 288.

Inscriptions chrétiennes de la région du Rhin, p. vii.
—— dédicatoires, nᵒˢ 245, 281, 292, 332.
—— d'églises, nᵒˢ 281, 307, 308 et page 454.
—— grecques, nᵒˢ 60, 104, 150, 215, 326, 374.
—— incrustées de verroteries, nᵒˢ 247, 248, 252, 254, 254 A, 255, 326.
—— métriques, nᵒˢ 6, 307, 308, 315, 441 et p. 453-456.
—— opistographiques, nᵒˢ 305, 308, 328, 387, 388, 405.
—— peintes, nᵒˢ 245, 245 A, 253.
—— perdues, p. xxiii et nᵒˢ 1, 20, 30, 33, 186, 187, 203, 210, 216, 243, 279, 290, 291, 313, 321, 336, 441.
—— restituées, nᵒ 33.
In timore Dei, nᵒˢ 6, 216.
Ispeluncola, nᵒ 247.

Jeûne, nᵒˢ 133, 298, 441.
Job et sa femme représentés, nᵒ 83.
Jour de la semaine indiqué, nᵒˢ 2, 277.
—— du décès laissé en blanc, nᵒ 174.

Langage en Gaule, d'après les inscriptions, p. xvii.
—— vulgaire conservant des formes antiques, p. 462.
Lazare ressuscité, nᵒˢ 39, 48.
Lector, nᵒ 63.
Lentinum, nᵒ 231.
Lettres dont la haste dépasse les membres transversaux, nᵒ 140, etc.
—— masquées avec du stuc, nᵒ 102.
—— sautées par le graveur, nᵒ 374.
—— transposées par le graveur, nᵒ 2.
Luminaria sanctorum, nᵒ 448.

M final supprimé, nᵒˢ 182, 247, etc.

Main de Dieu représentée, n° 20.
Manuscrit de Marchand, n° 210.
Maranatha, n° 247.
Martyrs d'Agaune? n° 301.
Mauvais œil redouté, n° 292.
Maxima Senonia, n° 286.
Mémoire des morts, n° 242.
Memoria, n°⁸ 25, 44, 246.
Menapii, n° 25.
Mention de ceux qui ont fait faire la tombe, n° 67.
Mentions chronologiques en Gaule, p. vi.
Minerve protégeant les remparts d'Athènes, n° 20.
Missorium, n° 125.
Monnaie dans la bouche d'un mort, n° 56.
Monogramme ☧, p. ii et n° 30.
—— ☧, n° 297.
—— donnant l'acclamation VIVAS IN DEO, n° 50.
—— du Christ surmontant un olivier, n° 213.
Monogrammes, leur lecture incertaine, n° 19.
—— sur des anneaux, n°⁸ 49, 241, 284 A.
Mort (La) est la vie, n° 130.
Mort (Le) avec les saints, n°⁸ 230, 423.
Morts tourmentés dans le tombeau, n° 1.
Moule à patènes, n° 32.

N médial supprimé, n° 363, 438.
N pour M, n°⁸ 106, 162, 380.
Neophytus, n°⁸ 242, 369.
Nîmes n'a encore donné qu'une seule inscription chrétienne, n° 299.
Noblesse mentionnée, n° 441.
Nombres exprimés à la fois en chiffres et en toutes lettres, n° 309.
—— en lettres et en chiffres mêlés, n°⁸ 29, 226.
Nom d'ouvrier inscrit sur un anneau, n°⁸ 54, 239.
Nom d'ouvrier ou de possesseur inscrit sur une agrafe, n° 22.
Nominatif faisant fonction de génitif, n°⁸ 228, 264, 323, 390, 426.
Noms bibliques rares chez les chrétiens de l'Occident, n° 216.
—— d'empereurs non accompagnés de la formule *dominus noster,* n°⁸ 242, 277, 312.
—— d'humilité chez les chrétiens, n°⁸ 105, 178, 276.
—— païens des jours conservés par les chrétiens, n°⁸ 2, 277.
Notarius? sancti Cæsarii, n° 190.
Numerarius? n° 364.

O en forme de 8, n° 292.
Oculi invidiosi crepent, n° 292.
Offrandes à la tombe de saint Paulin de Trèves, n° 39.
Olivier, n°⁸ 213, 366.
Olympus, n° 331.
Opilion consul, n° 106.
Orante sur une épitaphe, n°⁸ 44, 375.
Orfèvre signant ses ouvrages, n°⁸ 54, 239.
Ornements du tombeau de saint Paulin de Trèves, n° 39.
Orphelins assistés, n° 198.

Palatini, n° 102.
Patres pour *Parentes,* n° 65, 377.
Paul (Saint) et Sénèque, p. 460.
—— représenté, n° 83.
Pax tecum, n°⁸ 157, 172, 352.
Pentamètres gravés en retraite, n° 17.
Peregrinus, n° 289.
Perpétuation des formules cabalistiques, n° 250.
Phylactères antiques, n° 93.
—— protégeant les tombes, n° 250 et p. 451.
Pièce de monnaie dans la bouche des morts, n° 56.

Pic zezes, n°˙ 43, 48, 48 A, 91.
Pierre (Saint) protégeant les murailles de Rome, n° 20.
—— représenté, n° 83.
Pænitentia, n° 133.
Poids avec inscription acclamatoire, n° 31.
Points en forme d'ʃ, n°˙ 173, 175, 245.
Poisson symbolisant l'eucharistie, n° 45.
—— gravé sur les tombes, n°˙ 136, 334 et p. II.
Portavit annos, n°˙ 66, 224, 226.
Postconsulats de Basile notés dans la région de Vienne, n°˙ 13, 101.
—— de Justin notés dans la région de Lyon, n°˙ 13, 101.
—— de *Paulinus junior*, n° 194.
Præcessit in pace dominica, n° 242.
Presbyter, n°˙ 70, 115, 168, 297, 298, 323, 330, 439, 456.
Présence réelle, n° 1.
Prêtre qualifié *Dominus*, n° 330.
Prières demandées aux morts, n° 311.
—— pour les morts, n° 317.
Probatus (in fide), n° 63.
Propter caritatem, n° 34.
Protector domesticus, n° 38.
Puellus, n° 89.

Q de forme particulière, n°˙ 69, 70.
Quæ pour le masculin *qui*, n° 388.
Quantité dans les noms propres, n° 243.
Quarranta pour *quadraginta*, n° 66.
Quasiversus, n°˙ 63, 77, 86, 103, 130, 232, 243, 438.
Quondam, n° 182.

Raguel (L'ange), n°˙ 32, 254.
Raphael (L'ange), n°˙ 32, 254.
Ratomagus, n° 60.
Recessio, n° 279.
Regalis, n° 38.
Religieuses, n°˙ 5, 121, 121 B, 188, 442.

Relinquere, n° 305.
Reliques dans les tombes, n° 245.
Renatus, n° 189.
Résurrection attendue, p. XXI, et n° 444.
—— de Lazare représentée, n°˙ 39, 48.
—— symbolisée, n° 42.
Reus Christi, p. XX.
Rho du monogramme du Christ affectant la forme de l'R latin, p. II.

ʃ de l'onciale mérovingienne, n°˙ 57, 151, 277.
ʃ final supprimé dans les nominatifs de la deuxième déclinaison, n°˙ 264, 430.
Sabbatum, n° 2.
Sacra Deo puella, n° 188.
Sacrifice d'Abraham représenté, n° 43.
Saint-Sépulcre figuré en forme de tour, n° 243.
Saints de l'ancienne loi et de la nouvelle mentionné dans nos inscriptions, p. XV.
—— protecteurs des villes, n° 20.
Sanctimonialis, n°˙ 5, 121 B.
Sarcophage à inscription, n° 215.
Seille mérovingienne à inscriptions et à figures, n° 45.
Senonum civitas, n° 286.
Sentences pieuses gravées sur les marbres, n° 272 et p. XIV.
Sépulture double, n°˙ 244, 272, 297.
—— avec épitaphe portant un seul nom, n° 30.
Serpent représenté, n°˙ 45, 284 A.
Servus Christi, n° 289.
—— *Jesu Christi*, n° 247.
Sigles BM, n° 327.
Signe de la croix, n° 331.
Signes divers autour des sujets représentés sur les coupes de verre, n° 48.
Siméon (Saint) représenté, n° 252 et p. 451.

Sixte (Saint), représenté, n° 83.
Soleil et lune accostant la croix et le monogramme du Christ, n°° 44 A, 51.
Spectabilis, n° 334.
Stylite, n° 252.
Subdiaconus, n°° 110, 131.
Sujets décorant les objets non religieux, n° 125.
Superi, n° 311.
Symboles chrétiens, p. XI.
T final supprimé, n°° 169, 182.
Tables de bronze à inscriptions, n°° 286, 287, 288.
—— de jeu, n°° 360, 378.
Textes de l'écriture gravés dans les églises, p. XIV et n° 418.
Termes mythologiques dans les inscriptions chrétiennes, n°° 311, 331.
Timor Dei, n°° 6, 216.
Titulus pour *sepulchrum*, n°° 74, 78, 433.
Tombeau de saint Paulin de Trèves, n° 39.
Tombes rejetant les cadavres, n° 1.
Transenna à inscription, n° 418.
Travail manuel, n° 441.
Tribunus, n° 35.
Trident? n° 267.
Trienta, n° 295.

V supprimé dans la finale *us*, n°° 22, 83.
V pour *eo*, n° 284.
Usquid pour *usque*, n° 247.

Valeat qui fecit, n° 51.
Vas pour *sepulchrum*, n° 185.

Vases de verre à inscriptions, n°° 43, 44 A, 48, 48 A, 91, 92.
—— sacrés à inscriptions, n° 243.
—— offerts à une église, n°° 243, 441.
Vasque de pierre à inscription, n° 26.
Verres à peinture sur fond d'or, n°° 83 87.
—— gravés, n°° 43, 44 A, 48, 48 A.
Vers rythmiques, n° 243.
Vhic pour *hic*, n° 225.
Villes défendues par les saints, n° 20.
—— représentées par une porte, n° 20.
Vincat, n° 39.
Virgo, n°° 44? 211.
Vision d'Ézéchiel représentée, n° 87.
Visions, n° 253.
Vitam obiit, n° 232.
Vivas, n°° 56, 278, 337.
—— *cum tuis*, n° 48 A.
—— *in Deo*, n°° 43, 48, 91, 273, 276, 379, 419.
—— *tuis*, n° 31.
Vivat, n° 273.
—— *Deo*, n°° 50, 59, 187.
—— *in Deo*, n° 26.
—— *qui fecit*, n° 51.
Vixit in pace, n° 128.
Vœu accompli, n°° 294, 307.
Volusianus consul, n° 140.

XMA pour *decima*, n° 300.
XMO pour *decimo*, n° 164.
XS pour X, n°° 196, 429.

Z(*eses*), n°° 43, 44 A, 48, 48 A, 150.
ω tracé à rebours, n° 30.
ω avant l'A dans les sigles Αω, n° 30.

TABLE DES DIVISIONS DE L'OUVRAGE.

Préface.. page 1

PROVINCES GALLICANES.

PREMIÈRE LYONNAISE.

	Numéros.
Vix........................	1
Fenay......................	2
Lyon.......................	3-18

DEUXIÈME LYONNAISE.

Rouen......................	19

TROISIÈME LYONNAISE.

Le Mans (?)................	20
Environs de Craon..........	20 A
Angers.....................	20 B
Nantes.....................	21
Saunay.....................	22

QUATRIÈME LYONNAISE.

Paris......................	23-27
Rigny-la-Noneuse...........	28
Trancault..................	29
Troyes.....................	30, 31
Gémigny....................	32
Auxerre....................	33

PREMIÈRE BELGIQUE.

Trèves.....................	34-43, 338-416
Lampaden...................	417

	Numéros.
Wasserbillig...............	418
Nennig.....................	419
Metz.......................	420
Deneuvre...................	44

SECONDE BELGIQUE.

Boulogne-sur-Mer...........	44 A
Miannay....................	45
Pont-de-Metz...............	46
Sains......................	47
Vermand....................	48, 48 A
Entre Travery et Vendeuil..	48 B
Laon (?)...................	49
Compiègne..................	50
Hermes.....................	51, 52, 421
Arcy-Sainte-Restitue.......	53, 54
Breny......................	55
Chouy......................	56
Aiguisy....................	57
Thuisy.....................	58
Sézanne (?)................	59
Ratomagus................	60

Fontaines, n° 61; cf. p. 451.

PREMIÈRE GERMANIE.

Andernach..................	423
Cobern.....................	424
Gering.....................	425

Gimbach	426
Coblentz	62
Environs de Coblenz	63
La-Vieille-Église	64
Gondorf	65, 66
Boppard	67-72
Kempten	73-75
Mayence	76-78, 432-435
Sasbach	79
Oestrich	80
Wiesbaden	81, 427-431

DEUXIÈME GERMANIE.

Neuss	82-85
Cologne	86, 87, 437-439
Bonn	88, 440
Remagen	89
Pondrôme	90
Carignan	90 A

GRANDE SÉQUANAISE.

Avenches	91, 92, 441
Daillens	93, 94

LES SEPT PROVINCES.

VIENNOISE.

Genève	95-99
Bourgoin	100
Trept	101
Briord	102
Saint-Romain-en-Gal	103
Vienne	104-121, 442-444
Sainte-Colombe	122
Vérenay	123
Eyzin	124
Le Passage	125
Saint-Sixte	126
Pact	127
Saint-Alban-de-Bron	128
Corenc	129
Andance	130-132
Parnaus	133
Saint-Romain-d'Albon	134-139
Saint-Vallier	140-141
Clérieu	142
Tournon	143
Soyon	144
Bourg-lès-Valence	145, 146
Luc-en-Diois	147
Viviers	148
Saint-Montan	149

Aps	150
Colonzelles	151
Bruis	152
Le Buis	153
Vaison	154
Orange	155, 156
Urban	157
Avignon	158, 159
Gigondas	160
Notre-Dame-de-Beauregard	161
Arles	162-205 B
Belcodène	206-209
Marseille	210-219

PREMIÈRE AQUITAINE.

Bourges	220-222
Brives	222 A
Clion	223
Molles	224
Saint-Victor	225
Vichy	226, 227
Le Puy-de-Gaudy	228, 229
Volvic	230
Lezoux	231
Clermont	232-237
Chamalières	238

DES DIVISIONS DE L'OUVRAGE.

Saint-Chamant.	239
Le Puy.	240
Turenne.	241
Saint-Cirq-la-Popie.	242
Cahors.	243
Localité inconnue.	243 A

SECONDE AQUITAINE.

Doué-la-Fontaine.	244
Poitiers.	245-255
Saint-Cyr-en-Talmondois.	256
Béruges.	257
Persac.	258
Savigné.	259
Antigny.	260-269
Saint-Pierre-les-Églises.	270
Rom.	271-273
Saintes.	274, 275
Angoulême.	276-278
Saint-Apre.	279
Périgueux.	280
Le Fleix.	281
Saint-Vincent-de-Cosse.	282
Bordeaux.	283-284 A
Gironde.	285
Le Touron.	286-288

NOVEMPOPULANIE.

Auch.	289-292
Peyrebert.	293
Eause.	294

Eaunes.	295
Valcabrère.	296, 297
Le Protet.	297 A

PREMIÈRE NARBONNAISE.

Villeneuve-lès-Avignon.	298
Nîmes.	299
Bellegarde.	300, 301
Toulouse.	302-304
Masassy.	305
Truilhas.	306
Villesèque.	307-309
Céleyran.	445
Narbonne.	310-322
Mandourel.	323
Maguelone.	324

SECONDE NARBONNAISE.

Moutiers.	325
Tourettes.	326
Antibes.	327, 328
Aix.	329
Notre-Dame-de-Spéluque.	330
La Gayole.	331

ALPES MARITIMES.

Saint-Donat.	332
Péruis.	333
Cimiez.	334, 335
Localités inconnues.	336, 337

	Pages.
Corrections et Addition au présent volume.	451
Additions et Corrections au *Recueil des Inscriptions chrétiennes de la Gaule*.	453
Table des Mentions chronologiques.	467
Table des Noms propres.	469
Table des Matières.	473
Table des Divisions de l'Ouvrage.	481

www.ingramcontent.com/pod-product-compliance
Lightning Source LLC
Chambersburg PA
CBHW071722230426
43670CB00008B/1088